Kurze Vokale – doppelte Konsonanten

Nach einem kurzen Vokal folgen fast immer zwei Konsonanten, z. B. *die Suppe, rennen.*

▶ S. 257–259, 310

Lange Vokale (a, e, i, o, u)

Lange Vokale werden meist nicht gekennzeichnet, z. B. *die Hose, lesen.*

Manchmal folgt auf den langen Vokal ein *h*, z. B.: *das Mehl, lahm.*

▶ S. 257, 260–264, 310

Groß- oder Kleinschreibung

Satzanfänge und Substantive schreibst du groß.

▶ S. 269–270, 311

Verben, Adjektive, Pronomen schreibst du klein.

▶ S. 271, 311

s, ss oder ß?

Nach einem langen Vokal oder Diphthong schreibst du *ß*, z. B. *der Kloß, heiß.*

▶ S. 265–268, 311

Wortarten bestimmen

Einzelne Wörter kann man nach ihrer Wortart bestimmen, z. B.:

Substantiv ▶ S. 196–202, 300
Artikel ▶ S. 197–198, 301
Pronomen ▶ S. 203–205, 301
Adjektiv ▶ S. 206–209, 302
Präposition ▶ S. 210–212, 302
Verb ▶ S. 213–223, 303–304
Konjunktion ▶ S. 240–245, 302

Satzglieder erkennen

Satzglieder sind Bausteine in einem Satz, z. B.:

Prädikat ▶ S. 229, 305
Subjekt ▶ S. 230, 305
Objekte ▶ S. 232–233, 305
Prädikativ ▶ S. 231, 305
adverbiale Bestimmungen ▶ S. 234–235, 306
Satzglieder ermitteln: Umstellprobe ▶ S. 228, 305

Sätze bestimmen

Hauptsätze können alleine stehen.

Nebensätze können nicht alleine stehen.

Satzreihe: Hauptsatz + Hauptsatz

Satzgefüge: Hauptsatz + Nebensatz

▶ S. 240–246, 307

Zeichensetzung

Das Komma zwischen Sätzen

▶ S. 240–246, 308

Zeichensetzung bei der wörtlichen Rede

▶ S. 49, 308

Satzschlusszeichen (Punkt, Frage-, Ausrufezeichen)

▶ S. 238–239, 308

Gymnasium Baden-Württemberg

Deutschbuch

Sprach- und Lesebuch

1

Herausgegeben von
Claudia Mutter und Bernd Schurf

Erarbeitet von
Markus Beck, Stuttgart
Christoph Fischer, Ludwigsburg
Simone Herter, Kehl
Peter Imhof, Stuttgart
Anja Loew, Staufen
Claudia Mutter, Rottweil
Christina Peter-Brutscher, Weinheim
Birgit Ruppert, Stuttgart
Monika Schittenhelm, Esslingen
Greda Sieber, Ludwigsburg
Alexander Trost, Tübingen
Anke Weber, Stuttgart
Manuela Wölfel, Remseck am Neckar

Cornelsen

Euer Deutschbuch auf einen Blick

Das Buch ist in **vier Kompetenzbereiche** aufgeteilt.
Ihr erkennt sie an den Farben:

- Sprechen und Schreiben
- Lesen – Umgang mit Texten und Medien
- Sprachbewusstsein entwickeln
- Arbeitstechniken und Methoden

Jedes **Kapitel** besteht aus **drei Teilen:**

1 Üben der Hauptkompetenz
Hier wird die Fähigkeit trainiert, um die es in dem Kapitel hauptsächlich geht, z. B. in Kapitel 3 „Spannend erzählen".

3.1 Erlebnisse erzählen

2 Verknüpfung mit einem zweiten Kompetenzbereich
Die Hauptkompetenz wird mit einem anderen Kompetenzbereich verbunden und vertiefend geübt, z. B.:

3.2 Gespenstergeschichten lesen und gestalten

3 Fit in ... oder Projekt
Hier überprüft ihr das Gelernte anhand einer Übungsklassenarbeit und einer Checkliste oder ihr erhaltet Anregungen für ein Projekt, z. B.:

3.3 Fit in ... – Erzählen

Das **Merkwissen** findet ihr in den blauen Kästen mit der Bezeichnung **Information** oder **Methode**.

Auf den blauen Seiten am Ende des Buches (► S. 291–314) könnt ihr das Merkwissen aus allen Kapiteln noch einmal nachschlagen.

Folgende **Kennzeichnungen** werdet ihr im Buch entdecken:

●○○	Fordern und fördern: einfaches Differenzierungsniveau
●●○	Fordern und fördern: mittleres Differenzierungsniveau
●●●	Fordern und fördern: oberes Differenzierungsniveau
4	Zusatzaufgabe
(Symbol: zwei Personen)	Partnerarbeit
(Symbol: drei Personen)	Gruppenarbeit
► S. 313	Auf der angegebenen Seite könnt ihr weitere Informationen nachschlagen.

Inhaltsverzeichnis

Sprechen – Schreiben

Kompetenzschwerpunkt

3 Das glaubst du nicht! – Spannend erzählen 43

- **Mündliches Erzählen** anschaulich und lebendig erzählen
- **Schriftliches Erzählen** eine Erzählung sinnvoll aufbauen; auf Erzähllogik achten; anschaulich und lebendig erzählen; Techniken des Erzählens anwenden (äußere und innere Handlung, Dialog)
- **Schreibkompetenz** Schreibprodukte überarbeiten

- **Umgang mit literarischen Texten** analytische sowie produktionsorientierte Formen im Umgang mit Texten anwenden

Sprechen – Schreiben

4 Rund um Tiere – Beschreiben 65

- **Informieren** in einfacher Weise Gegenstände beschreiben; eigene und fremde Schreibprodukte überarbeiten

- **Umgang mit literarischen Texten** Inhalt altersgemäßer Texte erfassen und Bezüge zu eigenen Erfahrungen herstellen
- **Leseförderung** verschiedene Formen des Lesens (sinnerfassendes Lesen und identifikatorisches Lesen) unterscheiden und anwenden

Lesen – Umgang mit Texten und Medien

Kompetenzschwerpunkt

5 Es war einmal ... – Märchen verstehen und gestalten 81

► **Umgang mit literarischen Texten**
Textart Märchen kennen und dabei wesentliche Gattungsmerkmale berücksichtigen

► **Schriftliches Erzählen**
nach literarischen Mustern erzählen; Textvorgaben ausgestalten; produktionsorientierte Formen im Umgang mit Texten anwenden

Lesen – Umgang mit Texten und Medien

6 Von Schelmen und Narren – Schwänke lesen und verstehen 99

► **Umgang mit literarischen Texten**
Textart Schwank kennen und dabei wesentliche Gattungsmerkmale berücksichtigen

► **Textvortrag**
einen Text zum Vorlesen vorbereiten und sinngestaltend vortragen

► **Szenische Verfahren**
Spielideen umsetzen; Standbilder bauen und besprechen

Kompetenzschwerpunkt

► **Mündliches Erzählen**
einen Text oder die Handlung eines Hörtextes nacherzählen

► **Schriftliches Erzählen**
einen Text nacherzählen

Lesen – Umgang mit Texten und Medien

► **Umgang mit literarischen Texten**
Textart Gedicht kennen und dabei wesentliche Gattungsmerkmale berücksichtigen; erste Grundbegriffe der Textbeschreibung (Strophe, Vers, Reimform, Versmaß) verwenden

► **Textvortrag**
einen Text zum Vorlesen vorbereiten und sinngestaltend vortragen; elementare Formen der Stimmführung anwenden (Dynamik, Sprechpause); Gedichte auswendig vortragen

► **Kreatives Schreiben**
Sprache spielerisch verwenden; nach Schreibimpulsen schreiben

Kompetenzschwerpunkt

► **Umgang mit Medien**
einfache Gestaltungsmittel der Medien (z. B. Kameraperspektive, Bild und Ton) beschreiben und über ihre Wirkung sprechen

12

Sprachbewusstsein entwickeln

► **Wortarten**
die Wortarten Substantiv, Artikel, Adjektiv, Pronomen und Präposition unterscheiden und ihre wesentlichen Leistungen benennen;
beim Substantiv Kasus, Numerus und Genus unterscheiden;
die Steigerungsformen der Adjektive unterscheiden und richtig anwenden

Kompetenzschwerpunkt

▶ **Wortarten**
die Wortart Verb kennen und ihre wesentlichen Leistungen benennen; zwischen infiniten und finiten Verbformen, starken und schwachen Verben unterscheiden; die grammatischen Zeiten (Tempora) verwenden und ihre Funktionen beschreiben

Sprachbewusstsein entwickeln

13 Grammatiktraining – Sätze und Satzglieder 227

▶ **Syntax**
einfache Verfahren zur Satzanalyse anwenden; Satzglieder kennen; zwischen notwendigen und nicht notwendigen Satzgliedern unterscheiden

▶ **Syntax**
die Arten des einfachen Satzes unterscheiden; Hauptsätze und Nebensätze unterscheiden

▶ **Rechtschreibung und Zeichensetzung**
wichtige Regeln der Zeichensetzung (Satzschlusszeichen, Satzreihe und Satzgefüge) anwenden

Nachdenken über Sprache

Kompetenzschwerpunkt

14 Rechtschreibtraining – Laute und Buchstaben 249

15 Erfolgreich lernen – Arbeitstechniken beherrschen 281

Orientierungswissen 291

1 In unserer neuen Schule – Erfahrungen austauschen

1 Neue Schule, neue Klasse: Erzählt, wie ihr die ersten Tage an eurer neuen Schule erlebt habt.

2 a Was ist im Vergleich zu eurer alten Schule neu oder anders? Was wünscht ihr euch für die neue Schule? Tauscht euch zu zweit darüber aus.
b Stellt das, was euch eure Mitschülerin oder euer Mitschüler erzählt hat, den anderen vor.

In diesem Kapitel …

- stellt ihr euch einander vor und informiert euch über eure neue Schule,
- lest ihr Schulgeschichten,
- erzählt ihr in einem persönlichen Brief von euren Erlebnissen in der Schule.

1.1 Neue Schule, neue Klasse – Sich informieren

Wir lernen uns kennen

Stellt euch den anderen in der Klasse vor. Wählt dazu einen der Vorschläge von S. 14/15 aus.

1 Ein Wappen gestalten

a Gestaltet auf einem großen Blatt Papier ein Wappen, mit dem ihr euch den anderen in der Klasse vorstellt.

b Hängt eure Wappen im Klassenraum auf und erklärt den anderen, was darauf zu sehen ist, z. B.:

Jch bin Tim, und wie ihr auf dem Wappen sehen könnt, ...
Am liebsten ...
Der Spruch, der am besten zu mir passt, lautet ... Den habe ich ausgewählt, weil ...

c Was habt ihr von euren Mitschülerinnen und Mitschülern behalten?
Denkt euch Quizfragen zu den Wappen aus, z. B.:
Welcher Schüler spielt gerne Gitarre?
Wer möchte später einmal ...?

2 Einen Steckbrief entwerfen

a Entwerft einen Steckbrief, mit dem ihr euch in der Klasse vorstellt.
Tipp: Ihr könnt in euren Steckbrief auch Fotos, Zeichnungen und andere Abbildungen aufnehmen, z. B. von Tieren und Dingen, die ihr besonders mögt.

b Hängt die Steckbriefe auf und testet, wie gut ihr euch schon kennt:
Eine/einer von euch macht zu einer Mitschülerin oder einem Mitschüler einige Angaben. Die anderen raten, um wen es geht.

Name: Dana Goldmann
Geburtstag: 4. 10. 201X
Wohnort: Heidelberg
Geschwister: ein großer Bruder (15 Jahre)

Hobbys: Fußball spielen, meinen Bruder ärgern
Lieblingstier: Sibirischer Tiger
Lieblingsessen: Spaghetti und Erdbeertorte
Lieblingsbuch: ...
Lieblingsmusik: ...
Lieblingsfilm: ...
Dahin möchte ich gern mal reisen: ...
Das möchte ich später einmal machen: ...
Gar nicht mag ich: ...
In was ich mich gerne verwandeln würde: ...
...

3 Ein Partnerinterview führen

a Bringt ein Bild aus eurer Grundschulzeit mit und interviewt euch gegenseitig.
Geht so vor:
- Bildet Paare. Lasst dabei den Zufall entscheiden.
  Legt z. B. Memorykarten auf einem Tisch aus und deckt sie nacheinander auf.
  Die Schüler, die das gleiche Bild haben, bilden ein Paar.
- Stellt euch gegenseitig Fragen und notiert die Antworten, z. B.:

- Warum hast du dieses Foto mitgebracht?
- Was hat dir in der Grundschule am besten gefallen?
- Was wünschst du dir in der neuen Schule?
- Welche Fächer sind deine Lieblingsfächer?
- ...

b Stellt euch gegenseitig in der Klasse vor.

c Gestaltet ein schönes Blatt, das über eure Interviewpartnerin/euren Interviewpartner informiert.

Der unsichtbare Freund, die unsichtbare Freundin – Personen beschreiben

1 a Stellt mit Hilfe der Klassenliste kleine Loszettel mit den Namen aller Kinder in eurer Klasse her. Zieht ein Los und öffnet es im Geheimen. Verratet niemandem, welcher Mitschüler oder welche Mitschülerin euer „unsichtbarer Freund" ist.

b Vereinbart einen Zeitraum (z. B. eine Woche), in dem ihr euren unsichtbaren Freund oder eure unsichtbare Freundin manchmal beobachtet und Informationen über sie oder ihn sammelt. Verhaltet euch dabei unauffällig wie ein Detektiv, der eine Person in freundlicher Absicht beschattet.

c Nach der vereinbarten Zeit verfasst ihr eine Personenbeschreibung für euren unsichtbaren Freund oder eure unsichtbare Freundin. Damit die Klasse raten kann, wer gemeint ist, nennt ihr keinen Namen. Im Merkkasten unten auf der Seite findet ihr Anregungen, wie ihr vorgehen könnt.

2 a Lest eure Beschreibungen in der Klasse vor und ratet, welche Person gemeint ist.

b Besprecht, wie es euch bei diesem Experiment gegangen ist:
- als unsichtbarer Freund/unsichtbare Freundin,
- als „Detektiv"/„Detektivin".

c Ihr könnt das Experiment zu einem späteren Zeitpunkt wiederholen. Verknüpft es dann mit der Aufgabe, eurem unsichtbaren Freund unerkannt ein kleines Geschenk zu machen. Das Geschenk darf nichts kosten.

Information **Personen beschreiben**

Einleitungssatz: Vorstellung der Person, z. B.: *Mein unsichtbarer Freund ist ein Klassenkamerad, den ich nun seit einer Woche genau beobachtet habe.*
Oder: *Ich kenne meine unsichtbare Freundin nun seit zwei Wochen.*

Genaue Angaben, z. B.:
1. **Gestalt:** z. B. Größe, Körperbau und Figur, Körperhaltung, Gang,
2. **Gesicht:** z. B. Kopfform, Haare, Augen, Nase, Mund, Kinn, Haut,
3. **Kleidung:** typische Kleidungsstücke, Schuhe, Schmuck,
4. **Verhalten, Gewohnheiten, Hobbys,** z. B.:
   Er kauft sich in der Pause oft einen Kakao.
   Oder:
   Sie geht donnerstags zum Basketballtraining.

Achtet darauf, nichts zu schreiben, was euren unsichtbaren Freund oder eure unsichtbare Freundin verletzen könnte.

Wir erkunden unsere Schule

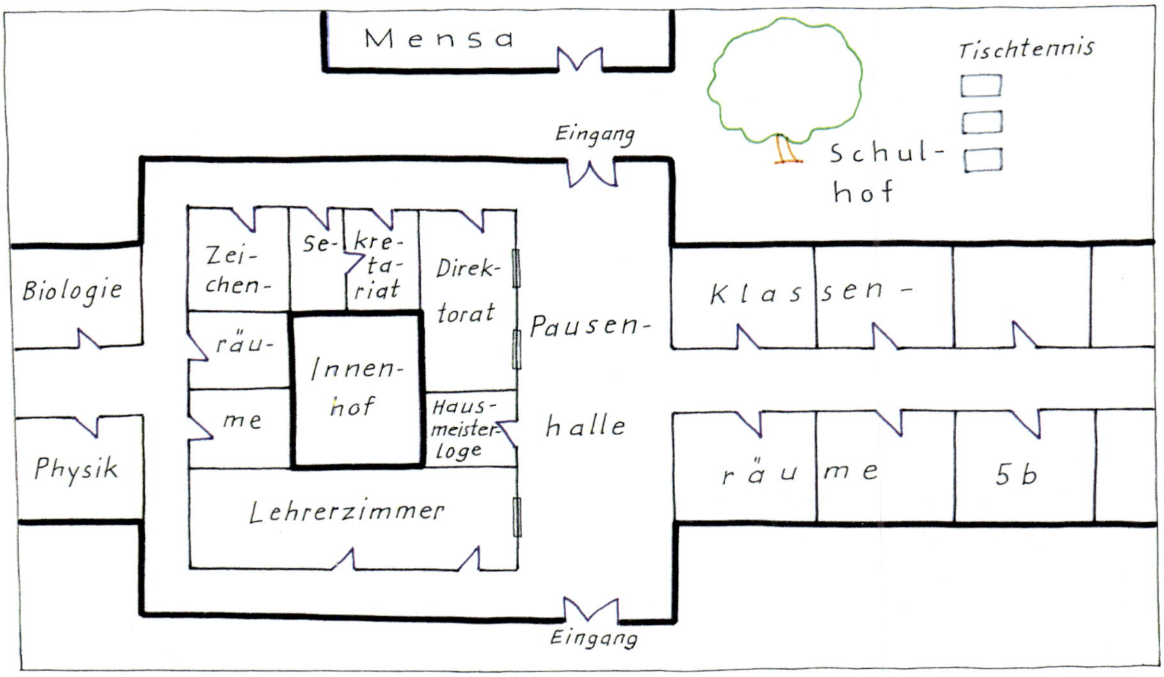

1 **a** Kennt ihr euch in eurer neuen Schule schon aus? Welche Personen, Orte, Räume habt ihr bereits kennen gelernt? Notiert sie an der Tafel:

Personen: *Schulleiterin, Sekretärinnen, …*

Orte und Räume: *Klassenzimmer, Eingangshalle mit dem Vertretungsplan …*

b Bildet Expertenteams und tragt Informationen zu den Personen sowie den Orten und Räumen eurer Schule zusammen, die für euch besonders wichtig sind.
Die Fragen unten helfen euch dabei. Macht euch Notizen.

Personen
- *Welche Aufgaben hat die Person?*
- *Jn welcher Situation kann man sich an sie wenden?*
- *Wo und wann kann man sie erreichen?*
- *…*

Viele Informationen findet ihr auf der Homepage eurer Schule oder in der Schulbroschüre. Ihr könnt auch eure Patinnen und Paten befragen, die sich an der Schule schon auskennen.

Orte und Räume
- *Was gehört zum Schulgelände (Gebäude, Pausenhof, Sportplatz usw.)?*
- *Wo liegen die verschiedenen Räume? Jhr könnt dazu einen Lageplan zeichnen.*
- *Auf welchem Weg erreicht man die Orte am besten?*
- *Wo kann man sich vor und nach dem Unterricht aufhalten?*
- *…*

2 Präsentiert die Ergebnisse aller Expertengruppen auf einer Wandzeitung.
Verwendet dafür einen langen Streifen Packpapier oder Tapetenrolle, den ihr an der Wand befestigt.
Geht so vor:

a Stellt in eurer Gruppe die wichtigsten Informationen, die ihr gefunden habt, auf einem Plakat zusammen. Beachtet dabei die Hinweise im Merkkasten unten auf der Seite.

b Überlegt gemeinsam in der Klasse, wie ihr eure Plakate auf der Wandzeitung anordnen wollt, und klebt sie auf.

c Schaut die ganze Wandzeitung genau an und notiert, welche Fragen ihr noch an die anderen Gruppen habt.

d Stellt die Ergebnisse eurer Expertengruppen in einem kleinen Vortrag der Klasse vor. Beantwortet die Fragen der anderen.

> Die Plakate zu Orten und Räumen werden anschaulich, wenn ihr kleine Skizzen anfertigt oder Bilder (Fotos, Zeichnungen, Symbole) aufklebt. Denkt auch an eine übersichtliche Beschriftung der Bilder.
> Vielleicht könnt ihr bei den Personen-Plakaten auch Fotos verwenden.

Information **Ein Plakat gestalten**

- Überlegt euch **passende Überschriften.**
- Haltet nur das Wichtigste in einem **kurzen Text** fest. Oft genügen **Stichpunkte.**
- **Schreibt groß** und **in Druckbuchstaben,** damit man die Schrift auch aus größerer Entfernung gut lesen kann.
- Sorgt für eine **übersichtliche Anordnung von Text und Bild.**

1.2 Schulgeschichten

René Goscinny/Jean-Jacques Sempé

Eine Erinnerung fürs Leben

Die Figur des kleinen Nick wurde Ende der 1950er-Jahre von René Goscinny erfunden. Nick geht in Paris zur Schule.

Heute Morgen sind wir alle ganz gern in die Schule gegangen, weil heute das Foto von unserer Klasse gemacht werden soll, und es soll eine Erinnerung sein fürs ganze Leben, hat unsere Lehrerin gesagt. Und sie hat gesagt, wir sollen sauber und ordentlich gekämmt in die Schule kommen.

Ich hatte jede Menge Brillantine[1] im Haar, als ich auf den Schulhof kam. Die andern waren schon alle da, und die Lehrerin schimpfte gerade mit Georg, der in seiner Marsbewohner-Ausrüstung gekommen war. Georg hat einen sehr reichen Papa, der ihm alle Spielsachen kauft, die er sich wünscht. Und Georg hat zu unserer Lehrerin gesagt, er will in seiner Mars-Ausrüstung fotografiert werden, basta, und wenn nicht, dann geht er sofort wieder nach Hause.

Der Fotograf war auch da, er hatte seinen Apparat mitgebracht und die Lehrerin hat zu ihm gesagt, er muss sich beeilen, sonst geht die ganze Rechenstunde drauf. Adalbert, der Klassenerster ist und unserer Lehrerin ihr Liebling, hat gesagt, das ist aber schade, wenn wir kein Rechnen haben, und er hat Rechnen so gern und er hat seine Aufgaben alle gemacht für heute. Franz, der der Stärkste von uns allen ist, hat ihm eins mit der Faust auf die Nase geben wollen, aber Adalbert trägt eine Brille, und man darf ihm nicht so oft eine reinhauen, wie man möchte. Unsere Lehrerin hat angefangen zu schreien, wir sind unerträglich, und wenn wir nicht sofort aufhören, wird überhaupt kein Foto gemacht und wir gehen wieder in die Klasse.

Da hat aber der Fotograf gesagt: „Sachte, sachte, nur mit der Ruhe. Ich weiß, wie man mit Kindern reden muss – es wird schon klappen."

Der Fotograf hat gesagt, wir müssen uns in drei Reihen aufstellen: Die erste Reihe sitzt auf der Erde, die zweite Reihe steht und in der Mitte sitzt die Lehrerin auf einem Stuhl und die dritte Reihe muss auf der Kiste stehen. Der hat wirklich prima Ideen, der Fotograf.

Die Kisten, die haben wir aus dem Schulkeller geholt. Das ist ein Mordsspaß gewesen, denn im Keller ist es nicht besonders hell und Roland hat sich einen alten Sack über den Kopf gezogen und hat immer gerufen: „Hu! Ich bin das Gespenst!" Und da haben wir gesehen, dass die Lehrerin auch runterkam. Sie sah nicht besonders freundlich aus, und wir haben gemacht, dass wir nach oben kamen mit unsern Kisten. Der Einzige, der unten blieb, war Roland. Er konnte ja nicht sehen, was los war, weil er den Sack über dem Kopf hatte, und er hat immer noch gerufen: „Hu! Ich bin das Gespenst!" Aber dann hat ihm jemand den Sack vom Kopf gezogen, nämlich unsere Lehrerin, und da hat er aber gestaunt, der Roland.

1 Brillantine: Haargel

Auf dem Schulhof oben hat unsere Lehrerin dem Roland sein Ohr losgelassen und hat die Hände vors Gesicht geschlagen und gesagt: „Ihr seid ja ganz schwarz!“ Und tatsächlich – wir hatten uns beim Quatschmachen im Keller ein bisschen schmutzig gemacht. Unsere Lehrerin war ziemlich böse, aber der Fotograf hat gesagt, es ist nicht schlimm, wir haben Zeit, uns zu waschen, und er stellt inzwischen die Kisten auf und den Stuhl, für die Aufnahme.

Adalbert war natürlich sauber im Gesicht, aber er war der Einzige – nein, Georg auch, weil er seinen Mars-Helm aufhatte, der so aussieht wie ein Einmachglas. „Da haben Sie's“, hat Georg zur Lehrerin gesagt, „wenn alle so gekommen wären wie ich, hätten wir jetzt kein Theater.“ Ich habe gesehen, dass die Lehrerin Lust gehabt hat, Georg die Ohren lang zu ziehen, aber sie konnte nicht dran, wegen dem Einmachglas. So ein Marsmenschen-Kostüm ist doch 'ne tolle Sache!

Als wir uns gewaschen und gekämmt hatten, sind wir wieder auf den Hof rausgekommen. [...]

„Gut“, hat der Fotograf gesagt, „dann geht mal ganz lieb und artig auf eure Plätze. Die Größten stellen sich auf die Kisten, die Mittelgroßen stellen sich in die zweite Reihe und die Kleinsten setzen sich in die erste.“ [...]

Wir haben uns aufgestellt und ich habe mich auf die Erde gesetzt, neben Otto. Otto ist mein Freund, er ist sehr dick und hat dauernd Hunger und jetzt war er gerade dabei und biss in sein Marmeladenbrot und der Fotograf hat gesagt, er soll aufhören zu essen, aber Otto hat geantwortet: „So weit kommt's noch – man wird ja wohl noch essen dürfen, wenn man Hunger hat!“ – „Steck das Brot weg!“, hat die Lehrerin geschrien, und weil sie genau hinter ihm gesessen ist, hat Otto einen Schrecken gekriegt, dass ihm sein Butterbrot runtergefallen ist, und es ist auf seine Bluse gefallen. „Da haben wir's“, hat Otto gesagt, und er hat versucht, die Marmelade mit dem Brot von der Bluse abzukratzen. Die Lehrerin hat gesagt, da ist nichts mehr zu machen und er soll sich in die letzte Reihe stellen, damit man den Fleck auf der Bluse nicht sieht. „Franz“, hat die Lehrerin

gesagt, „du tauschst deinen Platz mit deinem Kameraden." „Der Otto ist nicht mein Kamerad", hat der Franz gesagt, „und meinen Platz, den kriegt er nicht. Er kann sich ja rumdrehen mit dem Rücken zum Apparat, dann ist der Fleck nicht zu sehen und sein dickes Mondgesicht auch nicht." Da ist die Lehrerin aber böse geworden und der Franz muss zur Strafe einen Satz konjugieren[2]: „Ich darf mich nicht weigern, meinen Platz einem Kameraden zu überlassen, der sich die Bluse mit einem Marmeladenbrot besudelt hat." Der Franz hat nichts mehr gesagt, sondern er ist von seiner Kiste runtergeklettert und in die erste Reihe gegangen und Otto ist nach hinten gegangen. Das hat ein bisschen Unordnung gegeben, besonders als die beiden sich getroffen haben, denn der Franz hat dem Otto eins mit der Faust auf die Nase gegeben und Otto wollte Franz treten, aber der Franz ist ausgewichen – nämlich er ist sehr flink, der Franz – und den Fußtritt hat zum Glück der Adalbert abgekriegt, da, wo er keine Brille hat. Adalbert hat aber trotzdem angefangen zu heulen und er hat geschrien, er kann nichts mehr sehen und immer sind alle gegen ihn und er will am liebsten sterben. Die Lehrerin hat ihn getröstet und ihm die Nase geputzt und dann hat sie ihn wieder gekämmt und Otto muss hundertmal schreiben: „Ich darf meinen Kameraden, der eine Brille trägt und der mir nichts Böses will, nicht schlagen!" „Geschieht dir ganz recht", hat Adalbert gesagt und da hat die Lehrerin sogar ihm eine Strafarbeit aufgegeben. Adalbert ist so erstaunt gewesen, dass er vergessen hat zu heulen. […]

Aber aus der Erinnerung fürs Leben ist doch nichts geworden, denn als wir fertig waren, haben wir gemerkt, dass der Fotograf nicht mehr da war. Einfach abgehauen, ohne ein Wort!

2 konjugieren: ein Verb beugen, z. B. ich darf, du darfst, er/sie/es darf

1 Sammelt in der Klasse eure ersten Leseeindrücke. Ihr könnt so beginnen:
- *Gefallen hat mir …*
- *Lustig fand ich …*
- *Nicht verstanden habe ich …*
- *Mir ist aufgefallen, dass …*

2 **a** Kennt ihr weitere Abenteuer des kleinen Nick? Erzählt davon.
b Kennt ihr auch Nicks Klassenkameraden? Lest im Text noch einmal nach und ergänzt die folgenden Stichworte zur Beschreibung von Nicks Mitschülern.

Adalbert …

… Nicks bester Freund, sehr dick, hat dauernd Hunger

… macht gerne Quatsch. Beispiel: Er stülpt sich einen Sack über den Kopf und spielt Gespenst.

… hat einen reichen Papa, der ihm viele Spielsachen kauft, z. B. …

Franz …

c Hättet ihr Nicks Mitschüler gerne als Klassenkameraden? Diskutiert darüber.

3 Auch für den Fotografen war der Fototermin ein besonderes Erlebnis.
a Erklärt, warum er am Schluss einfach verschwunden ist.
b Bildet einen Erzählkreis und erzählt die Geschichte aus seiner Sicht nach.
c Fotos als Erinnerung fürs Leben – erzählt von euren eigenen Erfahrungen und Erlebnissen. Bringt dazu eigene Fotos mit, z. B. Klassenfotos, Urlaubsfotos, Fotos von Festen.

Kurt Kusenberg

Eine Schulstunde

Der Lehrer für Zoologie[1] legte großen Wert auf anschaulichen Unterricht. Aus diesem Grunde brachte er die Tiere, deren Merkmale und Lebensweise erläutert werden sollten, stets in die Schule mit. Ein anderer Schulleiter hätte vielleicht Einspruch erhoben, denn von Rechts wegen gehören lebende Tiere, vor allem Raubtiere, nicht ins Klassenzimmer, ganz davon zu schweigen, dass sie unter Umständen den Schülern gefährlich werden können. Der Mann jedoch, dem die Schule unterstand[2], war ebenfalls der Meinung, Unterricht könne nicht anschaulich genug sein. Bevor er sich anschickte, Geschichtsstunde zu erteilen, pflegte er die Tracht der jeweils behandelten Zeit anzulegen, und solange man die Dramen des großen Shakespeare[3] durchnahm, sahen ihn seine Schüler nie anders als glatzköpfig und spitzbärtig. Es versteht sich demnach, dass er der Letzte gewesen wäre, der dem Lehrer für Zoologie sein Tun verwiesen hätte[4].

Wir haben wenig Ursache, aus zahllosen Unterrichtsstunden, die der Tierkunde gewidmet waren, gerade die folgende herauszugreifen, denn sie alle spielten sich mehr oder weniger in gleicher Weise ab. Will man aber anschaulich werden, so muss man sich schon entschließen, ein Exempel zu geben, und das geschehe hiermit. Die Stunde, von der wir berichten, war dem Bären gewidmet.

Die Schüler wussten das bereits, denn der Unterricht ließ sich vom Lehrbuch leiten und das Lehrbuch verhieß ihnen[5] ebendieses Tier. Sie waren daher nicht erstaunt, als der Lehrer, indem er eintrat, einen großen braunen Bären an der Kette hinter sich herzog. Einige freilich traf das hart, weil sie mit einem Eisbären gerechnet und kleine Geldbeträge darauf verwettet hatten; den schlimmsten Verlust erlitt ein

1 Zoologie: Tierkunde
2 dem die Schule unterstand: der die Schule leitete
3 Shakespeare: englischer Dichter (1564–1616)
4 verwiesen hätte: verboten hätte
5 verhieß ihnen: kündigte ihnen an

Schüler namens Artur, der alles, was er besaß, auf einen Malaienbären gesetzt hatte, in der Meinung, ein solcher sei besonders handlich und für die Schulstube wie geschaffen. Da die Gewinner in der Überzahl waren, erhielt das Tier freundlichen Beifall. Unbekümmert darum kauerte der Bär sich nieder und blinzelte die Klasse listig an.

Die gute Aufnahme, welche sein Begleiter gefunden, tat dem Lehrer sichtlich wohl. Er, der von den heimlichen Wetten nichts wusste, konnte sich nie erklären, warum gewisse Tiere beifällig begrüßt und andere mürrisch hingenommen wurden. Er schrieb es einer seltsamen, aus Urzeiten herrührenden Wechselbeziehung zwischen Mensch und Tier zu und arbeitete in den Mußestunden an einem großen Werk, dem er die Erfahrungen, die er mit seinen Schülern machte, vertrauensvoll zu Grunde legte. Beglückt über die Tatsache, dass gerade der Bär, den er aufs Höchste schätzte, den Schülern wohl gefiel, setzte er sich ans Katheder[6] und eröffnete die Stunde.

„Ehe man sich", sprach er, „über einen Gegenstand neues Wissen aneignet, soll man besinnlich erzählen, was man über diesen Gegenstand bereits weiß oder über ihn zu wissen vermeint. Was weißt du, Artur, über Bären?"

Der Aufgerufene befand sich nicht in der besten Laune, denn er rechnete eben seine Verluste nach. Unwillig stand er auf und antwortete: „Es gibt vielerlei Bären: Himbeeren, Erdbeeren, Stachelbeeren, Brombeeren, Johannisbeeren –"

„Schluss!", rief der Lehrer. „Das ist weder ergiebig noch geistreich und ich verbitte mir solche Abschweifungen in die Botanik[7]. Wir treiben hier Zoologie, dumme Witze sind uns ein Gräuel, und wer nichts weiß, möge lieber schweigen – mit einem Wort: Es geht nicht an, dass man in Anschauung eines lebendigen Tieres von Früchten spricht, die ihm allenfalls als Nahrung dienen könnten, jedoch nichts mit ihm selbst zu schaffen haben. Setze dich, Artur, und danke es meiner Langmut[8], wenn ich dich nicht strafe. Du hingegen, Paul, wirst mir gewiss über den Bären zu erzählen wissen. Ist dir irgendeine Eigenschaft bekannt, die den Bären von anderen Tieren unterscheidet?"

Paul, der bei den Wetten nicht übel abgeschnitten hatte, war durchaus erbötig[9], dem Lehrer Auskunft zu geben. Dass es ihm nicht geriet, hing mit einem Mangel an Klugheit zusammen, der angeboren war.

„Der Bär", erklärte Paul froh gelaunt, „ist essbar."

Das war nun wirklich eine alberne Antwort, die selbst der Lehrer belächelte, indes das Schulzimmer vor Lachen widerhallte. Paul lachte auf alle Fälle mit, nicht wissend, wie er die große Wirkung zu Stande gebracht hatte. Als der Lärm sich legte, nahm der Lehrer die Führung wieder auf. „Deine Antwort, Paul, befriedigt nicht, denn fast alle Kreaturen[10] sind essbar. Auch du bist essbar."

Bei diesen Worten hob der Bär, der bis dahin träge vor sich hin gedämmert hatte, den Kopf und sah Paul aufmerksam an. Verstand er, wovon die Rede war? Wie dem auch sei: Paul hielt es für geraten, sich niederzusetzen, und richtete es so ein, dass sein Vordermann ihn dem Blick des Bären entzog. Die Klasse, die schon zu neuem Gelächter bereit gewesen war, blieb plötzlich seltsam still. Nur der unzufriedene Artur murmelte verstockt: „Preiselbeeren, Vogelbeeren, Blaubeeren ...", erhielt jedoch von seinem Nachbarn einen Stoß, der auch ihn zum Schweigen brachte.

Beglückt über die ungewohnte Stille, fuhr der Lehrer fort: „Wenn ihr schon keine Eigenart unseres Gastes zu nennen vermögt, so ist euch vielleicht dieser oder jener Anverwandte des braunen oder gemeinen Bären – um einen sol-

6 Katheder: erhöhtes Pult des Lehrers

7 Botanik: Pflanzenkunde

8 Langmut: Geduld

9 erbötig: bereit

10 Kreatur: Geschöpf

chen handelt es sich hier – bekannt. Na, Josef, wie steht es damit?"

Der Schüler wand sich aus der Bank, schickte einen vorsichtigen Blick nach dem Tier, das ihn aber nicht beachtete, und sprach: „Eißer dem gemeinen Bir gibt es den Eisbir, den Grizzly-Bir, den schwirzen Bir und indere Biren, die gleichfills im Lehrbuch stehen."

Der Lehrer erstarrte. „Josef, du bist des Teufels! Wie kommst du dazu, mutwillig unsere Sprache zu verunstalten?"

Josef schwieg eine ganze Weile, ehe er sich zu einer Erklärung bequemte. „Die Siche ist die, Herr Lehrer, diss ich ein Gelöbnis[11] ibgelegt hibe, vier Wochen ling den ersten Vokil des Ilphibets nicht eiszusprechen. Ilso helfe ich mir mit dem Vokil i. Wis kinn ich tun? Schwur ist Schwur und muss gehilten werden."

„Setzen!", donnerte der Lehrer. „Dein törichtes Gelöbnis wird dich teuer zu stehen kommen."

Josef tat, wie ihm geheißen, und machte dazu die Miene eines Ritters, der eine harte Probe übersteht. Wider alles Erwarten lachte niemand; die Klasse ehrte Josefs standhaften Mut. Und es war wie eine Erlösung, als plötzlich ein Schüler den Arm in die Höhe reckte.

Alle blickten zu ihm hin, sogar der Bär, und der Lehrer fragte freundlich: „Na, Kurt, was hast du uns zu sagen?"

Kurt sprang auf: „Der Bär, Herr Lehrer, hat Bärenkräfte."

„Gut", lobte der Lehrer. „Das ist eine treffliche Bemerkung."

Der Bär schien der gleichen Ansicht zu sein, denn er zerschlug mit einem einzigen Tatzenhieb das Stühlchen, welches neben ihm stand. Dann kauerte er sich wieder zusammen und schaute den Knaben gespannt an.

Kurt stockte, doch ein Kopfnicken des Lehrers ermutigte ihn fortzufahren. „Wenn der Bär angegriffen wird, stellt er sich auf die Hinterbeine." „Ausgezeichnet", murmelte der Lehrer und wandte sich blitzschnell nach dem Bären um, der jedoch liegen blieb, offenbar deshalb, weil ihn niemand angriff. Stattdessen ließ das

gewaltige Tier ein Brummen vernehmen, welches sich recht beifällig anhörte. Von Stolz geschwellt, spielte der Schüler seinen letzten Trumpf aus. „Der Bär", sagte er und betonte jedes Wort, „ist ein Leckermaul. Am liebsten frisst er Honig."

„Aber nicht meinen!" Artur schnellte empor und blickte ängstlich nach dem Schrank, auf dem ein goldgelbes Glas stand. „Wenn ich ihn nicht nach Hause bringe, setzt es Schläge."

Kaum waren die Worte gesprochen, so erhob sich der Bär mit allen Anzeichen lüsterner Gier und ging daran, den Schrank zu ersteigen, wobei ihm ein kleiner Waschtisch, der eigentlich den Lehrern vorbehalten war, gute Dienste leistete. Artur rannte vor, der Lehrer stellte sich ihm in den Weg, andere Schüler sprangen herbei, um den Unbesonnenen zu zügeln – kurzum, es herrschte ein unbeschreiblicher Tumult, den der Bär weidlich[12] ausnutzte, indem

11 Gelöbnis: Versprechen, Schwur

12 weidlich: gehörig, tüchtig

er sich, nunmehr auf dem Schranke sitzend, über den Honig hermachte.
Der Lärm war wohl weithin hörbar geworden; jedenfalls ging die Tür auf und der Leiter der Schule trat ein. Er war in der Tracht Ludwigs des Vierzehnten[13] gekleidet, mit Rücksicht darauf, dass er seine Klasse über die Kriege des Sonnenkönigs unterrichtete. Seine Haltung war derart majestätisch, dass alle ringsum reglos wurden. Selbst der Bär ließ von dem Honig ab und starrte unruhig auf den Ankömmling.
„Was geht hier vor?", sprach eine mächtige Stimme.
Der Lehrer ermannte sich und trat einen Schritt vor: „Wir obliegen[14], Herr Direktor, in diesem Augenblick einem besonders anschaulichen Unterricht. Der Schüler Kurt machte die zutreffende Bemerkung, der braune oder gemeine Bär sei ein Leckermaul und fresse am liebsten Honig. Um solches zu bewahrheiten, stellte der Schüler Artur ein eigens zu diesem Zwecke mitgebrachtes Honigglas zur Verfügung. Was Wunder, dass Meister Petz[15] sogleich die Gelegenheit beim Schopfe ergriff und uns bewies, wie sehr er es verdient, ein Leckermaul genannt zu werden? Dort oben hockt er, Herr Direktor, und ließe es sich auch weiterhin wohl sein, wenn Ihre unverhoffte Dazwischenkunft ihn nicht aufgestört hätte."
Als habe er auf das erlösende Wort gewartet, fuhr der Bär fort, das Glas auszuschlecken. Der Schulleiter sah ihm wohlwollend zu, nickte dann kurz und wandte sich an den Lehrer.
„Ich schätze die Art Ihres Unterrichts sehr, denn sie ist der meinen nicht unähnlich. Will man den Schülern etwas einprägen, so muss man es ihnen anschaulich machen. Das verstehen Sie meisterlich."
Während er zur Tür ging, schrillte die Glocke und kündigte das Ende der Schulstunde an. Der Lehrer lockte den Bären vom Schrank herunter, nahm ihn wieder an die Kette und verließ mit dem Tier das Klassenzimmer. In dieser Weise, je nach den Tieren ein wenig verschieden, nahm für gewöhnlich der Zoologieunterricht seinen Fortgang.

13 Ludwig der Vierzehnte: französischer König (1638–1715), auch „Sonnenkönig" genannt

14 Wir obliegen ... einem ... Unterricht: Wir betreiben ... einen ... Unterricht

15 Meister Petz: Bezeichnung für den Bären (in Fabeln und Märchen)

1 Tauscht euch über eure ersten Leseeindrücke aus, z. B.:
- *Besonders gut gefallen hat mir ...*
- *Mich hat erstaunt, dass ...*
- *Noch nicht verstanden habe ich ...*

2 a Erklärt, weshalb der Lehrer es für sinnvoll hält, Tiere in den Unterricht mitzubringen.
b Was lernen die Kinder in der Stunde über den Bären? Sammelt, was ihr dazu im Text erfahrt.
c Berichtet, was ihr selbst über den Braunbären wisst – aus Sachbüchern, von Zoobesuchen ...

3 Der Bär in der Geschichte kann offenbar die menschliche Sprache verstehen.
a Sucht Beispiele im Text, an denen dies deutlich wird.
b Versucht, euch in den Bären hineinzudenken: Was würde er zum Lehrer und seinen Schülern wohl sagen, wenn er die Menschensprache sprechen könnte? Lasst den Bären in der Ich-Form sprechen, z. B.: *Für mich ist euer Unterricht ...*

4 a Vergleicht die Schule in der Geschichte mit eurer eigenen Schule, z. B. im Hinblick auf Unterrichtsmethoden und auf das Verhalten des Lehrers, der Schüler und des Direktors.
b Diskutiert in der Klasse, ob ihr gerne in diese Schule gehen würdet.

1.3 Fit in ... – Briefe schreiben

Von eurer neuen Schule gibt es sicher viel zu berichten. Schreibt eurer Klassenlehrerin/eurem Klassenlehrer aus der Grundschule, wie es euch auf der neuen Schule gefällt und was ihr schon alles erlebt habt.

1 a Sammelt an der Tafel Ideen für eure Briefe und überlegt, in welcher Reihenfolge ihr von euren Eindrücken und Erlebnissen berichten wollt.
b Schreibt einen ersten Entwurf des Briefes.
c Tauscht eure Briefe mit einem Lernpartner/einer Lernpartnerin aus und prüft, ob alles gut zu verstehen ist. Verbessert gemeinsam die Rechtschreibung und den sprachlichen Ausdruck.

2 a Übertragt euren überarbeiteten Entwurf fehlerfrei und in sorgfältiger Schrift auf einen Bogen Briefpapier. Achtet auf die Tipps im Merkkasten unten auf der Seite (weitere Tipps ► S. 292).
b Schreibt auf den Briefumschlag Adresse und Absender und frankiert den Brief.
c Ihr könnt auch ein Foto von euch in der neuen Schule mit in den Umschlag legen.

Information **Einen Brief schreiben**

- **Briefkopf**
  Das Datum steht rechts oben. Meist wird auch der Ort genannt.
- **Anrede**
- **Anredepronomen**
  Das Anredepronomen ***Sie*** für eine Person, die man siezt, muss in allen Formen großgeschrieben werden (*Sie, Ihnen, Ihr* usw.). Das Anredepronomen ***du*** (*dir, dich, dein* usw.) kann man entweder durchgängig klein- oder durchgängig großschreiben.
- **Gruß** am Ende des Briefes
- **Unterschrift**

Beispiel

Ulm, den 20. September 201X

Liebe Frau Fischer,

ich möchte Ihnen etwas über die ersten Wochen an meiner neuen Schule erzählen und hoffe, dass es Sie interessiert.

...

Mit herzlichen Grüßen

Ihre Anna Köhler

2 Meinungen vertreten – Gesprächе untersuchen

1 Schaut euch das Foto und die Gesprächsbeiträge an. Welche Diskussionen über gemeinsame Unternehmungen gibt es in eurer Klasse? Erzählt davon.

2 Lest noch einmal die Aussagen. Welche ermutigen andere beim Sprechen, welche blockieren das Gespräch? Begründet eure Entscheidung.

3 **a** Sicher kennt ihr Gespräche, die ähnlich verlaufen. Erzählt davon.
b Formuliert Tipps: Wie kann ein Gespräch oder eine Diskussion gelingen?

In diesem Kapitel ...

- entwickelt ihr Gesprächsregeln, die euch helfen, mit unterschiedlichen Meinungen und Streitsituationen umzugehen,
- lernt ihr, eure Meinung zu einem Thema mündlich und schriftlich überzeugend zu begründen,
- lest ihr Geschichten, in denen es um Konflikte und deren Lösungen geht.

2.1 Klassengespräche – Auf die Argumente kommt es an!

Den Klassenraum verschönern – Gesprächsregeln einhalten

Die Klasse 5c will ihren Klassenraum verschönern. Doch was einen Klassenraum freundlicher macht, darüber gibt es unterschiedliche Meinungen.

Johanna: Sagt mal, sollen wir nicht einfach die Wände streichen?

Lena: Ja, könnte man. Aber ich mag am liebsten Pflanzen! Die würden unseren Klassenraum viel freundlicher machen.

Sven: Blöder Vorschlag! Wir sollten lieber einen Schrank anschaffen.

Johanna: Also, jetzt weiß ich immer noch nicht, wie ihr meine Idee findet. Sollen wir nun den Klassenraum neu streichen oder nicht? Schaut doch mal, wie fleckig die alte Farbe ist. An manchen Stellen löst sie sich schon von den Wänden.

Julia: Stimmt, gute Idee. Hellgelb wäre super! Und was haltet ihr davon, wenn wir eine Wand mit Mustern oder Comicfiguren bemalen?

Nikolai: Nein, da bin ich total dagegen. Ich fände es besser, wenn wir Poster aufhängen würden, ...

(Simone fällt Nikolai ins Wort:)

Simone: ... ja, Pferdeposter wären toll!

Nikolai: Stopp, Simone, ich war noch nicht fertig. Ich dachte z. B. an Poster von Fußballspielern. Was meint ihr dazu?

Miriam: Quatsch! Warum macht nicht jeder einfach das, wozu er Lust hat?

1 a Lest oder spielt das Streitgespräch mit verteilten Rollen.
b Welche Schüler halten sich an Gesprächsregeln? Erklärt, was die Personen gut gemacht haben.

2 Sucht die Gesprächsbeiträge heraus, die euch nicht überzeugt haben. Begründet, was euch an diesen Aussagen stört.
Übertragt hierzu die nebenstehende Tabelle in euer Heft und vervollständigt sie.

Beiträge, die nicht überzeugen	Begründung:
Blöder Vorschlag!	*ist beleidigend*
...	...

3 a Überarbeitet in Kleingruppen das Streitgespräch von Seite 28. Die nebenstehenden Tipps helfen euch dabei.
- Formuliert alle Gesprächsbeiträge, die euch nicht überzeugt haben, neu.
- Schreibt das Streitgespräch so weiter, dass alle zufrieden sind.

b Tragt eure überarbeiteten Streitgespräche in der Klasse vor.

Einleitung für eine Meinungsäußerung
- *Ich bin der Meinung, dass ...*
- *Ich finde, dass ...*

Einleitung für einen Gegenvorschlag
- *Ich möchte einen anderen Vorschlag machen.*
- *Ich sehe das anders, weil ...*

Einleitung für einen Kompromiss (Einigung)
- *Ich bin einverstanden, wenn ...*
- *Ich möchte einen Kompromiss vorschlagen.*

4 a Tauscht euch darüber aus, warum Gesprächsregeln in der Klasse wichtig sind.
b Vereinbart Gesprächsregeln für eure Klasse und haltet sie auf einem großen Plakat fest. Geht so vor:

Methode **Ein Plakat mit Gesprächsregeln gestalten**

1. Bildet Gruppen aus jeweils vier bis fünf Schülerinnen und Schülern.
2. Jedes Gruppenmitglied schreibt drei Regeln, die er oder sie für besonders wichtig hält, auf eine große Karteikarte.
3. Stellt eure Regeln in der Gruppe vor und begründet, warum ihr sie wichtig findet.
4. Einigt euch in der Gruppe auf die drei wichtigsten Gesprächsregeln. Schreibt jede der drei Regeln in großer Schrift jeweils auf eine Karteikarte.
5. Jede Gruppe befestigt ihre Regelkarten an der Tafel oder der Wand.
6. Ordnet dann gemeinsam die Regelkarten und legt fest, welche Regeln für euch am wichtigsten sind:
   - Auf welchen Karten stehen gleiche oder ähnliche Regeln? Diese Regeln halten die meisten von euch für sehr wichtig.
   - Über die übrigen Regeln müsst ihr diskutieren. Welche sollen zu euren Gesprächsregeln gehören, welche nicht?
7. Überlegt genau, wie ihr eure Regeln formulieren wollt. Schreibt sie auf ein großes Plakat, das ihr in der Klasse aufhängt.

Gesprächsregeln der Klasse 5 ...

1. Andere ausreden lassen!
2. ...

Gesprächsregeln der Klasse 5 ...

1. Wir lassen jeden/jede ausreden.
2. ...

Vorschläge äußern – Sprechen und Zuhören üben

1 a Mit welchen Formulierungen könnt ihr ausdrücken, dass euch ein Vorschlag oder eine Meinung gut gefällt oder nicht zusagt? Legt eine Tabelle an oder bastelt einen Wortschatzfächer. Im Wortspeicher unten findet ihr Hilfen.

> für richtig/falsch halten • Standpunkt • für (nicht) überzeugend halten • genauso/anders sehen • Auffassung • zustimmen/ablehnen • Meinung • (nicht) nachvollziehen können

b Diskutiert mit einem Partner/einer Partnerin über ein Thema, das euch interessiert. Verwendet die Formulierungen aus eurer Tabelle oder eurem Wortschatzfächer.

2 In einem Gespräch ist es auch wichtig, sich gegenseitig gut zuzuhören, denn nur dann könnt ihr an die Beiträge eurer Gesprächspartner anknüpfen. Übt das richtige Zuhören.

a Bildet Gruppen mit jeweils vier bis fünf Schülern. Jeder von euch notiert, welche Veränderung er sich an der Schule wünscht, z. B.:
Ich wünsche mir ...   Ich hätte gerne ...   Mir fehlt ...

b Zwei Gruppenmitglieder sprechen nun über mögliche Veränderungen an der Schule und probieren hierbei die Methode des Echo-Spiels aus (siehe unten). Die anderen Gruppenmitglieder übernehmen die Beobachterrolle und notieren, ob die Spielregeln befolgt wurden.

> **Timo:** *Ich wünsche mir im Pausenhof einen Basketballkorb. Dann könnten wir uns etwas bewegen ...*
> **Nora:** *Timo ist der Ansicht, dass auf dem Pausenhof ein Basketballkorb stehen sollte. Er meint, dann ... Ich finde diesen Vorschlag gut, weil ...*

c Tauscht die Rollen und führt eine zweite Übungsrunde durch.

Methode **Das Echo-Spiel**

Beim Echo-Spiel könnt ihr das „aktive" Zuhören trainieren. Bevor ihr selbst einen neuen Beitrag in das Gespräch einbringt, wiederholt ihr in eigenen Worten, was euer Vorredner oder eure Vorrednerin gesagt hat. Wenn ihr nicht sicher seid, ob ihr ihn oder sie richtig verstanden habt, fragt noch einmal nach. Zeigt auch mit Blicken, Mimik, Gestik (▸ S. 150) und Körperhaltung, dass ihr aufmerksam zuhört.

Wohin geht der Klassenausflug? – Meinungen begründen

Julia: Mein Vorschlag: Wir fahren nach Friedrichshafen ins Schulmuseum. Das ist interessant und spannend. Ich bin schon mal dort gewesen. Man sieht z. B., wie die Klassenzimmer in früheren Zeiten ausgesehen haben.

Kim: Museum? Wen interessiert das denn? Hast du keine bessere Idee?

Julia: Nach dem Museumsbesuch könnten wir noch kurz in die Stadt gehen oder sogar eine Bootsfahrt machen. Friedrichshafen liegt ja am Bodensee.

Timo: Museum? – Total langweilig!

Florian: Dann schlag du doch etwas vor!

Timo: Klettern oder schwimmen oder in einen Freizeitpark gehen, das wäre cool.

Philip: Mir gefällt die Idee, klettern zu gehen. Ich habe gehört, dass es Hochseilgärten gibt, die sogar ein spezielles Programm für Kinder und Jugendliche anbieten. Wir machen dann als Klasse etwas zusammen, das stärkt das Gemeinschaftsgefühl.

Miriam: Klettern? – Nee, keine Lust.

Philip: Wie sehen das die anderen? Ich finde das blöd von dir, Miriam, dass du nicht mitmachen willst. Wir sind schließlich eine Klasse.

Ayla: Lasst uns doch einen Kompromiss finden! Wir könnten zum Beispiel ...

1 a Lest das Gespräch aus der 5c mit verteilten Rollen. Erklärt, um welches Thema es in diesem Klassengespräch geht und was hier strittig ist.
b Welche Personen haben ihren Standpunkt gut begründet? Erläutert, woran ihr das erkennt.
c Besprecht, welchen Kompromissvorschlag Ayla machen könnte.

2 a Welche Ausflugsziele würden euch gefallen? Tauscht euch zu zweit darüber aus und einigt euch auf einen gemeinsamen Vorschlag.
b Schreibt euren Vorschlag auf und begründet ihn, z. B:
Wir schlagen vor, dass wir mit der Klasse .... weil wir dort ... kennen lernen können.
Außerdem kann man dabei ...
c Stellt eure Vorschläge in der Klasse vor. Sprecht darüber, welche ihr besonders überzeugend findet. Begründet eure Einschätzungen.

Information **Meinungen und Vorschläge begründen**

In einem Gespräch oder einer Diskussion gibt es oft unterschiedliche Meinungen und Vorschläge zu einem Thema.
Um andere zu überzeugen, braucht man gute **Begründungen (Argumente),** z. B.:
Ich bin der Meinung, dass wir in den Zoo fahren sollten, weil man dort viele Tierarten kennen lernen kann.
Wir sollten unseren Klassenraum streichen, denn die alte Farbe hat Flecken.

Eine Begründung (ein Argument) kann man z. B. mit folgenden Wörtern **einleiten:**
weil, da, denn, deshalb.

Die folgenden Meinungsäußerungen stammen von Schülerinnen und Schülern der 5c.

1. *Wir sollten mit der Klasse in das Sea Life fahren, weil das gut zum Biologieunterricht passt.*
2. *Jch bin dafür, dass wir mit der Klasse auf den Weihnachtsmarkt gehen.*
3. *Blumen im Klassenraum sind meiner Ansicht nach völlig überflüssig!*
4. *Lasst uns für die Klasse Bälle anschaffen, denn dann können wir in den Pausen Ball spielen.*
5. *Eine Lesenacht in der Aula unserer Schule fände ich klasse! Wir hätten viel Spaß und unsere Klassengemeinschaft würde besser.*

3 a Welche der Meinungen werden begründet? Übertragt sie in euer Heft und unterstreicht die Begründungen.
b Schreibt auch die übrigen Sätze ins Heft. Ergänzt sie mit einer überzeugenden Begründung.

4 a Sammelt Themen, über die ihr in eurer Klasse diskutieren möchtet, z. B.:

neue Sitzordnung in der Klasse • Einrichtung einer Klassenkasse • Lesenacht im Schulhaus • Planung einer Klassenparty • Ordnungsdienste (z. B. Tafel putzen, Blumen gießen usw.)

b Stimmt ab, zu welchem Thema ihr eine Klassendiskussion durchführen wollt.

5 Bereitet euch auf die Klassendiskussion vor:
a Schreibt die Streitfrage, um die es gehen soll, an die Tafel.
b Notiert eure Meinung und formuliert drei Begründungen (Argumente) dafür.
c Einigt euch darauf, wer die Diskussion leiten soll.
d Wählt vier bis fünf Beobachter, die eure Diskussion mit Hilfe eines Beobachtungsbogens genau verfolgen.
Übertragt den Bogen in euer Heft.

Streitfrage: Sollen wir eine Klassenkasse einrichten?

Meine Meinung
Jch bin für die Einrichtung einer Klassenkasse.

Meine Begründungen (Argumente)
- *... denn wir können mit dem Geld gemeinsame Unternehmungen finanzieren.*
- *... weil ...*

Beobachtungsbogen zum Thema ...	☺	😐	☹	**Beispiele aus der Diskussion**
Sind Gesprächsregeln eingehalten worden?	X	?	?	*Alle konnten ausreden.*
Sind die unterschiedlichen Standpunkte deutlich geworden?	?	?	?	...
Wurden die Standpunkte durch Argumente begründet?	?	?	?	...

6 a Führt die Klassendiskussion durch.
b Wertet die Beobachtungsbögen aus und besprecht, wie eure Diskussion verlaufen ist.

Museum oder Seilgarten? – Einen Vorschlag begründen

In der Klasse 5 c wurden inzwischen unterschiedliche Ausflugsziele für den Wandertag vorgestellt. Das sind die Favoriten:

A Eine Fahrt in das Schulmuseum in Friedrichshafen mit anschließender Schifffahrt auf dem Bodensee

B Ein Besuch in einem Seilgarten

Da es für kein Ziel eine klare Mehrheit gibt, soll die Klassenlehrerin entscheiden. Beide Parteien wollen ihr einen Brief schreiben und sie von ihrem Vorschlag überzeugen. Jens und Julia haben schon Informationen zusammengestellt, um gute Argumente zu finden:

Informationen zum Schulmuseum Friedrichshafen am Bodensee
Lernen mit Federkiel, Griffel oder Laptop: Im Schulmuseum wird Schulgeschichte von der Klosterschule (ca. 800 n. Chr.) bis in die heutige Zeit lebendig. Die Besucher erfahren z.B. etwas über Lehr- und Lernmittel, Zeugnisse und Strafen. Im Mittelpunkt stehen drei Klassenzimmer in der Originaleinrichtung aus den Jahren 1850, 1900 und 1930. Es gibt spezielle Führungen für Schulklassen und man kann in den Schulräumen lesen, schreiben oder Schule spielen.
Eintrittspreis: 2€ pro Person mit Führung. Entfernung Museum – Hafen: 20 Minuten zu Fuß.

Informationen zu Seilgärten
Seilgärten sind Anlagen aus Stämmen oder Masten, Seilen und Brücken. Sie befinden sich meistens in der freien Natur. Bei verschiedenen Übungen müssen die Teilnehmenden unterschiedliche Hindernisse überwinden und so von einem Stamm zum anderen gelangen.
Die benötigte Ausrüstung wird gestellt, festes Schuhwerk muss mitgebracht werden. Geschulte Trainerinnen und Trainer weisen die Teilnehmenden ein und betreuen und trainieren sie während des gesamten Parcours. Es gibt viele Seilgärten, die für Schulklassen spezielle Programme anbieten. Die Kosten für einen halben Tag betragen zwischen 20 und 30€ pro Person.

1 Stellt euch vor: Euer Klassenausflug steht bevor und ihr müsst euch für eines der Ziele entscheiden.

a Lest die Informationen aufmerksam durch. Welches Ausflugsziel gefällt euch besser? Erstellt ein Meinungsbild.

b Findet Begründungen für euren Vorschlag. Übernehmt dazu die Tabelle in euer Heft und ergänzt sie mit Hilfe der oben stehenden Informationen.

Vorschlag	Begründungen: Warum?
Ich bin für einen Ausflug in ...	*1. ..., weil wir dort ...* *2. ...* *3. ...* *4. ...*

2 Schreibt gemeinsam einen Brief an eure Klassenlehrerin oder euren Klassenlehrer, in dem ihr drei Begründungen für euer Lieblingsausflugsziel anführt. Geht so vor:

a Bildet Gruppen aus vier bis fünf Personen, die sich für das gleiche Ausflugsziel entschieden haben.

b Einigt euch auf drei Begründungen (▸ S. 33, Aufgabe 1 b), die für euer Ausflugsziel sprechen.

c Schreibt euren Brief. Die Vorlage und die Formulierungshilfen unten helfen euch dabei.

Ort und Datum	*Freiburg, den 4. Oktober 201X*
Anrede	*Sehr geehrte Frau ...,/Sehr geehrter Herr ...,*
Einleitung: Situation beschreiben	*Wir haben lange darüber diskutiert ...*
Hauptteil: Vorschlag und Begründung 1 Begründung 2 Begründung 3	*Wir finden, dass wir mit der Klasse in ...* *Das schlagen wir vor, weil ...* *Außerdem ...* *Ein weiteres Argument für dieses Ausflugsziel ist ...*
Schluss: Bitte oder Wunsch zusammenfassen	*Wir würden uns sehr freuen, wenn Sie unseren Vorschlag unterstützen würden und wir ...*
Grußformel	*Mit freundlichen Grüßen*
Unterschrift(en)	*Julia Theml, Florian Krämer, Isabel Rodríguez*

Information **Einen Vorschlag schriftlich begründen: Formulierungshilfen**

1 So könnt ihr eure Meinung einleiten:
- *Wir sind der Meinung, dass ...*
- *Unser Standpunkt ist ...*
- *Wir finden, ...*
- *Wir sind der Ansicht, ...*

2 So könnt ihr eure Begründungen (Argumente) einleiten:
- *Eine Begründung für ... ist ...*
- *Außerdem spielt noch ... eine Rolle.*
- *Ein weiterer Grund für ... ist ...*
- Einleitungswörter für Begründungen: *weil, da, denn, deshalb*

3 So könnt ihr eure Meinung, euren Wunsch oder eure Bitte zusammenfassen:
- *Wir würden uns freuen, wenn Sie unseren Vorschlag unterstützen würden.*
- *Wir wären Ihnen sehr dankbar, wenn ...*
- *Wie Sie sehen, spricht vieles für ...*

3 a Tragt eure Briefe in der Klasse vor. Die anderen Gruppen hören gut zu und überprüfen das Schreiben mit Hilfe der Checkliste unten.

b Besprecht, was an euren Briefen gut gelungen ist und was noch verbessert werden muss.

Checkliste

Einen Vorschlag begründen
- Die Meinung (der Vorschlag) ist deutlich formuliert.
- Es werden drei Begründungen genannt.
- Die Begründungen sind überzeugend.
- Am Schluss wird die Meinung oder die Bitte noch einmal zusammengefasst.

Teste dich!

Meinungen begründen

1 Gesprächsregeln sind nicht nur in der Klasse, sondern auch für andere Gespräche und Diskussionen wichtig.

a Schreibe drei Gesprächsregeln auf, die du für besonders wichtig hältst.

b Begründe kurz schriftlich, warum diese Gesprächsregeln wichtig sind.

2 Untersuche die folgenden kurzen Dialoge und notiere für jeden,

- wer die Dialogpartner sein könnten (z. B. zwei Schüler, Schüler/-in und Lehrer/-in, ...),
- über welches Thema die Dialogpartner diskutieren. Vervollständigt hierzu den folgenden Satz:

Die Dialogpartner sind sich darüber uneinig, ...

Dialog 1	„Ich denke, in unserer Klasse sollten wir die Tische in U-Form aufstellen." „Aber ich arbeite gerne in Gruppen. Dabei sind Gruppentische praktischer."
Dialog 2	„Wenn alle eine ähnliche Kleidung tragen würden, dann gäbe es weniger Hänseleien in unserer Klasse." „Aber jeder sollte doch das anziehen, was ihm persönlich gefällt."
Dialog 3	„Tja, wenn ihr heute konzentrierter gearbeitet hättet, dann hättet ihr weniger Hausaufgaben auf!" „Das ist ungerecht. Wir haben schon so viel für Englisch auf und morgen außerdem sieben Stunden Unterricht."

3 a Welche der folgenden Aussagen findest du überzeugend formuliert, welche nicht? Schreibe die Buchstaben in dein Heft und begründe deine Entscheidung kurz, z. B.:

A: Diese Aussage finde ich nicht überzeugend formuliert, weil ...

A Ich möchte keine Gruppentische für unsere Klasse. Diese Sitzordnung gefällt mir persönlich nicht.

B Eine gemeinsame Übernachtungsaktion der Klasse am Wochenende? Nein danke!

C Mir würde es gefallen, wenn wir eine gemeinsame Lesenacht veranstalten würden. Denn dann könnten wir uns besser kennen lernen und etwas Gemeinsames planen und durchführen.

D Die einzige sinnvolle Anschaffung für die Klasse wäre ein neuer PC. Der wäre echt cool.

b Formuliere die weniger überzeugenden Aussagen neu, sodass die Meinungen begründet werden.

4 Alles richtig? Überprüfe und korrigiere gemeinsam mit einem Partner oder einer Partnerin deine Ergebnisse aus den Aufgaben 1 bis 3. Wenn ihr zu unterschiedlichen Lösungen gekommen seid, geht noch einmal gemeinsam die Aufgabenstellung und eure Ergebnisse durch.
Fragt in Zweifelsfällen bei eurer Lehrerin oder eurem Lehrer nach.

2.2 Sich streiten, sich verständigen – Gespräche untersuchen

1 Der Text, mit dem ihr euch in diesem Kapitel beschäftigt, stammt aus dem Jugendroman „Man darf mit dem Glück nicht drängelig sein".

a Überlegt zunächst selber, was ihr mit „Glück" verbindet: *Glück ist, wenn ...* Schreibt zwei bis drei Ergänzungen des Satzes auf schmale Zettel – pro Zettel eine Ergänzung.

b Sammelt alle Zettel in einer Büchse oder in einem Topf ein. Geht dann durch die Klasse und lasst jeden Schüler/jede Schülerin einen Zettel aus diesem „Glückstopf" ziehen.

c Überlegt, was die Aussage auf eurem Zettel bedeutet. Erfindet dazu eine Situation oder eine kurze Geschichte und erzählt sie in der Klasse.

2 Welche Erwartungen verbindet ihr mit dem Titel des Buches „Man darf mit dem Glück nicht drängelig sein"? Sprecht darüber in der Klasse.

Kirsten Boie

Man darf mit dem Glück nicht drängelig sein

Anna (fast 11), Magnus (7) und Linnea (4) leben bei ihrer allein erziehenden Mutter. Weil diese eine Fortbildung machen muss, fahren die Kinder in den großen Ferien mit ihrem Vater nach Schweden. Dort haben sie ein Ferienhaus gemietet, das mitten in einem Birkenwald an einem kleinen See liegt, in dem man schwimmen und angeln kann. Anna ist glücklich, bis auf einmal auch Friedrich, der 12-jährige Sohn von Papas neuer Frau, dazukommt.

Am See scheint die Sonne so heiß, dass Anna nicht versteht, warum Papa immer nach Ibiza will, und das Licht funkelt auf dem Wasser, dass sie sich eigentlich ganz glücklich fühlen müsste.

„Ich hab ja genug starke Kinder mit", sagt Papa und setzt sich auf die hintere Bank. „Da brauch ich ja bestimmt nicht zu rudern", und er guckt Anna auffordernd an.

Aber Anna tut, als ob sie ihn gar nicht gehört hat. So weit kommt es noch, dass sie diesen Friedrich durch die Gegend rudert. Der soll sich mal selber anstrengen mit seinen mageren Armen, vielleicht kriegt er dann wenigstens ein paar Muskeln.

Und Friedrich setzt sich tatsächlich auf die Ruderbank. „Ich kann das machen", sagt er und greift nach den Rudern, und Anna denkt, wie komisch das Leben ist, weil sie das nun auch wieder nicht so gerne möchte. Zum Rudern soll der viel zu blöd sein.

„Ich setz mich daneben, Friedrich, ich erklär dir das", sagt Magnus und wirft Anna einen schnellen Blick zu. „Dann ruder ich auch mal." Anna guckt auf Friedrichs bleiche Arme und auf Friedrichs bleichen Nacken und sie merkt, wie sie allmählich ein kleines bisschen fröhlicher wird.

Jedenfalls wird er einen teuflischen Sonnenbrand kriegen, denkt sie zufrieden. So hat eben alles auch sein Gutes.

Dann sind sie draußen auf dem See und Magnus hält die Angel ins Wasser, ganz ohne Köder, und Linnea lässt Linni[1] ein bisschen baden, aber nur mit den Füßen.

„Nicht, dass du mir nachher wieder reinfällst, ungezogenes Kind", sagt sie und gibt Linni vorsichtshalber ein paar vorbeugende Klapse auf den Po. „Nochmal rettet dein Onkel dich nicht."

„Nee, tut er nicht", sagt Magnus freundlich. Seine Angel treibt neben dem Boot im Wasser und Friedrich rudert, und Papa sieht fast so aus, als ob er schläft.

Aber dann ist der Frieden ganz plötzlich zu Ende.

„Da ist einer dran!", schreit Linnea und zeigt so aufgeregt auf den Schwimmer, dass das Boot ordentlich schaukelt. „Guck doch mal, Magnus!"

Und jetzt sieht Magnus es auch und auf seinem Gesicht breitet sich Panik aus, wilde, grausame Panik, während er ganz schnell die Schnur einzuholen versucht.

„Papa!", schreit Magnus, „Papa!"

Und Papa schnappt sich die Angel und kurbelt wie verrückt, und dann liegt der Fisch auch schon im Boot, ein kleiner, ein bisschen roter Fisch mit einem Haken in der Unterlippe; der schnappt schnell und wild nach Luft und sein Herz kann man durch die Schuppen schlagen sehen.

„Hilf ihm doch, Papa!", schreit Magnus. „Hilf ihm doch, Papa!"

Und Papa hebt den Fisch hoch und reißt ihm mit geübten Fingern den Haken aus der Unterlippe, dass ein Blutstropfen kommt, ein ganz kleiner Blutstropfen. Bisher hat Anna gar nicht gewusst, dass Fische genauso bluten können wie Menschen.

„Na siehst du, so wird das gemacht!", sagt Papa und hält Magnus den Fisch am Schwanz hin, dass der sich windet und zappelt und schnappt, und Anna denkt, dass ein Fisch eigentlich auch richtig lebendig ist, und das hat sie natürlich gewusst, nur darüber nachgedacht hat sie nie.

1 Linni ist Linneas Puppe.

„Und jetzt wollen wir ihn auch ganz schnell erlösen“, sagt Papa und lächelt Magnus zu. „Du siehst ja, wohl fühlt er sich nicht.“
Magnus schüttelt nur stumm den Kopf. Er ist noch immer voller Schrecken, weil er doch schuld ist an all diesem Elend, er, Magnus, der extra ohne Köder geangelt hat, und nun hat der dumme kleine Fisch doch angebissen.
„Ja, tu ihn wieder rein, Papa, tu ihn schnell wieder rein!“, sagt Magnus, und seine Stimme zittert ein bisschen, weil alles so schrecklich war und weil er so furchtbare Angst gehabt hat, aber jetzt ist zum Glück alles gut.
„Reintun?“, sagt Papa verblüfft. „Sag mal, spinnst du?“ Und mit einem kurzen, harten Schwung schlägt er den Fisch gegen den Bootsrand, und es hilft gar nichts mehr, dass Magnus immerzu „nein, Papa, nein!“ brüllt, „nein, Papa, das darfst du nicht!“: Der Fisch liegt schon ganz ruhig auf dem Boden und zappelt nicht mehr und glotzt nur noch stumm und unter seinen Schuppen ist das Herz ganz still.
Da hebt Magnus seine Fäuste und trommelt gegen Papas Brust, Magnus, der doch immer so lieb und so ruhig und so verständig ist, und er heult so laut, dass man es bestimmt am ganzen Ufer hören kann, verzweifelt und schrecklich; und dabei schaukelt das Boot, als ob es gleich umkippen will.
„Magnus!“, schreit Papa. Endlich hat er die Fäuste gepackt und hält sie fest und drückt Magnus hart auf die Ruderbank. „Nun beruhige dich doch mal!“
Da wird Magnus plötzlich wirklich ganz still und seine Schultern sacken nach vorne. Er schluchzt nicht einmal mehr. Aber den Kopf hat er zur Seite gedreht, damit er nicht auf den Boden sehen muss, wo der Fisch jetzt liegt, tot und still, und Magnus mit seiner Angel ist schuld.
Linnea seufzt. „Nun ist er ausgestorben“, sagt sie nachdenklich. „Stell dir mal vor, Magnus. Und ich ess den nicht.“

Papa guckt sie böse an. „Mein Gott, was seid ihr für Kinder!“, sagt er ärgerlich. „Dazu sind Fische schließlich da!“
„Bist du ganz sicher, Herr Schulze?“, sagt Linnea vorwurfsvoll. „Das hat Anna bei den Maden auch gesagt. Und nachher wollten die Fliegen werden.“
Papa guckt Magnus an, der immer noch dasitzt, als ob er nichts hört und nichts sieht und nichts denkt. Und als ob er nichts fühlt. Das vor allem.
„Ich jedenfalls ess den nachher“, sagt Papa energisch. „Ihr könnt ja tun, was ihr wollt.“
Linnea nickt. „Ich ess den nicht, wenn der mal lebendig war“, sagt sie streng. „Du alter Menschenfresser. Ich ess wieder Klößchen.“
„Ach nein, tust du das?“, sagt Papa gnadenlos. „Das waren mal Schweine. Oder hast du geglaubt, die wachsen an Bäumen?“
Linnea starrt ihn böse an. „Und Schokolade?“, sagt sie angriffslustig. „Was war die früher mal?“
Da sieht Anna, wie Friedrich seinen Arm um Magnus' Schulter legt, ganz vorsichtig. Auf den Gedanken hätte sie eigentlich auch kommen können.

1 **a** Formuliert Überschriften für die Handlungsschritte und schreibt sie in euer Heft.
1. Ausflug an den See *2. Friedrich rudert das Boot* *3. ... ...*
b Nennt Textstellen, an denen es um das Thema „Glück“ geht. Begründet eure Auswahl.

2 In der Geschichte spielen auch Streit und Konflikte zwischen den Personen eine Rolle. Stellt zusammen,
- zwischen welchen Personen ein Konflikt besteht,
- welche Gründe es dafür gibt,
- wie sich der Konflikt oder der Streit entwickelt und wie er ausgeht.

3 Anna und Friedrich halten sich aus dem Streit zwischen Magnus und Papa ganz heraus.

a Aus welchen Gründen könnten sie sich so verhalten? Entscheidet euch, welche der Adjektive im folgenden Kasten am besten passen. Begründet eure Meinung. Ihr könnt auch selbst Adjektive vorschlagen.
Anna hat sich nicht eingemischt, denn sie ist ... Friedrich hat sich nicht eingemischt, denn er ist ...

> klug • vernünftig • vorsichtig • feige • gleichgültig • friedfertig • unsicher • schüchtern • neutral

b Wie hättet ihr euch an Annas Stelle verhalten, wie an Friedrichs? Erzählt.

c Stellt euch vor, Anna oder Friedrich hätten in den Streit eingegriffen und ihren Standpunkt mit Argumenten dargelegt. Entwerft das Gespräch. Lest dazu zunächst die folgenden Situationskarten und vervollständigt in eurem Heft die Rollenkarten für Anna und Friedrich.

Situationskarte 1 (Z. 45–89)
- *An Magnus' Angel hat ein Fisch angebissen.*
- *Magnus will, dass Papa den Fisch ins Wasser zurückwirft und ihm das Leben rettet.*
- *Papa findet, dass Magnus spinnt. Er will den Fisch töten.*

Rollenkarte für Anna
- *Annas Standpunkt:*
  ...
- *Annas Argumente:*
  ...

Situationskarte 2 (Z. 117–141)
- *Linnea will den getöteten Fisch nicht essen.*
- *Sie glaubt nicht, dass Fische dazu da sind, gegessen zu werden.*
- *Papa ist der Ansicht, dass Fische dazu da sind, gegessen zu werden.*

Rollenkarte für Friedrich
- *Friedrichs Standpunkt:*
  ...
- *Friedrichs Argumente:*
  ...

d Spielt die Szene mehrmals in eurer Gruppe durch und besetzt in jeder Runde die Rollen neu.

e Präsentiert eure Rollenspiele in der Klasse. Legt einen Beobachtungsbogen an und macht euch darauf Notizen zu folgenden Aspekten:
1. *Auffällige Äußerungen und Tonfall*
2. *Auffällige Mimik und Gestik* (▸ S. 150)
3. *Gestaltung des Schlussteils*
4. *War das Spiel glaubhaft? Warum?*

4 Tauscht euch über eure Rollenspiele aus. Diskutiert über die unterschiedlichen Möglichkeiten, den Schluss zu gestalten. Bleibt beim Kritisieren fair und haltet euch an eure Gesprächsregeln (▸ S. 29).

Fordern und fördern – Die eigene Meinung begründen

Rat und Tat gefragt!

Nach dem missglückten Angelausflug beschließen Magnus und Friedrich, den Fisch aus dem Kühlschrank zu nehmen und hinter dem Haus zu begraben. Die Stimmung ihres Vaters wird davon nicht besser und er eröffnet den Kindern: „Ich sehe keinen Grund, mich noch weiter darum zu bemühen, dass ihr angeln könnt. Und baden könnt ihr auch allein."
Darüber denkt Anna nach. Wie kann sie Papa davon überzeugen, weiterhin mit den Kindern Ausflüge an den See zu machen? Sie ist ratlos. Vielleicht kann ihr eine Freundin oder ein Freund helfen? Auf Papas Laptop schreibt sie eine kurze Mail, in der sie schildert, was vorgefallen ist.

●●● **1** Stellt euch vor, ihr seid mit Anna befreundet und bekommt ihre Mail. Überlegt, wie ihr selbst ihr Problem beurteilt und welchen Ratschlag ihr geben könntet. Verfasst eine Antwort-Mail an Anna.
Geht so vor:

a Führt euch die Situation beim Angelausflug noch einmal vor Augen. Macht euch Notizen zu folgenden Fragen: Wer war dabei? Was ist passiert? Wie haben sich die verschiedenen Personen verhalten? Warum haben sie sich so verhalten?

▷ Wenn ihr Hilfe zu dieser Aufgabe braucht, dann schaut auf S. 41 nach: Hilfe zu Aufgabe 1a.

b Wie denkt ihr selber über Annas Problem? Was möchtet ihr ihr raten? Formuliert knapp euren persönlichen Standpunkt.

▷ Ihr möchtet eine Hilfestellung? Ihr findet sie auf S. 41: Hilfe zu Aufgabe 1b.

c Findet mindestens zwei Argumente für eure Meinung.

▷ Hilfe zu dieser Aufgabe findet ihr auf S. 41: Hilfe zu Aufgabe 1c.

d Schreibt nun die Mail an Anna, in der ihr eure Meinung klar ausdrückt und mit mindestens zwei Argumenten begründet.
Tipp: Ihr könnt die E-Mail handschriftlich auf einem Blatt Papier entwerfen oder sie am Computer schreiben und ausdrucken.

▷ Ihr seid unsicher, wie ihr eine E-Mail aufbauen sollt? Dann lest die Hinweise auf S. 41, Hilfe zu Aufgabe 1d.

2 Tauscht eure Mails mit einem Lernpartner oder einer Lernpartnerin aus. Gebt euch Rückmeldung: Was hat euch besonders gut gefallen, was könnte man noch verbessern?

3 Schreibt für Anna eine Antwort-Mail an den Freund oder an die Freundin.

●●○ **Hilfe zu Aufgabe 1**

a Lest den Text noch einmal genau und überlegt, worüber sich Annas Papa aufgeregt hat. Betrachtet dazu die Ergebnisse aus Aufgabe 2 auf S. 39.

b Ihr wisst nicht, was ihr von Annas Problem halten sollt? Entscheidet euch für eine der folgenden Aussagen oder formuliert eine andere Lösung.

- *Ich bin der Meinung, der Vater sollte weiterhin Ausflüge mit den Kindern machen.*
- *Ich finde, dass die Kinder erst einmal alleine Ausflüge machen sollten.*
- ...

c Formulierungshilfen für eure Argumente:

Eine Begründung für meinen Vorschlag/meinen Standpunkt/meinen Ratschlag ist ...
Eine Rolle spielt, dass ...
Ein Grund für ... ist ...

Einleitungswörter für Argumente sind z. B.: *weil, da, denn, deshalb*.

d Nach dieser Vorlage kannst du dich beim Schreiben deiner E-Mail richten:

Anrede	Liebe Anna,
Einleitung:	danke für deine Mail. Ich sehe, dass du in einer schwierigen Situation bist.
Hauptteil: Meinung und Begründung 1 Begründung 2	Gerne möchte ich dir einen Ratschlag geben: Meiner Meinung nach solltest du ... Hier sind meine Argumente: .../Für meinen Vorschlag spricht erstens ..., zweitens ...
Schluss: Wunsch / Vorschlag	Ich hoffe, dass ...
Grußformel	Herzliche Grüße
Unterschrift	dein/deine ...

2.3 Konflikte lösen – Gespräche spielen

Susanne Kilian

Kindsein ist süß?

Tu dies! Tu das!
Und dieses lass!
Beeil dich doch!
Heb die Füße hoch!
Sitz nicht so krumm!
Mein Gott, bist du dumm!
Stopf 's nicht in dich rein!
Lass das Singen sein!
Du kannst dich nur mopsen!
Hör auf zu hopsen!
Du machst mich verrückt!
Nie wird sich gebückt!
Schon wieder 'ne Vier!
Hol doch endlich Bier!
Sau dich nicht so ein!
Das schaffst du allein!
Mach dich nicht so breit!
Hab jetzt keine Zeit!
Lass das Geklecker!
Fall mir nicht auf den Wecker!
Mach die Tür leise zu!
Lass mich in Ruh!

Kindsein ist süß?
Kindsein ist mies!

1 Wählt eine der Äußerungen aus dem Gedicht aus. Legt Situations- und Rollenkarten an (▸ S. 39). Spielt eine Auseinandersetzung und lasst diese mit einer Lösung enden.

Volker Ludwig, Reiner Lücker und das GRIPS-Ensemble

Aufräumen

Das Zimmer ist in Unordnung. Klaus und Trixi liegen auf dem Boden, mit den Füßen gegeneinander spielen sie „Fahrradfahren". Annemarie klingelt draußen an der Haustür.

TRIXI: Is offen!

ANNEMARIE *(kommt herein)*: Warum wart ihr denn nicht mit schwimmen?

KLAUS *(bleibt mit Trixi auf dem Boden liegen)*: Wir müssen aufräumen.

TRIXI: Weil ein Mann zu Besuch kommt.

ANNEMARIE: Aber ihr räumt ja gar nicht auf!

TRIXI: Mutti kommt erst in 'ner Stunde.

KLAUS: Musst du gleich nach Hause?

ANNEMARIE: Nöö ...

KLAUS *(springt auf)*: Prima! Dann könnt ihr beide ja aufräumen!

TRIXI: Bei dir piept 's wohl?

KLAUS: Wieso? Ihr kriegt auch 'n Kaugummi.

TRIXI: Ach nee!

ANNEMARIE: Jeder von uns? Trixi, dann räumen wir auf. Jungen sind doch viel zu ungeschickt zum Aufräumen.

KLAUS: Genau! Die schmeißen nur alles runter! *(Er schmeißt nacheinander Hefte auf den Fußboden.)* Siehste?

ANNEMARIE: Das war aber Absicht!

TRIXI: Du merkst auch alles.

KLAUS: Ich weiß gar nicht, wo was hingehört!

TRIXI: Ich auch nicht.

ANNEMARIE: Wenn Besuch kommt, müssen wir aufräumen, Trixi. Mein Papi will auch immer, dass alles schön aufgeräumt ist.

1 a Mit welchen Äußerungen wollen sich Klaus, Trixi und Annemarie gegenseitig zum Aufräumen bewegen? Erklärt, warum ihr die Äußerungen überzeugend oder nicht überzeugend findet.
b Schreibt das Gespräch zu Ende.
c Besprecht, wer sich in euren Texten aus welchem Grund durchsetzt.

3 Das glaubst du nicht! – Spannend erzählen

1 a Schaut euch das Bild genau an und beschreibt, was ihr seht.
b Stellt euch vor, ihr seid das Kind auf dem Bild, und erzählt die Geschichte einem Mitschüler oder einer Mitschülerin.
c Welche Tipps zum Erzählen von Geschichten kennt ihr bereits?

In diesem Kapitel ...

– erzählt ihr lebendig und anschaulich von Erlebnissen,
– baut ihr eine Geschichte so auf, dass sie spannend wird,
– lest und schreibt ihr Gespenstergeschichten so, dass man sich gruselt.

3.1 Abenteuer im Alltag – Erlebnisse erzählen

Eine Erzählung gut aufbauen

In den Sommerferien hatte Nico ein ungewöhnliches Erlebnis, das er aufgeschrieben hat. Leider sind ihm seine Notizen durcheinandergeraten.

A „Puh ... noch ein solches nächtliches Erlebnis und ich wünsche mir doch lieber etwas Langeweile", seufzte meine Schwester, als wir nach der erfolgreichen Rettungsaktion wieder in unseren Betten lagen und nur noch das Zirpen der Zikaden und das leise Rauschen der Blätter durch die Stille der Nacht klang.

B „Komisch, reiten die hier auch nachts?", murmelte in diesem Augenblick meine Schwester aus dem anderen Bett. Sie saß wie ich zuvor aufrecht und versuchte zu horchen. Da ... noch einmal! – ein Schnauben, ein Prusten und dann ganz deutlich ein Wiehern! „Ist doch ...", begann ich verschlafen, aber meine Schwester unterbrach mich aufgeregt: „Pssst, sei mal ruhig, da ist auch noch jemand in unserem Pool." Tatsächlich hörte ich jetzt auch Wasser plätschern, ziemlich laut sogar, dann sah ich meine Schwester nur noch von hinten, denn sie war aufgesprungen, hatte die Tür aufgerissen und war schon im Dunkel des Ganges verschwunden. Zwei Sekunden später zerriss ihr gellender Schrei die Nacht. „Nico, Mama, Papa! Schnell – das glaubt ihr nicht! Das glaubt ihr einfach nicht!"

C „Sommer, Sonne, Sonnenschein – und ein großes Schwimmbad direkt vor der Ferienunterkunft!", lachte unsere Mutter, während wir bei Regen Richtung Südfrankreich aufbrachen. „Wir werden zwei wirklich erholsame und ruhige Wochen verbringen, lesen, baden, ausschlafen und braun gebrannt wieder zurückkehren."

D Ich war schon fast wieder eingeschlafen, da ertönte plötzlich ein lautes Wiehern durch die Nacht. Das war mehr als seltsam, denn Pferde hatte ich tagsüber keine in der Nähe unseres Hauses gesehen.

E *Eine halbe Stunde später standen in unserem Garten zwei Feuerwehrautos mit Blaulicht, acht Feuerwehrmänner, ein Tierarzt und auch der aufgeregte Halter des Pferdes. Alle waren mit der Rettung des Tieres beschäftigt. Nach einer halben Stunde konnte der glückliche Besitzer das Pferd in den Anhänger seines Wagens befördern.*

F *Es war dunkel, als ich mich ruckartig in meinem Bett aufsetzte. Nur der Schein des Mondes drang durch die Gardinen, die leicht im Wind wehten. Orientierungslos wandte ich meinen Kopf hin und her. Zunächst war mir die Umgebung völlig fremd. Dann aber fiel es mir wieder ein: Jch war ja gar nicht zu Hause in meinem Zimmer, sondern in einem fremden Bett in unserem Ferienhaus in Südfrankreich. Wovon ich aufgewacht war, fiel mir aber auch nach etwas Überlegen nicht ein. Also legte ich mich wieder zurück in das weiche Kissen und schloss meine Augen. Wahrscheinlich hatte ich etwas Komisches geträumt.*

G *Als das Pferd endlich im Anhänger war, wischte sich Herr Dubois, so hieß der Besitzer des Pferdes, den Schweiß von der Stirn. „Geschafft", seufzte er, „der arme Hengst ist heute Abend unserem neuen Stallburschen entlaufen. Wir suchen ihn schon seit Stunden. Aber im Pool haben wir ihn natürlich nicht vermutet. Er wird wohl im Dunkeln hineingestürzt sein. Das arme Pferd! – Aber jetzt ist ja alles wieder gut!"*

H *Eigentlich sind unsere Ferien nur selten so, wie meine Mutter sie sich erträumt hat, aber als wir diesmal nach einer langen Fahrt in Südfrankreich ankamen, war tatsächlich alles so, wie sie es beschrieben hatte: Die Sonne brannte vom Himmel, aber im Schatten der Bäume ließ es sich gut aushalten. Wurde uns zu heiß, sprangen wir einfach in den Pool vor dem Haus. Rundherum war Ruhe und Frieden. „Fast schon ein bisschen langweilig", knurrte meine 15-jährige Schwester. „Hier ist ja gar nichts los." Wie sich schon in der nächsten Nacht zeigte, irrte sie, auch wenn das Nachtleben, das ihr geboten wurde, wohl nicht ganz so war, wie sie es sich vorgestellt hatte.*

I *Als ich hinter meinem Vater nach draußen stürzte – Mama schlief trotz all des Lärms wohl seelenruhig weiter –, bot sich uns ein fast unglaubliches Bild: Meine Schwester stand klatschnass am Rand des Schwimmbads und zerrte mit aller Kraft am Halfter eines Pferdes, das bis zum Kopf im Wasser stand. Vergeblich natürlich!*

1 **a** Bringt die Teile von Nicos Geschichte wieder in die richtige Reihenfolge. Notiert die entsprechende Buchstabenfolge in eurem Heft.
b Lest die Erzählung nach dem Ordnen vor.

2 Wählt eine der folgenden Überschriften für Nicos Geschichte oder schlagt eine eigene vor. Begründet eure Auswahl.

Das Pferd im Pool • Urlaub in Frankreich • Seepferdchen • Nächtliche Ruhestörung

3 Eine gute Geschichte wird Schritt für Schritt erzählt. Ordnet die Absätze von Nicos Geschichte den drei Teilen einer Erzählung zu: Einleitung – Hauptteil – Schluss. Begründet eure Zuordnung.

4 Im Merkkasten unten auf der Seite findet ihr eine Empfehlung für den Aufbau einer Erzählung.

a Überprüft, welche dieser Merkmale ihr in der Geschichte „Seepferdchen“ findet.

b Zeichnet auf einem quer gelegten DIN-A4-Blatt eine Spannungskurve zur Geschichte. Tragt die Erzählschritte in Stichpunkten in eure Kurve ein.

Spannungskurve

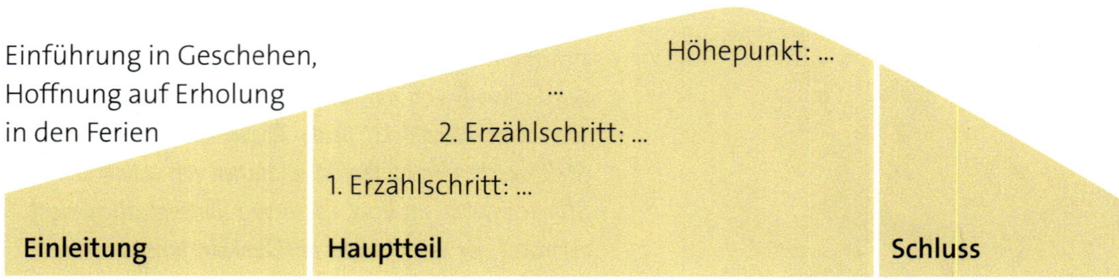

5 Vielleicht hattet ihr auch einmal wie Nico in den Ferien ein besonders spannendes Erlebnis. Schreibt darüber eine Geschichte.

Information **Aufbau einer Erzählung**

Die **Überschrift**
- macht neugierig, ohne zu viel zu verraten,
- passt zum Inhalt der Geschichte.

Die **Einleitung**
- weckt durch Vorausdeutungen Neugier, nimmt aber noch nicht zu viel vorweg,
- führt in das Geschehen ein,
- macht Zeit und Ort deutlich,
- stellt mindestens eine der Hauptfiguren vor.

Der **Hauptteil**
- ist der Kern der Geschichte,
- besteht aus einzelnen Erzählschritten, die schlüssig aufeinanderfolgen,
- steigert die Spannung bis zum Höhepunkt.

Der **Schluss**
- rundet die Geschichte ab (z. B. Rückgriff auf den Anfang oder Denkanstoß).

Eine Erzählung sprachlich ausgestalten

Kurt hat eine Geschichte angefangen, ist aber noch nicht ganz zufrieden:

Ich stand mit unserem Trainer am Rand des Fußballfelds. Ich war Ersatzspieler. Es waren nur noch zehn Minuten Spielzeit. Bisher war ich noch nicht eingewechselt worden. Unsere Mannschaft wollte gewinnen, aber es stand immer noch 0:0. Ich sah, wie Michael über den Fuß eines Spielers der Gegenmannschaft flog. Er hielt sich den Fuß. Sanitäter halfen ihm, vom Platz zu humpeln. Der Trainer winkte mir zu und ich rannte aufs Feld ...

1 Erläutert, in welcher Situation sich der Junge am Rand des Spielfelds befindet.

2 **a** Schreibt den Ausschnitt aus dieser Geschichte so um, dass sie spannender und lebendiger erzählt ist. Verzichtet dabei auf eine Einleitung, beginnt gleich mit dem Hauptteil. Ihr könnt z. B. so anfangen:
Ungeduldig stand ich neben unserem Fußballtrainer am Rand des Spielfelds. Die Kälte drang mir in die Knochen, und ich hüpfte auf und ab, um mich warm zu halten. „Warum muss immer ich nur Ersatzspieler sein?", dachte ich bei mir, während ich die vergeblichen Versuche meiner Mannschaftskameraden sah, den Ball ins gegnerische Tor zu befördern ...

b Lest euch eure Texte gegenseitig vor. Vergleicht sie mit dem Abschnitt aus Kurts Geschichte oben auf dieser Seite und beschreibt, was ihr verändert habt.

3 Angst, Wut, Freude, Langeweile, Trauer und Erleichterung sind einige der Gefühle, die in Geschichten oft dargestellt werden.
Legt für diese Gefühle jeweils ein Blatt mit einem „Wortspeicher" an:

Freude

...

Erleichterung

...

Angst

treffende Adjektive: hilflos, ohnmächtig, winzig klein, unruhig, zittrig, kalt, heiß, klamm ...
ausdrucksstarke Verben: gruseln, bangen, grauen, zittern, schlottern, erschauern, erschrecken, (die Luft) anhalten ...
interessante Vergleiche: klein wie eine Maus, winzig wie eine Fliege an der Wand, gefangen wie eine Fliege im Netz
...

4 a Verwendet Ausdrücke aus eurem Wortspeicher zum Gefühl „Angst“ (▶ Aufgabe 3, S. 47) für den folgenden Abschnitt aus Kurts Erzählung. Vervollständigt den Text in eurem Heft. Ihr könnt dabei auch Sätze verändern.

Als ich Michael auf dem Boden liegen sah, ? ich fürchterlich. ? sah ich zu, wie die Sanitäter ihm erst beim Aufstehen halfen und ihn dann beim Humpeln stützten. Deshalb bemerkte ich erst auch gar nicht, wie der Trainer mir zuwinkte, dann aber ? ich vor Aufregung. Endlich bekam ich eine Chance, zu zeigen, was in mir steckte! Ich fühlte mich groß wie ein Riese und gleichzeitig ? . Ich hoffte, das würde gutgehen. Mit etwas ? Beinen rannte ich auf den Gegner mit dem Ball zu. Jetzt oder nie! Immer noch ? griff ich ihn an und holte mir den Ball.

b Schreibt eine Fortsetzung zu dem Abschnitt aus Aufgabe a. Greift dabei auf Ausdrücke aus eurer Wörtersammlung zu „Freude“ zurück. Beachtet auch die Hinweise im Merkkasten unten.
Ich rannte in Richtung des gegnerischen Tors ...

c Hebt eure Wortspeicher-Blätter auf, sodass ihr sie ständig erweitern und auch für andere Geschichten verwenden könnt.

Information **Sätze passend verbinden**

Achtet auch darauf, wie ihr eure Sätze miteinander verknüpft. Nur *dann ... und dann ... und dann* ist langweilig. Verwendet stattdessen auch:

- **Spannungsmelder**
  plötzlich, genau in diesem Augenblick, unverhofft, da auf einmal, völlig unerwartet, unmerklich, in dem Moment, unversehens ...
- **Nebensätze**
  Ich wollte gerade aufs Tor schießen, <u>als ich Alex neben mir sah</u>.
  <u>Nachdem ich einen Schuss angetäuscht hatte</u>, spielte ich den Ball ab.

5 Ein weiteres sprachliches Mittel, Geschichten interessant zu machen, ist die wörtliche Rede. Diese fehlt noch im nächsten Teil von Kurts Geschichte:

Meine Kameraden riefen begeistert, weil ich ein Tor geschossen hatte. Sie rannten auf mich zu und lobten mich. In dem Moment pfiff der Schiedsrichter, weil das Spiel beendet war. Jetzt kamen auch meine Eltern und der Trainer auf mich zugelaufen. Noch auf der Heimfahrt erzählte mir mein Vater, wie stolz er auf mich sei, und berichtete von seinen früheren Erfolgen als Fußballspieler.

a Sammelt Sätze, die die Beteiligten in dieser Situation gesagt haben könnten.

b Ergänzt den folgenden Wortspeicher, sodass ihr beim Schreiben von Geschichten darauf zurückgreifen könnt.

Abwechslungsreiche Verben des Sagens und Fragens
flüstern • tuscheln • kreischen • wispern • lispeln • spotten • erkundigen • brüllen

c Verbessert den Abschnitt aus Kurts Erzählung oben auf dieser Seite, indem ihr wörtliche Rede verwendet. Beachtet die folgenden Hinweise zur Zeichensetzung bei wörtlicher Rede.

Information **Zeichensetzung bei der wörtlichen Rede**

Das wörtlich Gesagte wird in Anführungszeichen eingeschlossen, z. B.: *„Pass auf!"*
Außerdem ist bei der Zeichensetzung Folgendes zu beachten:

1 Einleitender Redebegleitsatz
Nach dem einleitenden Redebegleitsatz steht ein Doppelpunkt, z. B.:
Er schrie: „Pass auf!"

2 Nachgestellter Redebegleitsatz
Folgt der Redebegleitsatz auf die wörtliche Rede, wird er mit einem Komma von ihr getrennt. Der Schlusspunkt in der wörtlichen Rede entfällt dann, Ausrufezeichen oder Fragezeichen bleiben aber erhalten, z. B.:
„Pass auf!", schrie er. „Du musst aufpassen", sagte er.

3 Eingeschobener Redebegleitsatz
Der eingeschobene Redebegleitsatz wird durch Kommas von der wörtlichen Rede abgetrennt, z. B.:
„Mensch, Kurt", rief er erregt, „pass doch besser auf!"

Bildergeschichten – Die innere Handlung erzählen

1 Bringt die Bilder in eine sinnvolle Reihenfolge. Notiert die entsprechende Buchstabenfolge.

2 a Legt in eurem Heft eine Tabelle an (► S. 51 oben) und haltet in der linken Spalte in Stichpunkten die wichtigsten Handlungsschritte fest. Überlegt euch auch, was zwischen den Bildern passiert ist.

b Unterstreicht in euren Notizen den Höhepunkt der Geschichte.

c Überlegt euch, was die Personen in der jeweiligen Situation sagen könnten, und haltet die wichtigsten Sätze in der mittleren Spalte der Tabelle fest.

d Schaut euch die Bilder noch einmal ganz genau an und achtet dabei besonders auf die Haltung, Mimik und Gestik der Personen. Macht dann zu jedem Bild in der rechten Spalte eurer Tabelle Notizen, wie es dem Mädchen wohl geht und was es denken könnte.

Äußere Handlung		Innere Handlung
Was passiert?	**Was wird gesagt?**	**Was fühlt/denkt das Mädchen?**
Kind führt Hund aus		*freut sich auf den Besuch bei einer Freundin*
Hund zieht wegen Katze an der Leine	*Kind: „Sitz!" – „Hör doch auf!"*	*hätte ich den Hund doch zu Hause gelassen*
…	…	…

3 Benutzt eure Notizen in der Tabelle, um eure Geschichte zu schreiben. Findet eine Überschrift, die neugierig auf eure Geschichte macht.

Information **Innere und äußere Handlung**

Eine Geschichte, in der nur dargestellt wird, was passiert (äußere Handlung), ist meistens langweiliger als eine, in der auch die Gedanken und Gefühle des Erzählers oder der Figuren deutlich werden (innere Handlung). Die Darstellung von Gedanken und Gefühlen ist vor allem für die Steigerung der Spannung vor dem Höhepunkt wichtig.

Eine Erzählung überarbeiten

1 Helft euch gegenseitig, eure Geschichten noch zu verbessern. Verwendet die Methode „Textlupe".

Methode **Texte überarbeiten: Textlupe**

1 Übertragt die folgende Tabelle auf ein Extrablatt:

Name des Verfassers/der Verfasserin: …

	Das finde ich gelungen	Hier habe ich Fragen oder etwas stört mich	Meine Vorschläge
Kommentar 1: …	…	…	…
Kommentar 2: …	…	…	…
…	…	…	…

2 Setzt euch in kleinen Gruppen (maximal 4 Mitglieder) zusammen.
3 Schreibt eure Kommentare zum Text des Mitschülers/der Mitschülerin in die Tabelle. Unterschreibt euren Eintrag. Gebt das Blatt im Uhrzeigersinn weiter und tragt eure Kommentare ein, bis das Blatt wieder beim Verfasser angekommen ist.
4 Der Verfasser/die Verfasserin markiert auf dem Kommentarblatt alle Hinweise, die er/sie richtig findet, und überarbeitet den eigenen Text mit Hilfe dieser Kommentare. Zuletzt wird der Text noch einmal ordentlich abgeschrieben.

Nach Reizwörtern erzählen – Einen Schreibplan anlegen

1 **a** Lasst euch drei der folgenden Reizwörter vorgeben oder würfelt dreimal: Die Augenzahl eines jeden Wurfs entspricht einem Reizwort in der Tabelle. Schreibt eure Reizwörter auf.

1. Wurf	Silbermünze	Schulranzen	Wette	Goldkette	Liebesbrief	Mutprobe
2. Wurf	Baumhaus	Fußballplatz	Hundehütte	Höhle	Schulhof	Freibad
3. Wurf	Eichhörnchen	Torwart	Hausmeister	Pudel	Gewitter	Taschenlampe

b Erzählt eurem Banknachbarn oder eurer Banknachbarin, welche Situationen euch zu den einzelnen Reizwörtern einfallen.

c Überlegt, was in euren Reizwortgeschichten passieren könnte. Denkt euch mehrere Möglichkeiten aus.

Reizwörter sind Wörter, die sofort bestimmte Vorstellungen wecken. So sind zum Beispiel *Wasserfall* und *Dogge* in stärkerem Maße Reizwörter als *Wasser* und *Hund*.
In Reizwortgeschichten sollten alle vorgegebenen Reizwörter vorkommen und eine besondere Rolle spielen.
Die Reihenfolge, in der die Wörter auftauchen, könnt ihr selbst bestimmen.

2 **a** Legt einen Schreibplan an.
Beispiel:

Schreibplan

Thema: Reizwortgeschichte zu den Wörtern „Silbermünze" – „Hundehütte" – „Gewitter"

1) Einleitung
- *Wer?* – *ich, mein bester Freund Paul, ein bissiger Hund, Hundebesitzer*
- *Wo?* – *im Garten vor der Hundehütte*
- *Wann?* – ...

2) Hauptteil
- *1. Erzählschritt* – *Streit um Silbermünze, die ich zum Geburtstag bekommen habe*
- *2. Erzählschritt* – *Paul entreißt mir Münze, wirft sie über Gartenzaun*
- *3. Erzählschritt* – ...

3) Schluss – ...

b Schreibt eine spannende Erzählung zu euren Reizwörtern.

3 **a** Denkt euch selbst drei Reizwörter aus, wählt dabei Substantive. Schreibt sie einzeln jeweils auf einen kleinen Zettel. Sammelt die Zettel in einer Schachtel.
b Jeder von euch zieht drei Reizwortzettel und schreibt dazu eine spannende Geschichte.
c Lest eure Geschichten vor. Könnt ihr erraten, welche Reizwörter auf dem Zettel standen?

Teste dich!

Geschichten gut erzählen

Auf dieser Seite kannst du noch einmal überprüfen, wie gut du über das Erzählen spannender Geschichten Bescheid weißt.

1 Die folgende Geschichte ist klar in Überschrift, Einleitung, Hauptteil und Schluss gegliedert, aber gut ist sie dennoch nicht.

> **Fehlalarm: Feuerwehr flutet Kino**
> *Mein Freund und ich haben uns schon seit Tagen auf den Kinobesuch gefreut. Dass man im Kino auch pudelnass werden kann, ärgert mich noch heute. Heute war es endlich so weit. Wir gingen los. Wir gingen zur Bushaltestelle, wir sahen nur noch die Rücklichter vom Bus. Wir mussten also auf den nächsten Bus warten. Das fing ja gut an, dachte ich. Schließlich saßen wir zwar später als geplant, aber rechtzeitig im Kino. Die Werbung lief noch. Doch wenn wir gewusst hätten, was uns erwartet, hätten wir den Kinobesuch verschoben.*
> *Auf einmal hörten wir eine Sirene und dann regnete es. Und dann kamen Feuerwehrleute und spritzten mit ihren Wasserschläuchen herum. Wie schon gesagt, wurden wir pudelnass. Komisch war, dass man nirgendwo Rauch sehen konnte.*
> *Schließlich stellte sich alles als Fehlalarm heraus. So ein Ärger!*

a Erkläre, welche Fehler gemacht wurden. Die Checkliste rechts hilft dir dabei.

b Überarbeite die Erzählung und schreibe eine verbesserte Fassung in dein Heft.

c Betrachtet eure Geschichten mit der Textlupe (▸ S. 51). Jedes Gruppenmitglied kann dabei Experte für eine der folgenden Fragen sein:
- Wird die innere Handlung gut dargestellt?
- Haben Einleitung, Hauptteil und Schluss jeweils eine angemessene Länge und ist der Höhepunkt gut ausgestaltet?
- Wird die wörtliche Rede gut eingesetzt?
- Sind die Sätze passend und abwechslungsreich miteinander verknüpft?

Checkliste: Eine Geschichte spannend erzählen

Die Überschrift
- weckt Neugier, verrät aber nicht zu viel.

Die Einleitung
- führt in das Geschehen ein und stellt mindestens eine Hauptperson vor.

Im Hauptteil
- folgen die Handlungsschritte schlüssig aufeinander,
- wird die Spannung schrittweise gesteigert,
- ist der Höhepunkt spannend ausgestaltet.

Im Schlussteil
- wird die Geschichte abgerundet, z. B. durch einen Denkanstoß oder durch einen Rückgriff auf den Anfang der Geschichte.

Sprachliche Gestaltung
- Erzähltempus meist Präteritum (▸ S. 304)
- abwechslungsreich, Spannungsmelder (▸ S. 48)
- wörtliche Rede

3.2 Um Mitternacht – Gespenstergeschichten lesen und gestalten

Sibylle Durian

Gespensterluft

Es wurde schon langsam dunkel, als der Möbelwagen in den Erlenweg einbog. Fanni wischte mit dem Handschuh ein Guckloch in die beschlagene Scheibe und starrte hinaus.

„Gleich sind wir da“, sagte Mama.

Der Möbelwagen verlangsamte seine Fahrt, Bremsen quietschten. Schnaufend und prustend kam der Wagen vor einem schmalen zweistöckigen Haus zum Stehen. Fanni holte tief Luft. Von nun an würden sie hier wohnen, Papa, Mama und sie. Seltsam, bei Tag war ihr das Haus viel größer vorgekommen. Jetzt, in der Dämmerung, wirkte es klein und verwinkelt. Etwas Unheimliches, beinahe Gespenstisches ging von ihm aus. Ob es hier vielleicht Gespenster gab …? Fanni lief eine Gänsehaut über den Rücken.

„Tu mir den Gefallen“, sagte Mama, „steh bitte nicht im Weg. Die Möbelträger brauchen Platz. Geh ins Haus und schau dich ein bisschen um!“

Fanni stieg die schmale, steile Treppe zum ersten Stock hinauf. Ihr Zimmer befand sich gleich neben der Treppe. Noch sah es hier nicht gerade einladend aus. Kahle weiße Wände, dunkelgrün gestrichene Dielenbretter. Fanni schaute aus dem Fenster hinunter in den Vorgarten. Sie sah, wie Papa und Mama Kisten ins Haus schleppten. Vielleicht sollte ich hinuntergehen und helfen, dachte sie.

Plötzlich hörte sie ein Geräusch hinter sich. Sie drehte sich um und sah eine grau-schwarz getigerte Katze in der Tür.

„Komm mal her, Tigerchen!“

Die Katze sah sie aus gelb funkelnden Augen an, legte den Kopf schief und stellte ihren Schwanz steil in die Höhe. Fanni kramte in ihrer Hosentasche und brachte einen zerkrümelten Keks zum Vorschein.

„Schau mal, was ich hier habe!"

Die Katze kümmerte sich nicht um den Keks, drehte sich um und lief die Treppe hinauf zum Dachboden.

„Warte!" Fanni folgte ihr.

Auf dem Dachboden war es stockdunkel. Spinnweben streiften ihr Gesicht. Im flackernden Kerzenschein sah Fanni einen etwa gleichaltrigen Jungen vor sich.

„Was suchst du hier?", fragte er und musterte sie von oben bis unten.

„Ich wohne hier. Seit heute!" Fanni wischte sich die Spinnweben von der Wange. „Und du?"

„Ich hab auch mal hier gewohnt. Früher."

„Und wieso kommst du immer noch her?", fragte Fanni.

„Nur so. Ich wollte meine Katze holen!"

Die Katze schmiegte sich an die Beine des Jungen und schnurrte. Er bückte sich und hob sie auf. Ein Lufthauch ließ die Kerze flackern. Fanni hatte Angst, sie könnte verlöschen, und schirmte sie mit der Hand ab. „Ganz schön unheimlich hier oben", sagte sie und fröstelte. „Man könnte glauben, hier gibt's Gespenster!"

„Na, und ob!" Der Junge grinste sie an. „Riech mal! Du atmest echte Gespensterluft!"

„Gespensterluft! So'n Blödsinn!"

„Wenn ich's dir doch sage! Ich könnte dir da Geschichten erzählen ..."

„Au ja, ich mag Gespenstergeschichten", sagte Fanni.

„Na ja, du meinst erfundene. Aber ich kenne Geschichten von echten Gespenstern!"

Der hält mich wohl für blöd, dachte Fanni.

„Du meinst also, es gibt in diesem Haus tatsächlich Gespenster?", fragte sie und bemühte sich, nicht zu kichern.

„Jetzt bloß noch eins", sagte der Junge. „Aber früher wimmelte es hier nur so von ihnen! – Vor gefährlichen Piraten und Räubern", fügte er flüsternd hinzu.

Fanni lief eine Gänsehaut über den Rücken.

„Du spinnst ja!", rief sie mit unsicherer Stimme.

„Ehrlich, hier hat mal 'ne richtige Räuberbande gehaust, so vor hundert oder mehr Jahren. Die waren in der ganzen Stadt gefürchtet. Sogar ein Kind soll dabei gewesen sein, ungefähr so alt wie wir."

„Und das war auch so gefährlich?", fragte Fanni ungläubig.

„Jedenfalls hat es geklaut wie 'n Rabe, sagt man."

„Eines Tages hat man sie gefasst und vor Gericht gestellt. Aber die haben den Richter nur ausgelacht. Das Kind soll ihm sogar heimlich seinen Geldbeutel gestohlen haben, während er die anderen verhört hat. Da bekam der Richter so 'ne Wut, dass er die ganze Bande zum Tode verurteilt und dazu noch verflucht hat ..."

„Verflucht?"

„‚Ihr sollt keinen Frieden finden, bis ihr eure bösen Taten gesühnt habt', hat er gebrüllt. Na ja, und von da an mussten die Räuber nachts herumgespenstern."

„Alle? Auch das Kind?"

„Na klar! Aber mit der Zeit sind die meisten von ihnen müde geworden und dorthin gezogen, wo mehr los ist. Nur einer ist geblieben."

„Und wer?", fragte Fanni.

„Das wirst du schon sehen", grinste der Junge. „Ich schätze, ihr bleibt eine Weile hier wohnen, oder?"

„Sogar für immer", sagte Fanni. „Und dass du's nur weißt: Es gibt überhaupt keine Gespenster!"

„Bist du sicher?", fragte der Junge – und verschwand mit der Katze im Arm durch die Wand ...

1 Gab es Stellen, an denen ihr die Geschichte besonders gruselig fandet? Begründet.

2 a Untersucht, ob die Geschichte den üblichen Aufbau mit Einleitung, Hauptteil und Schluss aufweist. Beschreibt, was euch auffällt.
b Prüft, ob es schon in den ersten Sätzen der Erzählung (bis Z. 17) Hinweise darauf gibt, dass es sich um eine Gespenstergeschichte handelt.
c Zeichnet für die Geschichte eine Spannungskurve (▶ S. 46), in die ihr in Stichworten die wichtigsten Handlungsschritte eintragt.

3 Stellt alle Informationen zusammen, die ihr in der Geschichte über das Mädchen und über den Jungen bekommt.

Mädchen (Fanni)	Junge
– *zieht mit ihren Eltern um (Z. 1–11)* – *ist noch zu klein zum Helfen (Z. 18–21)* – …	– *hat früher in dem Haus gewohnt (Z. 54)* – …

4 Erzählt eine zweite Begegnung zwischen Fanni und dem Jungen.

Lisa Friedrich

Freigeister

„Was ist da drin?“ Ben deutete auf eine Kiste, die aussah, als habe ein Pirat seinen Schatz darin versteckt. Sie war so groß, dass Ben wahrscheinlich zusammengekauert hineingepasst hätte, und mit einem rostigen Vorhängeschloss gesichert.

Sein Vater drehte sich zu ihm um. „Da drin? Keine Ahnung, wir haben noch nicht versucht, sie zu öffnen. Aber sie muss heute noch hier raus.“

Ben strich mit einer Hand über den gewölbten Deckel. Die Eisenbeschläge der Kiste fühlten sich kalt und rau an; das Ding war bestimmt schon lange nicht mehr geöffnet worden. Ben warf seinem Vater einen Blick zu. Der hatte sich bereits wieder über die Sammlung verrosteter Dolche gebeugt, die er sortierte.

Bens Vater war Hausmeister einer alten Burg und des dazugehörigen Museums. Gerade war er dabei, den Keller der Burg auszuräumen, damit eine Ausstellung über mittelalterliche Buchmalkunst einziehen konnte. Das war eine langwierige Aufgabe, denn er durfte nichts von den alten, teilweise kaputten Sachen wegwerfen, bevor sie nicht der Direktor des Burgmuseums angesehen hatte. Da Bens Nachmittagsschule an diesem Tag ausgefallen war, hatte er seinen Vater begleiten dürfen – „aber nur, wenn der Junge nichts kaputt macht!“

Als er sich an diesen Satz des Museumsdirektors erinnerte, ließ Ben schnell das Schloss der alten Kiste los. Er hätte zu gern herausgefunden, ob vielleicht ein Raubritter seinen Schatz darin versteckt hatte.

„Ganz schön anstrengend, diese Arbeit.“ Bens Vater richtete sich auf und streckte sich. „Ich geh mir schnell einen Kaffee holen, bevor ich mir diese Kronleuchter dahinten ansehe. Macht es dir etwas aus, kurz allein hier unten zu bleiben?“

„Quatsch“, murmelte Ben – aus dem Alter, in dem man sich vor klappernden Ritterrüstungen fürchtete, war er schließlich schon lange heraus. Im Gegenteil; es wäre doch cool,

wenn er hier unten einem untoten Ritter begegnete.
Kaum dass sein Vater verschwunden war, ging Ben zu dem Tisch mit den Dolchen hinüber. Sie glänzten im Schein der nackten Glühbirne, die als einzige Lichtquelle von der Decke hing. Gruselig, diese Dolche. Wenn man sie sich genauer ansah, konnte man fast noch das Blut auf ihren Klingen erahnen. Ben lief es kalt den Rücken hinunter.
Er wollte sich abwenden und stattdessen doch die Rüstung untersuchen, die ganz von Spinnweben bedeckt in einer Ecke stand. Da spürte er schon wieder einen kalten Hauch, der ihm die Nackenhaare aufstellte. Ben fuhr herum und sah sich in dem dunklen Kellergewölbe um. Er war allein. Beruhigt wandte er sich ab. Wahrscheinlich zog es nur durch die Ritzen in den Wänden. Ben wollte zu der Ritterrüstung hinübergehen, er machte einen Schritt auf sie zu – und erstarrte.
Die Kiste.
Sie hatte sich bewegt.
Er hatte es nur aus dem Augenwinkel gesehen, doch Ben war ganz sicher: Da war eine Bewegung gewesen. Er sah genauer hin. Diesmal konnte es keinen Zweifel geben, die Kiste ruckelte heftig hin und her. Dann krachte es in ihrem Inneren, und eine tiefe Stimme fluchte. Ben wich vor der Kiste zurück, bis er die kalte Kellerwand im Rücken spürte.
„Was zum ... was ist hier los? Himmel und Hölle!“ Mit einem Krachen barst das rostige Vorhängeschloss, der Deckel der Kiste flog auf und heraus kam etwas Weißes ... *gewabert*. Ein besseres Wort dafür gab es nicht.
Starr vor Schreck stand Ben an die Wand gepresst und ließ das schwebende Knäuel nicht aus den Augen. Es begann zu zerfasern, dann lösten sich plötzlich einzelne Gestalten und schwebten auseinander. Gestalten wie fliegende Betttücher. Ben zwickte sich in den Arm, um aufzuwachen, doch nichts geschah.
„Der hat uns eingesperrt!“ Eine der Bettlakengestalten hatte mit einer hohen, schrillen Stimme gesprochen. „Der hat unsere Truhe zugesperrt!“ Sie klang, als wollte sie gleich in Tränen ausbrechen. Ben betrachtete die Gestalt genauer. Sie war durchscheinend weiß, oben auf dem Bettlaken saß ein Kopf mit dem Gesicht einer Frau. Keine Frage: Das war ein Geist.
„Hör auf zu jammern“, seufzte ein anderes Gespenst. Es war klein und trug eine Brille, die seine Augen unnatürlich vergrößerte. „Mir ist auch mein Fuß eingeschlafen, aber beklage ich mich etwa deswegen?“
„Leute? Was passiert hier gerade?“ Ein mächtiges Gespenst mit einem silbrigen Schnurrbart im Gesicht sah sich neugierig im Keller um und deutete auf die Umzugskartons, in denen Bens Vater die aussortierten Gegenstände nach oben bringen wollte.
„Ich weiß auch nicht, ich habe mich gerade gefragt ...“ Das Gespenst mit der Brille unterbrach sich. Es hatte Ben entdeckt. „Der lebt ja!“, kreischte es plötzlich.
Alle schwebenden Gestalten drehten sich gleichzeitig zu Ben um. „Er lebt ... er lebt!“, tuschelten sie unsicher, bis das größte Gespenst sich offenbar ein Herz fasste und ein Stück auf Ben

zuschwebte. Einen Moment lang blickte es ihn nur mit seinen milchigen Augen an, dann sagte es: „He du. Du lebst."

Ben bemerkte, dass sein Mund aufgeklappt war, und er schloss ihn hastig. „Ähm, ja", brachte er schließlich heraus. „Ich denke schon."

„Warum?", fragte der Geist.

„Das ist doch egal." Ein dickes Gespenst mit Doppelkinn drängelte sich nach vorne. „Du, Lebender, kannst du uns sagen, was hier vor sich geht?" Es machte eine Geste, die den Keller mit seinen offenen Truhen und Schränken und den verteilten mittelalterlichen Gebrauchsgegenständen einschloss.

Ben zwickte sich noch einmal in den Arm. Als er noch immer nicht aufwachte, holte er tief Luft. „Hier wird aufgeräumt", sagte er. „Alle Sachen kommen weg. Das will der Museumsdirektor so."

Auf seine Erklärung hin schwiegen die Gespenster. Das mussten sie wohl erst einmal verdauen. Plötzlich schluchzte das weibliche Gespenst mit der schrillen Stimme auf. „Das muss aber ein böser Mensch sein, wenn er alles wegtut", quietschte es.

Das schnurrbärtige Gespenst schüttelte ungläubig den Kopf. „Alles weg? Aber warum denn? Das hier ist sozusagen unser Wohnzimmer."

Ben zuckte die Achseln. Sein Traum wurde immer verrückter, und es schien, als ob er nicht in absehbarer Zeit erwachen würde. „Er weiß ja nicht, dass ihr hier seid. Ähm, seid ihr überhaupt ... echt?"

„Echt?", kreischte das erste Gespenst. „Wer ist wohl echter – wir oder du?"

Der größte Geist hob beschwichtigend einen Zipfel seines Bettlakens, der wohl seinen Arm darstellte. „Das darfst du einen Lebenden nicht fragen", sagte es. „Die Lebenden halten meistens nur sich selbst für echt. Erinnere dich, warum wir überhaupt in der Kiste gelandet sind."

Ben wurde neugierig. „Warum seid ihr denn in der Kiste gelandet?", fragte er.

Der Geist schwebte zu dem Tisch mit den Dolchen und ließ sich auf der Kante nieder. „Der Burgherr", erklärte es, „ist ein strenger Mensch. Er mag es nicht, wenn wir seine Kinder erschrecken – dabei ist es unsere Aufgabe, Kinder zu erschrecken! Einmal ist er sehr böse geworden, als wir seinem jüngsten Töchterchen, das er über alles liebt, im Badezimmer aufgelauert haben. Es hat dem Kind überhaupt nicht geschadet, Erschrecken ist die beste Erziehungsmaßnahme, die es gibt! Auf jeden Fall hat der Burgherr uns unter einem Vorwand hier in den Keller gelockt. Er hat behauptet, in der Kiste wäre ein Geheimgang, der ins Freie führt – weißt du, es ist der größte Traum eines jeden Schlossgespenstes, einmal ein richtiges Dorf heimzusuchen oder fremde Länder zu sehen ... Jedenfalls hat er es so geschafft, uns alle in die Kiste zu locken, dann hat er schnell den Deckel zugeworfen und die Kiste verschlossen. Außerdem hat er uns verflucht! Er sagte, wir würden hundert und hundert und hundert Jahre schlafen und erst wieder aufwachen, wenn seine Kinder auf jeden Fall vor uns sicher wären. Wo ist der Burgherr überhaupt? Du bist keiner seiner Söhne, oder?"

Ben schüttelte ungläubig den Kopf. „Soweit ich weiß, ist der letzte Burgherr vor fast fünfhundert Jahren gestorben. Es gibt schon lange kei-

ne Burgherren mehr, wir leben schließlich im einundzwanzigsten Jahrhundert!"
Die Geister wechselten einen fassungslosen Blick.
„Der Fluch muss gewirkt haben", stellte das Gespenst mit dem Doppelkinn endlich fest. „Sogar mehr als das! Der Burgherr hat uns nur auf dreihundert Jahre verflucht, aber wir haben fünfhundert Jahre lang geschlafen."
„Vielleicht hat er den Fluch bei Vollmond ausgesprochen", wisperte das Gespenst mit der schrillen Stimme ehrfürchtig. „Dann wirkt er besser!"
„Das ist aber auch egal." Das schnurrbärtige Gespenst machte einen geschäftigen Eindruck. „Ich will jetzt ein Kind erschrecken, das hab ich schon lange nicht mehr getan."
Ben warf dem Gespenst einen mitleidigen Blick zu. „Ich weiß nicht, ob ihr damit Erfolg haben werdet. Heutzutage glaubt keiner mehr an Geister." Ich nämlich eigentlich auch nicht, fügte er in Gedanken hinzu.
„Wie? Keiner glaubt an uns? Das kann nicht wahr sein. Los, gehen wir; wir finden schon ein Kind, dem wir den Glauben an uns beibringen können!" Das Gespenst mit der Brille begann, die Wände nach einem Ausgang abzusuchen. Nach und nach schlossen sich ihm die anderen an, bis sie die Kellertür entdeckten und die Treppe, die nach oben führte.
„Pass auf dich auf, Kleiner", sagte das Gespenst mit dem Schnurrbart. „Es gibt mehr Wesen, als du denkst. Vielleicht wollen sie manchmal einfach nicht gesehen werden." Damit schwebte es die Treppe hinauf. Die anderen Geister folgten ihm, ein paar winkten Ben zum Abschied zu.
Schon waren alle hinausgeschwebt. Ben stand ganz still und lauschte, doch er hörte bald kein Geräusch mehr.
Wenig später jedoch erklangen Schritte auf der Kellertreppe, und Bens Vater betrat den Raum, eine dampfende Kaffeetasse in der Hand. Er bemerkte sofort die offene Kiste.
„Nanu, hast du die Kiste aufgemacht, Ben? Was war denn drin?" Bens Vater beugte sich über die Kiste.
„Es war gar nichts drin", sagte Ben hastig. „Sie war leer."
Sein Vater drehte sich zu ihm um. „Manchmal sind diese Gemäuer ganz schön unheimlich, was?" Er lächelte Ben zu. „Auf der Treppe hatte ich auf einmal das Gefühl, jemand Unsichtbares würde meinen Kaffee umrühren, der Löffel hat sich von ganz allein bewegt! Lustig, nicht? Und du? Du siehst ja aus, als hättest du einen Geist gesehen."
Ben hörte irgendwo oben in der Burg eine Rüstung scheppernd umfallen, dann, weit entfernt, ein kreischendes Lachen.
„Aber Papa." Ben begann vorsichtig, die Kerzenleuchter aus dem Schrank zu nehmen, die sie sich als Nächstes vornehmen wollten. „Es gibt doch überhaupt keine Geister, Papa."

1 a Ordnet die Gespenster den Geistern in der Illustration auf Seite 58 zu.
b Macht zu jedem der vier Gespenster eine eigene kleine Zeichnung in eurem Heft. Notiert zu den Geistern jeweils die Eigenarten und Eigenschaften, die sie in der Geschichte haben.

2 a Sucht im Text Sätze, die deutlich machen, wie die Geister die Welt der Menschen sehen.
b Schreibt einen Brief der Gespenster, in dem sie ihre Rechte einfordern.

3 a Teilt die Geschichte „Freigeister" in Abschnitte auf. Jeder/jede von euch übt mit einem Partner/einer Partnerin, einen der Abschnitte möglichst ausdrucksvoll vorzulesen.
b Tragt die Geschichte mit wechselnden Vorlesern der Klasse vor.
c Die Zuhörenden machen während des Vortrags Notizen: Was ist gut gelungen, welche Verbesserungsvorschläge gibt es noch? Gebt euch Rückmeldung.

Fordern und fördern – Gespenstergeschichten schreiben

●●● **1** In der Geschichte „Freigeister“ berichtet der größte Geist, wie es dazu kam, dass die Gespenster in die Kiste gesperrt wurden (Z. 160–184). Verfasst anhand seiner Angaben eine spannende Gespenstergeschichte. Erzählt aus der Perspektive des Burgherrn.
Geht dabei so vor:

a Lest im Text auf Seite 58 f. noch einmal die Zeilen 157–200 und haltet die wichtigsten Ereignisse in Stichworten fest.

▷ Ihr möchtet eine Hilfestellung? Ihr findet sie auf S. 61: Hilfe zu Aufgabe 1 a.

b Überlegt, welche Abschnitte der Geschichte sich besonders gut ausschmücken lassen, wenn ihr aus der Perspektive des Burgherrn erzählt. Wählt den Höhepunkt eurer Geschichte entsprechend.

▷ Wenn ihr Hilfe zu dieser Aufgabe wollt: S. 61, Hilfe zu Aufgabe 1 b.

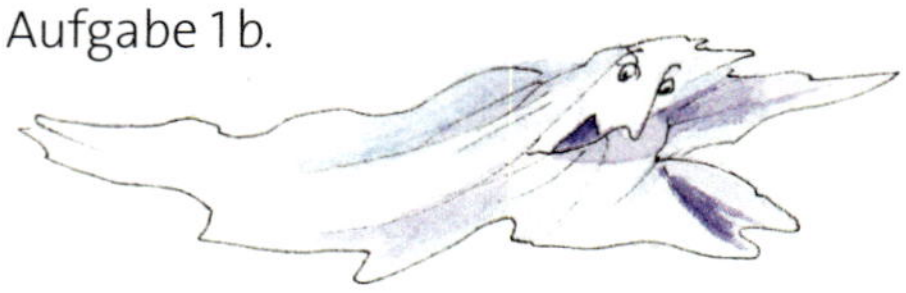

c Entscheidet euch, was ihr in der Einleitung der Geschichte schildern wollt, was im Hauptteil und was im Schlussteil. Ergänzt hierzu eure Notizen zu Aufgabe a.

▷ Hilfe zu Aufgabe 1c findet ihr auf S. 61.

d Überlegt euch, wie ihr die Teile der Geschichte, bei denen der Burgherr nicht zugegen ist, in eure Erzählung einbetten könnt.

e Geistergeschichten werden auch dadurch lebendig, dass die innere Handlung (▶ S. 51) erzählt wird und dass wörtliche Rede gebraucht wird. Versetzt euch in den Burgherren hinein und findet ausdrucksstarke Adjektive, treffende Verben und interessante Vergleiche, um seine Gefühle in den folgenden Situationen wiederzugeben.
Überlegt euch auch, was er jeweils sagen könnte:
- Seine Tochter berichtet ihm von der Tat der Geister.
- Er fasst den Entschluss, seine Kinder für immer vor den Gespenstern zu schützen.
- Er sieht die Geister das erste Mal.
- Er lockt sie in den Keller.
- Die Gespenster sind endlich in der Truhe eingesperrt.
- Er verflucht die Geister.

▷ Wenn ihr eine Hilfestellung benötigt: S. 61, Hilfe zu Aufgabe 1 e.

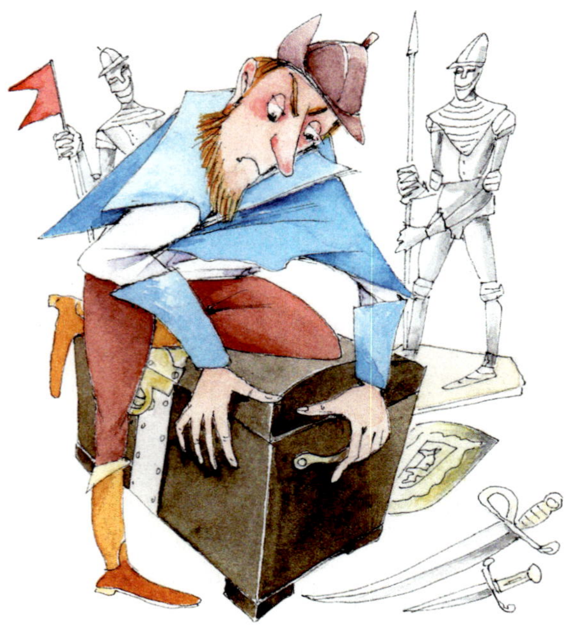

f Benutzt all eure Notizen, um die Geschichte zu schreiben.

●●○ **Hilfe zu Aufgabe 1**

a Notiert die folgenden Ereignisse aus der Geschichte „Freigeister" in der richtigen Reihenfolge.
- Burgherr verflucht die Geister
- Burgherr lockt die Gespenster unter einem Vorwand in den Keller
- Geister erschrecken jüngste Tochter des Burgherren im Badezimmer
- Burgherr sperrt die Geister in eine Truhe

b Markiert in euren Notizen zu Aufgabe a das spannendste Ereignis (den Höhepunkt) rot und das Ereignis, bei dem der Burgherr nicht anwesend ist, blau.

c Wählt aus den folgenden Einleitungen für die Geschichte des Burgherrn die beste aus. Notiert in Stichworten, was an der gewählten Einleitung gelungen ist. Ihr könnt die Einleitung so oder so ähnlich später für eure Geschichte übernehmen.

A *Es war im Jahre 1850, ich weiß es noch wie heute. Meine älteste Tochter Maria, die ich sonst gar nicht so kenne, kam kreidebleich zu mir ins Esszimmer gestürzt. „Papa, Papa", schrie sie und ergriff meinen Arm, als ich gerade die Tasse zum Mund führen wollte. „Papa, in der Kiste in meinem Zimmer sind Gespenster. Du musst etwas tun!" ...*

B *„Papa!", hallte es gellend durch die Gänge meiner Burg. „Hilfe, Papa! Du musst etwas tun!" Maria, mein jüngstes Töchterchen, kam auf mich zugehastet, als ich gerade die letzten Krümel meines Frühstücks gemütlich verzehren wollte. „Papa!", rief sie und warf sich in meine Arme, „ich glaube, es spukt im Badezimmer!" ...*

C *Als ich eines Tages morgens beim Frühstück saß, kam meine kleine Tochter Maria ins Zimmer. Sie sagte: „Papa, im Badezimmer sind Gespenster. Sie haben mich sehr erschreckt." Ich stand auf und ging ins Bad. Dort sagte ich den Gespenstern, dass sie das bereuen würden, denn ich wollte sie in eine Kiste sperren ...*

e

treffende Adjektive
zornig • finster • feierlich • furchtbar • ärgerlich • mitleidlos • verächtlich • listig • mutig • heftig • zufrieden

interessante Vergleiche
schnell wie der Blitz • wütend wie ein Löwe

ausdrucksstarke Verben
brüllen • schleichen • hetzen • erschrecken • zusammenfahren • zuschlagen • jubeln • (um die Ecke) lugen

wörtliche Rede
„Ihr sollt hundert und hundert und hundert Jahre schlafen, sodass alle meine Kinder und Kindeskinder vor euch sicher sind." •
„Hab ich euch endlich!" • „Wein doch nicht." • „Jetzt bloß aufgepasst." •
„Unter der Kiste ist ein geheimer Gang ins Dorf. Das darfst du aber niemandem sagen."

3.3 Fit in ... – Erzählen

Die Aufgabenstellung richtig verstehen

Stellt euch vor, ihr bekommt in der nächsten Klassenarbeit folgende Aufgabe:

Betrachte die Bildfolge genau. Die beiden Kinder wollen einem Gespenst einen Streich spielen.
Schreibe eine spannende und zugleich lustige Gespenstergeschichte zu den Bildern.

1

2

3

4

5

1 a Lest euch die Aufgabenstellung im Kasten oben sorgfältig durch.
b Schreibt die Aufgabenstellung in euer Heft und markiert anschließend die Wörter, die euch sagen, was genau ihr machen sollt.
c Vergleicht eure Ergebnisse. Erklärt euch gegenseitig, worauf ihr bei der Bearbeitung der Aufgabe achten müsst.

Ideen sammeln und einen Schreibplan erstellen

2 Seht euch jedes Bild genau an und findet heraus, worum es in der Bildergeschichte geht. Achtet dabei auch auf Kleinigkeiten und schaut, welchen Gesichtsausdruck (Mimik) und welche Körpersprache (Gestik) die Figuren haben.
Tipp: Stellt euch die Geschichte wie einen Film vor. Bei welchem Bild liegt der Höhepunkt?

3 a Sammelt Ideen für eure Geschichte. Notiert zu jedem Bild einige Stichworte oder Sätze, z. B.:
Bild 1: kurz vor Mitternacht – Mondlicht fällt durch das Badezimmerfenster. – Die Kinder tuscheln aufgeregt. – Man hört Wasser aus dem Wasserhahn strömen ...
b Gerade in einer Klassenarbeit sollte man nicht einfach „drauflosschreiben". Plant den Aufbau eurer Erzählung und legt einen Schreibplan an.

Thema: Eine spannende und lustige Gespenstergeschichte

1) Einleitung:

Wer?	...
Wo?	*in einem alten Schloss*
Wann?	...

2) Hauptteil:

1. Erzählschritt:	...
...	...
Höhepunkt:	...
...	

3) Schluss: ...

- Einleitung: Neugier wecken!
- Hauptteil: Was passiert?
- Schluss: Wie geht die Geschichte aus?
- Welche Namen könnten die Kinder und das Gespenst haben?

Spannend und anschaulich erzählen

Jan und Anja verbrachten ihre Sommerferien auf einem alten Schloss. Am ersten Tag sagte der Besitzer: „Es spukt hier. Geht immer früh ins Bett und verschließt alle Türen." Jan und Anja nickten brav. Jan und Anja waren aber nicht brav. Sie fürchteten sich nicht vor Gespenstern. Sie wollten einen Streich aushecken. Sie wollten einen Eimer Wasser über der Tür befestigen. Sie sagten: „Wenn das Gespenst kommt, wird es nass."

4 Diese Einleitung ist noch nicht so recht gelungen. Überarbeitet die Einleitung und schreibt eine verbesserte Fassung in euer Heft.

Einleitung: Fesselt den Leser, verratet nicht zu viel und vermeidet langweilige Wortwiederholungen.

5 Auf dem zweiten Bild seht ihr das Gespenst, wie es zur Geisterstunde durch das Schloss läuft. Beschreibt den Geist so anschaulich, dass der Leser sich ihn genau vorstellen kann. Schreibt dazu den folgenden Text in euer Heft und ergänzt die Lücken entweder mit eigenen Ideen oder sucht aus dem Wortschatzkasten passende Wörter und Wendungen heraus.
Tipp: Setzt die Wörter in der richtigen Form ein, z. B.: *Seine blitzenden Schwerter …*

Heute hatte sich das Gespenst Hektor als Ritter Spaltschädel verkleidet. Seine ? Schwerter schlugen bei jedem Schritt ? aneinander. Seine ? Beine steckten in ? Stiefeln. Der ? Umhang wehte um seinen ? Körper. Auf eine Kopfbedeckung hatte Hektor extra verzichtet, denn die Kinder sollten den ? Schädel sehen. Die Axt mit den ? Blutspuren steckte noch darin. Sicher würden sich die Kinder bei diesem ? Anblick ? erschrecken. Dieser Gedanke erfreute das Gespenst ?. Das würde eine ? Nacht werden.

wunderbar • furchtbar • blitzen • wie ein Schneekönig • gespenstisch • funkeln • grauenhaft • schwer • klirren • gewaltig • scheppern • schwarz • laut • dunkelrot • außergewöhnlich • knochig • dunkelgrün • dürr • grässlich • groß • gespalten • klapprig • frisch • riesig

6 Überlegt, welche Gedanken sich das Gespenst am Schluss (Bild 5) macht oder was es sagen könnte. Schreibt einige Sätze in euer Heft, z. B.:
„Ich will die Kinder nie mehr sehen!" *„Wenn ich wieder gesund bin, werdet ihr mich kennen lernen."*

7 a Schreibt nun eine spannende und lustige Gespenstergeschichte zu den Bildern.
b Findet eine treffende Überschrift für eure Geschichte.

Die Gespenstergeschichte überarbeiten

8 Überarbeitet eure Geschichten mit Hilfe der „Textlupe" (► S. 51).
Die folgende Checkliste hilft euch dabei:

Checkliste

Eine Erzählung schreiben
- Führt die **Einleitung** in das Geschehen ein und macht sie neugierig auf die Geschichte?
- Folgen die **Handlungsschritte schlüssig** aufeinander und gibt es einen **Höhepunkt?**
- Ist die **Überschrift** treffend und verrät nicht zu viel?
- Wird deutlich, was die **Figuren denken und fühlen?** Habt ihr **wörtliche Rede** verwendet?
- An welchen Stellen kann man **treffendere Verben** oder **anschaulichere Adjektive** einsetzen?
- Ist die Geschichte im **Präteritum** (► S. 304) geschrieben?
- Sind die **Rechtschreibung** und die **Zeichensetzung korrekt?**

4 Rund um Tiere – Beschreiben

1 Das Foto zeigt einen Jungen mit seinem Haustier.
Beschreibt, was für ein Tier ihr euch wünschen würdet, oder erzählt von euren eigenen Haustieren: Wie heißen sie, wie beschäftigt ihr euch mit ihnen, wie sorgt ihr für sie …?

2 Spielt ein Ratespiel: Stellt euch ein Tier vor, das euch besonders interessiert. Beschreibt es, ohne die Tierart zu verraten, z. B. so:
Mein Tier hat vier Beine, es hat kein Fell …

In diesem Kapitel …

verfasst und lest ihr anschauliche, genaue und informative Beschreibungen von Tieren: Steckbrief, Suchmeldung, Lexikonartikel …

4.1 Tiere als Freunde – Tiere beschreiben

Hund entlaufen! – Eine Suchmeldung verfassen

HILFE!

**Mein Hund ist am 18. September verschwunden.
Er hört auf den Namen Santino, ist sehr lieb und hat ein schönes Fell.
Er spielt gerne und braucht viel Auslauf.**

Wer hat ihn gesehen?

Tel.: 0 62 21 – 72 51 34

1 Santino, Maiks Labrador, ist entlaufen. Maik hat eine Suchmeldung geschrieben. Glaubt ihr, dass Maik damit seinen Hund wiederbekommt? Begründet eure Meinung.

Der Labrador

Der Labrador ist ein mittelgroßer, muskulöser Hund mit breitem Schädel. Er besitzt dunkelbraune oder haselnussfarbene Augen und eine große Nase. Ein kräftiger Kiefer, ein starker Hals, ein breiter Brustkorb und ein gerader Rücken gehören zu den weiteren äußeren Kennzeichen dieser Rasse. Die Pfoten weisen eine rundliche Form auf (Katzenpfoten). Typisch für den Labrador ist außerdem seine „Otterrute", die sehr dick und rundherum mit kurzem Fell bedeckt ist. Die Fellfarben des Labradors können Schwarz, Schokoladenbraun oder Gelb sein. Sein kurzes, dichtes Fell ist immer einfarbig, nie gemustert. Ein Labrador kann bis zu 57 cm hoch und bis zu 40 kg schwer werden. Seine Lebenserwartung beträgt 12 bis 14 Jahre.

Berühmt ist der Labrador für seine Vielseitigkeit. Ursprünglich wurde er als Jagdhund eingesetzt, der geschossene Wildvögel aus dem Wasser apportierte. Dazu musste er gehorsam sein und sehr gut schwimmen können. Wegen seiner ausgezeichneten Nase und seines freundlichen Wesens eignet sich der Labrador z. B. aber auch als Blindenhund, Rettungshund oder als Drogenspürhund. Darüber hinaus ist er ein geduldiger, gutmütiger und kinderlieber Familienhund. Da er sehr anhänglich ist, sollte er nie im Zwinger gehalten werden.

1 Klärt unbekannte Wörter und schwierige Textstellen, z. B.:

seine „Otterrute" (Z. 11) • apportierte (Z. 23) • im Zwinger gehalten werden (Z. 32 f.)

2 Der Informationstext ist in zwei Abschnitte gegliedert.

a Schlagt jeweils eine passende Überschrift für die beiden Abschnitte vor.

b Erklärt, welcher der Abschnitte wichtige Informationen für eine Suchmeldung liefert.

3 Legt in eurem Heft eine Steckbrief-Tabelle für Maiks Hund an (siehe Merkkasten). Nehmt die Fotos auf S. 66 und S. 67 sowie den Text auf S. 67 zur Hilfe. Manche Angaben müsst ihr schätzen.

Information **Einen Steckbrief verfassen**

Ein Steckbrief enthält in Stichworten wichtige Informationen zu einem Menschen oder zu einem Tier, z. B. für eine Suchmeldung oder für die Vorstellung eines Tieres im Biologieunterricht.
Die Merkmale werden sinnvoll angeordnet, z. B. nach Wichtigkeit oder vom Allgemeinen zum Besonderen.
Persönliche Wertungen wie *schön, lieb, süß* werden vermieden.

Beispiel

Steckbrief für Maiks Hund

Merkmale ...	*... von Maiks Hund*
Rasse	*Labrador*
Größe, Gewicht	...
Augenfarbe	...
Fell	...
Körperbau	...
Charakter	...
Besonderheiten	...

4 Mit Hilfe des Steckbriefs aus Aufgabe 3 könnt ihr eine Suchmeldung zu Maiks Hund erstellen.

a Entscheidet, welche Angaben aus dem Steckbrief Maik in seiner Suchmeldung auf jeden Fall verwenden sollte und welche eher nicht. Begründet eure Einschätzung.

b Gestaltet auf einem DIN-A4-Blatt eine möglichst genaue Suchmeldung, die Maik an seinem Wohnort aufhängen könnte. Tipps und Hilfen zum Aufbau einer Suchmeldung findet ihr im Beispiel rechts und im Merkkasten unten auf der Seite.

Hund entlaufen

Am 18. September ist mein Hund ...
Er hört auf den Namen Santino.

Man erkennt ihn an folgenden Merkmalen:
...

Bitte melden Sie sich, wenn ...
Meine Telefonnummer:

Information **Eine Suchmeldung schreiben**

Eine **Suchmeldung** zu einem Tier enthält die wichtigsten Informationen, die für das Wiedererkennen des Tieres notwendig sind.

Die Meldung hat folgende Bestandteile:

- eine **Überschrift,**
- einen **Einleitungssatz,** der sagt, um was es in der Suchmeldung geht,
- genaue **Angaben zu den Merkmalen des Tieres,** entweder als Text in ganzen Sätzen oder als Tabelle in Stichworten (siehe Steckbrief),
- einen **Aufruf, sich zu melden,** wenn man das Tier gefunden hat,
- eine **Telefonnummer.**

Anschaulich und genau beschreiben

Mia wünscht sich seit Langem ein Tier. Als sie mit ihrer Klasse im Fach Biologie ein Tierheim besucht, fällt ihr ein Zwergkaninchen auf. Sie beschließt, sich das Tier von ihren Eltern zum Geburtstag zu wünschen. Auf ihrem Wunschzettel will sie das Kaninchen, das sie „Krümel" nennt, möglichst genau beschreiben, damit ihre Eltern es unter den anderen Kaninchen im Tierheim herausfinden können.

1 Werdet zu Zwergkaninchen-Experten und helft Mia, Krümel genau zu beschreiben. Dafür braucht ihr die richtigen Begriffe.
Zeichnet Krümel in Umrissen in euer Heft. Lasst um die Zeichnung herum Platz und beschriftet sie mit folgenden Begriffen:

Tasthaare • Löffel • Maul • Stirn • Schwanz • Nacken • Hinterläufe • Brust • Rücken • Bauch • Vorderläufe • Augen • Pfoten • Nase

2 a Notiert Merkmale, die ihr bei Krümel beschreiben könnt, um ihn von anderen Zwergkaninchen zu unterscheiden:

- *Größe*
- *Körperbau*
- *Kopfform*
- ...

b Sammelt in einer Tabelle zu den einzelnen Merkmalen aus Aufgabe a passende Wörter, die ihr für die Beschreibung Krümels verwenden könnt. Berücksichtigt dabei, wie sich Krümel von anderen Kaninchen aus dem Heim (siehe Fotos) unterscheidet.

Merkmale	Angaben, die auf Krümel zutreffen
Größe	*vergleichsweise groß, ...*
...	...

c Diskutiert eure Ergebnisse mit zwei anderen Mitschülern/Mitschülerinnen, die in Partnerarbeit gearbeitet haben. Überarbeitet und ergänzt eure Tabelle.

3 Wenn man ein Tier beschreibt, braucht man auch genaue Farbbezeichnungen.
Die Grundfarben von Krümels Fell sind Braun und Weiß.

a Welche unterschiedlichen braunen und weißen Farbtöne kennt ihr? Notiert in Partnerarbeit:
braun: dunkelbraun …
weiß: blütenweiß …

b Prüft, welche Bezeichnungen für die Farbe von Krümels Fell ihr in Aufgabe 2 b verwendet habt. Ergänzt oder präzisiert eure Angaben, falls nötig.

4 Mia hat schon einige beschreibende Sätze zu Krümel notiert:

Das Kaninchen hat längliche, spitz zulaufende, rotbraune Ohren.
Krümel hat ein langes, flauschiges Fell und ist dadurch sehr süß und kuschelig.
Am rechten Hinterlauf hat Krümel einige lange weiße Haare, die ähnlich wie Watte aussehen.
Der Rücken des Tieres ist kastanienbraun.
Seine Schnurrhaare sind besonders lang und kitzeln lustig, wenn man ihn streichelt.

a Mias Beschreibungen sind nicht immer sachlich. Nennt die Stellen, an denen Mia persönlich wertet.

b Mia verwendet immer wieder Formen der Verben *haben* und *sein*. Formuliert die Sätze abwechslungsreicher, indem ihr auch andere Verben wie z. B. die folgenden benutzt. Lasst die wertenden Aussagen weg.

(Haare) wachsen • (Färbung) aufweisen • (als besonderes Merkmal) auffallen

5 Verfasst für Mia eine möglichst genaue Beschreibung des Zwergkaninchens Krümel. Der folgende Merkkasten hilft euch. Einige Angaben müsst ihr schätzen.

Information **Ein Tier anschaulich und genau beschreiben**

Aufbau

1 Schreibt einen **Einleitungssatz,** in dem ihr sagt, um was es geht.
2 Beschreibt dann das Tier möglichst genau.
   – Beginnt mit den **Grundinformationen zum Tier** (z. B. Tierart, ungefähre Größe und Gewicht).
   – Beschreibt anschließend die **einzelnen Merkmale** (z. B. Farbe und Länge des Fells, Kopfform, Form der Ohren, Augenfarbe, Besonderheiten einzelner Körperteile …) von oben nach unten, also vom Kopf bis zu den Beinen.
3 Formuliert einen **Schlusssatz,** der z. B. etwas zum Gesamteindruck des Tieres sagt. Dieser Schlusssatz darf auch eine persönliche Wertung beinhalten.

Sprachliche Mittel

- Verwendet **passende Adjektive,** mit denen ihr das Tier anschaulich und genau beschreiben könnt, z. B. *rotbraun, schmal, spitz, länglich.*
- Verwendet neben den Wörtern *sein* und *haben* weitere **treffende Verben,** z. B. *tragen, besitzen, sich befinden, aufweisen.*
- Formuliert eure Beschreibung **sachlich** und im **Präsens** (Gegenwartsform).

Teste dich!

Ein Tier beschreiben

1 a Wähle eine der Katzen aus und erstelle einen Steckbrief (▸ S. 68).
b Formuliere mit Hilfe des Steckbriefs eine ausführliche Beschreibung der Katze in ganzen Sätzen. Beachte hierbei die Hinweise im Merkkasten auf S. 71.
c Lies deine Beschreibung einem Lernpartner/einer Lernpartnerin vor. Diskutiert eure gegenseitigen Verbesserungsvorschläge und setzt sie um.

2 Bildet Dreier- oder Vierergruppen. Die Lernpartner aus Aufgabe 1 sollen jeweils verschiedenen Gruppen angehören. Lest eure Beschreibungen vor. Sobald einer von euch weiß, um welche Katze es sich handelt, kann er sich melden. Konntet ihr alle Katzen anhand ihrer Beschreibung erkennen?

4.2 Mit Tieren unter einem Dach – Beschreibende Texte erschließen und verfassen

Jutta Richter

Der Tag, als ich lernte, die Spinnen zu zähmen – Die Monsterspinne

Der folgende Textauszug stammt aus dem Jugendroman „Der Tag, als ich lernte, die Spinnen zu zähmen“. Das Buch erzählt, wie die Ich-Erzählerin sich mit Rainer anfreundet, einem Jungen aus der Nachbarschaft, der von den anderen Kindern als Außenseiter betrachtet wird.

Ich lag auf dem Bett, sah den tanzenden Staubkörnchen zu und hörte, wie Rainer meinen Namen rief. Da stand ich auf, guckte durch die Ritze des Rollladens und sah, dass er vor dem Fenster stand.

„Komm raus, Meechen!“, rief er. „Wir brauchen noch eine zum Mitspielen!“

Ich stellte mich tot.

„Die hat ja wieder Hausarrest“, kicherte Martina Thiemann. „Die hat doch immer Hausarrest!“

„Das stimmt nicht“, sagte ich und schwieg, weil Tote nicht sprechen können. Ich hatte mit Sicherheit nicht öfter Hausarrest als Martina Thiemann. Denn Hausarrest gab es nur für Zu-spät-Kommen und Heimlich-im-Bett-Lesen. Das hatte ich getan und, weil meine Taschenlampe keine Batterie mehr hatte, eine Weihnachtskerze unters Bett gestellt.

Mein Vater hatte dann das Feuer mit meiner Bettdecke erstickt und „Eine Woche Hausarrest!“ gesagt.

Das Totstellen war wahnsinnig langweilig. Ich legte mich wieder aufs Bett und starrte die Decke an.

Plötzlich entdeckte ich die Spinne.

Sie war mindestens so groß wie meine Hand, und sie kroch langsam die Zimmerdecke entlang, bis sie genau über meinem Gesicht verharrte. Ich wollte schreien und ich konnte nicht. Ich wollte aufspringen und ich konnte nicht. Und draußen rief Rainer immer wieder meinen Namen.

Die Spinne hatte glänzende tote Augen, die etwas vorgewölbt auf ihrem Kopf saßen. An ihren Beinen wuchsen feine schwarze Härchen. Sie saß reglos und starrte mich an. Es war wirklich die größte Spinne der Welt. Jetzt presste sie langsam einen schleimigen Silberfaden aus sich heraus und begann sich abzuseilen.

Ich konnte mich immer noch nicht bewegen. Ich stellte mir vor, wie sie mich einspinnen würde, so wie es mit den Fliegen passiert war, die im frühen Herbst in den tauglitzernden Spinnennetzen an Hansi Pfeifers Jägerzaun hingen.

Ich hatte Schweißtropfen auf der Stirn und einen Kloß im Hals, an dem ich fast erstickte. Die Spinne kam immer näher. Dabei wurde sie immer größer. Und als sie fast mein Gesicht berührte, konnte ich plötzlich schreien.

Ich schrie und sprang auf und zog am grauen Gurt des Rollladens, der mit Schwung nach oben sauste. Gleichzeitig riss ich das Fenster auf, zerriss dabei die Gardine, und plötzlich hörte ich auch, was ich schrie, nämlich: „Rainer!“

Er zögerte nicht eine Sekunde, nahm kurz Anlauf und schwang sich über das Fensterbrett ins Zimmer.
Ich zeigte auf die Spinne.
„Wahnsinn“, sagte Rainer. „Eine Monsterspinne!“
„Mach doch was“, sagte ich.
Rainer überlegte. Ich konnte sehen, wie er nachdachte, und allein dass er das tat und neben mir war, machte mich ruhiger.
Draußen standen Martina Thiemann und Hansi Pfeifer und glotzten. Ich sah, dass Martinas Mund offen stand und sie sich auf die Zunge biss. Sie sah noch blöder aus als sonst.
„Warte mal“, sagte Rainer. „Ich weiß was!“
Er zog eine Streichholzschachtel aus seiner Hosentasche, kippte die Streichhölzer aus und zog die Schachtel auseinander.
„Da passt die Spinne nie rein!“, sagte ich.
„Abwarten!“, antwortete Rainer.
Er ging langsam Richtung Bett. Er war ganz ruhig und fast glaubte ich ihm.
Einer, der sich so bewegt, macht keinen Fehler. Trotzdem zitterte ich.
„Und wenn sie dich beißt?“
Rainer antwortete nicht.
„Klack“, machte die Streichholzschachtel. Die Monsterspinne war weg.
„Na, bitte!“, sagte Rainer. Er grinste genauso wie damals im Keller. Ich konnte die kleine Lücke zwischen seinen Schneidezähnen sehen und ich bewunderte ihn.

1 Lest den Textauszug und macht euch Notizen zu euren spontanen Eindrücken. Ihr könnt dabei z. B. auf eine der folgenden Fragen eingehen:
- Welche Gefühle hat das Lesen des Textes bei mir ausgelöst?
- Wie wirkt Rainers Verhalten auf mich?
- Welchen Eindruck habe ich von der Erzählerin?

2 Hattet ihr selbst einmal ein besonderes Erlebnis mit Spinnen? Erzählt davon.

Die Große Winkelspinne

Große Winkelspinne – auch „Hausspinne“ genannt

Der Sprecher in einem Tierfilm über Spinnen kommentiert die Filmaufnahmen von einer Hausspinne:

Die Große Winkelspinne gehört zu den in Mitteleuropa bekannten Hausspinnen.

Der Körper des Weibchens wird eineinhalb bis zwei Zentimeter lang. Die mit Borsten besetzten Beine haben bei ausgewachsenen Tieren eine Länge von drei bis vier Zentimetern.
Mit Spinnwarzen an ihrem Hinterleib produziert die Spinne Fäden, aus denen sie ihr Netz baut, die sie als Fangfäden für Beutetiere verwendet und an denen sie sich bei einem Standortwechsel oder bei Gefahr abseilen kann.

Das Weibchen verharrt tagsüber meist reglos in seinem Trichternetz in der Zimmerecke.
Auf Grund der in zwei Reihen angeordneten acht Augen haben die Tiere zwar ein weites Gesichtsfeld, sie sehen aber nicht gut. Das wichtigste Sinnesorgan sind die feinen Tasthaare an den Beinen und am ganzen Körper, die der Spinne anzeigen, ob sich ein Beutetier in ihren Fangfäden verheddert hat.

1 Könnte im Jugendromanauszug auf S. 73 f. und im Tierfilmkommentar von der gleichen Spinne die Rede sein? Begründet eure Ansicht.

2 **a** Stellt in einer Tabelle die Beschreibungen der Spinne im Romanauszug und im Filmtext einander gegenüber.

Merkmale	Darstellung im Erzähltext (Romanauszug)	Darstellung im Sachtext (Tierfilmkommentar)
Größe	*Sie war mindestens so groß wie meine Hand (Z. 26)* …	…
Aussehen	…	…
Verhalten	…	…

b Beschreibt, was euch bei der Gegenüberstellung auffällt. Ihr könnt dabei Wörter aus dem folgenden Wortschatzkasten verwenden.

nüchtern • aufgeregt • genau • übertrieben • persönlich • neutral • bildhaft • verzerrt • emotional • sachlich • angeekelt • trocken • wertend • eindrucksvoll • intensiv • klar • informativ • spannend

c Überlegt, worauf die Unterschiede zurückzuführen sind, die ihr in der Beschreibung der Spinne im Erzähltext und im Sachtext festgestellt habt.

3 Sachtexte und Erzähltexte sind nicht nur unterschiedlich geschrieben – sie werden auch unterschiedlich gelesen.
Beschreibt, mit welchen Absichten und Erwartungen ihr einen Erzähltext lest (Jugendroman, Erlebniserzählung ...) und mit welchen Absichten und Erwartungen einen Sachtext (Jugendsachbuch, Jugendlexikon, Artikel in einer Jugendzeitschrift).

Jutta Richter

Der Tag, als ich lernte, die Spinnen zu zähmen – Die Schildkröte

Der Vater der Ich-Erzählerin hat den Hund der Familie, Raudi, ins Tierheim gegeben.

Mein Vater schenkte mir eine Schildkröte. „Damit das Raudihinterhergejammere endlich aufhört“, sagte er. „Damit du auf andere Gedanken kommst und wieder eine Verantwortung hast!“
Die Schildkröte war kalt und langsam und zog immer den Kopf ein, wenn ich mit ihr reden wollte. Ich nannte sie Amanda. Das war der einzige Name, der mir für so viel Langeweile einfiel.
Amanda saß in einem Karton, den wir mit Vogelsand ausgestreut hatten. Mit ihrem zahnlosen Maul zog sie Salatblätter in sich hinein. Mehr tat sie nicht. Wenn ich sie auf den Rücken legte, ruderte sie mit den schuppigen Beinen. Meine Mutter meinte, das sei Tierquälerei. „Quäle nie ein Tier zum Scherz, denn es fühlt wie du den Schmerz.“
Hansi Pfeifer sagte, Amanda wäre eine Griechische Landschildkröte und Griechische Landschildkröten würden bis zu hundertfünfzig Jahre alt.
Ich stellte mir vor, dass ich mein Leben lang diese Schildkröte würde füttern müssen.
„Im Winter nicht“, sagte Hansi Pfeifer. „Schildkröten halten Winterschlaf.“

1 Untersucht die Beschreibung der Schildkröte im Text. Notiert, welche sachlichen Informationen und welche Wertungen die Beschreibung enthält.

2 Könnt ihr die Wertungen der Ich-Erzählerin verstehen? Begründet eure Meinung. Berücksichtigt auch das Verhalten der Eltern.

Sachliche Informationen	Wertungen
kalt = niedrige Körpertemperatur ...	*kalt = unangenehm anzufassen* ...

Die Griechische Landschildkröte

- Lebensgefahr oberhalb von 40°C und unterhalb von 8°C
- vegetarische Ernährung
- braucht viel Ruhe und will nicht gestreichelt oder herumgetragen werden
- Grundfarbe des Panzers variiert von Gelb bis Olivgrün mit dunklen Flecken
- wechselwarme Tiere (können Körperwärme nicht selbst erzeugen, wechseln zwischen Sonne und Schatten)
- tagaktive Reptilien
- Vorkommen in der Natur im europäischen Mittelmeerraum
- hält Winterschlaf
- Geschlecht wird durch die Bruttemperatur bestimmt
- kleine bis mittelgroße Schildkröte mit ca. 20 cm Länge
- beliebtes Haustier, aber nicht als Spielkamerad geeignet
- ca. 80–400 m Strecke täglich zur Futtersuche
- Alter bis 100 Jahre und mehr
- vergräbt Eier im Sand, diese werden mit Hilfe der Sonnenwärme ausgebrütet

Fordern und fördern – Einen Sachtext schreiben

●●● **1** Schreibt zur Griechischen Landschildkröte einen informierenden Sachtext für ein Jugendlexikon. Verwendet hierzu die Informationen aus den Texten auf S. 76.
Geht dabei so vor:

a Überlegt, wie ihr die einzelnen stichwortartigen Informationen aus dem Text auf S. 76 unten ordnen könnt. Notiert ähnlich wie in einem Tier-Steckbrief (▸ S. 68) Begriffe, denen ihr die einzelnen Informationen zuordnen könnt, z. B. *Lebensraum, Aussehen ...*

▷ Ihr benötigt mehr Hilfe zu dieser Aufgabe? Schaut unten auf dieser Seite nach: Hilfe zu Aufgabe 1 a.

b Bringt die Begriffe aus Aufgabe a in eine sinnvolle Reihenfolge. Was ein Leser nach eurer Einschätzung auf jeden Fall wissen will, stellt ihr an den Anfang. Speziellere Informationen, die vielleicht nicht jeden interessieren, rückt ihr an den Schluss.

▷ Eine Hilfe zu Aufgabe 1 b findet ihr bei Bedarf unten auf dieser Seite.

c Formuliert euren Text in vollständigen, gut verständlichen Sätzen.
Verwendet Absätze, um euren Text übersichtlich zu gliedern.
Achtet auf abwechslungsreiche Satzanfänge.

▷ Lest, falls ihr Hilfestellung braucht, die Hilfe zu Aufgabe 1 c.

●●○ **Hilfe zu Aufgabe 1**

a Weitere Begriffe zum Ordnen der Informationen könnten sein:
„Geburt und Tod“, „Besonderheiten als wechselwarmes Tier“, ...

b Beispiel:
1) Aussehen, 2) Lebensraum, 3) Eigenschaften als Haustier ...

c Beispiel:
Die Griechische Landschildkröte ist eine kleine bis mittelgroße Schildkröte von etwa 20 cm Länge.
Die Grundfarbe ihres Rückenpanzers ist Gelb bis Olivgrün. Der Panzer weist dunkle Flecken auf.
Verbreitungsgebiet des Tieres ist der europäische Mittelmeerraum ...

Information | **Einen beschreibenden Sachtext verfassen**

Beachtet beim Verfassen eines beschreibenden Sachtextes folgende Hinweise:
- **Beschafft** euch die nötigen **Informationen** und **wählt** die wichtigsten **aus.**
- Überlegt euch eine sinnvolle **Gliederung,** z. B. bei einem Lexikonartikel über ein Tier: *Tierart, Aussehen, Lebensraum ...*
- Macht Sinnabschnitte im Text durch **Absätze** deutlich.
- Verwendet die nötigen **Fachbegriffe.**
- Schreibt **sachlich,** vermeidet persönliche Eindrücke oder Wertungen.
- Achtet auf **Abwechslung** bei den **Satzanfängen.**

4.3 Fit in ... – Beschreiben

Die Aufgabenstellung richtig verstehen

Stellt euch vor, ihr bekommt in der nächsten Klassenarbeit die folgende Aufgabe:

> Dir ist ein Papagei (Gelbbrust-Ara) zugeflogen. Du bekommst die Möglichkeit, über den örtlichen Radiosender einen Aufruf zu veröffentlichen. Dazu brauchst du eine genaue Beschreibung des Vogels. Der Besitzer soll seinen Papagei wiedererkennen und sich bei dir melden können.
> Nutze zum Verfassen deines Textes das Foto auf Seite 79 und wähle geeignete Informationen aus dem Lexikonartikel unten auf dieser Seite aus.

1 a Lest euch die Aufgabenstellung genau durch.
b Habt ihr verstanden, was ihr machen sollt? Entscheidet, welche der folgenden Antworten richtig sind, und schreibt die entsprechenden Buchstaben in euer Heft.

- **A** Ich soll eine sachliche Beschreibung des Papageis verfassen.
- **B** Den Lexikonartikel soll ich lesen und alle Informationen in meinen Text aufnehmen.
- **C** Die Beschreibung muss so genau sein, dass der Besitzer sein Tier wiedererkennen kann.
- **D** Ich soll in ganzen Sätzen schreiben.
- **E** Es wird erwartet, dass ich auf spannende Weise davon erzähle, wie mir der Papagei zugeflogen ist.

Informationen sammeln und ordnen

Der Gelbbrust-Ara

Aras leben als wilde Papageien in Südamerika. Dort halten sie sich vor allem in den Baumkronen der Urwaldbäume auf, wo sie ihren Schnabel geschickt als Kletterhilfe benutzen.

Mit ihrem bunten Federkleid zählen sie zu den farbenprächtigsten Vögeln der Welt. Rund um das Auge ist der Papagei ungefiedert.

Die Tiere sind sehr groß und messen vom Kopf bis zur Schwanzspitze 85 Zentimeter (allein der Schwanz ist 50 Zentimeter lang). Aras können 60 bis 100 Jahre alt werden.

In Gefangenschaft benötigen sie einen sehr großen Käfig und täglich viel Freiflug.

2 Sucht aus dem Lexikonartikel (▶ S. 78) alle Informationen heraus, die für eine Beschreibung des entflogenen Papageis in eurem Aufruf nützlich sind.

3 a Wählt Adjektive aus dem Kasten rechts, die das Gefieder des Vogels genau beschreiben, und notiert sie in eurem Heft.
b Findet treffende Farbadjektive, um Brust und Bauch sowie die Oberseite des Kopfes zu beschreiben.

hellblau • dunkelblau • blaugrau • blaugrün • himmelblau • nachtblau • schneeweiß • grauweiß • cremeweiß

4 Sammelt in einer Tabelle Angaben zu weiteren Merkmalen des Aras.

Merkmale	Angaben
Kopf	…
Schnabel	*schwarz, groß, gebogen*
Augen	…
Krallen	…
Federn (Länge)	…
…	…

5 Lest die folgenden Sätze und entscheidet, welche ihr in eurer Beschreibung verwenden könnt. Schreibt diese Sätze in euer Heft.

- *Bei dem Papagei handelt es sich um einen Gelbbrust-Ara.*
- *Der Bereich rund um die Augen wirkt komisch.*
- *Der Ara hat einen schwarzen, großen, gebogenen Schnabel.*
- *Jch finde den Papagei sehr schön.*
- *Der Ara hat richtig knallige Farben.*
- *Seine Schwanzfedern sind superlang.*
- *Besonders auffällig ist das bunte Federkleid des Vogels.*

Die Beschreibung verfassen und überarbeiten

6 Verfasst nun eine Beschreibung des Papageis, die ihr im Radio vorlesen könnt. Die Hinweise in der Tabelle helfen euch dabei.

Überschrift	Informiert knapp, worum es geht.
Einleitung	Wann ist euch welches Tier wo zugelaufen/zugeflogen? Hier könnt ihr die Angaben selbst erfinden, z. B.: *Am Samstagmorgen …*
Hauptteil	Beschreibt den Papagei möglichst genau: zuerst den Gesamteindruck, dann die besonderen Merkmale in einer sinnvollen Reihenfolge, z. B. von oben nach unten.
Schluss	Gebt eine Adresse oder eine Telefonnummer an, damit sich der Besitzer oder die Besitzerin des Vogels bei euch melden kann. Denkt euch auch hier selbst Angaben aus.

7 Überarbeitet eure Beschreibungen mit Hilfe der Methode „Textlupe“ (► S. 51). Die folgende Checkliste hilft euch dabei.

Checkliste

Ein Tier anschaulich und genau beschreiben

- An welchen Stellen kann man das Tier eventuell noch genauer beschreiben?
  Beispiel: *Manche der langen Schwanzfedern sind an der Unterseite orange gefärbt.*
- Sind zur Abwechslung statt *ist, hat, sind* … andere Verben nötig?
  Beispiele: *tragen, sich befinden, aufweisen, auffallen.*
- Wo könnten die Satzanfänge noch abwechslungsreicher sein?
  Beispiel: *Der Vogel weist … auf. Rund um die Augen hat der Papagei … Der Schnabel des Aras …*
- Ist die Beschreibung sachlich und ohne Wertungen formuliert?
  Beispiel: *Der Vogel hat ein buntes Gefieder.* (Statt: *Der Vogel hat ein sehr schön buntes Gefieder.*)

5 Es war einmal … – Märchen verstehen und gestalten

1 Kennt ihr die Märchenfiguren auf diesem Bild?
Berichtet, was euch von den Märchen in Erinnerung geblieben ist.

2 Habt ihr ein Lieblingsmärchen?
Warum gefällt es euch gut?

3 Nennt Merkmale von Märchen.

In diesem Kapitel …

- lernt ihr alte und neue Märchen aus Deutschland und aus anderen Ländern kennen,
- findet ihr heraus, an welchen Merkmalen man ein Märchen erkennen kann,
- schreibt ihr selber Märchen.

5.1 Von Prüfungen, Wünschen und Wundern – Märchen lesen und verstehen

Grimms Märchen – Märchen und ihre Merkmale untersuchen

Jacob und Wilhelm Grimm

Prinzessin Mäusehaut

Ein König hatte drei Töchter; da wollte er wissen, welche ihn am liebsten hätte, ließ sie vor sich kommen und fragte sie. Die älteste sprach, sie habe ihn lieber als das ganze Königreich; die zweite, als alle Edelsteine und Perlen auf dieser Welt; die dritte aber sagte, sie habe ihn lieber als das Salz.

Der König war aufgebracht, dass sie ihre Liebe zu ihm mit einer so geringen Sache vergleiche, übergab sie einem Diener und befahl, er solle sie in den Wald führen und töten. Wie sie in den Wald gekommen waren, bat die Prinzessin den Diener um ihr Leben; dieser war ihr treu und würde sie doch nicht getötet haben, er sagte auch, er wolle mit ihr gehen und ganz nach ihren Befehlen tun. Die Prinzessin verlangte aber nichts als ein Kleid von Mäusehaut, und als er ihr das geholt hatte, wickelte sie sich hinein und ging fort. Sie ging geradezu an den Hof eines benachbarten Königs, gab sich für einen Mann aus und bat den König, dass er sie in seine Dienste nehme. Der König sagte es zu und sie solle bei ihm die Aufwartung haben[1]: Abends musste sie ihm die Stiefel ausziehen, die warf er ihr allemal[2] an den Kopf. Einmal fragte er, woher sie sei. „Aus dem Lande, wo man den Leuten die Stiefel nicht um den Kopf wirft." Der König wurde da aufmerksam. Endlich brachten ihm die anderen Diener einen Ring: Mäusehaut habe ihn verloren, der sei zu kostbar, den müsse er gestohlen haben. Der König ließ Mäusehaut vor sich kommen und fragte, woher der Ring sei. Da konnte sich Mäusehaut nicht länger verbergen, sie wickelte sich von der Mäusehaut los, ihre goldgelben Haare quollen hervor und sie trat heraus, so schön, aber auch so schön, dass der König gleich die Krone von seinem Kopf abnahm und ihr aufsetzte und sie für seine Gemahlin erklärte.

Zu der Hochzeit wurde auch der Vater der Mäusehaut eingeladen, der glaubte, seine Tochter sei schon längst tot, und erkannte sie nicht wieder. Auf der Tafel aber waren alle Speisen, die ihm vorgesetzt wurden, ungesalzen. Da wurde er ärgerlich und sagte: „Ich will lieber nicht leben als solche Speise essen!" Wie er das Wort ausgesagt hatte, sprach die Königin zu ihm: „Jetzt wollt Ihr nicht leben ohne Salz und doch habt Ihr mich einmal wollen töten lassen, weil ich sagte, ich hätte Euch lieber als Salz!" Da erkannte er seine Tochter und küsste sie und bat sie um Verzeihung, und es war ihm lieber als sein Königreich und alle Edelsteine der Welt, dass er sie wiedergefunden hatte.

1 Aufwartung haben: als Dienstmädchen arbeiten

2 allemal: jedes Mal

1 Die drei Töchter des Königs vergleichen ihre Liebe zu ihrem Vater mit verschiedenen Dingen: „Die älteste sprach, sie habe ihn lieber als das ganze Königreich; die zweite, als alle Edelsteine und Perlen auf dieser Welt; die dritte aber sagte, sie habe ihn lieber als das Salz" (Z. 3–7). Erläutert, was genau die Schwestern mit ihren Vergleichen meinen.

2 Am Ende des Märchens versteht Prinzessin Mäusehauts Vater, was seine Tochter gemeint hat, als sie sagte, sie liebe ihn mehr als das Salz. Erklärt, wie es dazu kommt.

3 Woran erkennt ihr, dass „Prinzessin Mäusehaut" ein Märchen ist? Sucht mindestens drei Gründe. Tauscht eure Ergebnisse anschließend in der Klasse aus.

Jacob und Wilhelm Grimm

Der Froschkönig

In den alten Zeiten, wo das Wünschen noch geholfen hat, lebte ein König, dessen Töchter waren alle schön, aber die jüngste war so schön, dass die Sonne selber, die doch so vieles gesehen hat, sich verwunderte, sooft sie ihr ins Gesicht schien. Nahe bei dem Schlosse des Königs lag ein großer dunkler Wald, und in dem Walde unter einer alten Linde war ein Brunnen: wenn nun der Tag recht heiß war, so ging das Königskind hinaus in den Wald und setzte sich an den Rand des kühlen Brunnens: und wenn sie Langeweile hatte, so nahm sie eine goldene Kugel, warf sie in die Höhe und fing sie wieder; und das war ihr liebstes Spielwerk.

Nun trug es sich einmal zu, dass die goldene Kugel der Königstochter nicht in ihr Händchen fiel, das sie in die Höhe gehalten hatte, sondern vorbei auf die Erde schlug und geradezu ins Wasser hineinrollte. Die Königstochter folgte ihr mit den Augen nach, aber die Kugel verschwand, und der Brunnen war tief, so tief, dass man keinen Grund sah. Da fing sie an zu weinen und weinte immer lauter und konnte sich gar nicht trösten. Und wie sie so klagte, rief ihr jemand zu: „Was hast du vor, Königstochter, du schreist ja, dass sich ein Stein erbarmen möchte.“ Sie sah sich um, woher die Stimme käme, da erblickte sie einen Frosch, der seinen dicken hässlichen Kopf aus dem Wasser streckte. „Ach, du bist's, alter Wasserpatscher“, sagte sie, „ich weine über meine goldene Kugel, die mir in den Brunnen hinabgefallen ist.“ „Sei still und weine nicht“, antwortete der Frosch, „ich kann wohl Rat schaffen, aber was gibst du mir, wenn ich dein Spielwerk wieder heraufhole?“ „Was du haben willst, lieber Frosch“, sagte sie, „meine Kleider, meine Perlen und Edelsteine, auch noch die goldene Krone, die ich trage." Der Frosch antwortete: „Deine Kleider, deine Perlen und Edelsteine und deine goldene Krone, die mag ich nicht; aber wenn du mich liebhaben willst und ich soll dein Geselle und Spielkamerad sein, an deinem Tischlein neben dir sitzen, von deinem goldenen Tellerlein essen, aus deinem Becherlein trinken, in deinem Bettlein schlafen: wenn du mir das versprichst, so will ich hinuntersteigen und dir die goldene Kugel wieder heraufholen." – „Ach ja", sagte sie, „ich verspreche dir alles, was du willst, wenn du mir nur die Kugel wiederbringst." Sie dachte aber: „Was der einfältige Frosch schwätzt, der sitzt im Wasser bei seinesgleichen und quakt und kann keines Menschen Geselle sein."

Der Frosch, als er die Zusage erhalten hatte, tauchte seinen Kopf unter, sank hinab, und über ein Weilchen kam er wieder heraufgerudert, hatte die Kugel im Maul und warf sie ins Gras. Die Königstochter war voll Freude, als sie ihr schönes Spielwerk wieder erblickte, hob es auf und sprang damit fort. „Warte, warte", rief der Frosch, „nimm mich mit, ich kann nicht so laufen wie du." Aber was half ihm, dass er ihr sein quak, quak so laut nachschrie, als er konnte! Sie hörte nicht darauf, eilte nach Haus und hatte bald den armen Frosch vergessen, der wieder in seinen Brunnen hinabsteigen musste.

Am andern Tage, als sie mit dem König und allen Hofleuten sich zur Tafel gesetzt hatte und von ihrem goldenen Tellerlein aß, da kam, plitsch platsch, plitsch platsch, etwas die Marmortreppe heraufgekrochen, und als es oben angelangt war, klopfte es an der Tür und rief: „Königstochter, jüngste, mach mir auf." Sie lief und wollte sehen, wer draußen wäre, als sie aber aufmachte, so saß der Frosch davor. Da warf sie die Tür hastig zu, setzte sich wieder an den Tisch und war ihr ganz angst. Der König sah wohl, dass ihr das Herz gewaltig klopfte, und sprach: „Mein Kind, was fürchtest du dich, steht etwa ein Riese vor der Tür und will dich holen?" „Ach nein", antwortete sie, „es ist kein Riese, sondern ein garstiger Frosch." – „Was will der Frosch von dir?" – „Ach, lieber Vater, als ich gestern im Wald bei dem Brunnen saß und spielte, da fiel meine goldene Kugel ins Wasser. Und weil ich so weinte, hat sie der Frosch wieder heraufgeholt, und weil er es durchaus verlangte, so versprach ich ihm, er sollte mein Geselle werden, ich dachte aber nimmermehr, dass er aus seinem Wasser herauskönnte. Nun ist er draußen und will zu mir herein." Indem klopfte es zum zweiten Mal und rief:

„Königstochter, jüngste,
mach mir auf,
weißt du nicht, was gestern
du zu mir gesagt
bei dem kühlen Brunnenwasser?
Königstochter, jüngste,
mach mir auf."

Da sagte der König: „Was du versprochen hast, das musst du auch halten; geh nur und mach ihm auf." Sie ging und öffnete die Türe, da hüpfte der Frosch herein, ihr immer auf dem Fuße nach, bis zu ihrem Stuhl. Da saß er und rief: „Heb mich herauf zu dir." Sie zauderte, bis es endlich der König befahl. Als der Frosch erst auf dem Stuhl war, wollte er auf den Tisch, und als er da saß, sprach er: „Nun schieb mir dein goldenes Tellerlein näher, damit wir zusammen essen." Das tat sie zwar, aber man sah wohl, dass sie's nicht gerne tat. Der Frosch ließ sich's gut schmecken, aber ihr blieb fast jedes Bisslein im Halse. Endlich sprach er: „Ich habe mich satt gegessen und bin müde, nun trag mich in dein Kämmerlein und mach dein seiden Bettlein zurecht, da wollen wir uns schlafen legen." Die Königstochter fing an zu weinen und fürchtete sich vor dem kalten Frosch, den sie nicht anzurühren getraute und der nun in ihrem schönen reinen Bettlein schlafen sollte. Der König aber ward zornig und sprach: „Wer dir geholfen hat, als du in der Not warst, den sollst du hernach nicht verachten." Da packte sie ihn mit zwei Fingern, trug ihn hinauf und setzte ihn in eine Ecke. Als sie aber im Bett lag, kam er gekrochen und sprach: „Ich bin müde, ich will schlafen so gut wie du: Heb mich herauf, oder ich sag's deinem Vater." Da ward sie erst bitterböse, holte ihn herauf und warf ihn aus allen Kräften wider die Wand. „Nun wirst du Ruhe haben, du garstiger Frosch."

Als er aber herabfiel, war er kein Frosch, sondern ein Königssohn mit schönen und freundlichen Augen. Der war nun nach ihres Vaters Willen ihr lieber Geselle und Gemahl. Da erzählte er ihr, er wäre von einer bösen Hexe verwünscht worden und niemand hätte ihn aus dem Brunnen erlösen können als sie allein, und morgen wollten sie zusammen in sein Reich gehen. [...]

1 Stellt euch vor, die Prinzessin kann nach dem aufregenden Tag abends nicht einschlafen und denkt darüber nach, warum sie so böse geworden ist, dass sie den Frosch an die Wand geworfen hat. Schreibt ihre Gedanken auf.
Ich wusste ja nicht, dass ... Den Frosch fand ich ... Mein Vater wollte ....

2 Lest noch einmal genau nach, was die Prinzessin dem Frosch verspricht. Denkt ihr, der König hat recht, wenn er sagt: „Was du versprochen hast, musst du auch halten"? Begründet eure Meinung.

3 Tragt zusammen, woran ihr erkennen könnt, dass „Der Froschkönig" ein Märchen ist.

Information **Merkmale von Märchen**

Ort und Zeit
Ort und Zeitpunkt der Handlung sind nicht genau angegeben, z. B. *Vor langer Zeit, Hinter den sieben Bergen ...*

Figuren
- Es treten typische Märchenfiguren auf, z. B. *König, Königin, Prinz, Prinzessin ...*
- Der Charakter der Figuren wird nicht näher beschrieben, sie sind entweder gut oder böse, arm oder reich, dumm oder klug, schön oder hässlich usw., z. B.: *die gute Fee, die böse Hexe, die schöne Königstochter ...*
- Helfer oder Gegner der Helden stammen häufig aus dem Bereich des Fantastischen, wie z. B. *sprechende Tiere, Feen, Hexen, Drachen ...*

Handlung
- Meistens siegt am Ende das Gute und das Böse wird bestraft.
- Der Held/die Heldin muss oft Prüfungen bestehen oder Aufgaben erfüllen (häufig drei).
- Das Wunderbare gilt als selbstverständlich. Oft können Tiere sprechen, es gibt Zauberei und magische Gegenstände, z. B. *einen Wundertisch, ein Zauberkästchen ...*

Erzählweise
- Märchen enthalten häufig feste sprachliche Formeln, z. B.: *Es war einmal ..., ... und wenn sie nicht gestorben sind, dann leben sie noch heute.*
- Die Zahlen Drei, Sieben, Zwölf spielen oft eine besondere Rolle, z. B. *drei Wünsche, sieben Zwerge, zwölf Gesellen.*
- Oft gibt es Reime oder Zaubersprüche, z. B.: *Ach, wie gut, dass niemand weiß, dass ich Rumpelstilzchen heiß.*

Die Märchensammler: Jacob und Wilhelm Grimm

Viele Märchen sind vor langer Zeit, noch vor der Zeit des Buchdrucks (15. Jahrhundert), entstanden, und man weiß nicht, wer sie erfunden und zuerst erzählt hat. Solche Volksmärchen gibt es in fast allen Ländern. Sie wurden auf Marktplätzen, in Wirtshäusern oder abends im Kreise der Familie mündlich weitererzählt.
Erst vor 200 Jahren, also Anfang des 19. Jahrhunderts, sammelten Schriftsteller und Gelehrte diese Volksmärchen und schrieben sie auf.
Die bekanntesten Märchensammler in Deutschland sind die Brüder Jacob Grimm (1785–1863) und Wilhelm Grimm (1786–1859). Sie waren fasziniert von diesen Geschichten, ließen sich die Volksmärchen erzählen und hielten sie fest. 1812 veröffentlichten sie ihre Märchensammlung als Buch, damit möglichst viele Kinder und auch Erwachsene diese schönen Texte hören, lesen und vorlesen konnten. Das Buch mit dem Titel „Kinder- und Hausmärchen“ enthält über 200 Märchen, wurde weltberühmt und wurde inzwischen in 140 Sprachen übersetzt. Weil viele Märchen sehr kurz sind und schmucklos erzählt wurden, überarbeiteten Jacob und Wilhelm Grimm die aufgeschriebenen Märchentexte immer wieder. Dabei schmückten sie die Märchen aus, indem sie z. B. Lücken im Handlungsverlauf füllten, Teile aus anderen Märchen einfügten und vor allem ihre Märchen einander sprachlich anglichen, indem sie zum Beispiel den meisten Märchen die bekannte Eingangsformel „Es war einmal …“ voranstellten.

Louis Katzenstein: Die Brüder Grimm bei der Märchenfrau

1 Welche der folgenden Sätze geben wichtige Aussagen des Textes wieder?
Begründet eure Auswahl mit Hilfe des Textes.

- **A** Volksmärchen gibt es nur bei uns in Deutschland.
- **B** Wer die Volksmärchen erfunden hat, ist nicht bekannt.
- **C** Die Brüder Grimm haben die Märchen selbst erfunden und dann aufgeschrieben.
- **D** Die Brüder Grimm haben die Märchen gehört und dann aufgeschrieben.
- **E** Die Brüder Grimm haben die Märchen verändert und ausgeschmückt.

2 Beschreibt und erklärt die Szene auf dem Bild. Berücksichtigt dabei den Titel des Bildes.

3 Aufgaben für Märchenforscher:

a Von vielen Märchen gibt es unterschiedliche Fassungen. Wie kann es dazu kommen?

b Sind die Hauptfiguren in deutschen Märchen eher männlich oder eher weiblich?
Untersucht mindestens fünf bekannte Märchen der Brüder Grimm. Versucht, eine Erklärung für das zu finden, was ihr herausgefunden habt.

Märchen aus verschiedenen Ländern kennen lernen

Der Brückenbauer und der Dämon

Irgendwo gab es einmal einen reißenden Strom. Jedes Mal, wenn man eine Brücke über ihn schlagen wollte, riss das Wasser die Brücke fort. Die Leute des Dorfes waren darüber sehr bekümmert und berieten sich, was sie da machen sollten. Nachdem lange hin und her beratschlagt worden war, entschloss man sich, dem berühmtesten Zimmermeister des Landes, der in einer nahen Gemeinde wohnte, den Auftrag zum Brückenbau zu geben. Weil der Zimmermeister auf seine Geschicklichkeit vertraute, gab er gern seine Zustimmung dazu. Innerlich aber, ganz im Geheimen, machte er sich Sorge, ob das Werk ihm auch gelingen werde. Er ging daher ganz allein an den Fluss und suchte am Ufer nach einer günstigen Stelle, wo man die Brücke schlagen könnte. Als er so nachdenklich auf und ab schritt und prüfende Blicke auf die Strömung des Flusses warf, bildete sich mitten im Fluss plötzlich ein Wirbel, Blasen stiegen platzend empor und plötzlich tauchte ein großer Dämon mitten im Strome auf und rief ihn an: „Du großer Zimmermeister, über was denkst du so angestrengt nach?“ Der antwortete: „Ich überlege, wo und wie man hier eine gute Brücke über den Strom schlagen kann, und will mir den Platz dafür aussuchen.“

Der Dämon lachte laut: „Magst du auch ein noch so geschickter und kunstfertiger Zimmermann sein, hier wird es dir nicht glücken, eine Brücke zu schlagen. Ich will dir aber einen Vorschlag machen: Wenn du mir deine Augen dafür gibst, so will ich für dich den Brückenbau schaffen.“ Der Zimmermeister antwortete: „Ich bin damit einverstanden“, und kehrte in sein Haus zurück. Als er am nächsten Tag zum Fluss kam, sah er, dass die Brücke schon zur Hälfte fertig war, und am folgenden Tag war der Brückenbau, als er wieder dorthin ging, vollendet. Während er, der nicht im Ernst daran geglaubt hatte, noch fassungslos vor Erstaunen auf das Werk sah, erschien der Dämon, trat vor ihn hin und rief ihm zu: „So, gib mir nun deine Augen.“ Der Zimmermann bat ihn: „Warte damit noch etwas“, und floh entsetzt in die Berge, wo er ziellos umherlief und überlegte, wie er sich von seinem Versprechen lösen könne. Plötzlich hörte er die Stimmen von spielenden Kindern, die nur immer den einen Vers sangen:

„Oniroku, komm schnell,
Hol dir deine Augen ab,
Das wird gut sein, das wird gut sein!“

Dem Zimmermann erschien der Gesang der Kinder wie eine Aufmunterung, den Mut nicht zu verlieren. Er fasste sich ein Herz, kehrte nach Hause zurück und schlief fast beruhigt ein. Am nächsten Morgen ging er wieder zum Fluss hinunter und wieder erschien der Dämon und rief ihm zu: „Gib die Augen her!“ Und als der Zimmermann nochmals bat, sich noch kurze Zeit zu gedulden, machte er ihm plötzlich den Vorschlag: „Höre, ich sehe, dass du mir die Augen nicht gerne geben willst. Wenn du meinen Namen erraten kannst, da will ich darauf verzichten und sie dir lassen.“

1 Der Brückenbauer verspricht dem Dämon seine Augen. Besprecht, warum er dies tut.

2 Schreibt das Märchen zu Ende. Gestaltet den Höhepunkt aus, verwendet wörtliche Rede.

„Gut, ich will es versuchen, ihn zu erraten“, sagte der Zimmermann, „wie wirst du heißen, heißest du vielleicht Taro?“ Da lachte der Dämon: „Nein, so heiße ich nicht, so heißt kein Dämon, du wirst es nicht erraten.“ – „Heißest du dann vielleicht Jiro?“, riet der Zimmermann. „Nein, nein, das ist kein Dämonenname, du wirst ihn nicht erraten.“ – „Heißest du etwa Saburo?“, riet der Zimmermann, und als der Dämon wieder „nein, nein, nein“ geantwortet hatte, schrie ihm der Zimmermann mit donnernder Stimme ins Gesicht: „Oniroku heißt du!“ Da sprang der Dämon, ohne ein Wort zu sagen, in das Wasser, tauchte unter und kam nicht wieder zum Vorschein.

3 Vergleicht das Ende der Originalfassung mit euren Texten. Beschreibt, was euch auffällt.

4 Vergleicht das Märchen „Der Brückenbauer und der Dämon“ mit dem Märchen „Rumpelstilzchen“ der Brüder Grimm und findet heraus, welche Ähnlichkeiten es gibt.

5 Woran könnt ihr erkennen, dass das Märchen „Der Brückenbauer und der Dämon“ aus einem fremden Land stammt?

Das Töpfchen

Es war einmal und es war auch nicht. In früheren Zeiten war einmal eine arme Frau mit einer Tochter. Die Mutter spann vom Abend bis zum Morgen Garn, das Mädchen aber verkaufte es auf dem Basar, und so verdienten sie ihren Lebensunterhalt.

Eines Tages hatte die Mutter wieder Garn gesponnen, es dem Mädchen gegeben, und das Mädchen hatte das Garn auf dem Basar verkauft. Für dieses Geld kaufte sie statt des Brotes einen kleinen Topf, der zum Kauf angeboten wurde. An dem Topf hatte sie großen Gefallen, gab das Geld hin und erhielt ihn.

Als sie nach Hause kam, war kein Brot zum Essen da; denn in der Hand hatte sie nur den Topf. Die Mutter schlug das Mädchen tüchtig und warf den Topf auf die Straße. An jenem Tag legten sie sich hungrig schlafen.

Eine Hebamme kehrte von einer Wöchnerin zurück und sah auf der Straße einen schönen Topf liegen, nahm ihn, ging nach Hause, wusch und reinigte ihn, machte eine Wein-

blattroulade, setzte den Topf auf den Herd und kochte Essen. Gerade als sie den Deckel hob und sich ans Essen setzen wollte, wurde an die Tür geklopft, und jemand rief die Hebamme schnell zu einer Geburt.

Die Hebamme sagte: „Ich esse, wenn ich zurückkomme“, ließ das Essen stehen und ging. Der Topf stand – holterdiepolter – auf und ging schnurstracks zum Haus des Mädchens. Er klopfte an die Tür, das Mädchen lief zur Tür und fragte: „Wer ist da?“ Der Topf antwortete: „Das Töpfchen.“ Das Mädchen fragte: „Was ist darin?“ Er sagte: „Eine kleine Weinblattroulade.“ Das Mädchen holte die Weinblattroulade heraus und warf den Topf auf die Straße. Die Mutter und die Tochter setzten sich hin und ließen sich die Weinblattroulade gut schmecken.

Die Frau des Padischahs, die Sultanin, ging ins Bad, da sah sie auf der Straße einen schönen Topf. „Nimm diesen Topf!“, sagte sie zu ihrer Zofe. Die Zofe nahm den Topf, und sie gingen ins Bad. Im Bad legte die Sultanin, als sie sich auszog, ihre Diamanten und Perlen hinein. Sie gab ihrer Zofe den Topf und stieg ins Bad.

Als die Zofe den Topf im Arm hielt, wurde sie vom Schlaf übermannt, und der Topf ging schnurstracks zum Haus des Mädchens und klopfte an die Tür. Das Mädchen fragte: „Wer ist da?“ Der Topf antwortete: „Das Töpfchen.“ Das Mädchen sagte: „Was ist darin?“ Er sagte: „Etwas Schönes.“ Das Mädchen nahm die Diamanten und das Gold, zog sich an und schmückte sich und warf den Topf wieder auf die Straße.

Am nächsten Tag ging der Prinz ins Bad. Er sah den Topf auf der Straße und sagte: „Diener, nimm diesen Topf, was ist das für ein schöner Topf!“

Der Diener nahm den Topf. Sie gingen in das Bad, der Prinz badete sich dort, reinigte sich und ließ sich rasieren. Der Topf nahm den Prinzen – hopp – in sich auf und brachte ihn schnurstracks zum Haus des Mädchens. Als er an die Tür klopfte, fragte das Mädchen: „Wer ist da?“ Er antwortete: „Das Töpfchen.“ Sie fragte: „Was ist darin?“ Er antwortete: „Ein kleiner Bräutigam.“ Als das Mädchen den Deckel des Topfes aufhob, stieg ein Prinz heraus, schön wie der Vollmond. Der Prinz aber musterte das Mädchen von oben bis unten: Sie ist ein Mädchen, auch so schön wie der Vollmond. Sie trägt Diamanten und Juwelen ... Der Prinz fragte: „Mädchen, heiratest du mich?“

Das Mädchen war einverstanden. Sie machten vierzig Tage und vierzig Nächte lang Hochzeit und das Mädchen warf den Topf nicht mehr auf die Straße ...

Sie haben das Ziel ihrer Wünsche erreicht, wir wollen auch unser Ziel erreichen.

1 a Am Ende des Märchens heißt es: „Sie haben das Ziel ihrer Wünsche erreicht [...].“
Erklärt, welche Wünsche das Mädchen gehabt hat und wie diese in Erfüllung gegangen sind.
b Stellt euch vor, ihr hättet das Töpfchen gekauft und es käme dreimal zu euch. Was würde es enthalten?

2 Das Märchen „Das Töpfchen“ stammt aus der Türkei. Worin unterscheidet es sich von einem Märchen der Brüder Grimm? Nennt auch Gemeinsamkeiten.

Teste dich!

Märchenmerkmale erkennen

1 a Wähle aus den folgenden Aussagen die richtigen aus und schreibe sie in dein Heft.
Tipp: Die Anzahl der falschen Aussagen entspricht einer magischen Zahl.
- Die Brüder Grimm haben die Märchen, die sie von anderen gehört haben, aufgeschrieben und später überarbeitet.
- Märchen beruhen auf wahren Begebenheiten.
- Märchen werden nur in Europa erzählt.
- Märchen wurden ursprünglich mündlich weitererzählt.
- In Märchen siegt am Ende meistens das Gute.
- Zahlen wie Vier und Neun spielen in Märchen oft eine besondere Rolle.

b Überprüfe deine Ergebnisse gemeinsam mit einem Partner oder einer Partnerin.

Jacob und Wilhelm Grimm

Der Teufel mit den drei goldenen Haaren Auszug

In diesem Märchen geht es um ein Glückskind, dem vorhergesagt wird, es werde die Königstochter heiraten. Deshalb trachtet ihm der böse König nach dem Leben. Zweimal gelingt es dem Glückskind, dem Tod zu entkommen, sodass es schließlich mit der Königstochter vermählt wird. Doch nun fordert der König, ihm drei goldene Haare des Teufels zu bringen. Das Glückskind macht sich auf den Weg in die Hölle.

[...] Als er über das Wasser hinüber war, so fand er den Eingang zur Hölle. Es war schwarz und rußig darin, und der Teufel war nicht zu Haus, aber seine Ellermutter[1] saß da in einem breiten Sorgenstuhl[2]. „Was willst du?“, sprach sie zu ihm, sah aber gar nicht so böse aus. „Ich wollte gerne drei goldene Haare von des Teufels Kopf“, antwortete er, „sonst kann ich meine Frau nicht behalten.“ „Das ist viel verlangt“, sagte sie, „wenn der Teufel heimkommt und findet dich, so geht dir's an den Kragen; aber du dauerst mich, ich will sehen, ob ich dir helfen kann.“ Sie verwandelte ihn in eine Ameise und sprach: „Kriech in meine Rockfalten, da bist du sicher.“ „Ja“, antwortete er, „das ist schon gut, aber drei Dinge möchte ich gerne noch wissen, warum ein Brunnen, aus dem sonst Wein quoll, trocken geworden ist, jetzt nicht einmal mehr Wasser gibt; warum ein Baum, der sonst goldene Äpfel trug, nicht einmal mehr Laub treibt; und warum ein Fährmann immer herüber- und hinüberfahren muss und nicht abgelöst wird.“[3] „Das sind schwere Fragen“, antwortete sie, „aber halte dich nur still und ruhig und hab Acht, was der Teufel spricht, wann ich ihm die drei goldenen Haare ausziehe.“ [...]

1 Ellermutter: Großmutter
2 Sorgenstuhl: Lehnstuhl
3 Diese drei Fragen wurden dem Glückskind von zwei Torwächtern der Hölle gestellt.

2 a Lies den Ausschnitt aus „Der Teufel mit den drei goldenen Haaren“ genau durch.
Finde mindestens fünf Merkmale, die zeigen, dass dieser Text einem Märchen entnommen ist.

b Tauscht eure Ergebnisse in der Klasse aus.

5.2. Du erzählst Märchen! – Märchen selbst ausgestalten

Zu einem Märchenbild schreiben

1 Das Bild auf Seite 92 ist eine Illustration zu dem chinesischen Märchen „Die Perle, die bei Nacht leuchtet". Betrachtet es genau.
Notiert, was ihr seht.

2 Legt eine Ideensammlung an für ein Märchen, das zu diesem Bild passt.
Folgende Fragen können euch helfen:
- Welcher Wunsch könnte in dem Märchen in Erfüllung gehen?
- Wer sind das Mädchen und der Junge?
- In welcher Beziehung stehen sie zueinander?
- Wo befinden sich die beiden?
- Warum befinden sie sich genau dort?
- Welche anderen Figuren sind möglicherweise für die Handlung wichtig?
- Was hat es mit der leuchtenden Perle auf sich? Wem gehört sie?
- Was könnte geschehen sein?
- Was könnte anschließend geschehen?

3 a Ordnet eure Ideen, damit ihr später ein Märchen zu diesem Bild schreiben könnt.
Legt dazu einen Schreibplan an, z. B.:

> **Titel** *des Märchens: Die Perle, die bei Nacht leuchtet*
>
> **Figuren:** *ein armer Junge, eine schöne Prinzessin, …*
>
> **Ausgangssituation:** *Wie beginnt das Märchen? Welche Aufgabe ist zu lösen?*
> …
>
> **Hauptteil:**
> *Lösung der Aufgabe in drei Schritten:*
> 1. …
> 2. …
> 3. …
>
> **Schluss/Lösung:** *Das Gute siegt:*
> …

b Vergegenwärtigt euch noch einmal die typischen Merkmale von Märchen (▸ S. 86).
Ergänzt euren Schreibplan, wenn nötig.

4 Schreibt euer Märchen auf. Orientiert euch an eurem Schreibplan.

5 Überarbeitet eure Texte in Partnerarbeit oder mit Hilfe der Methode „Textlupe" (▸ S. 51).
Berücksichtigt dabei folgende Fragen:
- Ist das Märchen so aufgebaut, dass alle Handlungsschritte folgerichtig und verständlich miteinander verknüpft sind?
- Enthält es typische Märchenmerkmale?
- Ist es im Präteritum (▸ S. 304) erzählt?

Fordern und fördern – Ein modernes Märchen fortsetzen

Janosch

Der Froschkönig

Es war einmal ein schöner grüner Froschkönig, dessen Reich in einem kleinen Teich im Wald war. Jeden Tag schwamm er an eine Stelle, wo das Wasser einen Meter sechsundsiebzig tief war, und spielte mit einer goldenen Luftkugel. Er ließ sie aufsteigen, schwamm ihr schnell nach, fing sie noch in letzter Sekunde auf, bevor sie die Wasseroberfläche erreicht hatte, und war bald so geschickt, dass er sie noch einen Zehntel Millimeter unter der Wasseroberfläche erwischen konnte.

Das war sein liebstes Spiel.

Und einmal – er hatte an diesem Tag wohl schlecht geschlafen, war etwas nervös, auch blendete ihn die Sonne – griff er daneben, und die goldene Luftkugel entwischte ihm, flog hinaus und ging ihm verloren.

Der Froschkönig erschrak, denn draußen auf dem Land war er nicht gut zu Fuß, und wo sollte er so lange suchen? Möglicherweise flog die goldene Luftkugel auch in der Luft herum? Ein Frosch ist kein Vogel, wie hätte er sie fangen können?

Da fing er jämmerlich an zu weinen und zu quaken: „Was ist das für ein Unglück! Ach, du lieber Wassermann, was soll ich nur machen? Ich gäbe alles dafür, hätte ich die goldene Luftkugel nur wieder.“ Da steckte ein Mädchen seinen Kopf durch das Schilf und sagte: „Was jammerst du, Frosch?“ […]

1 Janosch hat einige Märchen der Brüder Grimm neu erzählt. Wie gefällt euch dieser Anfang des Märchens vom Froschkönig? Begründet eure Meinung.

●●● 2 Vergleicht den Anfang von Janoschs Märchen mit dem Anfang des Märchens „Der Froschkönig“ der Brüder Grimm (▸ S. 84).
Was hat Janosch verändert, was nicht?
Haltet eure Ergebnisse in einer Tabelle fest.

▷ Wenn ihr Hilfe zu dieser Aufgabe benötigt, seht auf S. 95 nach.

●●● 3 Sammelt Ideen für eine Fortsetzung, die möglichst gut zum Anfang von Janoschs Märchen passt.

▷ Ihr benötigt Anregungen? Diese findet ihr auf S. 95: Hilfe zu Aufgabe 3.

●●● 4 Schreibt den Text von Janosch zu Ende.

▷ Hilfe findet ihr auf Seite 95.

5
a Besprecht eure Texte in Gruppen. Beantwortet dabei auch die Fragen rechts.
b Überarbeitet eure Texte, indem ihr Anregungen aus der Gruppenarbeit berücksichtigt.

> Passt die Fortsetzung zum Textanfang?
> Ist der Text in sich schlüssig?

6 Projektvorschlag: Schreibt nach dem Muster von „Der Froschkönig“ weitere Märchen um. Veranstaltet einen Märchenabend für eure Eltern, an dem ihr die alten und eure neuen Märchen vortragt.

Hilfe zu Aufgabe 2

In welcher Hinsicht könnt ihr die Märchen vergleichen?
Hier helfen euch W-Fragen.
Macht euch Notizen zu den Fragen rechts.

Wo spielt das Märchen?
Wer ist die Hauptfigur?
Was passiert?
Warum geschieht dies?
Wie wird erzählt?

Hilfe zu Aufgabe 3

1. Um das Märchen vom Froschkönig neu schreiben zu können, benötigt ihr einen Überblick über das Märchen der Brüder Grimm. Lest euch dieses noch einmal durch (▸ S. 84 ff.). Teilt es in Abschnitte und fasst jeden Abschnitt knapp zusammen. Legt in eurem Heft eine Tabelle wie die folgende an und haltet die Ergebnisse in der linken Spalte fest:

Brüder Grimm	Janosch und ich
Z. 1–25 *Die Königstochter spielt am Brunnen mit ihrer goldenen Kugel. Als diese in den Brunnen fällt, weint sie laut.*	*Ein Frosch spielt in seinem Teich mit einer goldenen Luftkugel. Als diese aus dem Teich fliegt, weint und quakt er laut.*
Z. 25–55 *Ein Frosch taucht auf und bietet seine Hilfe an. Jm Gegenzug möchte er ihr Spielkamerad werden, neben ihr am Tisch sitzen, von ihrem Teller essen, aus ihrem Becher trinken und in ihrem Bett schlafen. Die Königstochter verspricht all dies, nimmt ihr Versprechen aber nicht ernst.*	… 
…	…

2. Überlegt nun, wie ihr den Text der Brüder Grimm verändern möchtet. Geht Abschnitt für Abschnitt vor und notiert die Ideen in der zweiten Spalte der Tabelle. Im Kasten rechts findet ihr hierzu Anregungen.

der schöne grüne Froschkönig • das kümmerliche, hässliche Mädchen • Mückensalat • Teichwasser • Wasserschloss

Hilfe zu Aufgabe 4

Formuliert die Fortsetzung von Janoschs Text im Präteritum. Berücksichtigt dabei auch Janoschs Erzählweise. Einige Vorschläge für die sprachliche Gestaltung enthält der Kasten rechts.

„Ach, du lieber Wassermann, …" • jemandem die Pfote versprechen • dummes Zeug reden • jemandem den Kopf verdrehen • ein Zehntel Millimeter • „Froschkönig, Liebster! …"

5.3 Fit in ... – Ein Märchen fortsetzen

Stellt euch vor, ihr bekommt in der nächsten Klassenarbeit folgende Aufgabe:

Schreibe das Märchen „Die drei Federn" weiter und ergänze es zu einem vollständigen Märchen. Berücksichtige hierbei typische Märchenmerkmale.

Jacob und Wilhelm Grimm

Die drei Federn Anfang des Märchens

Es war einmal ein König, der hatte drei Söhne, davon waren zwei klug und gescheit, aber der dritte sprach nicht viel, war einfältig und wurde nur der Dummling genannt. Als der König nun alt wurde, dass er an sein Ende dachte, wusste er nicht, welcher von seinen Söhnen nach ihm das Reich erben sollte. Da sprach er zu ihnen: „Ziehet aus, und wer mir den feinsten Teppich bringt, der soll nach meinem Tod König sein." Und damit es keinen Streit unter ihnen gab, führte er sie vor sein Schloss, blies drei Federn in die Luft und sprach: „Wie die fliegen, so sollt ihr ziehen." Die eine Feder flog nach Osten, die andere nach Westen, die dritte flog aber geradeaus und flog nicht weit, sondern fiel zur Erde. Nun ging der eine Bruder rechts, der andere ging links, und sie lachten den Dummling aus, der da bei der dritten Feder auf der Erde bleiben musste.

Der Dummling setzte sich nieder und war traurig, da sah er auf einmal neben der Feder eine Türe in der Erde. Er machte sie auf und stieg eine Treppe hinab [...]

Die Aufgabenstellung verstehen

1 Lest euch die Aufgabe und den Beginn des Märchens genau durch. Was wird von euch erwartet? Wählt aus den folgenden Aussagen die zwei richtigen aus und schreibt sie in euer Heft.

Ich soll ...
– ein modernes Märchen schreiben,
– das Märchen bis zum Ende weiterschreiben,
– die Vorgeschichte zu diesem Märchen erzählen,
– in der Fortsetzung typische Merkmale eines Märchens verwenden.

Ideen sammeln

2 Eure Fortsetzung muss zum Anfang des Märchens passen.
Notiert in Stichworten, welche besonderen Vorgaben der Anfang euch macht. Übertragt dazu den folgenden Cluster (▶ S. 313) auf ein DIN-A4-Blatt und ergänzt ihn. Lasst genug Platz, damit ihr den Cluster später noch erweitern könnt (Aufgabe 3).

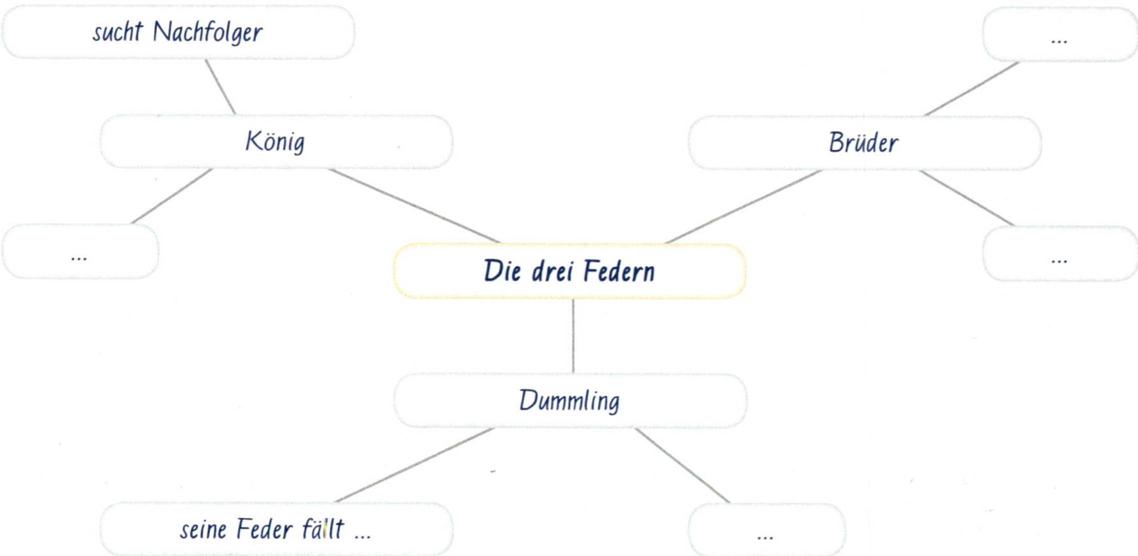

3 Wie könnte das Märchen „Die drei Federn“ weitergehen? Ergänzt eure Cluster.
Die Fragen imTippkasten rechts helfen euch.

Einen Märchenanfang fortsetzen
- Welche Figur sollte in der Fortsetzung des Märchens im Mittelpunkt stehen?
- Welche Aufgabe muss die Hauptfigur lösen?
- Bekommt der Held Hilfe, z. B. durch Zauberwesen ...?
- Muss die Hauptfigur eventuell noch weitere Aufgaben lösen?
- Wie endet das Märchen?

Einen Schreibplan erstellen

4 Ein Schreibplan hilft euch, beim Schreiben nicht den roten Faden zu verlieren.
Erstellt in eurem Heft einen Schreibplan für euer Märchen.
Verwendet die Ideen, die ihr für die Fortsetzung des Märchens gesammelt habt.

5 In Märchen findet ihr häufig den Gebrauch der wörtlichen Rede.
Überlegt, wo ihr Dialoge einbauen könnt. Achtet darauf, als Redebegleitwörter nicht nur die Verben „sagen" und „fragen" zu benutzen. Der folgende Wortspeicher kann euch helfen:

sprechen • schreien • ausrufen • stammeln • stottern • auffordern • raunen • flüstern • sich erkundigen • fragen • antworten • entgegnen • erwidern • erklären • wispern

Schreibplan

Titel: Die drei Federn
Figuren: König, zwei Brüder, Dummling (dritter Bruder)
Typische Märchenmerkmale:
...

Handlung:

Einleitung (Wie beginnt das Märchen?)
König sucht Nachfolger.
Wer von den drei Brüdern den schönsten Teppich nach Hause bringt, wird König.
...

Hauptteil (Was geschieht?)
...

Schluss (Wie endet das Märchen?)
...

Das Märchen schreiben und überarbeiten

6 a Schreibt nun die Fortsetzung des Märchens. Erzählt im Präteritum.
b Überarbeitet eure Texte gemeinsam mit einem Partner oder einer Partnerin. Verwendet als Hilfe die folgende Checkliste:

Checkliste

Ein Märchen fortsetzen
- Passt die Fortsetzung zum Anfang des Märchens?
- Erzählt ihr im Hauptteil z. B. von Aufgaben oder Prüfungen, die der Held oder die Heldin bewältigen muss?
- Spielt das Wunderbare eine Rolle?
- Lasst ihr am Schluss das Gute siegen?
- Treten typische Märchenfiguren auf?
- Enthält euer Text Formulierungen, die für Märchen charakteristisch sind, z. B. einen Reim oder einen Zauberspruch oder eine Zahl mit besonderer, magischer Bedeutung?
- Habt ihr wörtliche Rede verwendet?
- An welchen Stellen kann man eventuell noch treffendere Verben oder noch anschaulichere Adjektive einsetzen?
- Ist das Märchen im Präteritum erzählt?
- Sind Rechtschreibung und Zeichensetzung korrekt?

6 Von Schelmen und Narren – Schwänke lesen und verstehen

1 a Seht euch das Bild an.
Kennt ihr eine dieser Figuren und einen ihrer lustigen Streiche? Erzählt davon.
b Sprecht darüber, über was man bei diesen Geschichten lachen muss.

2 Versucht zu erklären, was Narren und Schelme sind.

In diesem Kapitel ...

- findet ihr heraus, warum Schwänke (Schelmengeschichten) lustig sind und welche Merkmale diese Geschichten haben,
- tragt ihr lustige Geschichten eindrucksvoll vor,
- erzählt ihr Geschichten in eigenen Worten anschaulich und spannend nach.

6.1 Unerhörte Frechheiten – Schwänke untersuchen

Hermann Bote

Wie Eulenspiegel sich bei einem Schneider verdingte und unter einer Bütte nähte

Geschichten von Till Eulenspiegels Streichen erzählte man sich schon im Mittelalter. Ob Till Eulenspiegel wirklich gelebt hat, ist ungewiss. In Kneitlingen bei Schöppenstedt am Elm wurde er der Sage nach um 1300 geboren, in Mölln soll er 1350 gestorben und begraben worden sein. Dort findet sich heute ein Gedenkstein. Um 1500 erschien das Volksbuch über Till Eulenspiegel, das der Braunschweiger Zollschreiber Hermann Bote verfasst haben soll.

Eulenspiegel kam nach Berlin und verdingte sich als Schneidergeselle. Als er in der Werkstatt saß, sagte der Meister zu ihm: „Geselle, wenn du nähst, so nähe gut und nähe so, dass man es nicht sieht." Eulenspiegel sagte ja, stand auf, nahm Nadel und Gewand und kroch damit unter eine Bütte[1]. Er steppte eine Naht übers Knie und begann, darüber zu nähen. Der Schneider stand, sah das an und sprach zu ihm: „Was willst du tun? Das ist ein seltsames Nähwerk." Eulenspiegel sprach: „Meister, Ihr sagtet, ich sollte nähen, dass man es nicht sieht; so sieht es niemand." Der Schneider sprach: „Nein, mein lieber Geselle, höre auf und nähe nicht mehr also! Beginne so zu nähen, dass man es sehen kann!"
Das währte etwa drei Tage. Da geschah es am späten Abend, dass der Schneider müde wurde und zu Bett gehen wollte. Ein grauer Bauernrock[2] lag noch halb ungenäht da. Den warf er Eulenspiegel zu und sagte: „Sieh her, mach den Wolf[3] fertig und geh danach auch zu Bett." Eulenspiegel sprach: „Ja, geht nur, ich will es schon recht tun." Der Meister ging zu Bett und dachte an nichts Böses. Eulenspiegel nahm den grauen Rock, schnitt ihn auf und machte daraus einen Kopf wie von einem Wolf, dazu Leib und Beine und spreizte alles mit Stecken auseinander, dass es wie ein Wolf aussah. Dann ging er zu Bett.
Des Morgens stand der Meister auf, weckte Eulenspiegel und fand den Wolf im Zimmer ste-

1 Bütte: großes Gefäß aus Holz, ähnlich wie ein Fass gefertigt

2 Rock: Jacke oder Kurzmantel

3 Wolf: damals Bezeichnung für eine Jacke oder einen Kurzmantel aus Wolfsfellen

hen. Der Schneider war bestürzt, doch sah er wohl, dass es ein nachgemachter Wolf war. Unterdessen kam Eulenspiegel dazu. Da sprach der Schneider: „Was, zum Teufel, hast du daraus gemacht?“ Er sagte: „Einen Wolf, wie Ihr mich geheißen habt.“ Der Schneider sprach: „Solchen Wolf meinte ich nicht. Ich nannte nur den grauen Bauernrock einen Wolf.“ Eulenspiegel sagte: „Lieber Meister, das wusste ich nicht. Hätte ich aber gewusst, dass so Eure Meinung war, ich hätte lieber den Rock gemacht als den Wolf.“ Der Schneider gab sich damit zufrieden, denn es war einmal geschehen.

Nun ergab es sich nach vier Tagen, dass der Meister wieder abends müde war und gerne zeitig geschlafen hätte. Ihm dünkte jedoch, es sei noch zu früh, dass auch der Geselle zu Bett ging. Und es lag da ein Rock, der war fertig bis auf die Ärmel. Der Schneider nahm den Rock und die losen Ärmel, warf sie Eulenspiegel zu und sagte: „Wirf noch die Ärmel an den Rock und geh danach zu Bett.“ Eulenspiegel sagte ja. Der Meister ging zu Bett, und Eulenspiegel hängte den Rock an den Haken. Dann zündete er zwei Lichter an, auf jeder Seite des Rockes ein Licht, nahm einen Ärmel und warf ihn an den Rock, ging dann auf die andere Seite und warf den zweiten auch daran. Und wenn zwei Lichter heruntergebrannt waren, so zündete er zwei andere an und warf die Ärmel an den Rock die ganze Nacht bis an den Morgen.

Da stand sein Meister auf und kam in das Zimmer, aber Eulenspiegel kümmerte sich nicht um den Meister und warf weiter mit den Ärmeln nach dem Rock. Der Schneider stand, sah das an und sprach: „Was, zum Teufel, machst du jetzt für ein Gaukelspiel?“ Eulenspiegel sagte ganz ernst: „Das ist für mich kein Gaukelspiel, ich habe diese ganze Nacht gestanden und die widerspenstigen Ärmel an diesen Rock geworfen, aber sie wollen daran nicht kleben. Es wäre wohl besser gewesen, dass Ihr mich hättet schlafen gehen heißen, als dass Ihr mich hießet, sie anzuwerfen. Ihr wusstet doch, dass es verlorene Arbeit war.“ Der Schneider sprach: „Ist das nun meine Schuld? Wusste ich, dass du das so verstehen würdest? Ich meinte das nicht so, ich meinte, du solltest die Ärmel an den Rock nähen.“ Da sagte Eulenspiegel: „Das soll Euch der Teufel lohnen! Pflegt Ihr ein Ding anders zu nennen, als Ihr es meint, wie könnt Ihr das zusammenreimen? Hätte ich Eure Meinung gewusst, so wollte ich die Ärmel gut angenäht haben und hätte auch noch ein paar Stunden geschlafen. So mögt Ihr nun den Tag sitzen und nähen, ich will gehen und mich hinlegen und schlafen.“ Der Meister sprach: „Nein, nicht also, ich will dich nicht als einen Schläfer unterhalten.“

So zankten sie miteinander. Und der Schneider sprach im Streit Eulenspiegel wegen der Lichter an: er solle ihm die Lichter bezahlen, die er ihm verbrannt hätte. Da raffte Eulenspiegel seine Sachen zusammen und wanderte davon.

1 Erklärt, an welchen Stellen ihr die Geschichte am lustigsten findet.

2 a Erläutert, welche Missverständnisse zwischen Eulenspiegel und dem Meister auftreten.
b Sammelt weitere Redewendungen, die ein Eulenspiegel wörtlich nehmen könnte.

3 Wie stehen Eulenspiegel und der Meister zueinander? Stellt das Verhältnis der beiden in einem Standbild dar. Nehmt die Hinweise zum Bauen eines Standbildes auf S. 314 zur Hilfe.
Geht für das Standbild von einer bestimmten Textstelle aus.

4 Nach den Vorfällen mit Eulenspiegel sagt die Frau des Meisters: „Eulenspiegel ist schlauer, als du denkst!“ Spielt ein Gespräch zwischen dem Meister und seiner Frau über Eulenspiegel.

Lieselotte Remané

Der Kulak[1] und der Knecht

Es war einmal ein geiziger, schlauer Kulak, der seine Knechte vom Morgen bis in die Nacht arbeiten ließ und ihnen dabei nur einmal am Tage zu essen gab.
Das ging so zu: Morgens gab der Kulak dem Knecht das Frühstück, setzte ihm aber nicht mehr vor, als auf einer Mückennase Platz hat. Das verzehrte der Knecht, ohne recht zu merken, ob er überhaupt etwas in den Magen kriegte.
„Vielleicht willst du gleichzeitig zu Mittag essen?", fragte der Kulak daraufhin. „Dann brauchst du nichts aufs Feld mitzuschleppen."
„Gut", willigte der Knecht ein, „gib mir auch gleich das Mittagessen." Und hatte er das verzehrt, dann fragte der Kulak wieder: „Willst du vielleicht auch gleich zu Abend essen? Dann verlierst du nach Arbeitsschluss keine Zeit und kannst sofort ins Bett gehen."
„Ja, gib mir auch das Abendessen", sagte der hungrige Knecht, verzehrte es, arbeitete den ganzen Tag und ging dann hungrig zu Bett.
Viele Knechte arbeiteten bei dem geizigen Kulaken, aber länger als eine Woche hielt keiner dieses Leben aus.
Doch einmal fand sich einer, der den Kulaken überlistete. Er frühstückte, aß zu Mittag und zu Abend und fragte dann: „Und wo kann man bei Euch schlafen, Herr?"
„Wieso schlafen?", fragte der Kulak erstaunt. „Und wer macht die Arbeit?"
„Bist du von Sinnen, Herr?", versetzte der Knecht. „Wo hätte man je erlebt, dass anständige Leute nach dem Abendessen zur Arbeit gehen! Nein, nach dem Abendessen gehört man ins Bett."
Und er streckte sich auf dem Sofa aus und schnarchte, was das Zeug hielt.

1 Kulak: Großbauer in Russland

1 Lest die Geschichte aufmerksam durch und klärt folgende Fragen:
- Welche Eigenschaften haben der Kulak und der Knecht? Wie stehen sie zueinander?
- Wie ist die Geschichte aufgebaut, welche Sinnabschnitte gibt es?
- Wie gelingt es dem Knecht, den Kulaken zu überlisten?

2 Bereitet einen Vortrag der Geschichte vor. Die Hinweise im Methodenkasten unten auf dieser Seite helfen euch dabei.

a Lest die Geschichte mehrmals und probiert unterschiedliche Möglichkeiten der Textgestaltung und Betonung aus.
Achtet dabei z. B. auf Folgendes:
- Wie könnte der Kulak sprechen und wie der Knecht?
- Was geht im Kulaken vor, als er überlistet wird, was im Knecht?
- An welchen Textstellen könnt ihr Lesepausen einlegen?

b Markiert den Text in einer Kopie mit Betonungszeichen. Ihr könnt dazu die Zeichen aus dem Methodenkasten unten oder auch eigene Zeichen verwenden.

c Übt den Textvortrag in Partnerarbeit. Gebt euch Tipps, was ihr noch verbessern könnt, und probiert es aus.

3 Tragt die Geschichte „Der Kulak und der Knecht" vor der Klasse vor.

4 a Der Knecht wie auch Till Eulenspiegel legen beide ihre Gegenspieler herein. Überlegt, wer wem einen Streich spielen könnte, indem ihr mit den folgenden Begriffen „Gegenspieler-Paare" bildet, z. B. *Geselle – Meister, ...*

Meister • Schüler • Geselle • Herr • Erwachsene • Kinder • Diener • Lehrer • Knecht • Bauer

b Beschreibt, was das gemeinsame typische Merkmal dieser Paare ist.

c Erklärt, wie dieses typische Merkmal mit unserem Lachen über gelungene Streiche zusammenhängt.

Methode **Textvortrag – Gestaltendes Lesen**

Gestaltendes Lesen bedeutet, dass ihr einen Text ausdrucksvoll vortragt und mit eurer Stimme das Geschehen anschaulich vermittelt. Zum Beispiel könnt ihr lauter sprechen, wenn eine Person etwas befiehlt, oder leiser sprechen, wenn eine Person Angst hat.

Betonungszeichen

Verwendet eine Kopie des Textes oder legt eine Folie über den Text. Bereitet das Vorlesen vor, indem ihr in der Kopie oder auf der Folie Betonungszeichen eintragt:

- Unterstreichungen bei Wörtern, die lauter gelesen werden sollen: ______
- Pausen: ‖
- Heben der Stimme, z. B. bei einer Frage: ↗
- Senken der Stimme, z. B. am Satzende: ↘

Nasreddin Hodscha – Einen Schelm aus dem Orient kennen lernen

Wie Eulenspiegel in der deutschen Volksliteratur ist Nasreddin Hodscha in der orientalischen bekannt und beliebt. „Hodscha“ bedeutet auf Türkisch so viel wie „Weiser“ oder „Gelehrter“. Er soll im 13. Jahrhundert in Akşehir in der heutigen Türkei gelebt haben. Seine Geschichten werden auch in benachbarten Ländern erzählt.

Vergessener Kopf

Nasreddin Hodscha lieh einem Mann Geld. Als Wochen vergingen, ohne dass der Mann seine Schulden beglich, ging der Hodscha mehrmals zum Haus des Mannes, um sein Geld zurückzufordern. Aber jedes Mal kam die Frau des Mannes an die Tür und sagte: „Mein Mann ist nicht zu Hause.“ Wohl oder übel musste Nasreddin Hodscha unverrichteter Dinge wieder umkehren.

Als er eines Tages wieder bei dem Haus vorbeikam, sah er den Kopf des Mannes im Fenster. Schnell klopfte er an der Tür, und wieder öffnete die Frau mit derselben Leier: „Mein Mann ist nicht zu Hause!“

Da riet Nasreddin Hodscha der Frau empört: „Wenn er das nächste Mal ausgeht, soll er seinen Kopf nicht zu Hause lassen!“

Der Kochtopf

Einmal ging der Hodscha zu seinem Nachbarn und lieh sich einen großen Kochtopf von ihm aus. Nach einigen Tagen setzte er eine kleine Metallkaffeekanne in den Kochtopf und gab diesen dem Eigentümer zurück.

„Was ist das?“, fragte der Nachbar, indem er auf die Kaffeekanne deutete.

„Oh, während dein Kochtopf in meinem Haus war, hat er das geboren“, erwiderte der Hodscha. Sein Nachbar war über diese erfreuliche Nachricht entzückt und nahm beides, den Kochtopf und die Kaffeekanne, entgegen.

Nach einer Weile lieh sich der Hodscha wieder den Kochtopf von seinem Nachbarn aus. Aber dieses Mal gab er ihn nicht rechtzeitig zurück, sodass der Mann ihn von dem Hodscha zurückfordern musste. Der Hodscha sagte:

„Ich kann ihn dir nicht zurückgeben. Dein Kochtopf ist gestorben!“

„Gestorben? Wie kann ein Topf sterben?“

„Nun, warum nicht“, erwiderte der Hodscha. „Wenn du glauben kannst, dass er etwas gebären kann, warum kannst du dann nicht glauben, dass er gestorben ist?“

Der Schmuggler

Wieder und wieder überquerte Nasreddin die Grenze zwischen Persien und Griechenland auf Eselsrücken. Jedes Mal hatte er zwei Körbe mit Stroh dabei und kam ohne sie zurück. Jedes Mal untersuchte die Wache ihn wegen Schmuggelware. Niemals fand man etwas. „Was bringst du herüber?“, fragten sie ihn. „Ich bin ein Schmuggler“, antwortete er immer. Jahre später, Nasreddin machte einen immer wohlhabenderen Eindruck, zog er nach Ägypten. Dort begegnete er einem der Grenzwächter. „Sag einmal, Nasreddin, jetzt, wo du außerhalb der Gerichtsbarkeit von Griechenland und Persien bist und hier in solchem Wohlstand lebst, sage mir doch, was war es eigentlich, was du geschmuggelt hast, als wir dich nie überführen konnten?“ „Esel.“

1
a Welche der drei Geschichten von Hodscha gefällt euch am besten? Begründet eure Wahl.
b Vergleicht die drei Geschichten: Welche Gemeinsamkeiten, welche Unterschiede gibt es? An welchen Stellen wirken die Geschichten auf euch überraschend?

2 Bildet Gruppen und bereitet die Aufführung jeweils einer Geschichte in einer kurzen lustigen Szene (Sketch) vor:
a Übt die Aufführung ein. Beachtet dabei:
– Welche Rollen müsst ihr besetzen?
– Wie sollen die einzelnen Figuren sprechen?
– Welche Haltungen, Körpersprache (Gestik) und welchen Gesichtsausdruck (Mimik) sollen die Figuren zeigen?
– Welche Requisiten (Gegenstände für das Theaterspiel) könnt ihr verwenden?
b Spielt die Sketche der gesamten Klasse vor.

3 Till Eulenspiegel (S. 100/101), der Knecht des Kulaken (S. 102) und Nasreddin Hodscha sind Schelme aus unterschiedlichen Welten.
a Vergleicht das Verhalten der drei Schelme.
b Stellt euch vor, die drei treffen sich. Was haben sie sich über sich selbst und über die Welt zu erzählen? Macht euch dazu Notizen und spielt ein solches Gespräch.

Information **Schwank (Schelmengeschichte)**

Ein Schwank ist eine **kurze, lustige Erzählung.** Sie handelt von einem **witzigen Ereignis** oder von einem **Streich,** der jemandem gespielt wird.
Die Helden sind **Schelme und Narren,** die ihre Mitmenschen mit einer **List** hereinlegen und ihnen damit eine **Lehre erteilen.**
Wie ein Witz hat auch der Schwank einen lustigen Höhepunkt oder Schluss **(Pointe):** Häufig führen dabei Schwächere (z. B. der Schelm, der Knecht) ihre **Gegenspieler** (z. B. Stärkere, Höhergestellte, Bösewichte) an der Nase herum.
Besonders bekannt sind die Streiche von **Till Eulenspiegel,** der seine Aufträge oft wörtlich nimmt und damit nicht im gemeinten Sinne ausführt.
In der orientalischen Literatur sind die Schelmengeschichten von **Nasreddin Hodscha** besonders bekannt und beliebt. Mit seinen gewitzten und lebensklugen Handlungen und Bemerkungen zeigt sich Hodscha seinen Gegenspielern oft überlegen.

Teste dich!

Merkmale von Schwänken erkennen

Erich Kästner

Wie Eulenspiegel Erde kaufte

Der Graf von Anhalt war nicht der einzige deutsche Fürst, der Eulenspiegel mit dem Galgen bedrohte. Genau dasselbe tat wenig später der Herzog von Lüneburg. Till hatte nämlich auch im Herzogtum Lüneburg irgendwelche Dummheiten ausgefressen. Und der Herzog hatte ihm daraufhin gesagt: „Mach, dass du über die Grenze kommst! Wenn du dich wieder vor mir blicken lässt, wirst du gehängt!"
Eulenspiegel war damals wie der Blitz aus Lüneburg verschwunden. Später aber musste er auf seinen Fahrten doch wieder durch das Gebiet des Herzogs, falls er keinen zu großen Umweg machen wollte. Er kaufte sich deshalb ein Pferd und einen Karren; und in der Nähe von Celle hielt er an einem Acker still, den ein Bauer pflügte, und kaufte dem Bauern für einen Schilling so viel Ackererde ab, dass der Karren bis oben voll davon wurde. Dann setzte sich Till in den Karren, sodass nur der Kopf und die Arme aus der Erde hervorschauten. Und so kutschierte Eulenspiegel durch das ihm verbotene Herzogtum. Er sah fast aus wie ein fahrender Blumentopf.
Als er an der Burg Celle vorbeifuhr, begegnete er dem Herzog, der mit seinem Gefolge zur Jagd ritt. Der Herzog hielt an und sagte: „Ich habe dir mein Land verboten. Steig aus! Jetzt wirst du gehängt!"
„Ich bin ja gar nicht in Eurem Land", erwiderte Eulenspiegel. „Ich sitze in meinem eigenen Land. Ich habe es rechtmäßig von einem Bauern gekauft. Erst gehörte es ihm. Nun gehört es mir. Euer Land ist es nicht." Der Herzog sagte: „Scher dich mit deinem Land aus meinem Land, du Galgenstrick! Und wenn du noch einmal hierherkommst, hänge ich dich samt Pferd und Wagen!"

1 a Lies den Text auf Seite 106 mehrmals sorgfältig durch.
b Überprüfe, ob du den Inhalt des Textes verstanden hast.
Wähle dazu aus den folgenden Aussagen die richtigen aus und schreibe die entsprechenden Buchstaben in dein Heft.

L Die Geschichte spielt hauptsächlich im Herzogtum Lüneburg.
T Die Geschichte spielt hauptsächlich im Land des Grafen von Anhalt.
I Es gibt zwei Hauptfiguren.
S Till denkt sich einen Trick aus, wie er das Herzogtum von Lüneburg durchfahren kann, ohne dass man ihn dafür hängen kann.
M Till denkt sich einen Trick aus, wie er das Herzogtum Lüneburg gar nicht erst betreten muss, und wählt einen Umweg.
O In der Geschichte geht es um einen Schelm, der am Ende der Dumme ist.
T In dieser Geschichte wird ein mächtiger Herzog von einem Schelm hereingelegt.

c Wie lautet das Lösungswort?

2 Zeigt, dass die vorliegende Geschichte ein Schwank ist, indem ihr den folgenden Lückentext in euer Heft übernehmt und die passenden Lösungswörter aus dem Kasten unten in der richtigen Form einsetzt.

In dieser Geschichte ist Till Eulenspiegel der ?, der seinen ?, nämlich den Herzog von Lüneburg, eine ? Person, ?. ? ist Eulenspiegels Idee, dem Bauern ? abzukaufen und sich darin ?: So umgeht er das ? des Herzogs, sein Land nochmals zu betreten. Mit dieser ? konnte der Herzog nicht rechnen. Die ? der Geschichte besteht darin, dass Eulenspiegel den Herzog ? ? versteht. Er befindet sich im wörtlichen Sinne in seinem ? Land und nicht in dem des Herzogs. Das ist typisch für eine Schelmengeschichte, in der häufig die ? oder ? Figur den Stärkeren ? nimmt und so an der ? herumführt.

Nase • hereinlegen • eigenes • schwächer • Verbot • niedriggestellt • List • Pointe • höhergestellt • absichtlich • Schelm • wörtlich • Gegenspieler • eingraben • lustig • Erde • falsch

6.2 Andere hereinlegen – Schwänke nacherzählen

1 Lasst euch den Schwank „Der gelehrige Esel" vorlesen. Haltet die Bücher geschlossen und hört aufmerksam zu.

Der gelehrige Esel

Auf dem Basar war es um diese Zeit viel stiller und leerer als am Morgen. In der Frühe liefen alle umher, lärmten und eilten, um nichts zu versäumen. Jetzt, um diese Mittagsstunde, flohen die Menschen vor der Hitze und gingen in die Teehäuser, um dort in Ruhe ihren Gewinn oder Verlust zu berechnen. Die Sonne übergoss den Platz mit glühender Helle. Nasreddin wählte die größte und vollste Teestube, in der es keine seidenen Kissen und keine kostbaren Teppiche gab, und zog den Esel mit hinein, statt ihn draußen zu lassen. Erstauntes Schweigen empfing ihn. Ohne dadurch in Verlegenheit zu geraten, holte er den Koran[1] aus der Tasche, den ihm gestern der Alte geschenkt hatte, öffnete ihn und legte ihn vor den Esel hin. Er tat das alles langsam und bedächtig, mit ernster Miene, als sei es die selbstverständlichste Sache der Welt.

Die Leute in der Teestube warfen sich verwunderte Blicke zu.

Der Esel klopfte mit den Hufen auf den hallenden Holzfußboden.

„Schon?", fragte Nasreddin und blätterte die Seite um. „Du machst Fortschritte."

Der dicke, gutmütige Besitzer der Teestube erhob sich und trat zu Nasreddin.

„Höre, guter Mann, das ist doch nicht der richtige Platz für deinen Esel. Und weshalb liegt das heilige Buch vor ihm?"

„Ich unterrichte diesen Esel in der Religion", antwortete Nasreddin ruhig. „Mit dem Koran sind wir bald zu Ende und werden dann zur Scharia[2] übergehen."

Ein Murmeln ging durch die Menge. Manche standen auf, um besser zu sehen.

Die Augen des Teehausbesitzers wurden ganz groß und rund. Mit offenem Munde blieb er stehen. Ein solches Wunder hatte er noch nie erlebt. Der Esel klopfte wieder mit dem Fuß.

„Gut", lobte ihn Nasreddin und blätterte wieder eine Seite um. „Wenn du dir Mühe gibst, kannst du bald den obersten Theologen vertreten." Er wandte sich wieder dem Wirt zu. „Nur die Seiten kann er nicht umwenden, da muss man ihm helfen. Allah hat ihm einen scharfen Verstand und ein großartiges Gedächtnis verliehen, aber die Finger hat er vergessen."

Die Leute ließen ihren Tee stehen und drängten sich um Nasreddin. Bald stand er inmitten einer großen Menschenmenge.

1 Koran: Die heilige Schrift des Islams

2 Scharia: das religiöse Gesetz des Islams

„Dieser Esel ist kein gewöhnlicher Esel“, erklärte Nasreddin. „Er gehört dem Emir[3] selbst. Eines Tages rief mich der Emir zu sich und sprach: ‚Kannst du meinen Lieblingsesel in der Theologie unterrichten, damit er ebenso viel weiß wie ich?‘. Der Esel wurde vorgeführt. Ich prüfte seine Fähigkeiten und antwortete: ‚Erlauchter Emir! Dieser außergewöhnliche Esel steht an Scharfsinn weder dir noch einem deiner Minister nach. Ich bin bereit, ihn zu unterrichten. Er wird ebenso viel wissen wie du, mehr sogar, doch ich brauche dazu zwanzig Jahre.‘ Der Emir ließ mir aus der Staatskasse fünftausend Goldmünzen auszahlen und sagte: ‚Nimm diesen Esel und unterrichte ihn, doch ich schwöre bei Allah, wenn er in zwanzig Jahren nicht den Koran auswendig kann, lass ich dich köpfen!‘“

„Dann kannst du dich schon jetzt von deinem Kopf verabschieden“, sagte der Teehausbesitzer. „Wo hat man je gesehen, dass ein Esel den Koran lesen kann?“

„Es gibt eine Menge solcher Esel in Buchara“, antwortete Nasreddin. „Übrigens – fünftausend Goldmünzen und einen guten Esel für die Wirtschaft zu bekommen – das gelingt nicht jedem. Und meinen Kopf brauchst du nicht zu beweinen, denn in zwanzig Jahren stirbt sicherlich einer von uns, ich, der Emir oder der Esel. Dann kann man nicht mehr feststellen, wer gelehrter ist.“

Dröhnendes Gelächter erschütterte die Teestube. Der Wirt selber fiel auf eine Bastmatte, wälzte sich und lachte dermaßen, dass sein Gesicht ganz nass war von Tränen.

3 Emir: Titel eines arabischen Befehlshabers

2 Sprecht darüber, worum es in der Geschichte geht. Hilfreich dabei sind die „W-Fragen“ im Tippkasten rechts.

W-Fragen
- **W**as? Welches Thema hat der Text?
- **W**ann? Zu welcher Zeit ereignet sich das Geschehen?
- **W**o?An welchem Ort findet das Erzählte statt?
- **W**er? Welche Personen spielen eine Rolle und was tun sie?
- **W**arum? Aus welchem Grund handeln die Personen?

3 Bereitet eine mündliche Nacherzählung der Geschichte vor.

a Lest dazu die Geschichte nochmals durch oder lasst sie euch ein zweites Mal vorlesen.

b Schreibt in Stichworten die wichtigsten Erzählschritte in der richtigen Reihenfolge auf. Lasst dabei nichts Wichtiges weg und erfindet nichts Eigenes hinzu.

c Überlegt, wie ihr Gefühle und Gedanken der Hauptfiguren wiedergeben könnt und wo ihr wörtliche Rede verwenden wollt, damit ihr möglichst anschaulich und lebendig erzählt.

4 a Erzählt zur Übung die Geschichte einer Partnerin/einem Partner. Verwendet bei der Nacherzählung eigene Worte. Erzählt im Präteritum.

b Die oder der Zuhörende achtet auf das in der Checkliste (siehe rechts) Genannte und gibt Rückmeldung.

c Tragt die Nacherzählung im Erzählkreis vor. Achtet auf eine angemessene Lautstärke, auf Blickkontakt mit den Zuhörenden, auf ein gutes Sprechtempo und auf Pausen.

Checkliste Nacherzählen
- Wichtigste Erzählschritte vorhanden?
- Richtige Reihenfolge eingehalten?
- Anschaulich und lebendig erzählt?
- Eigene Worte verwendet?
- Im Präteritum erzählt?

Johann Peter Hebel

Der Zahnarzt

Zwei Tagdiebe, die schon lange in der Welt miteinander herumgezogen, weil sie zum Arbeiten zu träge oder zu ungeschickt waren, kamen doch zuletzt in große Not, weil sie wenig Geld mehr übrig hatten und nicht geschwind wussten, wo nehmen. Da gerieten sie auf folgenden Einfall:

Sie bettelten vor einigen Haustüren Brot zusammen, das sie nicht zur Stillung des Hungers genießen, sondern zum Betrug missbrauchen wollten. Sie kneteten nämlich und drehten aus demselben lauter kleine Kügelein oder Pillen und bestreuten sie mit Wurmmehl aus altem zerfressenem Holz, damit sie völlig aussahen wie die gelben Arzneipillen. Hierauf kauften sie für ein paar Batzen[1] einige Bogen rot gefärbtes Papier bei dem Buchbinder (denn eine schöne Farbe muss gewöhnlich bei jedem Betrug mithelfen). Das Papier zerschnitten sie alsdann und wickelten die Pillen darein, je sechs bis acht Stück in ein Päcklein.

Nun ging der eine voraus in einen Flecken, wo eben Jahrmarkt war, und in den „Roten Löwen", wo er viele Gäste anzutreffen hoffte. Er forderte ein Glas Wein, trank aber nicht, sondern saß ganz wehmütig in einem Winkel, hielt die Hand an den Backen, winselte halblaut für sich und kehrte sich unruhig bald so her, bald so hin. Die ehrlichen Landleute und Bürger, die im Wirtshaus waren, bildeten sich wohl ein, dass der arme Mensch ganz entsetzlich Zahnweh haben müsse. Aber was war zu tun? Man bedauerte ihn, man tröstete ihn, dass es schon wieder vergehen werde, trank sein Gläschen fort und machte seine Marktaffären aus. Indessen kam der andere Tagedieb auch nach. Da stellten sich die beiden Schelme, als ob noch keiner den andern in seinem Leben gesehen hätte. Keiner sah den andern an, bis der zweite durch das Winseln des ersten, der im Winkel saß, aufmerksam zu werden schien. „Guter Freund", sprach er, „Ihr scheint wohl Zahnschmerzen zu haben?" und ging mit großen

1 Batzen: Münze (damals 16 Pfennig)

und langsamen Schritten auf ihn zu. „Ich bin der Doktor Schnauzius Rapunzius von Trafalgar", fuhr er fort, denn solche fremde, volltönige Namen müssen auch zum Betrug behilflich sein, wie die Farben. „Und wenn Ihr meine Zahnpillen gebrauchen wollt", fuhr er fort, „so soll es mir eine schlechte Kunst sein, euch mit einer, höchstens zweien, von Euren Leiden zu befreien." „Das wolle Gott", erwiderte der andere Halunk. Hierauf zog der saubere Doktor Rapunzius eines von seinen roten Päcklein aus der Tasche und verordnete dem Patienten, ein Kügelein daraus auf den bösen Zahn zu legen und herzhaft daraufzubeißen. Jetzt streckten die Gäste an den andern Tischen die Köpfe herüber, und einer um den andern kam herbei, um die Wunderkur mit anzusehen. Nun könnt ihr euch vorstellen, was geschah. Auf diese erste Probe wollte zwar der Patient wenig rühmen, vielmehr tat er einen entsetzlichen Schrei. Das gefiel dem Doktor. Der Schmerz, sagte er, sei jetzt gebrochen, und gab ihm geschwind die zweite Pille zum gleichen Gebrauch. Da war nun plötzlich aller Schmerz verschwunden. Der Patient sprang vor Freuden auf, wischte den Angstschweiß von der Stirne weg, obgleich keiner daran war, und tat, als ob er seinem Retter zum Danke etwas Namhaftes in die Hand drückte.

Der Streich war schlau angelegt und tat seine Wirkung. Denn jeder Anwesende wollte nun auch von diesen vortrefflichen Pillen haben.

Der Doktor bot das Päcklein für vierundzwanzig Kreuzer[2] – und in wenigen Minuten waren alle verkauft. Natürlich gingen jetzt die zwei Schelme wieder einer nach dem andern weiter, lachten, als sie wieder zusammenkamen, über die Einfalt dieser Leute – und ließen sich's wohl sein von ihrem Geld. [...]

2 Kreuzer: Münze (damals 4 Pfennig)

1 In dieser Schelmengeschichte kommen Wörter und Wendungen vor, die sich vom heutigen Deutsch unterscheiden. Klärt Wörter und Textstellen, die ihr nicht versteht, z. B. aus dem Textzusammenhang.

2 Klärt in Partnerarbeit, worum es in dieser Geschichte geht.
Geht dabei insbesondere auf folgende Fragen ein:
– Warum stellen die beiden Hauptfiguren der Geschichte Pillen her?
– Wie machen sie das?
– Wo und wie finden sie Kunden für ihre Pillen?
– Wie geht die Geschichte aus?

Weitere Aufgaben zu diesem Text findet ihr auf S. 112 f.

Fordern und fördern – Schriftlich nacherzählen

●●● 1 Beim Nacherzählen gebt ihr alle wichtigen Erzählschritte in der richtigen Reihenfolge wieder. Lest nochmals den Text auf S. 110 f. Teilt ihn in Erzählschritte ein. Schreibt die Zeilenzahlen der Abschnitte in euer Heft. Fasst den Inhalt der Abschnitte jeweils in ein oder zwei Sätzen zusammen.

▷ Wenn ihr Hilfe zu dieser Aufgabe benötigt, seht auf S. 113 nach.

●●● 2 Altertümliche Sprache solltet ihr beim Nacherzählen in eure eigene Sprache, in heutiges Deutsch übertragen. Sucht solche altertümlichen Formulierungen und schreibt sie zeitgemäß um.

▷ Hilfe zu dieser Aufgabe findet ihr auf S. 113.

●●● 3 Erzählt den Schwank „Der Zahnarzt" schriftlich nach. Berücksichtigt dabei die Informationen im Merkkasten unten auf dieser Seite.

▷ Hilfe auf S. 113

4 Wie erleben die „ehrlichen Landleute und Bürger, die im Wirtshaus waren" (Z. 29 f.), die Ereignisse?

a Versetzt euch in die Situation einer dieser Personen und notiert, was in ihr vorgehen könnte. Dabei helfen euch z. B. folgende Fragen:
- Was wissen sie – was wissen sie nicht?
- Wie erleben sie den Ablauf des Geschehens?
- Wie bewerten sie die beiden Hauptfiguren?
- Was denken sie, als die beiden das Wirtshaus verlassen haben?

b Erzählt die Geschichte aus der Sicht einer dieser Personen nach. Verwendet dabei die Ich-Form. Einzelheiten der Geschichte könnt ihr leicht verändern.

5 Vergleicht die Geschichten, die ihr aus der Sicht einer der zuschauenden Personen geschrieben habt, mit dem Originaltext Johann Peter Hebels: Welche Lehre erteilt seine Geschichte – welche eure?

Information **Eine Nacherzählung schreiben**

- Beim Nacherzählen kommt es darauf an, dass ihr die **ursprüngliche Geschichte genau verstanden** habt. Den Inhalt einer Geschichte könnt ihr euch anhand von **W-Fragen** (▶ S. 109) klarmachen. Es ist auch hilfreich, sich in die Figuren der Geschichte hineinzuversetzen und sich die erzählten Situationen genau vorzustellen.
- Beachtet die richtige **Reihenfolge der Erzählschritte.** Haltet euch an den Handlungsverlauf der ursprünglichen Geschichte. **Lasst nichts Wichtiges aus** und **fügt nichts hinzu,** was nicht in der ursprünglichen Geschichte steht.
- Erzählt möglichst genau den Inhalt der ursprünglichen Geschichte, und zwar möglichst mit euren **eigenen Worten.**
- Schreibt **anschaulich** und **lebendig** und gestaltet den **Höhepunkt** der Geschichte besonders aus. Teilt die Gedanken und die Gefühle der Hauptfiguren mit und verwendet die **wörtliche Rede.**
- Verwendet die Zeitform der Textvorlage, meist ist es das **Präteritum.**

Hilfe zu Aufgabe 1

Übernehmt den folgenden Anfang der Lösung in euer Heft und ergänzt die fehlenden Zusammenfassungen:

Z. 1–7: Zwei Tagediebe benötigen Geld.
Z. 8–21: Sie stellen aus Brot und Mehl von Holzwürmern Arzneipillen her und verpacken sie in buntes Papier.
Z. ...–...: Der eine sucht ein Dorf auf, in dem gerade Jahrmarkt ist, setzt sich in das Gasthaus „Der rote Löwe" und ...
Z. ...–...: ...
Z. ...–...: ...
Z. ...–...: ...
Z. ...–...: ...

Hilfe zu Aufgabe 2

1. Findet für die folgenden Wörter und Ausdrücke heute geläufige Formulierungen:

- *Tagdiebe – Taugenichtse*
- *Flecken – ...*
- *machte seine Marktaffären aus – ...*
- *volltönige Namen – ...*
- *Halunke – ...*
- *der saubere Doktor – ...*
- *böser Zahn – ...*
- *Wunderkur – ...*
- *vortreffliche Pillen – ...*
- *Einfalt – ...*

2. Ersetzt auch die folgenden Ausdrücke wie im Beispiel unten:

- *kehrte sich unruhig bald so her, bald so hin – ...*
- *so soll es mir eine schlechte Kunst sein – ...*
- *Auf diese erste Probe wollte zwar der Patient wenig rühmen – ...*
- *tat, als ob er seinem Retter etwas Namhaftes in die Hand drückte – ...*

Sie bettelten vor einigen Haustüren Brot zusammen, das sie nicht zur Stillung des Hungers genießen ... wollten – ... Brot, das sie nicht essen wollten, um satt zu werden ...

Hilfe zu Aufgabe 3

- Seht euch die Erzählschritte (Aufgabe 1) noch einmal genau an. Lasst die Geschichte wie einen Film in eurem Kopf ablaufen.
- Bestimmt den Höhepunkt der Geschichte. Markiert die Zusammenfassung des entsprechenden Absatzes in eurem Heft farbig (Aufgabe 1).
- Welche Stellen der Geschichte könnt ihr besonders anschaulich erzählen? Wo bietet es sich an, dabei wörtliche Rede zu verwenden? Markiert solche Stellen mit einer anderen Farbe und haltet mögliche Formulierungen schriftlich fest.

6.3 Fit in ... – Schwänke nacherzählen

Stellt euch vor, ihr bekommt in der nächsten Klassenarbeit folgende Aufgabe:

Erzähle die Geschichte nach „Wie Till Eulenspiegel in Erfurt an einen billigen Braten kam".

Wie Till Eulenspiegel in Erfurt an einen billigen Braten kam

In Erfurt, wohin er nun wanderte, kam Till ebenfalls eines Tages über den Markt, an den Ständen der Fleischer vorbei. Da war einer, ein hagerer Mann mit langer Nase, der rief mit krächzender Stimme jedem Vorübergehenden zu, er möge doch etwas bei ihm kaufen. Auch Eulenspiegel hielt er mit den Worten an: „Ach, junger Herr, nehmt doch etwas mit nach Hause!"

„Ich soll etwas mit nach Hause nehmen?", fragte Till und trat näher. „Oh, das tue ich gern. Was soll ich denn mitnehmen?" Der Fleischer schmunzelte. Das war ein Käufer, wie er ihn sich wünschte. „Was Ihr mitnehmen sollt?", sagte er mit kriechender Freundlichkeit. „Nun, zu dieser leckeren Kalbskeule möchte ich Euch raten – wenn Ihr nach dem Preise nicht fragt." „Nein, nach dem Preise frage ich nicht!", entgegnete Till mit spöttischem Lächeln. Dann packte er die mächtige Keule, nahm sie unter den Arm und ging davon.

Da aber kam Leben in den Fleischer. Mit einem Satz sprang er aus seiner Bude. „Halt", rief er, „Ihr müsst den Braten erst bezahlen!" Da machte Till ein enttäuschtes und entrüstetes Gesicht. „Bezahlen? Von Bezahlen habt Ihr nicht ein Wort gesagt. Habt Ihr mich nicht aufgefordert, einen Braten mit nach Hause zu nehmen? Und habt Ihr nicht noch hinzugefügt, nach dem Preise solle ich nicht fragen? Nun, ich habe nur getan, was Ihr mich geheißen habt." Der Fleischer schimpfte jedoch und wollte ihm den Braten wieder abnehmen. Die anderen Fleischer aber, die ihn nicht leiden konnten, weil er ihnen so frech die Kunden wegschnappte, kamen hinter ihren Ständen hervor und bedrohten ihn: „Dir geschieht ganz recht! Merke dir das künftig." Während er sich so mit seinen Zunftgenossen herumzanken musste, machte sich Eulenspiegel mit seinem Braten schnell davon.

Die Aufgabe verstehen

1 Prüft, ob ihr genau verstanden habt, was ihr machen sollt.
Sucht aus den folgenden Sätzen die zutreffenden heraus und schreibt die entsprechenden Buchstaben in euer Heft. Welches Lösungswort ergeben sie?

A Ich merke mir den genauen Wortlaut der Geschichte.

S Ich übernehme den Aufbau der Vorlage.

C Ich erzähle die Geschichte in eigenen Worten nach.

H Ich verwende als Zeitform das Präteritum.

G Ich verwende nur Haupt- und keine Nebensätze.

O Ich vermeide wörtliche Rede.

E Ich lasse nichts Wichtiges weg.

L Ich behalte die Reihenfolge der Erzählschritte bei.

K Ich schreibe sachlich.

M Ich gestalte den Höhepunkt der Geschichte besonders aus.

Den Text erschließen und den Aufsatz planen

2 Lest den Text auf Seite 114 mindestens zweimal sorgfältig durch.

3 Klärt unbekannte Wörter und ungewöhnliche Formulierungen, z. B. aus dem Textzusammenhang oder mit Hilfe eines Wörterbuchs. Übersetzt sie in eure eigene Sprache, z. B.:

- *mit kriechender Freundlichkeit – mit unterwürfiger Freundlichkeit*
- *Da aber kam Leben in den Fleischer. – ...*
- *getan, was Ihr mich geheißen habt – ...*
- *mit seinen Zunftgenossen herumzanken – ...*

4 Beantwortet die W-Fragen (▶ S. 109), um sicherzugehen, dass ihr den Text verstanden habt. Vervollständigt dazu den folgenden Lückentext.

> Die Geschichte spielt sich in der Stadt ? ab. Till geht über einen ? und wird von einem ? angesprochen. Dieser ? Till einen ? an, den Till mitnimmt, ohne zu ? . Beim Streit zwischen den beiden macht Till klar, dass vom ? nie die Rede war. ? legt also den ? herein, indem er ihn ? nimmt. Die anderen Fleischer ergreifen Partei für ? , weil sie es ? finden, wie der Fleischer die Kunden anlockt. Während sich die Fleischer ? , kann sich Till unbemerkt ? . Am Ende ist der Fleischer der ? .

5 Erstellt einen Schreibplan, in dem ihr alle wichtigen Erzählschritte in der richtigen Reihenfolge kurz notiert.

> ***Schreibplan***
>
> *1. Eulenspiegel geht in Erfurt über den Markt und wird von einem Fleischer angesprochen …*
> *2. …*
> *…*

6 Überlegt euch, wie ihr den Höhepunkt spannend und anschaulich nacherzählen könnt. Sammelt auch Ideen, welche anderen Erzählschritte ihr besonders ausgestalten wollt, z. B. indem ihr wörtliche Rede verwendet.

Den Aufsatz schreiben und den Text überarbeiten

7 Schreibt nun eine vollständige Nacherzählung des Schwanks in euer Heft. Beachtet die Hinweise zur Zeichensetzung bei wörtlicher Rede auf S. 308.

8 Was ist an euren Nacherzählungen gut gelungen, was ist daran weniger gelungen? Überprüft eure Texte in Kleingruppen und macht Verbesserungsvorschläge. Ihr könnt die Methode „Textlupe“ verwenden (▶ S. 51). Beachtet die Fragen in der folgenden Checkliste.

Checkliste

Nacherzählen
- Sind alle wichtigen Erzählschritte berücksichtigt?
- Ist die richtige Reihenfolge der Erzählschritte eingehalten?
- Wird die Geschichte in eigenen Worten nacherzählt?
- Ist die Erzählung anschaulich und lebendig ausgestaltet?
- Wird die richtige Zeitform verwendet?

7 Von Pelzgespenstern und Regenpfeifern – Tiergedichte

Franz Marc: Drei Katzen (1913)

Gina Ruck-Pauquèt

Mäusejäger

Tingel Tangel Nachtgelichter,
böse oder gute Wichter?
Leis auf Samtpantoffeltatzen
tigern sieben Miezekatzen.
Golden blitzt im Abenddunkel
ihrer Augen Sterngefunkel.

Tingel Tangel Schnurrbartträger,
wohin gehn die Mäusejäger?
Achtundzwanzig Katerbeine
schleichen über Pflastersteine.
Dunkel werden alle Fenster,
Nacht verschluckt die Pelzgespenster.

1 Betrachtet das Bild. Was könnt ihr darauf entdecken?

2 Lest das Gedicht und vergleicht es mit dem Bild:
- Welche Stimmung herrscht jeweils vor? Wie wird sie erzeugt?
- Wie werden die Katzen im Text und im Gemälde dargestellt?

3 a Sammelt Merkmale, die eurer Meinung nach typisch für Gedichte sind.
b Welche davon findet ihr im Gedicht „Mäusejäger“ wieder?

In diesem Kapitel …

- erkundet ihr Gedichte und ihre Merkmale,
- tragt ihr Gedichte gestaltend vor,
- schreibt ihr eigene Gedichte, auch mit Hilfe des Computers.

7.1 Sprache verleiht Flügel – Form und Klang von Gedichten entdecken

Allerlei Gereimtes – Formen des Reims kennen lernen

Günter Strohbach

Verschieden, aber zufrieden

Der Leopard hat Flecken,
der Papagei ist dreist,
das Nashorn, das hat ?,
das Nilpferd, es ist ?.

Der Hai hat scharfe ?.
und Krallen hat der ?,
der Elch hat eine ?,
der Wal ist träg und ?.

Sie alle sind ?,
am Kopf, am Hals, am ?,
und doch mit sich ?,
ich hoff, du bist es ?.

1 a Schreibt das Gedicht in euer Heft und ergänzt dabei die passenden Wörter aus dem Wortspeicher rechts.
b Berichtet, was euch bei der Zuordnung geholfen hat.

> schwer • verschieden • Zecken • Mähne • feist • auch • zufrieden • Zähne • Bär • Bauch

2 Versucht, eine eigene Strophe zu dichten, die man nach der zweiten Strophe einfügen könnte.

3 Erläutert, wodurch sich der letzte Vers des Gedichts von den übrigen unterscheidet.

Wilhelm Busch

Naturgeschichtliches Alphabet Auszug: Vier von sechsundzwanzig Strophen

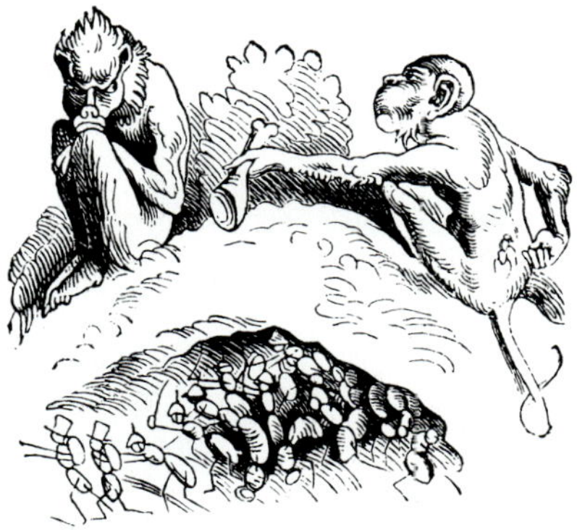

Im Ameishaufen wimmelt es,
Der Aff' frisst nie Verschimmeltes.

Die Biene ist ein fleißig Tier,
Dem Bären kommt das g'spaßig für.

Die Lerche in die Lüfte steigt,
Der Löwe brüllt, wenn er nicht schweigt.

Die ? ke schreit im Sumpfe kläglich,
Der ? schläft zwölf Stunden täglich.

1 a Notiert die Tiernamen, die im vierten Bild fehlen. Wie seid ihr auf eure Lösung gekommen?
b Schreibt weitere Strophen für das „Naturgeschichtliche Alphabet":
- Sammelt zu den Buchstaben Tiernamen, z. B.: *C: Collie, Chameleon. D: ...*
- Teilt die Buchstaben in der Klasse auf und bearbeitet jeweils zu zweit zwei Buchstaben.
- Gestaltet zu jedem Buchstaben eine DIN-A4-Seite: Schreibt in Schönschrift eure gereimten Zweizeiler unten auf das Blatt und zeichnet wie bei Wilhelm Busch passende Bilder dazu.
- Ordnet die Blätter alphabetisch an. Ihr könnt sie in der Klasse aushängen.

Information **Strophe, Vers, Reim**

Gedichte bestehen oft aus **Strophen.** Strophen setzen sich aus zusammengehörenden **Versen** (Gedichtzeilen) zusammen, die oft durch **Reim** miteinander verknüpft sind.
Zwei Wörter reimen sich, wenn sie vom letzten betonten Vokal an gleich klingen, z. B.: *Bauch – auch, Zähne – Mähne, steigt – schweigt, kläglich – täglich.*
Wichtig ist hierbei der Klang, nicht die Schreibweise, z. B.: *Bär – schwer.*

Hermann Hesse

Blauer Schmetterling

Flügelt ein kleiner blauer
Falter vom Wind geweht,
Ein perlmutterner Schauer,
Glitzert, flimmert, vergeht.

So mit Augenblicksblinken,
So im Vorüberwehn
Sah ich das Glück mir winken,
Glitzern, flimmern, vergehn.

Sibylla Merian: Granatapfel und Blauer Morphofalter (1705)

1 a Betrachtet die Abbildung „Granatapfel und Blauer Morphofalter". Beschreibt, was die Naturforscherin Sibylla Merian in ihrem Bild dargestellt hat.
b Wenn ihr einen genaueren Titel für die Abbildung findet solltet – welchen würdet ihr wählen?

2 Vergleicht die Abbildung mit dem Gedicht von Hermann Hesse: Was interessiert die Forscherin an dem Schmetterling besonders, was den Dichter?

3 Einige Wörter im Gedicht stehen so nicht im Wörterbuch, sondern wurden für dieses Gedicht erfunden. Schreibt diese Wörter heraus und versucht zu erklären, warum der Dichter sie verwendet.

4 a Lest das Gedicht laut vor. Beschreibt, was euch am Klang der zwei Strophen auffällt.
b Ermittelt anhand des Merkkastens auf Seite 121 unten, welche Art von Reim Hermann Hesse verwendet.

Johann Wolfgang Goethe

Die Frösche

Ein großer Teich war zugefroren;
Die Fröschlein, in der Tiefe verloren,
durften nicht ferner quaken noch springen,
versprachen sich aber, im halben Traum:
Fänden sie nur da oben Raum,
wie Nachtigallen wollten sie singen.
Der Tauwind kam, das Eis zerschmolz,
nun ruderten sie und landeten stolz
und saßen am Ufer weit und breit
und quakten wie vor alter Zeit.

Erich Fried

Humorlos

Die Jungen
werfen
zum Spaß
mit Steinen
nach Fröschen.

Die Frösche
sterben
im Ernst.

1 a Wovon träumen die Frösche in Goethes Gedicht? Und warum wird ihr Traum nicht wahr?
b Verhalten sich Menschen manchmal wie die „Fröschlein" in Goethes Gedicht? Begründet eure Meinung. Nennt Beispiele.

2 a Schreibt Goethes Gedicht in euer Heft.
b Untersucht, welche Verse sich reimen. Kennzeichnet Verse, die sich reimen, mit dem gleichen Buchstaben. Schaut euch dazu die Beispiele im Merkkasten unten auf dieser Seite an. Verwendet die Buchstaben a bis e.
c Notiert neben den entsprechenden Versen des Gedichts die Namen der Reimformen.

3 a Erich Frieds Text „Humorlos" weist keine Reime auf. Begründet, warum es sich dennoch um ein Gedicht handelt.
b Erklärt, worauf Erich Fried mit seinem Gedicht aufmerksam machen will. Erläutert dabei auch, wie ihr den Titel des Gedichts versteht.

Information **Formen des Reims**

Oft gibt es in Gedichten feste Abfolgen von Reimen. Man unterscheidet:

Paarreim:
Zwei aufeinanderfolgende Verse reimen sich.

Reimschema: aabb

Beispiel:
... Berge, a
... Zwerge. a
... leise, b
... Reise. b

Umarmender Reim:
Ein Paarreim wird von zwei Versen umschlossen, die sich ebenfalls reimen.
Reimschema: abba

Beispiel:
... Baum, a
... bald b
... Wald b
... Traum. a

Kreuzreim:
Der erste und der dritte Vers reimen sich sowie der zweite und der vierte Vers.
Reimschema: abab

Beispiel:
... Sonnenschein a
... regennass b
... Stachelschwein a
... großen Spaß b

Gedichte wirkungsvoll vortragen

Mascha Kaléko

Opas Muschel

Opa hat sich vom Nordseestrande
Eine Riesenmuschel mitgebracht.
Mattsilber, mit Himbeerrosa gemischt.
Die hat er in Kampen[1] aus dem Sande gefischt.

Von außen besehn,
Scheint das Gehäuse ganz leer
Innen.
Aber das Meer
Ist heimlich da drinnen.
Horch, wie es rauscht,
Wenn man dran lauscht!

Sogar die schnellen,
Schäumenden Wellen,
Wie sie flüstern und tuscheln,
Und auch den Wind
In den Disteln und Föhren …
Das alles kannst du darinnen hören!
Weil nämlich die Muscheln
So stille sind.

1 Kampen: Ortschaft auf der Nordseeinsel Sylt

James Krüss

Der Sperling und die Schulhof-Kinder

Ein Sperling, der von ungefähr
Zu einem Schulhof kam,
Erstaunte über das, was er
Auf diesem Hof vernahm.

Ein Mädchen sprach zu Meiers Franz:
„Du alter Esel, du!"
Da sprach der Franz: „Du dumme Gans
Bist eine blöde Kuh!"

Der Walter sprach zum dicken Klaus:
„Mach Platz, du fetter Ochs!"
Da rief der Klaus: „Du fade Laus,
Pass auf, dass ich nicht box!"

Zum Peter sprach Beate nun:
„Du Affe, geh hier weg!"
Da rief der Peter: „Dummes Huhn,
Ich weiche nicht vom Fleck!"

Der Sperling meint, er hör nicht recht.
Es tönte allenthalb:
„Du Schaf! Du Floh! Du blöder Hecht!
Du Hund! Du Schwein! Du Kalb!"

Der kleine Sperling staunte sehr.
Er sprach: „Es schien mir so,
Als ob ich auf dem Schulhof wär;
Doch bin ich wohl im Zoo!"

Christine Nöstlinger

Haustierärger

Es war einmal ein guter Vater,
dessen Haustier war ein Kater.
Der war garantiert nicht krank,
lag aber immer auf der Ofenbank.
Der Vater rief: „Raus – raus – raus!
Fang Mäuse im Garten vorm Haus!"
Der Kater sprach: „Ich bin im Tierschutzverein!
Ist mir unmöglich, ein elender Mörder zu sein!"

Eugen Roth

Der Falter

Nacht stand bis ans Fenster dicht.
In den kleinen Kreis von Licht,
Den ich eng um mich gezogen,
Kam ein Falter wild geflogen.

Schwirrte poltertaumlig flatternd,
Rauschte im Papierschirm knatternd,
Schrecklich in sein Schicksal rennend,
Sich zerstürzend, sich verbrennend …

Griff ich plump ihn, menschenhändig,
Schlug er wie ein Herz lebendig,
Angstvoll in Verzweiflung wütend –
Hilflos war ich, ihn behütend.

Dreimal warf ich ihn im harten
Schwunge in den schwarzen Garten.
Doch er sah im Glanz sein Glück,
Dreimal schwirrte er zurück,

Bis er tappend, blind durchs Zimmer
Torkelte, um still zu enden …
Aber mir an meinen Händen
Blieb des feinsten Goldes Schimmer.

1 Lest die Gedichte auf Seite 122 und 123 aufmerksam durch.

2 a Tragt zusammen, welche Tiere hier auftreten und mit welchen Eigenschaften sie dargestellt werden.
b In allen vier Gedichten begegnen sich Mensch und Tier. Beschreibt, in welcher Beziehung sie jeweils zueinander stehen.

3 a Jedes Gedicht hat eine eigene Stimmung. Beschreibt sie. Ihr könnt dabei auf die Adjektive rechts zurückgreifen.
b Versucht, die Gedichte aus dem Stegreif so zu lesen, dass die Stimmung deutlich wird.

träumerisch • besorgt • witzig • traurig • unheimlich • frech • geheimnisvoll • sehnsüchtig • dramatisch • ruhig • heiter

4 In den Gedichten von Christine Nöstlinger und James Krüss treten jeweils verschiedene Figuren auf. Lest beide Gedichte mit verteilten Rollen vor. Variiert dabei eure Stimme in Höhe, Lautstärke, Gefühlslage …

Eva Rechlin

Über das Heulen von Eulen

Es sitzt die Eule in dem Turm

Und heult so schaurig wie der Sturm.

Sie jammert laut: Huhuu! Huhuu!

Da hält man sich die Ohren zu

Und schließt geschwinde alle Fenster

Und sieht vor lauter Angst Gespenster. ||

Hast du noch nie gedacht, mein Kind,

Dass Eulen auch mal hungrig sind? |

Die Eule nämlich in dem Turm

Schreit nur nach einem Regenwurm.

1 a Lest das Gedicht mehrmals leise für euch.
b Macht euch mit den Markierungen im Gedicht vertraut, indem ihr den Merkkasten unten lest.
c Versucht, den Text gestaltend vorzulesen, indem ihr die Vortragszeichen berücksichtigt.

2 a Wählt ein Gedicht von Seite 122 oder 123 aus, das ihr vor der Klasse vortragen möchtet.
b Schreibt das Gedicht ab und lasst dabei zwischen den Versen jeweils eine Zeile Abstand.
c Probiert aus, wie ihr das Gedicht vorlesen wollt, und notiert in eurer Abschrift die entsprechenden Zeichen.
d Tragt den Text vor der Klasse vor.

3 Markiert ein kurzes, selbst gewähltes Gedicht mit Vortragszeichen, übt es auswendig und tragt es der Klasse vor.

Methode **Einen Gedichtvortrag vorbereiten**

Wenn ihr ein Gedicht vortragt, könnt ihr eure Stimme wie ein Instrument einsetzen. Der Vortrag gelingt am besten, wenn ihr ihn vorher plant. Lest das Gedicht mehrmals leise und auch laut. Versetzt euch in die Stimmung des Gedichts und macht euch klar, worum es geht. Nutzt eine Kopie oder Abschrift wie ein Notenblatt, in das ihr Folgendes eintragt:

- **Betonung:** Unterstreicht die Wörter, die ihr besonders betonen möchtet, damit das Gedicht gut wirkt und damit klar wird, um was es geht, z. B.: *Über das Heulen von Eulen.*
- **Lautstärke:** Markiert Stellen, an denen es gut zum Gedicht passt, wenn ihr lauter oder leiser sprecht: ◀ oder ▶.
- **Pausen:** Um Spannung oder Nachdenklichkeit zu erzeugen, könnt ihr beim Vortragen Pausen lassen. Tragt kürzere oder längere Pausen im Text ein: | oder ||.
- **Sprechgeschwindigkeit:** Steigert oder verlangsamt an passenden Stellen das Sprechtempo, um den Vortrag für die Zuhörenden spannend zu machen. Tragt entsprechende Zeichen ein: ——► oder ∿∿∿►.

Betont und unbetont – Das Metrum wahrnehmen

1 a Ahmt das Geräusch von Regentropfen nach, indem ihr mit euren Fingern auf den Tisch klopft. Variiert die Stärke: Erst fallen einzelne Tropfen, dann stärker werdender Regen bis hin zu einem prasselnden Regenschauer.

b Versucht nun, das Klopfen des Regens als Muster auf einem Papier darzustellen. Welche Möglichkeiten habt ihr, die Stärke des Regens auszudrücken?

Christa Reinig

Kriegslied des Dakotahäuptlings Regengesicht

Regen regnet, regnet Regen
regnet Regen ins Gesicht.
Regnet Regen keinen Regen,
Regnet Regen Regen nicht.

Regenpfeifer[1] pfeift dem Regen,
pfeift dem Regen ins Gesicht,
warum Pfeifer pfeift dem Regen,
wissen Pfeif und Regen nicht.

1 Regenpfeifer: Vogelart. Kleiner Vogel, der an Gewässern lebt

2 Es wären auch andere Titel für dieses Gedicht denkbar. Diskutiert, welcher Titel für euch am besten passt: der Originaltitel, einer der folgenden Titel oder eine Überschrift, die ihr selbst erfindet.

Regenlied • Regenpfeifer • Pfeif auf den Regen • Bei Regen zu singen • Regen regnet

3 a Wählt aus den folgenden beiden Aufgaben eine aus:
- Übt mit einem Partner/einer Partnerin einen Vortrag des Gedichts, in dem ihr versucht, den Regen hörbar zu machen.
- Überlegt, was der Dakotahäuptling Regengesicht tun könnte, während er dieses Lied hört, spricht oder singt. Übt einen Vortrag, in dem einer das Gedicht gestaltend vorliest und der/die andere den Häuptling spielt.

b Tragt vor der Klasse vor. Die Zuhörenden sprechen anschließend darüber, was ihnen an dem Vortrag gut gefallen hat und was man vielleicht noch ändern oder ergänzen könnte.

4 Schreibt das Gedicht in euer Heft und malt über jede betonte Silbe einen Regentropfen. Besprecht, was euch auffällt.

Information **Das Versmaß (Metrum)**

Wenn ein Vers in eine **regelmäßige Abfolge von betonten und unbetonten Silben** eingeteilt ist, sprechen wir von einem Versmaß (Metrum). Man kann das Metrum markieren, indem man die betonten Silben mit einem **Akzent** (Betonungszeichen) kennzeichnet:
Régen régnet, régnet Régen ... wíssen Pféif und Régen nícht.

Teste dich!

Gedichte untersuchen

Georg Bydlinski

Nachts beim offenen Fenster

Ich ahne vieles, was ich nicht seh:
Am Rande des Waldes steht ein Reh –
Die Vögel schlafen im Geäst,
Leuchtkäfer feiern Sommerfest
auf meiner Wiese.

Die Steine werden kühl und schwer,
ruhn von der Tageshitze aus –
Der Himmel ist ein dunkles Meer,
als Leuchtturm glänzt der Mond heraus –

Ich wünsch mir viele Sommernächte,
so schön wie diese.

1 a Aus wie vielen Strophen besteht das Gedicht?
b Notiere die Anzahl der Verse in den einzelnen Strophen.

2 a Betrachte die ersten vier Verse der ersten Strophe. Benenne die Reimform.
b Benenne die Reimform der zweiten Strophe.

3 Welche der Adjektive rechts treffen die Stimmung des Gedichts? Notiere die beiden Adjektive, die am besten passen.

friedlich • grimmig • traurig • glücklich • spannend

4 Was könnte mit der Formulierung gemeint sein „als Leuchtturm glänzt der Mond heraus" (Vers 9)? Wähle die beste Erklärung aus und schreibe sie auf.

Der Mond hat die Form eines Leuchtturms. •
Ein Leuchtturm sendet Signale über das dunkle Meer. •
Der Mond beleuchtet den nächtlichen Himmel. •
Der Leuchtturm glänzt im Mondschein.

7.2 Tierisches Vergnügen – Mit Sprache experimentieren

Ein Gedicht weiterschreiben

James Krüss

Eine Frau und zweiundzwanzig Tiere Auszug

Es war mal eine Frau,
Die hatte einen Pfau.

Der Pfau war ihr zu bunt,
Da nahm sie einen Hund.

Der Hund war ihr zu brav,
Da nahm die Frau ein Schaf.

Das Schaf schrie nach dem Schäfer,
Da nahm sie einen [...]

1 a Notiert weitere Tiere (z. B. Specht, Floh, Gaul ...) und dazu passende Reimwörter.
b Schreibt eine Fortsetzung des Gedichts.
Findet ihr in der Klasse Verse zu mehr als zweiundzwanzig Tieren?

2 a Sammelt Ideen, wie das Gedicht enden könnte.
b Lest den folgenden Schluss des Gedichts bei James Krüss. Vergleicht ihn mit euren Ideen.
c Beurteilt das Verhalten der Frau in Krüss' Gedicht.

Die Meise war zu scheu.
Da kam ein Papagei.

Der Papagei schrie schändlich
Und sie verstieß ihn endlich.

Was tat die Frau zum Schluss
Nach solcherlei Verdruss?

Sie baute einen Zoo
Auf ihrem Vertiko.[1]

Nun kann sie ohne Klagen
Ein jedes Tier vertragen.

Denn Hase, Hund und Hahn,
Die sind
Aus Porzellan!

1 Vertiko: niedriger Schrank

Frans Snyders: Das Vogelkonzert (um 1630/40)

Christian Dieffenbach

Waldkonzert Auszug

Konzert ist heute angesagt
im frischen, grünen Wald;
die Musikanten stimmen schon –
hör, wie es lustig schallt!
Das jubiliert
und musiziert,
das schmettert und das schallt!
Das geigt und singt
und pfeift und klingt
im frischen, grünen Wald!

Der Distelfink spielt keck vom Blatt
die erste Violin;
sein Vetter Buchfink nebenan
begleitet lustig ihn.
Das jubiliert
und musiziert,
das schmettert und das schallt!
Das geigt und singt
und pfeift und klingt
im frischen, grünen Wald!
[...]

1 Lest die beiden ersten Strophen aus dem Gedicht „Waldkonzert" laut vor.

2 Untersucht die Strophen:
- Welche Reimform (▸ S. 121) könnt ihr feststellen?
- Welche Verse bilden den Refrain (Verse, die am Ende mehrerer Strophen wiederholt werden)?

3 a Notiert weitere Tiere, die beim Waldkonzert auftreten könnten, wie z. B. Amsel, Biene ...
b Schreibt eigene Strophen. Ihr könnt auch das Beispiel rechts ergänzen.

Die Drossel spielt die Klarinett',
der Spatz greift zur Gitarre.
?
? *Geknarre.*

Mit Sprachklängen in Gedichten spielen

Ernst Jandl

auf dem land Auszug

rininininininininDER
brüllüllüllüllüllüllüllEN

schweineineineineineineineinE
grunununununununununZEN

hunununununununununDE
bellellellellellellellEN

katatatatatatatatZEN
miauiauiauiauiauiauiauEN

katatatatatatatatER
schnurrurrurrurrurrurrurrEN

gänänänänänänänänSE
schnattattattattattattattERN

1 a Lest das Gedicht zunächst leise durch.
b Wie lauten die Verse, wenn man die Veränderungen in den Wörtern wieder rückgängig macht?

2 a Beschreibt, was für Wörter Jandl für sein Gedicht auswählt.
b Untersucht, nach welchem Prinzip Jandl die Wörter verändert und mit welcher Absicht er dies wohl tut.

3 a Tragt das Gedicht so vor, dass die verschiedenen Tierstimmen deutlich erkennbar sind. Sprecht den Text allein oder mit verteilten Rollen.
b Lest das Gedicht so vor, dass sich mehrere Tiere ins Wort fallen.

4 Überlegt, welche Tiere es noch auf dem Land gibt. Schreibt das Gedicht weiter und tragt eure Verse vor.

Franz Marc: Die gelbe Kuh (1911)

Ernst Jandl

ottos mops

ottos mops trotzt
otto: fort mops fort
ottos mops hopst fort
otto: soso

otto holt koks
otto holt obst
otto horcht
otto: mops mops
otto hofft

ottos mops klopft
otto: komm mops komm
ottos mops kommt
ottos mops kotzt
otto: ogottogott

1 Bereitet das Gedicht „ottos mops“ für einen Vortrag vor:

a Macht euch klar, welche Satzarten ihr den einzelnen Versen zuordnen wollt: Aussage, Frage, Aufforderung oder Ausruf (▸ S. 239). Schreibt das Gedicht mit den entsprechenden Satzzeichen in euer Heft. Lasst nach jedem Vers eine Zeile frei.

b Notiert, welche Gefühle jeweils zum Ausdruck kommen sollen. Verwendet auch die Vortragszeichen von Seite 124.

c Tragt das Gedicht vor der Klasse vor und lasst euch Rückmeldung und Tipps geben.

2 Schreibt ein eigenes Gedicht, in dem nur ein einziger Vokal vorkommt, z. B. „Annas Spatz“, „Helges Henne“ oder „Lillys Iltis“. Sammelt zur Vorbereitung passende Wörter.

Paul Maar

Land auf dem Sonntag

Im Scheinensonn
taubt eine Gurr.
Im Schattenhaus
katzt eine Schnurr.

Es hummelt ein Brumm
wie ein Wagenlast.
Sanft schweint ein Grunz
vor der Wirtschaftsgast.

Im Weiherdorf
froscht tief der Tauch.
Oben am Dachhaus
schlotet der Rauch.

Ein Pinkel, der hundet
auf Blumenmohn.
Der Schimpf vatert laut
im Zimmerwohn.

Ein Fahrerssonntag
wagent den Wende.
Das dauert zu lange,
drum gedichtet das Ende.

1 Lest das Gedicht laut vor.

2 Erklärt, welche Vertauschungen Paul Maar in seinem Gedicht vorgenommen hat, und lest das Gedicht einmal vor, indem ihr die Vertauschungen rückgängig macht.

3 a Baut die Verse rechts nach dem Muster von „Land auf dem Sonntag“ um.

b Verfasst eine eigene Strophe, die man in das Gedicht einschieben könnte. Sucht dazu z. B. zwei Verben, die sich reimen und die ihr wie Paul Maar in den Versen 2 und 4 in Substantive verwandeln könnt, z. B.: *hüpfen – schlüpfen, muhen – ruhen ...*

Jm Apfelbaum
surrt eine Biene.
Jm Schweinestall
murrt eine Magd.

Gedichte nach Clustern schreiben

Eugène Delacroix: Tiger und Löwe (um 1856)

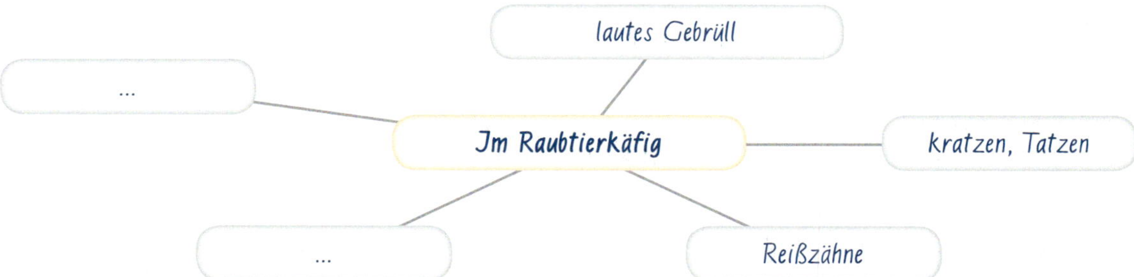

1 Eine gute Möglichkeit, Wörter und Ideen für ein Gedicht zu sammeln, ist ein Cluster. Um einen Hauptbegriff oder ein Thema in der Mitte schreibt ihr zunächst ungeordnet Begriffe, Gedanken, Eindrücke, die euch dazu einfallen.

a Übertragt den Cluster oben in euer Heft und erweitert ihn mit eigenen Vorstellungen, Wörtern, Ideen. Ihr könnt euch von dem Gemälde „Tiger und Löwe" anregen lassen. Oder erstellt einen eigenen Cluster zu einem der Themen: „Im Bienenstock", „Spielende Kätzchen", „Im Zirkus".

b Wählt nun geeignete Wörter und Ideen aus, die ihr für euer Gedicht verwenden wollt.
Ihr könnt auch passende Reimwörter suchen, z. B. *Tatzen – kratzen* ...
Oder ihr sammelt Wörter mit Lauten, die gut zu eurem Tier passen: *beißen, reißen* ...

c Verfasst ein Gedicht mit mindestens acht Versen – nach Wahl mit oder ohne Reim.

Fordern und fördern – Elfchen schreiben

Kreischend
ein Papagei
mit bunten Federn.
Ich sage: „Guten Tag!“
Echo.

Emsig
die Biene
auf duftender Blüte.
Ich höre sie summen.
Sommer!

●●● 1 Schreibt selbst „Elfchen“ über Tiere.
Lest dazu die Information über Elfchen im Methodenkasten unten auf der Seite. Schaut zur Vorbereitung und Anregung auch, wie die Vorschläge zur Gestaltung eines Elfchens in den beiden Gedichten oben umgesetzt wurden.

▷ Ihr braucht weitere Anregungen zum Schreiben eines Elfchens? Lest die folgende Hilfe zu Aufgabe 1.

●●○ **Hilfe zu Aufgabe 1**

Ihr könnt das folgende Katzen-Elfchen in eurem Heft vervollständigen oder die Bestandteile des Fische-Elfchens nach den Anregungen im Methodenkasten anordnen.

Schwarz –
die Katze
schleicht ...
Ich ...
...

meine Fische   schwerelos

schweben im Wasser   schade

ich kann nicht fliegen

2 Verfasst Elfchen, bei denen besondere Merkmale von Tieren im Mittelpunkt stehen:
– Laute und Geräusche: z. B. Frosch, Eule, Schlange ...
– Fortbewegung: z. B. Elefant, Schmetterling, Känguru ...
– Aussehen: z. B. Marienkäfer, Nilpferd, Krokodil ...

Methode **Elfchen schreiben**

Elfchen sind kurze Gedichte, die aus genau elf Wörtern bestehen. Das Elfchen wird nach einer festen Form aufgebaut. Die Inhalte können ganz verschieden gewählt werden.

Aufbau des Elfchens	**Beispiel für den Inhalt**
Erste Zeile: **ein Wort**	Eigenschaft
Zweite Zeile: **zwei Wörter**	ein dazugehöriges Tier
Dritte Zeile: **drei Wörter**	eine Aussage über das Tier
Vierte Zeile: **vier Wörter**	eine Aussage über mich und das Tier
Fünfte Zeile: **ein Wort**	Schlusswort zu mir oder/und dem Tier

7.3 Gedichte am Computer gestalten

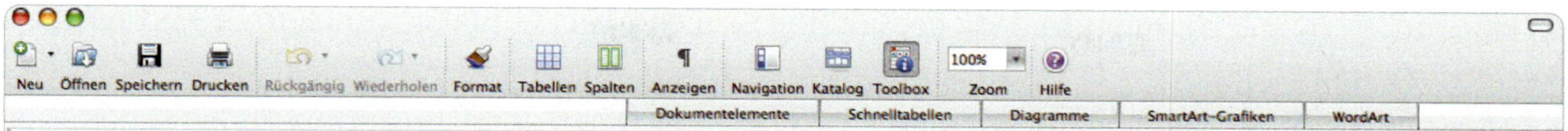

Ausschneiden und einfügen: Text mit der Maus markieren, auf die Schaltfläche Ausschneiden klicken und an anderer Stelle wieder einfügen (Symbol „Einfügen").

Kopieren: Text markieren, auf die Schaltfläche Kopieren klicken und an anderer Stelle wieder einfügen (Symbol „Einfügen").

Times New Roman

Schriftart verändern: Text/Textstelle markieren, auf den Pfeil neben dem Auswahlfeld für Schriftarten klicken und Schriftart durch Anklicken auswählen.

12

Schriftgröße verändern: Text/Textstelle markieren, auf den Pfeil neben dem Auswahlfeld für Schriftgröße klicken und Schriftgröße durch Anklicken auswählen.

F K U

Fett, *kursiv* schreiben und unterstreichen: Text/Textstelle markieren, dann auf die Schaltfläche für fette, kursive oder unterstrichene Schrift klicken.

Textausrichtung festlegen: Text markieren, dann auf die Schaltfläche für linksbündige, zentrierte oder rechtsbündige Textausrichtung klicken oder Blocksatz auswählen.

A

Schriftfarbe festlegen: Text markieren, dann auf die Schaltfläche für die Schriftfarbe klicken und die Farbe durch Anklicken auswählen.

Seitenlayoutansicht Seiten: 16 von 16 Wörter: 3367 von 3367 ÄND

1 a Wer von euch hat schon einmal einen Text mit dem Computer geschrieben? Berichtet von euren Erfahrungen.

b Schaut euch die oben abgebildete Menüleiste an und lest die Informationen zu einzelnen Schaltflächen. Welche Befehle kennt ihr schon, welche sind euch neu?

2 Wählt ein Tiergedicht aus, das ihr besonders mögt. Tippt es ab und gestaltet es am Computer. Probiert unterschiedliche Schriftarten, Schriftgrößen, Farben usw. aus.

Wenn man einen Text am Computer schreiben möchte, muss man zunächst eine Datei anlegen, und das geht so:

- Computer starten, Textprogramm (z. B. Word) auswählen,
- in der Menüleiste auf Datei und Neu klicken,
- Text schreiben und die Datei unter einem Namen speichern (in der Menüleiste Datei anklicken und Speichern unter auswählen).

Eine Gedichtesammlung anlegen

Es wäre doch schade, wenn eure schön gestalteten Gedichte aus Aufgabe 1 auf Seite 133 unsichtbar in einer Textdatei lägen. Druckt sie aus und gestaltet damit ein Heft oder Büchlein.
Überlegt euch, in welcher Reihenfolge ihr die Gedichte anordnen wollt, und entwerft ein schönes Deckblatt.

1 Gestaltet für eure Gedichtesammlung auch die Elfchen, die ihr in den Aufgaben 1 und 2 auf Seite 132 geschrieben habt, am Computer. Probiert aus, welche Textausrichtung (zentriert, linksbündig ..., ▶ S. 133) ihr wählen wollt. Ihr könnt zum Ausdruck auch eine passende Zeichnung anfertigen.

Klein –
die Maus
frisst den Käse.
I c h w i l l s i e f a n g e n .
SCHNAPP!

2 Schaut euch das Bildgedicht „Apfel" von Reinhard Döhl genau an. Aus welchen Wörtern besteht dieses Gedicht und wie ist es gestaltet?

Reinhard Döhl

Apfel

3 Gestaltet eigene Bildgedichte am Computer.
- Ihr könnt dafür Wortkombinationen verwenden wie z. B. Erde – Maulwurf, Wasser – Fisch, Vogel – Luft ...
- Oder ihr versucht, ein Tier darzustellen, indem ihr seinen Namen schreibt (einfach oder vielfach), z. B. Raupe, Ringelnatter, Vogel ...
  Überlegt, ob ihr neben der Anordnung der Buchstaben und Wörter z. B. auch Farbe und Schriftgröße einsetzen wollt.

KKKKKKKROKODILLLLLLLLLLLLL

8 Leseratten und Bücherwürmer – Jugendbücher lesen und vorstellen

1 a Beschreibt, was ihr auf dem Bild entdecken könnt.
b Welche Erfahrungen, die man beim Lesen machen kann, werden hier dargestellt?

2 „Lesen heißt durch fremde Hände träumen." (Fernando Pessoa, 1888–1935)
„Mir sind alle Bücher zu lang." (Voltaire, 1694–1778)
„Je mehr ich las, desto näher brachten die Bücher mir die Welt." (Maxim Gorki, 1868–1936)

a Erklärt, wie ihr diese Aussagen einiger berühmter Schriftsteller über das Lesen versteht.
b Welches Zitat passt zu euch als Leser oder Leserin am besten? Erläutert eure Einschätzung.

In diesem Kapitel ...

- lest ihr Auszüge aus Jugendbüchern und vergleicht sie,
- lernt ihr, wie man eine Bibliothek nutzen kann,
- gestaltet ihr ein Leseportfolio, in dem ihr euch als Leser/-in vorstellt.

8.1 Neue Bekanntschaften – Auszüge aus Jugendromanen erschließen

Edward van de Vendel

Was ich vergessen habe Auszug

Da steht sie, in der Türöffnung – wie frisch aus einem Überraschungspaket gestiegen. Früher Montagmorgen: Der Flur draußen ist dunkel, nur in unserer Klasse ist es hell. Wir sitzen über unseren Rechenaufgaben, Stillarbeit, eine summende Lautlosigkeit. Die Lehrerin kommt hinter ihrem Schreibtisch hervorgestolpert und geht mit ausgestreckten Armen auf das Mädchen zu. „Komm rein, komm nur, komm. Wo möchtest du sitzen? Kinder, das hier ist Soscha Londerseel. Sie ist gerade umgezogen und kommt das letzte Jahr hier zu uns in die Klasse. Wo möchtest du sitzen?“

Soschas Blick schweift durch die Klasse und ich entdecke hinter ihr meine Mutter. Meine Mutter ist die Direktorin an unserer Schule. Sie nickt der Lehrerin zu und geht wieder zurück zu den toten Dingen des Lebens. So nennt sie die Telefonate, die Sitzungen, den Papierkram, die Verwaltung und alles, was sie an ihrer Arbeit nicht mag. Wenn sie stattdessen mal wieder eine Stunde Unterricht geben darf, dann nennt sie unsere Schule ihre tagtägliche Rettung.

Soscha blickt durch die Klasse, tritt ins Licht und sagt: „Neben ihm da. Ich will neben ihn. Ich glaube, er ist nett.“

Keiner sagt etwas, nur Köpfe drehen sich und ich zucke zusammen: Sie zeigt auf mich.

Manchmal denke ich, das Rotwerden beginnt in meinen Füßen und dann laufe ich langsam heiß, bis ich in Stereo nach links und rechts strahle, und nirgendwo ist was zum Abstellen, nirgendwo an mir ist eine Powertaste. Ich versuche, es aufzuhalten. Keine Chance, sie steuert schon auf meinen Tisch zu, setzt sich neben mich und fragt, wie ich heiße.

„Äh, Elmer“, sage ich und sie sagt: „Schön. Elmer. Ich heiße Soscha.“

„Gut“, sagt die Lehrerin, „Stillarbeit war angesagt. Elmer, zeigst du Soscha, worum es geht? Die Sachen für sie habe ich schon bereitgelegt.“

Das tue ich und das Rotwerden lässt etwas nach. Es sackt irgendwohin in Magenhöhe, wo es bleibt wie eine Zündflamme, die sofort wieder auflodern kann, wenn einer das Gas wieder aufdreht.

Die Klasse schaut ab und an zu mir, zu uns. Ich höre „Pfff!“ und „Tsss!“ und in der Pause sagt Mark: „Elmer ist verrückt nach Mädchen ...“
Ich denke: Bloß keinen Ärger jetzt, aber Soscha saust ihm nach und ruft: „Wenn du das noch mal sagst, haue ich dir eine. Und glaub mir: Ich meine es ernst!“
Mark lacht. „Ich hab mich natürlich vertan. Ich meine: Elmers Mädchen ist verrückt.“
„Du sagst es“, sagt Soscha, „und du vertust dich in der Tat.“ Und sie schlägt ihm eine geschwollene Lippe.
„So regeln wir so was hier nicht!“, sagt die Lehrerin.
Soscha muss nach drinnen. Ich komme mit. Die Lehrerin steht an der Tafel und holt einen Kaffeebecher aus ihrer breiten Jackentasche. Den war sie vorhin, als Mark getröstet werden musste, nicht mehr so schnell woanders losgeworden.
Wir finden es nicht besonders lustig.
„Und was jetzt?“, sagt die Lehrerin.
„Ihren Becher austrinken und Strafarbeiten verteilen“, sagt Soscha.
„Ja“, sagt die Lehrerin, „das scheint mir auch das Beste“, und sie nimmt einen Schluck. „Schaut nur“, sagt sie, „ich habe nicht mal gekleckert.“

Ich helfe mit. Hundertmal soll Soscha schreiben: Ich darf andere nicht schlagen.
„Warte“, sage ich, „wir drehen den Satz um: Andere schlagen darf ich nicht.“
„Und was soll das?“, fragt Soscha.
„Pass auf“, sage ich.
Ich schreibe die erste Zeile extra breit, und zwar so:
Andere schlagen darf ich nicht andere schlagen
Und dann ohne Punkt und Komma die nächste Zeile:
darf ich nicht andere schlagen darf ich nicht andere schlagen
Und weil Soscha immer noch nicht kapiert, noch eine Zeile:
darf ich nicht andere schlagen darf ich nicht andere schlagen
„Die Punkte, oder besser gesagt, die Fragezeichen soll sich die Lehrerin selbst dazudenken“, sage ich. „Und die Groß- und Kleinschreibung auch.“
Wir schreiben.
Nach einer Weile sage ich: „Mark hatte recht, du bist doch ziemlich verrückt.“
„Wirklich?“, meint Soscha. „Du bist nett.“
„Du auch“, sage ich, „aber verrückt auch.“
„Du bist nett und klug“, sagt Soscha, „wie du alles verdrehst.“
„Du bist verrückt und nett und du kannst draufhauen.“
„Du bist nett und klug und du hast eine witzige Nase.“
„Äh ...“
„Eine witzige Nase und die schönsten Augen, die ich kenne.“
„Jetzt hör aber auf.“
„Die schönsten Augen, Elmerchen. Und da, dein Gesicht steht schon wieder in Flammen.“

So fängt es an und ich weiß nicht, wie mir geschieht.

1 a Wie gefällt euch der Ausschnitt aus dem Jugendroman „Was ich vergessen habe“?
Zeichnet für eure Bewertung die rechts abgebildete Zielscheibe in euer Heft. Tragt in jedes Viertel an passender Stelle einen Punkt ein.
b Zeichnet die Zielscheibe auf ein Plakat oder an die Tafel. Übertragt eure Punkte.
c Besprecht eure Bewertungen in der Klasse.

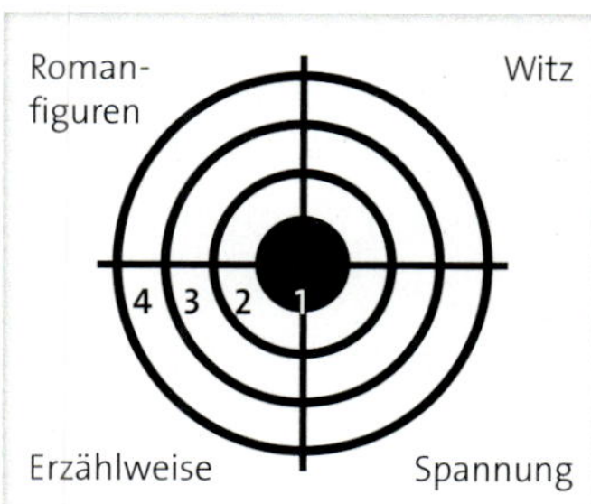

1 = Volltreffer **3** = mittel
2 = gut **4** = ...

2 Bereitet den Text für einen wirkungsvollen Vortrag vor, z. B. für die Aufnahme eines Hörbuchs.

a Untersucht, welche Figuren im Text vorkommen, wer die Ereignisse erzählt und in welche Handlungsabschnitte sich der Text gliedert.

b Überlegt euch, wie ihr den Vortrag gestalten wollt, z. B. durch verschiedene Sprecher oder Sprecherinnen, mit verteilten Rollen usw.

c Übt euren Vortrag und präsentiert ihn anschließend in der Klasse. Ihr könnt das Vorgelesene auch aufnehmen.

3 a Beschreibt, wie die erste Begegnung zwischen Elmer und Soscha verläuft und wie sich ihre Beziehung am ersten Schultag entwickelt.

b Was mag Elmer an Soscha? Was gefällt Soscha an Elmer?

Elmer findet es gut, dass/wie ...
Er mag an Soscha ...

Soscha mag an Elmar, dass/wie ...
Ihr gefällt ...

4 Im Klappentext des Jugendromans erfahrt ihr Folgendes:

Eines Tages schneit Soscha in die Klasse und wirbelt Elmers bisher so ruhiges Leben völlig durcheinander. Sagt ihm einfach auf den Kopf zu, dass sie ihn mag, und ermutigt ihn, sich endlich auf die Suche nach seinem Großvater zu machen. Es ist, als habe Soscha ein Licht in Elmers Leben angeknipst – auch wenn er ihretwegen dauernd rot werden muss. Er fühlt die Liebe, ohne zu wissen, dass es Liebe ist. Erst zögerlich, dann immer ungestümer legt Elmer los, und gemeinsam entdecken sie ein vergessenes Geheimnis und neue Freundschaften.

Wer von euch hat Lust, das Buch weiterzulesen? Führt eine Abstimmung durch und begründet eure Meinung.

Louis Sachar

Bradley – letzte Reihe, letzter Platz Auszug

Bradley Chalkers saß ganz hinten im Klassenzimmer – letzte Reihe, letzter Platz. Keiner saß am Pult neben ihm und keiner vor ihm. Er war eine Insel.

Wenn es nach ihm gegangen wäre, hätte er im Schrank gesessen. Dann hätte er die Tür schließen können und nicht mehr Mrs Ebbel zuhören müssen. Bestimmt hätte sie nichts dagegen gehabt. Vermutlich wäre es ihr sogar recht gewesen. Und dem Rest der Klasse sowieso. Letzten Endes wäre es allen besser gegangen, wenn er im Schrank gesessen hätte, aber leider passt sein Pult da nicht rein.

„Hört zu, Kinder“, sagte Mrs Ebbel, „ich möchte euch heute Jeff Fishkin vorstellen. Jeff ist erst vor kurzem hierhergezogen. Er kommt aus Washington, D.C., und das ist unsere Hauptstadt, wie ihr wisst.“

Bradley hob den Kopf und musterte den Neuen, der vorne neben Mrs Ebbel stand.

„Wie wär's, wenn du der Klasse ein wenig von dir erzählst, Jeff“, ermunterte ihn Mrs Ebbel.

Der Neue zuckte die Achseln.

„Weshalb so schüchtern?“, sagte Mrs Ebbel.

Der Neue murmelte etwas, aber Bradley verstand es nicht.

„Warst du schon mal im Weißen Haus, Jeff?“, fragte Mrs Ebbel. „Die Klasse würde sicher gerne ein wenig darüber hören.“

„Nein, da war ich noch nie“, sagte der Neue hastig und schüttelte den Kopf.

Mrs Ebbel lächelte. „Na schön, dann suchen wir jetzt am besten einen Platz für dich.“ Sie ließ den Blick durchs Klassenzimmer schweifen. „Hm, im Moment ist wohl kein Platz frei, außer dort ganz hinten. Da könntest du sitzen.“

„Nein, nicht neben Bradley!“, rief ein Mädchen in der ersten Reihe.

„Immer noch besser als *vor* Bradley“, sagte der Junge neben ihr.

Mrs Ebbel runzelte die Stirn. Sie wandte sich an Jeff. „Tut mir leid, aber einen anderen freien Platz haben wir nicht.“

„Mir egal, wo ich sitze“, murmelte Jeff.

„Nun ja, dort ... mag keiner sitzen“, sagte Mrs Ebbel.

„Das stimmt“, meldete sich Bradley. „Keiner will neben mir sitzen!“ Er lächelte sein merkwürdiges Lächeln. Er zog den Mund dermaßen in die Breite, dass man kaum wusste, ob es ein Lächeln war oder eine Grimasse.

Verlegen setzte sich Jeff neben Bradley, der ihn mit Glubschaugen anstarrte. Jeff antwortete mit einem Lächeln und Bradley wandte sich ab.

Als Mrs Ebbel mit dem Unterricht begann, holte Bradley einen Bleistift und ein Blatt Papier hervor und fing an zu kritzeln. Er kritzelte fast den ganzen Morgen vor sich hin, mal auf einem Blatt Papier und mal auf seinem Pult. Manchmal drückte er so hart auf, dass die Bleistiftspitze abbrach. Immer wenn das passierte, lachte er. Dann klebte er die abgebrochene Spitze mit Tesa auf einen der Kramklumpen in seinem Pult, spitzte seinen Bleistift und kritzelte weiter.

In seinem Pult häuften sich solche Klumpen aus Papierfetzen, Bleistiftspitzen, zerkauten Radiergummis und anderem, nicht mehr wiederzuerkennendem Zeug, alles mit Tesa zusammengeklebt.

Mrs Ebbel gab ihnen eine Englischarbeit zurück. „Die meisten von euch haben sehr gut abgeschnitten“, sagte sie. „Was mich sehr gefreut hat. Wir haben vierzehn Einsen, der Rest sind Zweien. Natürlich gibt es auch eine Sechs, aber ...“ Sie zuckte die Achseln.

Bradley hielt seine Arbeit hoch, damit alle sie sehen konnten, und lächelte wieder dieses schiefe Lächeln.

Während Mrs Ebbel mit der Klasse die richtigen Antworten durchging, holte Bradley seine Schere heraus und zerschnippelte das Aufgabenblatt sorgfältig in winzige Quadrate.

Als es zur Pause läutete, zog er seine rote Jacke an und ging, für sich alleine, nach draußen.

„Hey, Bradley, wart doch mal“, rief jemand von hinten.

Verdutzt drehte er sich um.

Jeff, der Neue, schloss hastig zu ihm auf. „Hi“, sagte Jeff.

Bradley starrte ihn verblüfft an.

Jeff lächelte. „Ich hab nichts dagegen, neben dir zu sitzen“, sagte er. „Echt.“

Bradley wusste nichts zu sagen.

„Ich *war* schon mal im Weißen Haus“, gab Jeff zu. „Wenn du willst, erzähl ich dir davon.“

Bradley dachte kurz nach und sagte: „Gib mir ’nen Dollar oder ich spuck dich an.“

1 Wie versteht ihr Bradleys Reaktion auf Jeffs Angebot, ihm vom Weißen Haus zu erzählen? Sammelt verschiedene Erklärungen.

2 a In dem Romanausschnitt kommen verschiedene Figuren vor. Betrachtet die folgende Skizze, die das Verhältnis der Figuren zueinander darstellt. Um welche Romanfiguren könnte es sich jeweils handeln? Begründet eure Vermutungen.

b Übertragt die Skizze in euer Heft oder macht eine Skizze, die eurer Meinung nach das Verhältnis der Figuren noch besser darstellt. Tragt Erläuterungen zum Verhalten der Figuren ein.

3 Wählt eine der folgenden Aufgaben und bearbeitet sie schriftlich:

a Als Jeff am Mittag nach Hause kommt, sind seine Eltern gespannt darauf, was er von seinem ersten Schultag zu erzählen hat. Schreibt das Gespräch auf.

b Was geht Bradley wohl durch den Kopf, als er lacht und lächelt? Schreibt seine Gedanken auf.

4 Wie könnte sich die Beziehung der beiden Jungen entwickeln? Begründet eure Vermutungen.

5 Stellt einen der beiden Jugendromane, aus denen ihr in diesem Kapitel Auszüge gelesen habt, der Klasse vor. Geht darauf ein, wie sich die Beziehung der Hauptfiguren entwickelt.
Oder: Lest einen anderen Jugendroman (aus der Bibliothek ...) und stellt ihn der Klasse vor.

Fordern und fördern – Jugendromanauszüge vergleichen

●●● 1 In den Auszügen aus „Was ich vergessen habe“ (▸ S. 136 f.) und „Bradley – letzte Reihe, letzter Platz“ (▸ S. 139 f.) geht es um den ersten Schultag in einer neuen Klasse. Vergleicht die Texte im Hinblick auf
- die Hauptfiguren der beiden Bücher,
- die beiden Lehrerinnen und ihr Verhalten,
- das Verhalten der jeweiligen Klasse gegenüber dem oder der Neuen.

▹ Ihr benötigt eine Hilfestellung? Schaut weiter unten auf dieser Seite nach: Hilfe zu Aufgabe 1.

●●● 2 Zu vielen Kinder- und Jugendbüchern gibt es Theaterstücke. Beurteilt anhand der Textauszüge auf S. 136 f. und 139 f.: Welches der beiden Bücher eignet sich eurer Meinung nach besser für eine Aufführung auf der Bühne? Begründet eure Antwort ausführlich. Geht dabei auch auf die unterschiedlichen Erzählformen der Geschichten ein (▸ Merkkasten unten auf der Seite).

▹ Eine Hilfe zu dieser Aufgabe findet ihr weiter unten auf dieser Seite.

3 Soscha muss wegen ihres aggressiven Verhaltens gegenüber ihrem Mitschüler Mark eine Strafarbeit schreiben (▸ S. 137, Z. 77 f.). Auch Bradley fällt durch schlechtes Betragen auf, aber die Lehrerin verhält sich anders als Soschas Lehrerin.

a Erläutert, was Soschas Lehrerin meint, wenn sie sagt: „So regeln wir so was hier nicht!“ (Z. 61).

b Findet mögliche Gründe, warum Bradleys Lehrerin ihm keine Strafarbeit aufgibt.

●●○ **Hilfe zu Aufgabe 1:**

Vergleich: „Bradley — letzte Reihe, letzter Platz“ — „Was ich vergessen habe“

	Ähnlichkeiten	Unterschiede
Hauptfiguren	*Beide lernen sich neu kennen.*	*Jeff wird sein Platz zugewiesen, Soscha …*
Lehrerin	…	…
Die Klasse und der Neue	…	…

●●○ **Hilfe zu Aufgabe 2:**

Achtet auf Folgendes:
- Ist die Handlung spannend? Gibt es Konflikte?
- Wo spielt die Geschichte? Was erfährt der Leser über den Ort und den Raum des Geschehens?
- Gibt es wörtliche Rede (Dialoge)?
- In welcher Geschichte wird mehr äußere, in welcher mehr innere Handlung dargestellt (▸ S. 51)?

Information | **Erzählformen: Ich-Erzähler oder Er-/Sie-Erzähler**

Der **Ich-Erzähler** (oder die Ich-Erzählerin) ist selbst als handelnde Figur in das Geschehen verwickelt. Er oder sie schildert die Ereignisse aus seiner oder ihrer persönlichen Sicht.
Der **Er-/Sie-Erzähler** ist nicht am Geschehen beteiligt. Er oder sie scheint über dem Geschehen zu schweben und erzählt von allen Figuren in der Er-Form oder in der Sie-Form.

8.2 Hier gibt es viel zu entdecken – In der Bibliothek

1 Betrachtet das Bild genau und beantwortet folgende Fragen:
- Wie ist die Bibliothek aufgebaut?
- Was kann man dort alles tun?
- Welche Medien (z. B. Bücher, CDs usw.) kann man dort finden?

2 Wart ihr schon einmal in einer Bibliothek?
Berichtet von euren Erfahrungen: In welcher Bibliothek wart ihr? Was habt ihr dort gesucht und wie seid ihr dabei vorgegangen?

Wie man in einer Bücherei fündig wird

Niemand kann alle Bücher, Zeitschriften, CDs, DVDs, Spiele usw. auswendig kennen, die in einer Bibliothek aufbewahrt und ausgeliehen werden. Es muss also ein System (eine Ordnung) geben, nach dem sie sortiert sind. Deshalb gibt es in jeder Bibliothek Kataloge, die einem helfen, jedes Buch und jedes andere Medium sowie seinen Standort in der Bibliothek zu finden.

Heute verfügen die meisten Bibliotheken über elektronische Kataloge, in denen man am Computer suchen kann. Auf dem Computerbildschirm seht ihr eine Suchmaske ähnlich wie die unten abgebildete. Hier könnt ihr verschiedene Suchbegriffe eingeben, z. B.

- den Titel des Buches,
- den Namen des Verfassers oder der Verfasserin oder
- einen bestimmten Suchbegriff, z. B. ein Schlagwort zu einem Thema, das euch interessiert (Menschenaffen, Urwald, Dinosaurier ...).
- Oft könnt ihr auch die Art von Medium aussuchen, auf die ihr eure Suche beschränken wollt (Buch, DVD, CD, Noten, Spiel ...).

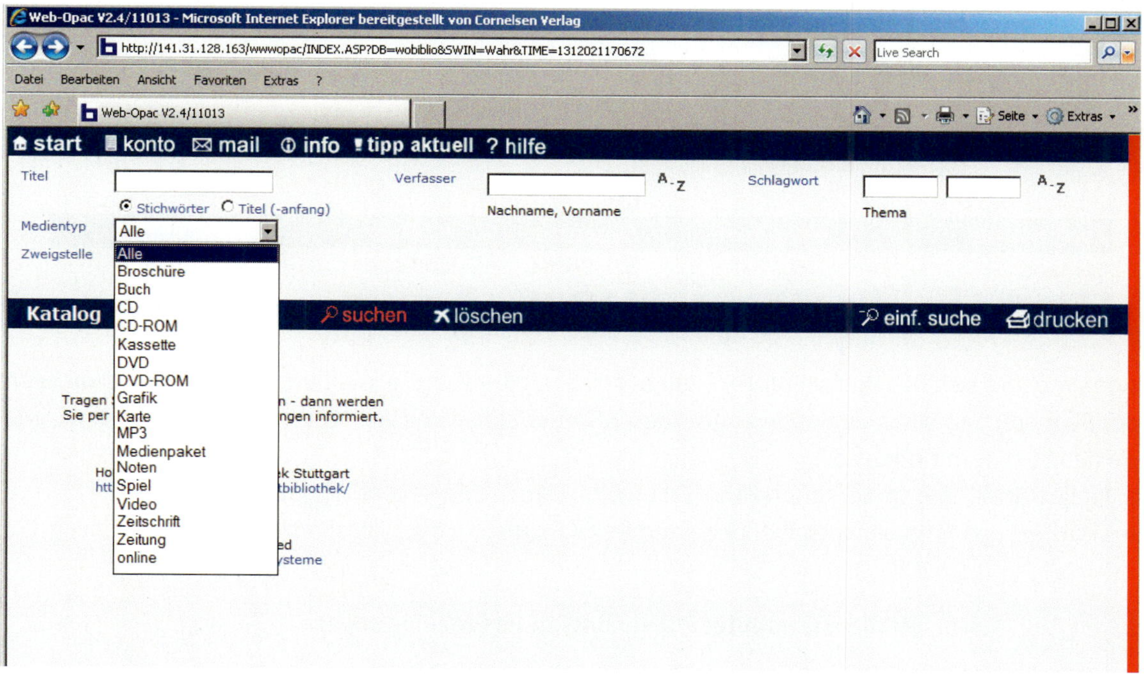

1 Habt ihr selbst schon mit dem Computer in Bibliothekskatalogen gesucht (recherchiert)? Berichtet von euren Erfahrungen.

2 Wie würdet ihr vorgehen, um mit Hilfe der oben abgebildeten Suchmaske

- nachzuschauen, welche anderen Bücher des Verfassers von „Was ich vergessen habe" (► S. 136 f.) es in der Bibliothek gibt?
- ein Buch zum Thema „Bernstein" zu finden?
- herauszufinden, welcher Autor oder welche Autorin das Buch „Tintenherz" geschrieben hat?
- einen Film zu den Geschichten vom „kleinen Nick" (► S. 19 ff.) zu finden?

Detailanzeige | **Vorbestellen**

Bradley - letzte Reihe, letzter Platz

Titel: There's a boy in the girl's bathroom <dt.>
Verfasserangaben: Louis Sachar. Aus dem Amerikan. von Klaus Fritz
1. Verfasser: Sachar, Louis
Personen: Fritz, Klaus
Impressum: München [u.a.] : Hanser, 2003
Umfang: 187 S.

Verwandte Themen

Schlagwort: Schüler / Freundschaft / Außenseiter / Jugendbuch
Systematik: 5.1 - Kinderliteratur: Erzählungen und Romane für ca. 9 bis 12 Jahre (Sekundarstufe)

Zweigstelle	Standort	Signatur	Status	Frist
Botnang	KiBü	5.1 Sacha	Entliehen	25.08.201[redacted]
Cannstatt	KiBü	5.1 Sacha	Verfügbar	

3 Anna möchte sich das Buch „Bradley – letzte Reihe, letzter Platz" ausleihen und hat bei der Suche in der Bücherei Cannstatt den oben abgebildeten Treffer erzielt. Sie versteht aber noch nicht ganz, wie sie das Buch nun finden soll.

a Erklärt Anna, wie sie vorgehen kann. Erläutert ihr auch den Begriff „Signatur".

b Erläutert den Sinn der verschiedenen anderen Angaben in der „Detailanzeige" oben.

Methode **Mit dem Computer Bücher und andere Medien suchen**

1. Schritt: Gebt in das entsprechende Feld der Suchmaske einen **Suchbegriff ein,** z. B. den Titel des Buches oder der CD. Wählt, wenn möglich, die Medienart (Buch, CD, DVD ...).

2. Schritt: Startet die **Suche** (Enter-Taste oder Klick auf das Feld „Suche").

3. Schritt: Ihr erhaltet nun Angaben zum gesuchten Titel oder eine Liste mit Suchergebnissen. **Klickt** den **Titel an,** zu dem ihr genauere Informationen haben wollt, z. B. Angaben zum Inhalt oder darüber, ob das Buch zurzeit ausleihbar ist.

4. Schritt: Notiert euch die **Signatur** des gewünschten Titels, z. B. *5.1 Sacha*.

5. Schritt: Orientiert euch in der Bibliothek, **ermittelt,** in welchem **Regal** ihr euer Buch, eure CD usw. findet, z. B.: *5.1 Sacha* (*5.1* = Kinderliteratur: Erzählungen und Romane für 9 bis 12 Jahre, *Sacha* = Autor, hier Louis Sachar).

8.3 Abenteuer Lesen – Leseportfolios gestalten

1 a Die Kinder auf den Fotos lesen ganz unterschiedliche Bücher. Ordnet sie verschiedenen Kategorien zu, z. B.: Sachbuch, Fantasyroman ...

b Nennt weitere Arten von Büchern, die ihr kennt, z. B. Detektivgeschichten, Wörterbücher ...

c Welche dieser Arten von Büchern mögt ihr besonders? Nennt Beispiele (Titel) und begründet.

Methode **Leseportfolio**

Ein **Portfolio** ist eine Mappe, die im Laufe der Zeit mit wertvollen Dokumenten gefüllt wird. In einem **Leseportfolio** sammelt ihr alles, was für euch als Leser oder Leserin wichtig ist.

Das Portfolio kann aus folgenden Dokumenten bestehen:

- mein **Leseort** (Deckblatt): Hier lese ich am liebsten ...,
- mein **Leseporträt:** Das bin ich ... (► S. 146),
- mein **Lesefutter:**
  - meine Leseliste (eventuell mit Kurzbewertungen),
  - mein Kopfkino: Notizen zu bereits gelesenen Büchern (► S. 148),
  - Buchempfehlungen, selbst erstellte (► S. 147 f.) und solche aus den Medien, Werbeplakate, Buchcover ...,
  - Quizfragen zu Lieblingsbüchern,
  - ...,
- mein **Leseprogramm:** Was ich mir vornehme, was ich plane: ...

2 Zum Lesen braucht man nicht nur das richtige Buch, sondern auch einen Ort, an dem das Lesen Spaß macht. Beschreibt euren Lieblingsleseort und ergänzt eure Beschreibung durch ein Bild.

3 Emily, Leonie und Joscha gehen in die 5c und sind miteinander befreundet. Als Leser oder Leserin stellen sie sich ganz unterschiedlich dar.

a Untersucht, was die drei über sich als Leser oder Leserin verraten. Beschreibt, worin sie sich ähnlich sind und wo es Unterschiede gibt.

b Gestaltet in ähnlicher Weise ein eigenes Blatt für euer Leseportfolio.

Das bin ich ...

Name: Leonie
Alter: 10 Jahre

Wann ich lese:
jeden Tag

Wo ich lese:
besonders gerne abends im Bett

Was ich am Lesen mag: alles

Bücher, die ich mag: Tierbücher, Fantasy

Bücher, die ich nicht mag: langweilige Bücher wie „Winnetou" oder so

Mein momentanes Lieblingsbuch: alle Bücher von Cornelia Funke

Das bin ich ...

Name: Joscha
Alter: 11 Jahre

Bücher:
finde ich toll, denn so ist mir nie langweilig

Was ich am Lesen mag: Spannung, Gruseln, auch dass ich etwas lernen kann (Sachbücher)

Was ich am Lesen nicht mag: wenn meine kleine Schwester immer vorgelesen haben will oder mich beim Lesen stört

Bücher, die ich mag: fast alle Bücher von Karl May, „Harry Potter" von Joanne K. Rowling, „Eragon" von Christopher Paolini, „Artemis Fowl" von Eoin Colfer

Das bin ich ...

Name: Emily
Alter: 10 Jahre

Ich lese:
- nicht so viel wie mein großer Bruder
- wenn mir total langweilig ist
- im Urlaub

Was ich am Lesen mag: wenn ich und meine Mama uns vorlesen

Bücher, die ich mag: Pferdebücher, Bücher über Delfine

Bücher, die ich nicht mag: Indianerbücher, zu spannende Bücher

Mein momentanes Lieblingsbuch: „Drachenreiter" von Cornelia Funke

Bestimmt kennt ihr Bücher, denen ihr viele Leser und Leserinnen wünscht. Auf einem Plakat könnt ihr für sie werben.

Tipps zur Gestaltung eines Plakats „Buchempfehlung“

- Direkte Ansprache des Lesers/Betrachters
- Wichtige Figuren und ihre Eigenschaften
- Thema des Buchs
- Autor, Titel und Art des Buches
- Bilder als Blickfang
- Übersichtliche Gestaltung, z. B.: große Überschriften, Fettdruck bei wichtigen Begriffen ...

4 Schaut euch das Plakat zu dem Jugendroman „Rico, Oscar und die Tieferschatten“ genau an. Beschreibt, wie die Tipps zur Gestaltung umgesetzt wurden.

5 Bringt euer Lieblingsbuch mit oder sucht euch ein Buch aus eurer Lesekiste (siehe rechts) aus. Gestaltet dazu ein interessantes und informatives Plakat, das Lust macht, das Buch zu lesen.

Die Lesekiste

Die Lesekiste ist eine Art mobile Bibliothek, in der ihr Bücher ausleihen könnt. In vielen Stadt-, Gemeinde- und Schulbibliotheken können Schulklassen solche Kisten zusammenstellen, z. B. mit unterschiedlichen Büchern und Medien zu einem bestimmten Thema. Recherchiert, ob es dieses Angebot auch bei euch gibt.

6 Lesen als Kopfkino – Notizen zu Büchern verfassen

Beim Lesen hat jeder sein eigenes Kopfkino, macht sich eigene Vorstellungen und Gedanken. Im Leseportfolio könnt ihr diese festhalten, indem ihr z. B.

- eine Figur zeichnet, zu ihr passende Fotos sucht oder ihr einen Brief schreibt,
- eine Fortsetzung zum Buch schreibt oder es mit einem ähnlichen vergleicht,
- den Autor näher kennen lernt, z. B. durch die Suche nach Informationen und Bildern,
- erklärt, warum ihr das Buch gerne gelesen oder warum ihr es nicht fertig gelesen habt,
- ...

Notiert weitere Vorschläge und setzt sie um.

7 Sich über Bücher austauschen – Buchempfehlungen schreiben

a Was wollt ihr über ein Buch wissen, bevor ihr es lest? Sammelt Ideen.

b Jens und Thomas haben beide für ihr Lieblingsbuch „Harry Potter und der Stein der Weisen" eine Buchempfehlung geschrieben. Vergleicht ihre Texte.
- Welche Informationen über das Buch enthalten sie? Welche Informationen fehlen jeweils?
- In welchem Stil sind die Texte jeweils verfasst?
- Bewertet die beiden Buchempfehlungen: Was gefällt euch, was nicht? Begründet.

c Schreibt selbst eine Buchempfehlung für eines eurer Lieblingsbücher.

Thomas' Buchempfehlung

„Harry Potter und der Stein der Weisen" von Joanne K. Rowling von 1997 ist voll das coole Buch über Zauberer, Hexen und Magie. Geht schon für Kinder ab 10 Jahren. Harry, die Hauptfigur, ist so ein Typ, der als Baby den Angriff des gefährlichen und fiesen Magiers, Lord Voldemort, überlebt hat. Fast wäre der miese Lord sogar wegen Harry abgekratzt – aber nur fast. Jetzt, Harry ist schon 13 Jahre alt, bedroht Voldemort wieder die Zauberwelt. Nur Harry kann was dagegen machen ... Das Buch ist so megacool, weil die Zauberwelt Harrys der heutigen Schulwelt, vor allem in England, in vielem sehr gleicht. So kann man sich gut hineinversetzen.

Jens' Buchempfehlung

„Harry Potter" ist ein wirklich wunderbares Buch, das ich jedem Leser nur empfehlen kann. Man kann es, sobald man angefangen hat, es zu lesen, nicht mehr weglegen, d. h. es besteht Suchtgefahr. Die Hauptfigur des Buches ist der Titelheld, Harry Potter. Das Buch ist auch verfilmt worden, aber mir gefällt der Film weniger gut.

9 Theater spielen –
Schritt für Schritt auf die Bühne

1 *Beim Stichwort „Theater" denke ich an …*
Notiert eure Einfälle und erläutert sie.

2 Habt ihr schon einmal eine Theateraufführung besucht oder sogar selbst schon Theater gespielt? Erzählt von euren Erfahrungen und Erlebnissen.

3 Bestimmt kennt ihr schon viele Begriffe rund um das Thema Theater. Sammelt sie und erklärt, was sie bedeuten, z. B. *Bühne, Maske …*

In diesem Kapitel …

- lernt ihr wichtige Gestaltungsmittel des Theaters kennen,
- lest und spielt ihr Dialoge,
- schreibt ihr selbst Theaterszenen und führt sie auf.

9.1 Sprechen mit Gesicht, Körper, Stimme ...

1 a Tobias, Lisa und Nora stellen drei verschiedene Gefühle dar. Nennt jeweils Substantive, Adjektive und Verben, die zu den unterschiedlichen Stimmungen passen.

b – Überlegt, was den einzelnen Kindern gerade geschehen sein könnte.
– Wem könnten sie gegenüberstehen?
– Was werden sie als Nächstes sagen oder tun?

2 a Überlegt euch ein bestimmtes Gefühl und drückt es durch eure Körperhaltung (Gestik) und durch euren Gesichtsausdruck (Mienenspiel oder Mimik) aus. Euer Partner oder eure Partnerin soll das Gefühl erraten.

b Wechselt langsam von einer Stimmung zur anderen, z. B. von Freude zu Trauer ...

Information **Mimik und Gestik**

Mimik nennt man den Gesichtsausdruck eines Menschen. An der Mimik kann man erkennen, wie jemand sich gerade fühlt. Auch aus der **Gestik** (Körpersprache, d. h. Körperhaltung und Bewegungen) einer Person lassen sich Rückschlüsse auf ihre Gefühlslage ziehen.
Im Theater sind Mimik und Gestik wichtige Ausdrucksmittel der Schauspieler.

Das Klassenzimmer als Bühne – Spielräume erkunden

Räumt Tische und Stühle zur Seite und schafft euch Raum zum Spielen. Bestimmt jeweils einen Spielleiter oder eine Spielleiterin, die Anweisungen gibt oder Übungen vormacht.

Ist das Klassenzimmer zu eng, könnt ihr euch in zwei Gruppen aufteilen: eine, die spielt, und eine, die zuschaut. Wechselt euch ab. Die Zuschauergruppe beobachtet und gibt Rückmeldung.

1 Mit den folgenden Übungen trainiert ihr, euch durch eure Mimik und durch euren Körper auszudrücken.

A Im Kreis

- Schließt die Augen und atmet langsam aus und ein.
- Stellt euch vor, euer Bauch sei ein Luftballon. Atmet langsam mit dem Geräusch „sch" aus. Legt die Hand auf den Bauch und spürt eurem Atem nach.
- Stellt euch vor, eine Geburtstagstorte in den Händen zu halten. Blast die Kerzen aus.
- Atmet laut wie ein schnaubendes Pferd.
- Sprecht erst einzeln, dann im Chor: tata, toto, tete, tutu, titi. Variiert Sprechtempo und Lautstärke. Ihr könnt euren „Text" auch reihum sprechen.
- Stellt euch einen schweren Gegenstand vor, z. B. einen Medizinball. Gebt ihn im Kreis herum weiter.
- Werft euch den vorgestellten Medizinball zu. Wer ihn auffängt, wirft ihn weiter, bis alle einmal an der Reihe waren.

B Durch den Raum

- Bewegt euch durcheinander im Raum. Achtet darauf, nicht im Kreis zu gehen. Probiert verschiedene Bewegungsarten aus: spazieren gehen, wandern, schlendern, schleichen ...
- Stellt euch vor, dass sich der Raum verwandelt. Bewegt euch wie
  - in einem Wald mit hohen Bäumen und weichem Boden,
  - in einer alten Stadt mit gepflasterten Straßen,
  - auf einer Blumenwiese mit hohen Gräsern,
  - in einem Sumpf ...
- Teilt den Raum in vier Zonen ein, die ihr durch Klebeband am Boden markiert. In jeder Zone herrscht ein anderes Gefühl vor, z. B. Trauer, Wut, Freude, Angst. Bewegt euch durch den Raum und nehmt in jeder Gefühlszone passende Haltungen ein. Der Spielleiter/die Spielleiterin gibt ein Signal, wenn alle in ihrer Haltung „einfrieren" sollen.

C Stummes Mienenspiel

- Notiert auf einzelnen Zetteln verschiedene Aussagen, z. B.
  Ich weiß nicht mehr weiter.
  Das interessiert mich sehr.
  Ich bin jetzt sehr beschäftigt.
  Sammelt die Zettel in einer Schachtel. Jeder Spieler/jede Spielerin zieht eine Aussage.
- Stellt euch im Kreis auf. Geht in die Kreismitte und spielt stumm eure Aussage. Die anderen sollen sie erraten.

D Der Körper spricht

- Bildet Kleingruppen und spielt die folgenden Situationen ohne Worte. Probiert alle Möglichkeiten der Körpersprache aus.
  - In der Schlange beim Bäcker drängelt sich jemand vor.
  - Ein Urlauber versucht in einem fremden Land, ein Stück Seife zu kaufen.
  - Im Zugabteil sind alle Plätze besetzt.
  - ...

E Im Tandem – In der Gruppe

Geht zu zweit zusammen und probiert folgende Übungen aus:

- **Paargehen:** Einer geht hinter dem anderen und ahmt dessen Bewegungen genau nach.
- **Marionettentheater:** Einer ist Marionettenspieler mit den Fäden in der Hand, der andere spielt die Marionette.
- **Spiegelpantomime:** Steht euch zu zweit gegenüber. Einer tut so, als stünde er vor dem Spiegel, der andere spielt das Spiegelbild.
  Achtung: Bewegt euch zunächst nur sehr langsam!
- **Tauziehen:** Zwei Personen oder zwei Gruppen stehen sich gegenüber und spielen Tauziehen ohne Seil.
- **Tischtennis:** Spielt ein stummes Match ohne Schläger, Ball und Platte.
- **Scharade:** Eine Gruppe überlegt sich ein zusammengesetztes Wort (z. B. Schlüsselloch, Waldsterben, Schrankwand, Hosentasche ...) und spielt es pantomimisch einer anderen Gruppe vor, die das Wort erraten muss.
  Alternative: Ein oder zwei Spieler oder Spielerinnen müssen ihrer eigenen Gruppe Wörter vorspielen, die sich eine andere Gruppe ausgedacht hat.

Die Stimme – Worte zum Klingen bringen

Unsere Stimme ist ein unglaublich vielseitiges Instrument. Sie kann **laut** oder **leise, hoch** oder **tief** sein, sie kann aber auch **warm** oder **kalt** klingen. Wir können **schnell** oder **langsam** sprechen und wir haben die Möglichkeit, **Sprechpausen** zu machen oder bestimmte Wörter zu **betonen.**

1 Welche Situationen kennt ihr, in denen hoch und schnell gesprochen wird? Oder tief und warm? Kennt ihr eine Situation, in der etwas leise und kalt gesagt wird?

2 Versucht, die beiden unten genannten Sätze auf verschiedene Arten zu sprechen:

im Befehlston • beruhigend • ärgerlich • wutentbrannt • schmeichelnd • lachend • ...

Achtung, alle mal herhören!

Morgen gehen wir in den Zoo.

Das Gedicht von den fünf Gefühlen

An manchen Tagen bin ich wirklich froh,
dann spring ich durch die Gegend, freu mich so.

An manchen Tagen bin ich auch mal traurig,
dann weine ich und finde alles schaurig.

An manchen Tagen krieg ich echt die Wut,
dann stampf und schrei ich laut, fühl mich nicht gut.

An manchen Tagen hab ich richtig Mut,
dann g'lingt mir alles und ich fühl mich gut.

An manchen Tagen fürchte ich mich sehr,
ich habe Angst und das Alleinsein fällt mir schwer.

3 Tragt das Gedicht so ausdrucksvoll vor, dass die genannten Gefühle durch eure Stimmlage und durch den Tonfall deutlich zum Ausdruck kommen. Lernt es am besten auswendig.

4 Setzt nun euer Gesicht, den ganzen Körper und Bewegungen ein, um die Stimmung der einzelnen Strophen zu verdeutlichen.

5 a Verwendet Orff'sche oder andere Musikinstrumente, um die fünf Gefühle im Gedicht auszudrücken.
b Erfindet passende Melodien zu den einzelnen Strophen.

Improvisieren

1 Verwendet die folgenden Anregungen, um das Improvisieren zu üben.

Ja-Nein-Improvisation
Der Text dieser Übung besteht nur aus zwei Wörtern: Eine Person sagt „Ja", die andere „Nein", und zwar immer im Wechsel. Man kann diese Wörter ganz unterschiedlich betonen und aussprechen. Probiert es einmal aus. Achtet darauf, dass die Szene nicht eintönig wirkt.

Abc
Zwei Schauspieler/-innen stehen sich gegenüber und führen ein Gespräch über ein bestimmtes Thema. Die Sätze müssen mit dem jeweils nächsten Buchstaben des Alphabets beginnen, also z. B. so:
- *„Abends bin ich immer so hundemüde!"*
- *„Bei mir ist es ganz anders!"*
- *„Chinesen schlafen, glaube ich, viel mehr als wir."*

Gewürfelte Rollen
Bei dieser Übung wird zweimal gewürfelt. Der erste Wurf legt die Rolle fest, der zweite die Art, wie diese Rolle gespielt werden soll. Überlegt 30 Sekunden lang, was die Person sagen könnte. Los geht's!

1. Wurf	*2. Wurf*
1 Pfarrer/-in	1 traurig
2 Richter/-in	2 hungrig
3 Hundebesitzer/-in	3 wütend
4 Nachrichtensprecher/-in	4 lustig/fröhlich
5 Lehrer/-in	5 ängstlich
6 Polizist/-in	6 unsicher

Das Requisitenspiel
Auf der „Bühne" liegen fünf Requisiten (Gegenstände zum Theaterspielen): ein aufgeblasener Luftballon, ein Besen, eine Banane, ein Tuch, ein Fächer. Nacheinander gehen die Spieler auf die Bühne und improvisieren eine Situation mit Hilfe eines Requisits. Wichtig: Das Requisit soll etwas anderes verkörpern, z. B. könnte der Luftballon eine andere Person darstellen …

Information **Improvisieren**

„Improvisieren" heißt „unvorbereitet etwas tun". Ein Schauspieler, der improvisiert, sagt oder tut etwas, das zur Rolle passt, das aber **vorher nicht geplant** war. Es gibt auch richtige Improvisationstheater, die ganze Szenen nur „aus dem Stegreif" spielen.

9.2 Szenen schreiben und vortragen

Helen Gori

Ein Mensch vor dem Gericht der Tiere

Im Gerichtssaal sind fast alle Tiere versammelt. Der angeklagte Mensch wird vom Schwein hereingeführt.

Gerichtspräsident (Löwe): Darf ich Sie um Ihre Personalien bitten?

Mensch: Mensch, geborener Affe, auf die Welt gekommen vor etwa 40 000 Jahren, wohnhaft überall auf der Erde.

Löwe: Der Schreiber wird uns jetzt die Anklageschrift verlesen.

Schreiber (Tintenfisch): Mensch, Sie sind angeklagt, eine unermesslich große Zahl von unschuldigen Tieren umgebracht, gefressen, gequält, geschlachtet, hingerichtet, gejagt, erschossen und überfahren zu haben. Wegen Ihrer untierischen Quälereien und Massenmorde stehen Sie vor dem Gericht der Tiere.

Löwe: Bekennen Sie sich schuldig?

Mensch: Nicht schuldig.

Löwe: Dann schreiten wir zur Einvernahme der Zeugen. Herr Staatsanwalt, darf ich bitten?

Staatsanwalt (Fuchs): Mein erster Zeuge ist der Igel.

Igel *(weinerlich):* Ich wollte eigentlich gar nicht zu dieser Gerichtsverhandlung kommen. Gerade in der heutigen Nacht ist mein lieber Mann, der unvergessliche Kasimir, von einem Eisenteufel überfahren worden. Und ein Mensch saß drin und kümmerte sich überhaupt nicht um ihn.

Löwe: Wir werden Sie in der Gerichtsverhandlung schonen, wenn es möglich ist. *(Zu Fuchs und Katze, Verteidiger)* Haben Sie noch Fragen an unseren Igel?

Fuchs/Katze: Nein.

Löwe: Wer ist Ihr nächster Zeuge, Herr Staatsanwalt?

Fuchs: Der Frosch.

Frosch: Es ist doch wirklich eine Schweinerei …

Schwein: Ich protestiere, mein Name darf nicht so missbraucht werden!

Frosch: Entschuldigung, ich wollte niemanden beleidigen.
Es ist doch wirklich eine Menscherei, wie die Menschen unsere Weiher und kleinen Seen verschmutzen! In diesem Waschmittelschaum kann doch niemand mehr leben!
Aber noch schlimmer ist, dass jedes Frühjahr Millionen von Fröschen überfahren werden von diesen merkwürdigen Blechbüchsen, in denen Menschen sitzen.

Fuchs: Das ist ja schrecklich! Und was passiert sonst noch mit deinen Freunden und Verwandten?

Frosch: Ach ja, die schlimmste Quälerei habe ich doch beinahe vergessen. Diese gemeinen Hunde …

Hund: Also, ich bin mit diesem Wort wohl kaum gemeint …

Frosch: Oh, Entschuldigung, diese gemeinen Menschen reißen uns Fröschen bei lebendigem Leib die Beine aus und braten sie, um sie dann als so genannte Delikatesse zu verspeisen. Wir armen Frösche müssen in einem stundenlangen Todeskampf zu Grunde gehen. Ich bin dafür, dass man auch einmal einem Menschen alle seine Beine ausreißt …

Löwe: Den Strafantrag stellt später der Staatsanwalt, dazu haben Sie nichts zu sagen! Sind noch Fragen an den Zeugen Frosch?

Verteidiger (Katze): Haben Sie auch schon die kleinen Zäune gesehen, die von den Menschen nur darum gemacht wurden, damit die Frösche nicht überfahren werden?

Frosch: Ja, schon, aber die sind doch nur da, weil die Menschen uns lieber essen als überfahren!

Fuchs: Meine nächste Zeugin ist die Schnecke.

Schwein: Die Schnecke ist leider noch nicht da, ich glaube, sie hat sich ein wenig verspätet.

Fuchs: Gut, dann rufe ich zuerst die Schlange in den Zeugenstand.

Schlange: Dass ich jetzt noch lebe und zu Ihnen sprechen kann und dass ich nicht schon in Form eines Geldbeutels oder einer Damenhandtasche vor Ihnen stehe, habe ich nur meiner Intelligenz und meinem feinen Tastsinn zu verdanken, sonst hätten mich die Menschen schon lange umgebracht …

Katze: Aber Sie waren doch einst sehr gut befreundet mit den Menschen, wenn man so an die Eva im Paradies denkt …

Schlange: Das war nur ein raffinierter Trick von mir, sonst hätten die Menschen auch aus dem Paradies einen Schweinestall gemacht!

Schwein: Ich protestiere …

Schlange: Ja natürlich, ich entschuldige mich in aller Form, ich meine natürlich einen Menschenstall!

Fuchs: Ich bitte das Huhn in den Zeugenstand.

Huhn: Ja, ich warte schon lange darauf, endlich einmal auszupacken! Ich lebe unter unhühnlichen Verhältnissen in einer Geflügelbatterie. Meine ungeborenen Kinder werden mir weggenommen und von den Menschen als Eier gegessen. Mit fünf anderen Hühnern bin ich in einem kleinen Käfig eingesperrt. Ich hoffe nur, möglichst bald als Brathuhn gegessen zu werden, damit diese Qual endlich ein Ende hat.

Katze: Aber wer bringt dir jeden Tag das Futter?

Huhn: Die Menschen natürlich, aber die füttern mich nicht aus reiner Nächstenliebe, sondern weil sie nicht gern zu Skeletten abgemagerte Hühner essen!

Fuchs: Mein nächster Zeuge ist der Blaubock.
(Niemand erscheint, die Tiere werden unruhig.)

Löwe: Ich glaube, Herr Staatsanwalt, es ist Ihrer Aufmerksamkeit entgangen, dass der Blaubock von den Menschen ausgerottet wurde.
(Entrüstungssturm, die Tiere sprechen alle durcheinander.)

1 Lest den Text mit verteilten Rollen und versucht dabei, die Besonderheiten der einzelnen Tiere beim Sprechen deutlich zu machen. Zum Beispiel könnte die Schlange zischen, das Huhn …

Die Klasse 5 b hat das Theaterstück weitergeschrieben. Die Schülerinnen und Schüler haben beschlossen, den Text am Computer zu schreiben und ihn genauso zu gestalten wie im Originaltext, damit sie später eine übersichtliche Spielvorlage für das Einüben der Aufführung haben:

Ein Mensch vor dem Gericht der Tiere

Im Gerichtssaal. Anwesend sind: Löwe (Richter), Fuchs (Staatsanwalt), Katze (Verteidigerin), Mensch (Angeklagter), Schwein (Gerichtsdiener), Tintenfisch (Gerichtsschreiber). Mitten in der Verhandlung. Licht an.

Regieanweisungen für die Szene werden *kursiv* (schräg) geschrieben.

Namen der Figuren werden in KAPITÄLCHEN geschrieben (Kleinbuchstaben als kleine Großbuchstaben).

LÖWE: Sie können den nächsten Zeugen hereinführen.
KATZE: Miau, mein nächster Zeuge ist die Schnecke.

Sprechtexte der Figuren werden normal und ohne Anführungszeichen geschrieben.

Das Schwein geht raus und kommt sofort wieder herein.

SCHWEIN: Die Schnecke hat sich verspätet!
ALLE: Das ist ja typisch!
LÖWE *(spricht streng):* Tintenfisch, notieren Sie: Schnecke fehlt unentschuldigt.
TINTENFISCH: Ist notiert, ist notiert!
LÖWE *(ist ratlos):* Tja, was machen wir denn nun?

Regieanweisungen für die Figuren werden *kursiv* (und in Klammern) geschrieben.

2 Gestaltet aus dem folgenden Text am Computer eine Spielvorlage.

a Um die Schrift zu verändern, klickt ihr in der Menüleiste „Format" → „Zeichen" → „Schriftschnitt/kursiv" oder „Effekte/Kapitälchen" an.

b Denkt daran, die Rollenbezeichnungen einzufügen: Wer spricht welchen Satz?

Fuchs: Hören wir als Zeugen der Anklage den Maulwurf! Der Maulwurf mit Blindenbinde und Stock wird vom Schwein hereingeführt. Herr Maulwurf? Er spricht in die falsche Richtung. Korrekt! Wie Sie sehen! Und? Was hat der Mensch Ihnen angetan? Der Mensch tritt mich mit Füßen. Ich schwöre, meine selbst erbauten Hügel werden immer wieder von hirnlosen Sportlern niedergetrampelt. Ich finde das nicht nett, das ist nämlich eine Heidenarbeit! Ihre Schuhe sind Waffen mit kleinen Spitzen unten drunter. Mordsgefährlich! Aber auf der Jahnwiese stören diese Hügel uns einfach beim Fußballspielen! Das muss doch auch mal gesagt werden! Mensch, Sie reden nur, wenn Sie gefragt werden! Sie regt sich fürchterlich auf. Miau, mein Mandant wird sich doch wohl noch verteidigen dürfen, oder?! Herr Maulwurf, erläutern Sie dem Menschen Ihren Vorwurf bitte! Stellen Sie sich mal vor: Ein Riesentier würde einfach Ihre Hügel, ... äh ... sagt man Häuser? Also, Ihre Häuser zertreten, nur weil es Fußball spielen will. Vielen Dank! Noch Fragen? Wo ist hier bitte der Ausgang? Er stolpert hinaus.

3 Lest oder spielt die Szene mit verteilten Rollen. Achtet auf die Regieanweisungen.

Szenen entwickeln

1 Ergänzt das Stück von Helen Gori um weitere Szenen. Geht dabei so vor:

a Sammelt gemeinsam weitere Tiere, die in der Gerichtsverhandlung auftreten könnten. Unterscheidet zwischen Tieren, die zu Gunsten des Menschen aussagen, und solchen, die ihn mit ihren Aussagen belasten.

b Jede Gruppe sucht sich ein Tier aus, dessen Auftritt vor Gericht sie gestalten möchte. Ihr könnt auch losen. Sammelt zunächst in einem Cluster (▸ S. 313), was euch alles zu diesem Tier einfällt, z. B.:
- Wie lebt das Tier?
- Welche Eigenschaften hat es?
- Was hat der Mensch mit dem Tier zu tun?
- Gibt es Redewendungen oder Sprichwörter, in denen euer Tier vorkommt?

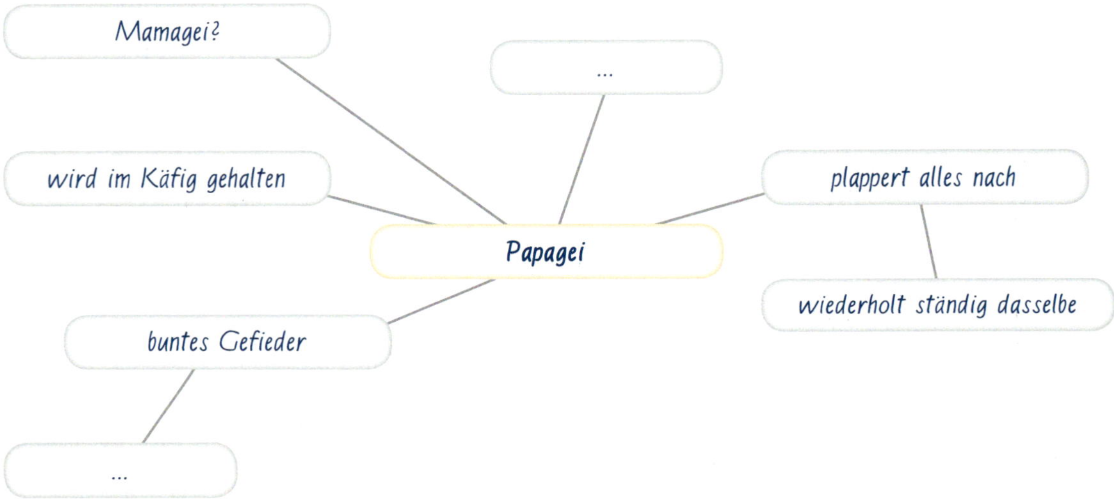

c Schreibt jetzt – ausgehend von eurer Ideensammlung – die Zeugenaussage, die das Tier vor Gericht machen könnte.

d Tauscht euren Text mit dem einer anderen Gruppe aus. Unterstreicht die Textstellen, die euch besonders gelungen erscheinen.

e Gestaltet nun die gesamte Szene. Schreibt einen Dialog, in dem ihr auch den Richter und/oder den Staatsanwalt, den Verteidiger und den Menschen auftreten lasst. Verwendet für die Zeugenaussage die in Aufgabe d unterstrichenen Textstellen.

2 Spielt oder lest eure Szenen den anderen vor. Überlegt, was ihr noch verbessern könnt.

Information **Szene, Dialog, Regieanweisung**

Eine **Szene** ist ein Handlungsabschnitt in einem Theaterstück. Wenn die Figuren miteinander sprechen, nennt man das einen **Dialog.** In Theatertexten findet man außerdem Hinweise darauf, wie die Schauspieler ihren Text sprechen sollen und wie sie sich verhalten sollen. Diese **Regieanweisungen** sind in der Regel kursiv gedruckt und stehen meist in Klammern.

9.3 Projekt: Ein Theaterstück inszenieren

Die Klasse 5 b hat verschiedene Szenen als Spielvorlage ausgestaltet. Nun geht es darum, sie zu einem zusammenhängenden Theaterstück zu verbinden.

1 Erstellt für jede Szene eine Karteikarte.

Ameisen (Jil/Steffi B./Tarek)

- *lustig*
- *andere Insekten???*

Bernhardiner (Oliver/Moritz)

- *verteidigt den Menschen*
- *eher traurige Szene*
- *Streit mit der Katze*

2 Ordnet eure Karteikarten an der Tafel oder auf einer großen Pinnwand.

Ein Mensch vor dem Gericht der Tiere – Ein Theaterprojekt der 5 b
Szenenfolge

1) wie im Buch (Peter, David, Cornelia, Vanessa, Steffi F.)

2) Meerestiere →
- *Robbe (Feride/Paula)*
- *Wal (Florian/Markus)*
- *Hai (Fabian/Ben)*

3) Vögel (evtl. noch Pfau!) →
- *Kanarienvögel (Svenja/Sonia/Jsi)*

4) Für den Menschen
- *Bernhardiner (Oliver/Moritz)*
- *Schäferhund (Till/Aische)*

5) Gefährliche Tiere →
- *Tiger (Artha/Damon)*
- *Panter (Judith/Eva)*

6) Lustige Insekten
- *Ameisen (Jil/Steffi B./Tarek)*
- *Libelle (Jaqueline)*

7) Schluss???

Licht: Maria, Laura, Jens – Programmheft: Helene + Kay (?) – Requisiten: ???

3 Überlegt, ob euer Stück so genannte **Running Gags** haben soll, die sich immer wiederholen, z. B.:
- Die Schnecke wird immer wieder aufgerufen, erscheint aber nicht, weil sie sich verspätet.
- Der Papagei plappert immer einzelne Wörter nach, manchmal auch falsch.

Sicherlich habt ihr noch eigene Ideen.

4 Ihr müsst euch über den **Schluss** des Stücks Gedanken machen. Folgende Fragen können euch dabei helfen:
- Soll der Mensch verurteilt werden?
- Endet das Stück ohne Urteilsspruch (offenes Ende), sodass die Zuschauer und Zuschauerinnen selbst überlegen müssen, wie es weitergehen könnte?
- Zerstreiten sich die Tiere?
- Kann der Mensch entkommen?

5 Wenn ihr euer Theaterstück auf dem Elternabend oder Schulfest aufführen wollt, müsst ihr sehr genau überlegen, wie die **Bühne** aussehen soll und wie ihr die Tiere gestalten wollt.
Überlegt, welche **Requisiten** (Gegenstände), **Masken** und **Kostüme** ihr benötigt.
Mit welchen Mitteln soll die Bühne gestaltet werden? Vielleicht könnt ihr für dieses Projekt auch den Kunstunterricht mit einbeziehen.

6 Unabhängig davon, wie ihr eure Inszenierung gestaltet, solltet ihr auf jeden Fall einen **„Fahrplan“** erstellen, z. B. so:

Ein Mensch vor dem Gericht der Tiere – Theaterprojekt der 5b

Was ist zu tun?	Wer macht es?	Wann? Bis wann ...?
– alle Texte fertigstellen	alle	bis 1. Februar
– Rollen verteilen	alle	bis 1. Februar
– ...	...	...
– Texte lernen	...	...
– Proben Szene 1–4	...	...
– Proben Szene 5–7	...	...
– ...	...	...
– Einladungen gestalten	Helene + Kay	bis 15. Februar
– Einladungen kopieren	Frau Süßbach	15. Februar
– Einladungen an die Parallelklassen verteilen	Julia + Stefanie	ab 18. Februar
– ...	...	...
– ...	...	...
– Durchlaufprobe (ganzer Text)	alle	27. Februar, 12–15 Uhr
– technische Probe/Aufbau	Techniker (Licht) Maria + Laura + Jens	2. März, 13 Uhr
– Generalprobe	alle	2. März, 14–16 Uhr
– Aufführung	alle	Elternabend, 3. März, 19 Uhr

10 Geheimnisvolle Welten –
Sachtexte erschließen

1 a Seht euch das Bild genau an und achtet dabei auch auf Details. Überprüft eure Beobachtungen mit dem Ratespiel „Ich sehe was, was du nicht siehst …"
b Das Bild ist einem Sachbuch entnommen. Erklärt, woran das zu erkennen ist.

2 a Erläutert, was Sachbücher von anderen Büchern unterscheidet.
b Berichtet von Sachbüchern, die ihr gelesen habt.
Was hat euch an den Büchern gefallen?

In diesem Kapitel …

- lernt ihr, wie ihr Schritt für Schritt die wichtigsten Informationen aus einem Sachtext erarbeitet,
- sucht ihr selbst Informationen zu einem Thema und stellt sie anderen vor.

10.1 Im Urwald – Sachtexte lesen und verstehen

Aus Harz wird Bernstein – Lesen Schritt für Schritt

1 Lest die Überschrift des folgenden Textes sowie die ersten fünf Zeilen und schaut euch das Foto zum Text genau an. Macht euch bewusst:
- Was erfahrt ihr hier schon über Bernstein?
- Was wisst ihr bereits über Bernstein?
- Was möchtet ihr noch darüber erfahren? Stellt Fragen, die der Text euch beantworten soll.

Barbara Lich

Bernstein – Geschichtssplitter vom Meeresgrund

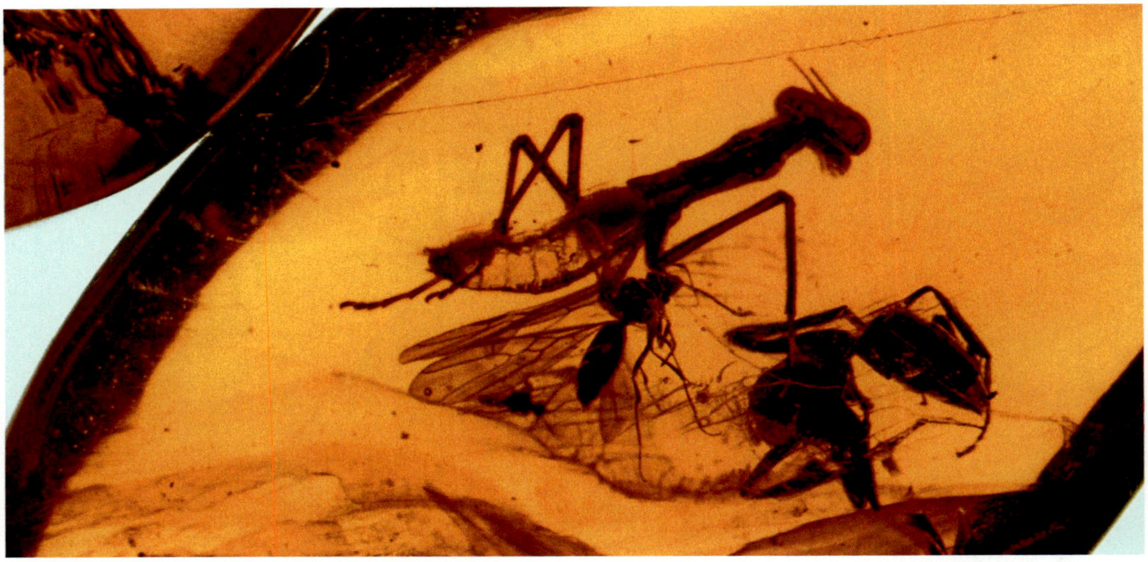

Um eines gleich vorwegzunehmen: Ein Stein ist Bernstein nicht – auch wenn er so heißt. Steinalt dagegen ist das fossile Harz schon. Vor Jahrmillionen quoll es aus den Rinden von Bäumen eines längst versunkenen Waldes.

Europa vor 40 bis 50 Millionen Jahren: Das Klima ist tropisch-schwül. Wo heute die Ostsee liegt, erstreckt sich ein riesiger Urwald von Skandinavien bis nach Russland hinein. Dicht an dicht wachsen Kiefern und Fichten, auch Eichen und Palmen stehen zwischen den Nadelhölzern. Ein würziger Duft wabert durch die Luft. Er stammt von einem dünnflüssigen Saft, der aus den Rinden der Kiefern sickert: Harz, dem Urstoff des Bernsteins.

Wie das Wachs einer Kerze fließt er in kleinen Rinnsalen an den furchigen Stämmen der Bäume hinab. Sein Duft lockt Insekten an – Mücken, Fliegen und Bienen –, die zuhauf durch die warme Luft schwirren und an den Kiefernstämmen wie auf Fliegenpapier kleben bleiben, sobald ihre dünnen Beine das Harz berühren. Wild schlagen sie mit den Flügeln, doch sie haben keine Chance: Immer tiefer sinken die Insekten in den Baumsaft, der sich in

Schüben über ihre Körper ergießt und sie Stück für Stück einhüllt. In Klümpchen fällt das Harz schließlich auf den Waldboden und härtet dort mit der Zeit an der Luft.
Getrocknetes Harz ist allerdings noch lange kein Bernstein. Das meiste der Millionen Tonnen, die der Urwald hervorbringt, verwittert und zerfällt. Nur unter Luftabschluss kann sich aus dem Klumpen – Kopal genannt – echter Bernstein bilden. Zum Beispiel unter Wasser! Und genau das passiert, als das Meer von Westen her einen Großteil des Waldes flutet. Es wäscht haufenweise Kopal aus den Baumstämmen und drückt ihn in den Meeresboden, in tiefe Gesteinsschichten. Dort verfestigt sich der Kopal durch den Druck – und wird nach Jahrmillionen zu Bernstein.
Wenn nun Stürme über der Ostsee den Meeresboden aufwirbeln, gelangen die Brocken und Bröckchen wieder ans Tageslicht und liefern im besten Falle noch eine Momentaufnahme der Vergangenheit: Etwa in jedem fünfhundertsten Fund verbergen sich unter der spröden, rissigen Verwitterungskruste jene Mücken und Fliegen, die einst am flüssigen Harz kleben blieben und darin eingeschlossen wurden, seltener auch Heuschrecken, Tausendfüßler, Schmetterlinge oder Eidechsen. „Inklusen“ werden sie von den Biologen und Geologen genannt.
Die Wissenschaftler können sich anhand dieser uralten Tierchen und der noch selteneren pflanzlichen Einschlüsse wie Samen, Pollen oder Blätter ein Bild davon machen, wie der Bernsteinwald einmal ausgesehen haben muss. Etwa, dass es tropisch feucht, sumpfig und warm war. Denn viele der im Harz erstarrten Fliegen- oder Spinnenarten leben nur in Gegenden, wo solche Witterung herrscht.
Von den weltweit rund 200 Gebieten, in denen Bernstein vorkommt, ist die Ostseeküste die reichste Fundstätte. Noch immer keschern Bernsteinfischer allein in Litauen zwischen 300 und 600 Kilogramm pro Winter aus dem Meer – eine ganze Menge, bedenkt man, dass ein würfelgroßes Stück Bernstein weniger als ein Gramm wiegt.

2 Nennt in einem Satz das Thema des Textes. Vergleicht eure Ergebnisse.

3 Anhand von Sachtexten könnt ihr euer Wissen erweitern und euren Wortschatz ausbauen.
Die im Methodenkasten unten auf der Seite erklärten Strategien helfen euch dabei, die Bedeutung von unbekannten, schwierigen oder neuen Wörtern zu erschließen.
Klärt die Bedeutung folgender Wörter und nutzt dabei die im Kasten genannten Strategien.

fossil (Z. 3) • Harz (Z. 3) • tropisch (Z. 7) • Urstoff (Z. 15) • Fliegenpapier (Z. 21) • Kopal (Z. 34) • Inklusen (Z. 54) • keschern (Z. 67)

Methode **Unbekannte Wörter klären**

- **Den Kontext beachten:** Erklärt sich die Wortbedeutung aus dem Textzusammenhang?
  Beispiel: *Ein Duft wabert durch die Luft. → Ein Duft weht/zieht durch die Luft.*
- **Verwandte Wörter suchen:** Kenne ich ein Wort aus derselben Wortfamilie?
  Beispiel: *Das Meer flutet den Wald. → Die Flut → Das Meer überschwemmt den Wald.*
- **Wörter zerlegen:** Kann ich die Bedeutung aus den Wortbestandteilen erschließen?
  Beispiel: *Luftabschluss → Luft-ab-schluss → von der Luft abgeschlossen*
- **Im Wörterbuch nachschlagen:** Hilft Denken nicht weiter, nutzt man das Wörterbuch.

4 Um Sachtexte gut zu verstehen, benötigt man nicht nur Techniken, um einzelne Wörter zu klären. Man braucht auch Methoden, um sich größere Sinneinheiten, z. B. Absätze, klarzumachen.

a Lest zur Übung den folgenden Absatz des Textes noch einmal aufmerksam durch:

> Getrocknetes Harz ist allerdings noch lange kein Bernstein. Das meiste der Millionen Tonnen, die der Urwald hervorbringt, verwittert und zerfällt. Nur unter Luftabschluss kann sich aus dem Klumpen – Kopal genannt – echter Bernstein bilden. Zum Beispiel unter Wasser! Und genau das passiert, als das Meer von Westen her einen Großteil des Waldes flutet. Es wäscht haufenweise Kopal aus den Baumstämmen und drückt ihn in den Meeresboden, in tiefe Gesteinsschichten. Dort verfestigt sich der Kopal durch den Druck – und wird nach Jahrmillionen zu Bernstein.

b Entscheidet, auf welche der folgenden Fragen der Textabschnitt eine Antwort gibt. Schreibt die passende Frage in euer Heft.

> Wie entsteht Harz? • Warum ist Bernstein so wertvoll? • Wie wird aus Baumharz Bernstein? • Wo findet man Bernstein heute? • Entsteht auch heute noch Bernstein?

5 Manche Wörter, so genannte Schlüsselwörter, sind für das Textverständnis besonders wichtig. Lest den oben wiedergegebenen Textabsatz noch einmal und entscheidet: Welche der folgenden Wörter sind Schlüsselwörter und welche nicht? Begründet eure Vorschläge.

> getrocknetes Harz • verwittert • nur • Kopal • Klumpen • Luftabschluss • unter Wasser • Westen • Wald • Meeresboden • tiefe Gesteinsschichten • Druck • Jahrmillionen • Bernstein

Methode | **Schlüsselwörter finden**

Schlüsselwörter sind Wörter, die **für die Aussage eines Sachtextes besonders wichtig** sind. Sie können als Stichworte dienen, um die Informationen aus einem Sachtext zu entnehmen und wiederzugeben.
Häufig geben Schlüsselwörter das **Thema eines Textabschnitts** an. Sie stehen oft am Anfang eines Abschnitts. Häufig kommen Schlüsselwörter mehrmals vor, und es wird wieder auf sie Bezug genommen, z. B. durch Pronomen (▶ S. 301).

6 Formuliert in eigenen Worten die Antwort auf die Frage „Wie wird aus Baumharz Bernstein?". Verwendet dabei die gefundenen Schlüsselwörter.

7 Lest den ganzen Text auf S. 162 f. noch einmal durch. Markiert in einer Kopie oder auf einer über den Text gelegten Folie die Schlüsselwörter (ungefähr 20). Vergleicht eure Ergebnisse und einigt euch auf die zehn wichtigsten Schlüsselwörter.

8 Absätze gliedern einen Text nicht nur äußerlich. Sie weisen oft auch darauf hin, dass im Folgenden ein neuer Gesichtspunkt oder ein neues Unterthema angesprochen wird.
Sucht passende Überschriften zu den einzelnen Abschnitten des Textes. Die Schlüsselwörter können euch dabei helfen.

9 Bildet Dreiergruppen („ABC-Gruppen").

A informiert die anderen über die Entstehung von Bernstein.
B überprüft, ob die Informationen korrekt und vollständig sind.
C stellt Fragen, wenn noch etwas unklar ist.

Methode **Fünf-Schritt-Lesemethode: Einen Sachtext lesen und verstehen**

1. Schritt: Lest zunächst nur die **Überschrift** und die ersten drei bis fünf Zeilen des Textes. Betrachtet dann die **Abbildungen.** Überlegt, worum es in dem Text gehen könnte. Ruft euch ins Gedächtnis, was ihr vielleicht schon über das Thema wisst.

2. Schritt: **Lest** den **gesamten Text** zügig durch und macht euch klar, was das **Thema** des Textes ist.

3. Schritt: Lest den Text ein zweites Mal sorgfältig. **Klärt** schwierige oder **unbekannte Wörter** aus dem Textzusammenhang, durch Nachdenken oder indem ihr in einem Wörterbuch nachschlagt.

4. Schritt: **Markiert** in einer Kopie (mit Bleistift) **Schlüsselwörter.** Schlüsselwörter sind Wörter, die für die Aussage des Textes besonders wichtig sind (▸ S. 164). Wählt aus den mit Bleistift markierten Wörtern noch einmal die wichtigsten aus.
Gliedert den Text in Sinnabschnitte und gebt jedem Abschnitt eine Überschrift. Ein neuer Sinnabschnitt beginnt, wo ein neues Unterthema angesprochen wird.

5. Schritt: **Fasst** die wichtigsten **Informationen** des Textes in wenigen Sätzen **zusammen.**

Leben im Dämmerlicht – Informationen in einem Schaubild zusammenfassen

Der tropische Regenwald

Der tropische Regenwald ist ein wild wuchernder Urwald, in dem es ständig warm und feucht ist. Regenwald wächst nur in heißen und regenreichen Gegenden der Erde. Auf dem Globus findet man solche Gebiete nördlich und südlich vom Äquator, in den so genannten Tropen.

Nirgends sonst auf der Welt gedeihen Pflanzen in solcher Vielfalt und Größe wie hier. Im Regenwald erheben sich manche Baumriesen bis in 60 oder 70 Meter Höhe. Es gibt Blüten im Regenwald, die einen Durchmesser von einem Meter haben, und Sträucher, die so hoch werden wie Bäume. Manche Urwaldpalmen bilden Blätter aus, die so riesig sind, dass man unter einem Blatt ein ganzes Auto verstecken könnte. Mächtige Schlingpflanzen, die Lianen, überwuchern haushohe Bäume und Sträucher und bilden häufig ein undurchdringliches Dickicht. Es gibt auch Pflanzen im Regenwald, die überhaupt nicht mit dem Boden in Berührung kommen. Sie leben auf Ästen und Zweigen in luftiger Höhe.

Kaum ein Sonnenstrahl durchdringt das dunkelgrüne Blätterdach des Regenwaldes. Die Kronen der riesigen Urwaldbäume stehen so dicht beieinander, dass die Sonne kaum hindurchscheinen kann. Unten am Boden herrscht permanent Dämmerung und nur selten tut sich einmal eine kleine Lichtung auf.

Wie in einem Treibhaus ist es ständig schwülwarm und sehr feucht. Wer bekleidet durch den Regenwald geht, hat schon nach wenigen Metern nichts als nasse Lappen auf der Haut. Alles ist von Nässe durchdrungen. Im Inneren des Waldes weht keinerlei Wind.

Am Boden riecht es nach verfaultem und vermodertem Laub. Lästige Blutegel und daumengroße Ameisen haben dort ihr Reich und setzen jedem zu, der sich in den Regenwald hineinwagt. Größere Säugetiere wie Affen, Tapire, Wildschweine oder Raubkatzen sind nur selten zu sehen. Der Regenwald ist vor allem das Zuhause von unzähligen Insekten, von Zikaden, Moskitos, Grillen, Wespen, Fliegen und von Tausenden anderer kleiner Lebewesen. Auf einem einzigen Urwaldbaum haben Wissenschaftler schon über 1000 verschiedene Käferarten gezählt, von denen die meisten vorher völlig unbekannt waren. Tagein, tagaus, fast ununterbrochen sind im Regenwald die Geräusche der Insekten zu hören. Sie zirpen, sägen und geben Kreischtöne von sich. Nur manchmal verstummt das Millionenheer der Insekten und es herrscht für kurze Zeit eine unheimliche Stille.

1 Oft kann man die Informationen eines Textes übersichtlich in einem Schaubild darstellen. So prägen sie sich besonders gut ein.

a Schaut euch das folgende noch unvollständige Schaubild an. Beschreibt, wie die Informationen in dieser Darstellung wiedergegeben werden.

Diese Art von Schaubild nennt man **Mind-Map** (englisch: Gedanken-Landkarte). Eine Mind-Map kann, muss aber nicht Zeichnungen enthalten.

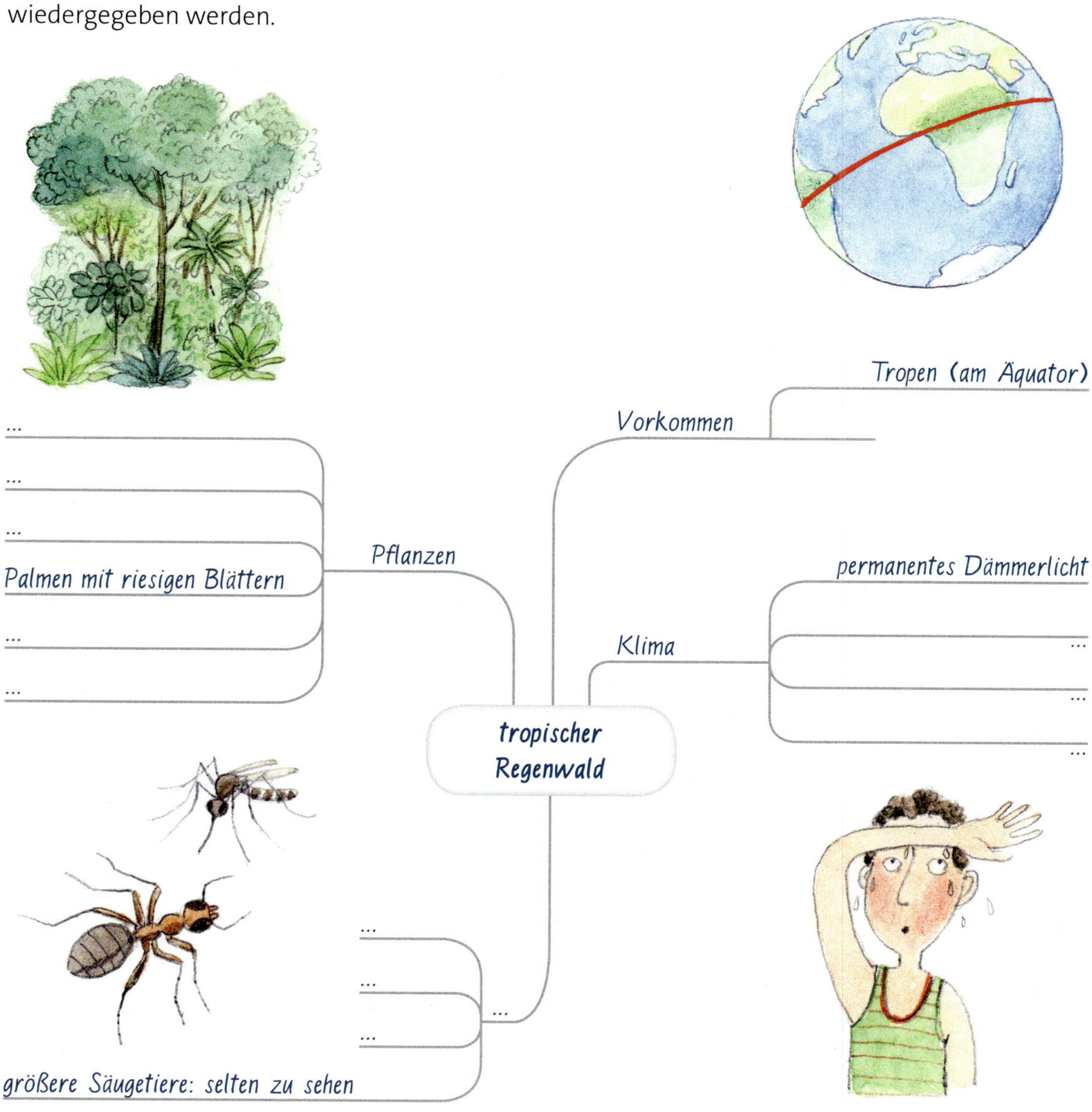

b Übertragt die Mind-Map auf ein Blatt DIN-A4-Papier. Die Zeichnungen müsst ihr nicht übernehmen. Tragt an den Stellen, an denen noch Informationen fehlen, Ergänzungen ein.

c Tauscht eure Mind-Maps mit einem Partner oder einer Partnerin aus. Überprüft gegenseitig, ob ihr die wichtigsten Informationen des Textes zusammengefasst habt. Diskutiert:
- Gibt es überflüssige Einzelheiten, die man streichen könnte?
- Sind Ergänzungen nötig?

d Fasst mündlich zusammen, was ihr aus dem Text auf S. 166 über den Regenwald erfahren habt. Verwendet dabei eure Mind-Map als Gedächtnisstütze.

Fordern und fördern – Grafiken auswerten

Sachtexte werden oft mit informativen Grafiken oder Fotos ergänzt.

●●● **1** Der Regenwald speichert Feuchtigkeit und bietet so eine Lebensgrundlage für eine Vielfalt von Pflanzen und Tieren.
Die Grafik oben auf Seite 169 stellt den Wasserkreislauf im Regenwald dar.
„Übersetzt" die Informationen aus der Grafik in einen fortlaufenden Text.

▷ Ihr benötigt Hilfe zu dieser Aufgabe? Dann schaut weiter unten auf dieser Seite nach.

●●● **2** Borneo (auch: Kalimantan) ist eine Insel im Südpazifik, etwa so groß wie Frankreich. Beschreibt möglichst genau, welche Informationen ihr der Grafik 2 auf Seite 169, „Regenwaldbedeckung auf der Insel Borneo", entnehmen könnt.

▷ Hilfe zu Aufgabe 2 findet ihr weiter unten auf dieser Seite.

●●● **3** **a** Erläutert, welche Wirkung das unten auf Seite 169 abgebildete Plakat („Stop men!") erreichen soll.
b Beschreibt, wie das Plakat gestaltet ist, um diese Wirkung zu erzielen.

▷ Hilfe findet ihr wenn nötig unten auf dieser Seite.

●●○ **Hilfe zu Aufgabe 1:**
Anregungen für den Anfang und Schluss eures Textes:
Aus der Luftfeuchtigkeit, die vom Meer heranzieht, bilden sich ...
Jn diesem sich immer wiederholenden Kreislauf speichert der Regenwald Feuchtigkeit.

●●○ **Hilfe zu Aufgabe 2:**
Fragen, die euch bei der Auswertung helfen:
- Wie groß ist jeweils der Anteil von Borneo, der von Regenwald bedeckt ist?
- Verlangsamt sich die Abholzung oder beschleunigt sie sich?
- Welche Teile von Borneo sind besonders betroffen?

●●○ **Hilfe zu Aufgabe 3:**
a Welche Absichten werden mit dem Plakat verfolgt? Wählt aus den Formulierungen rechts passende aus.
b Achtet bei der Gestaltung auf Folgendes:
- Welche Gegenstände oder Teile von Gegenständen sind abgebildet?
- Welche Farben werden verwendet?
- Welche Stimmung wird erzeugt?

beruhigen • informieren • drohen • zum Handeln auffordern • trösten

1 **Regenwald: Wasserkreislauf**

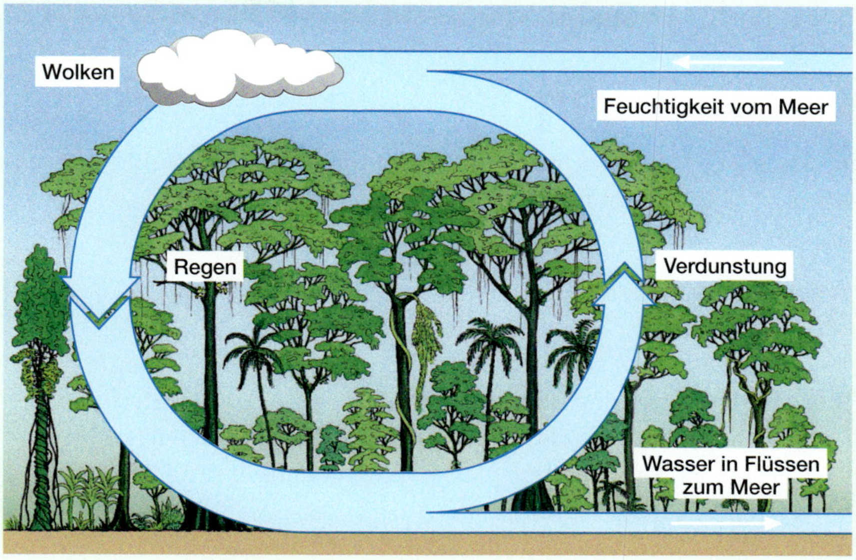

2 **Regenwaldbedeckung auf der Insel Borneo**

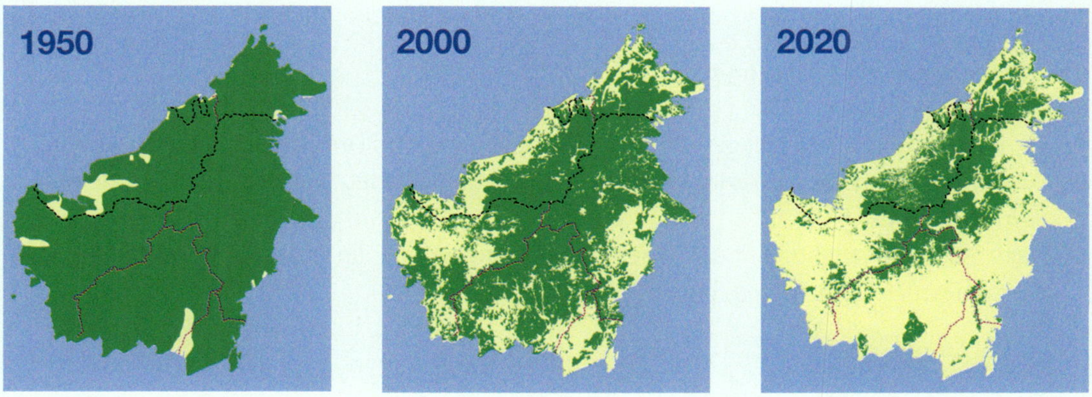

3

Übersetzung des Plakattextes:

Stoppt die Menschen!
Jede einzelne Minute werden im tropischen Regenwald 6000 Bäume gefällt. Helft uns, die Abholzung des Regenwaldes zu stoppen.
www.RettetdenRegenwald.de

Teste dich!

Sachtexte verstehen

1 Beim Erschließen von Sachtexten hilft es, die Schlüsselwörter im Text zu markieren.
In der folgenden Liste ist nur ein Satz richtig.
Schreibe diese Aussage in dein Heft.

Was sind Schlüsselwörter?

A Schlüsselwörter sind immer Wörter, die ganz am Anfang eines Textes oder Abschnitts stehen.
B Schlüsselwörter sind Wörter, die für die Aussage eines Textes besonders wichtig sind. Sie finden sich häufig in den ersten Sätzen eines Textabschnitts.
C Schlüsselwörter sind immer Substantive oder besonders schwierige Wörter, z. B. Fremdwörter.

2 Aufbau und inhaltliche Zusammenhänge eines Textes kannst du besser verstehen, wenn du den Text in Sinnabschnitte gliederst.
Prüfe, welche der folgenden Aussagen richtig ist (A, B oder C), und schreibe sie in dein Heft.

Wo beginnt ein neuer Sinnabschnitt?

A Ein neuer Sinnabschnitt beginnt dort, wo im Text ein neues Unterthema eingeführt wird.
B Ein neuer Sinnabschnitt beginnt immer dort, wo ein Bild oder eine Grafik im oder neben dem Text steht.
C Nach jedem Absatz beginnt ein neuer Sinnabschnitt. Denn ein Absatz zeigt immer an, dass ein neues Unterthema folgt.

3 Bei den folgenden Abbildungen handelt es sich um zwei Grafiken zum Thema „Regenwald".
Nenne jeweils das Thema der Grafik und gib die wichtigsten Informationen in einigen Sätzen wieder.

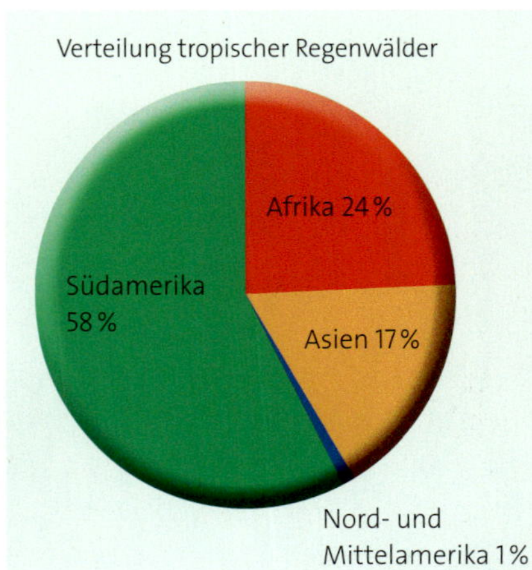

10.2 Weiße Städte oder grüne Hölle? – Informationen beschaffen und präsentieren

Etwa 10 000 Flüsse münden in den Amazonas, den größten Strom der Erde. Das Amazonasbecken – das Gebiet des Amazonas und seiner Zuflüsse – liegt vor allem in Brasilien und ist gut 19-mal so groß wie Deutschland.

Lothar Frenz

Amazonien: Weiße Städte oder grüne Hölle?

Regenwald, Riesenbäume, Raubtiere: Kaum vorstellbar, dass mitten in Amazonien einmal Millionen Indianer gelebt haben sollen. Ist der Urwald etwa gar kein Urwald? Auf den Spuren verschollener Kulturen.

Es sind Hunderte Kriegskanus, die den Spaniern entgegenpaddeln, jedes besetzt mit 20, 30 Indianern in grellbuntem Federschmuck, die ihre Waffen auf die Eindringlinge richten. Von allen Seiten schnellen Pfeile durch die Luft und prasseln auf das Segelschiff der Spanier nieder. Die Besatzung schießt zurück. Weil die Indianer die todbringenden Feuerwaffen nicht kennen, ist die Überraschung groß! Wohl nur deshalb gelingt es den Spaniern, der gewaltigen Übermacht zu entkommen.
Amazonien, im Jahr 1542. Francisco de Orellana ist auf der Suche nach El Dorado, dem sagenumwobenen Land, dessen König sich zu feierlichen Anlässen am ganzen Leib mit Gold bepudern lässt. Schon vor Jahren haben die Spanier das Reich der Inka erobert; jetzt wollen sie noch mehr Schätze zusammenraffen und nach Europa bringen!
Den goldenen König finden sie zwar nicht, er bleibt eine Legende. Doch auf ihrer Suche fahren Orellana und seine 59 Männer als erste Europäer fast den gesamten Amazonas ab – immerhin der mächtigste Strom der Welt – und

Amazonas in der Nähe der Stadt Manaus

entdecken ein dicht bevölkertes Land, reich an fruchtbarer Erde. Weiß glitzernde Städte säumen die Ufer des gewaltigen Flusses, einige erstrecken sich über mehr als 25 km. Große Straßen führen ins Landesinnere.

So jedenfalls schreibt es einer von Orellanas Begleitern in seinem Reisebericht. Doch als zu Beginn des 19. Jahrhunderts – mehr als 250 Jahre später – die ersten Naturforscher nach Amazonien reisen, finden sie dort weder glitzernde Städte noch fruchtbares Land. Stattdessen wächst dichter Regenwald bis an die Ufer, voller wilder Tiere: Jaguare und Kaimane, Riesenschlangen und giftige Vogelspinnen. Fieber, Durchfall und Sandflöhe, die eiternde Wunden in die Füße bohren, plagen die Forscher. Für sie ist Amazonien die „grüne Hölle“: schwül, heiß und für den Menschen unerträglich. Dazu kommt, dass der Regenwald Amazoniens zum größten Teil auf einem der ärmsten Böden der Erde wächst. Ackerbau ist darauf kaum möglich. Kein Wunder, dass in diesem Wald lediglich ein paar versprengte Indianerstämme leben – und das fast wie in der Steinzeit.

Für die Forscher gibt es nur eine Erklärung – Orellana und seine Männer waren Wichtigtuer und ihre Berichte Märchen! [...]

1 a Erschließt den Text anhand der Schritte 1 bis 4 der Fünf-Schritt-Lesemethode (▸ S. 165).
b Vergleicht, was Orellana am Amazonas fand und was die Forscher um 1800 fanden. Stellt die Ergebnisse in einer Tabelle einander gegenüber.

2 Haben Orellana und seine Begleiter geschwindelt? Mit Hilfe der folgenden Sachtexte in diesem Kapitel könnt ihr es herausfinden und mehr über alte Indianerkulturen in Südamerika erfahren.

Ein Thema erschließen, eine Präsentation vorbereiten

1 Erschließt die folgenden drei Texte in diesem Kapitel, sammelt weitere Informationen und präsentiert eure Ergebnisse in der Klasse. Geht in folgenden Schritten vor:

1. Bildet sechs Expertengruppen von möglichst gleicher Größe. Teilt euch die drei Spezialgebiete (S. 174–176) so auf, dass jeweils zwei Gruppen an einem Thema arbeiten.
2. Erschließt den Text zu eurem Thema mit Hilfe der Fünf-Schritt- Lesemethode (▸ S. 165).
3. Sucht weitere Informationen zu eurem Spezialgebiet, z. B. in der Schulbibliothek, in der Stadtbücherei, in eurem eigenen Bücherschrank oder im Internet. Auch Schulbücher aus anderen Fächern, z. B. Erdkunde oder Biologie, können hilfreich sein.
4. Stellt die gefundenen Informationen zusammen. Ordnet sie in einer Mind-Map (▸ S. 167).
5. Bereitet die Präsentation eurer Ergebnisse in der Klasse vor. Erstellt ein Plakat und achtet dabei auf die Tipps im Merkkasten auf dieser Seite.
6. Präsentiert eure Ergebnisse.
7. Sprecht über Gelungenes und weniger Gelungenes in euren Präsentationen.

Methode **Präsentieren**

Plakate gestalten

Plakate sind eine wichtige Unterstützung beim Präsentieren. Beachtet beim Planen von Plakaten folgende Tipps:

- Plakate sind auch zum **Anschauen** da, nicht nur zum Lesen.
  – Achtet auf ein ausgewogenes Verhältnis von Text und Bildern.
  – Verwendet interessante **Fotos** oder informative **Zeichnungen** oder übersichtliche **Tabellen.**
  – Ergänzt bei Abbildungen oder Schaubildern **erklärende Beschriftungen.**
- Achtet auf **Übersichtlichkeit** und **Lesbarkeit:**
  – Prüft, ob alles auch aus der letzten Reihe des Klassenzimmers noch gut zu erkennen ist.
  – Hebt **Überschriften** hervor, indem ihr **größere Schrift** verwendet.
  – Achtet auf gut **gegliederte Texte** in einer **gut lesbaren Schriftart.**
  – Verwendet nicht zu viele verschiedene Schriftarten und -farben.

Vor Publikum sprechen

Präsentieren heißt: vor einem größeren Publikum sprechen. Achtet dabei auf Folgendes:

- **Sprecht** laut und **deutlich** und in **angemessenem Tempo.**
- Wendet euch dem Publikum zu, haltet **Blickkontakt** mit euren Zuhörern.
- Beginnt mit einem **„Ohröffner“,** der das Interesse der Zuhörenden weckt, z. B.: *„Schwarze Erde“ – in diesem Stückchen Kohle liegt das Geheimnis der weiß glitzernden Städte, die Orellana am Amazonas fand ...*
- Beendet die Präsentation mit einer **Zusammenfassung:** Die Zuhörenden sollen das Wichtigste im Kopf behalten.

Spezialgebiet 1: Terra Preta – Fruchtbare Erde

Lucian Haas

Das Geheimnis der schwarzen Erde

Bevor die Spanier Amazonien eroberten, düngten die Einwohner die Felder mit Kohle – ein Rezept für heutige Bauern.

Der Boden im Regenwald Amazoniens taugt in der Regel nicht für die Landwirtschaft. Er ist sauer, tief verwittert und notorisch unfruchtbar. Doch es gibt Ausnahmen. Über das ganze Amazonasbecken verteilt haben Forscher Vorkommen einer sehr fruchtbaren Erde gefunden, auf der Gemüse, Mais oder Papaya bestens gedeihen. Lange Zeit konnten sie den Ursprung der so genannten Terra Preta (portugiesisch: schwarze Erde) nicht erklären. Doch seitdem sie dem Geheimnis dieser Wundererde auf die Spur gekommen sind, versuchen sie auch andernorts, karge landwirtschaftliche Böden zu verbessern. Denn die Terra Preta ist von Menschen gemacht.
Offenbar lebten vor der Ankunft der Spanier weitaus mehr Menschen entlang dem Amazonas und seinen Nebenflüssen als bislang gedacht. Sie betrieben intensive Landwirtschaft, wobei sie ihre Felder mit organischen Abfällen düngten. Zudem arbeiteten sie verkohlte Pflanzenreste, so genannte Bio-Kohle, in den Boden ein – und schufen so die schwarze Erde. Diese Praxis wirkt sich bis heute positiv aus. „Die Terra Preta weist sehr hohe Nährstoffkonzentrationen auf“, sagt Johannes Lehmann, Professor für Bodenchemie an der Cornell University im US-Bundesstaat New York. Auf einem Feld mit Terra Preta können Bauern drei- bis viermal mehr ernten als auf den natürlichen Böden Amazoniens – und das sogar dauerhaft. Der normale gelbrote Tropenboden ist hingegen schon nach wenigen Jahren landwirtschaftlicher Nutzung ausgelaugt.
Der Clou der Terra Preta ist die fein verteilte Kohle. Bis zu 150 Gramm Kohlenstoff je Kilogramm Erde sind in den schwarzen Bodenschichten zu finden. Das ist mehr als fünfmal so viel wie in den umliegenden Böden. „Der Kohlenstoff erhöht die organische Masse und somit die Fruchtbarkeit des Bodens. An der porösen Bio-Kohle bleiben Nährstoffe gebunden, sodass sie vom Tropenregen in viel geringerem Maße ausgewaschen werden“, erklärt Lehmann. Pflanzen können die Mineralien freilich von der Kohle lösen und aufnehmen.

Tipps für die Expertengruppe

- Zeigt auf, welche Argumente für die Glaubwürdigkeit Orellanas der Text liefert.
- Überlegt, welche Informationen über die Terra Preta man gut bildlich darstellen kann.
- Bringt Anschauungsmaterial für eure Präsentation mit, z. B. ein Stückchen Kohle oder eine kleine Box voll Erde.

Spezialgebiet 2: Machu Picchu – Die Inka

Tom Dauer

Die verlassene Stadt in den Wolken

Am 24. Juli 1911 entdeckte der US-Forscher Hiram Bingham in Peru eine Festungsstadt der Inkas aus dem 15. Jahrhundert.

Es dauert, bis Bingham sich auf seinen Plan besinnt, höher hinaufzusteigen. Die Führung übernimmt jetzt Pablito, der achtjährige Sohn eines Bauern. Die schwüle Luft erschwert das Atmen. [...] Es sind nur noch wenige hundert Meter bis zu jenem Bergplateau, das Pablito im Auge hat, doch mit jedem Schritt bergan rutschen die Abenteurer in dem morastigen Boden einen halben zurück. Plötzlich aber, auf einer Höhe von 2459 Metern, stehen die Männer und der Junge auf einem Bergsattel, der nur noch von dem Gipfel des Huayna Picchu überragt wird. In dem Grün des Dschungels blitzen weiße Steinblöcke hervor: ein Labyrinth aus Häusern, Mauern und Treppen: Machu Picchu, die verlassene Stadt in den Wolken!

Die Gebäude sind mit Bäumen und Sträuchern überwuchert, von Moos bedeckt, unter Ranken und Lianen verborgen. „Tief im Urwaldschatten sah ich Mauern von weißen Granitquadern, die mit äußerster Sorgfalt behauen und kunstvoll zusammengefügt waren“, schreibt Bingham. 216 Ruinen verstecken sich unter dem Wildwuchs, auch Brunnen und Terrassen. Die Blöcke, die die Inka in Machu Picchu zu Tempeln, Häusern und Mauern zusammengefügt haben, wiegen bis zu 80 Tonnen. Es müssen Tausende Arbeiter gewesen sein, die das Gestein einst mit Hilfe von Rampen, Rollen und Hebeln aus dem Tal nach oben schafften – wo die Baumeister es ohne Mörtel und Lehm aufeinanderschichteten!

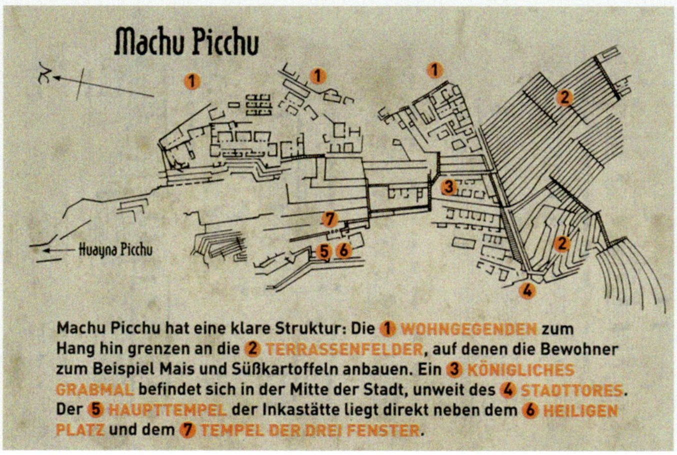

Machu Picchu hat eine klare Struktur: Die ① WOHNGEGENDEN zum Hang hin grenzen an die ② TERRASSENFELDER, auf denen die Bewohner zum Beispiel Mais und Süßkartoffeln anbauen. Ein ③ KÖNIGLICHES GRABMAL befindet sich in der Mitte der Stadt, unweit des ④ STADTTORES. Der ⑤ HAUPTTEMPEL der Inkastätte liegt direkt neben dem ⑥ HEILIGEN PLATZ und dem ⑦ TEMPEL DER DREI FENSTER.

Tipps für die Expertengruppe:
- Prüft, ob der Text Argumente für die Glaubwürdigkeit Orellanas liefert.
- Überlegt, welche Informationen über die Inka man gut bildlich darstellen kann.
- Bringt Anschauungsmaterial für eure Präsentation mit, z. B. ein Stückchen Granit, um das Baumaterial der Inka zu zeigen.

Spezialgebiet 3: Der Untergang der Indianerstädte

Lothar Frenz

Scherben im Wald

Indianische Urnen aus Lauro Sodré (vor 1500)

Herbst 2007. Am Strand der kleinen Amazonassiedlung Lauro Sodré, 300 km westlich von Manaus, hebt der Archäologe Eduardo Neves eine Scherbe vom Boden auf. Sie ist gut bratpfannengroß und über und über mit schwarzen, weißen und roten Linien verziert. Schon an vielen Orten Amazoniens hat der Forscher solche gemusterten Keramiken gefunden: bunt glasierte Töpfe etwa und Urnen zur Bestattung menschlicher Knochen, bemalt mit Gesichtern. Laboruntersuchungen haben ergeben, dass sie 500 bis 1000 Jahre alt sind und somit aus einer Zeit stammen, bevor Kolumbus Amerika entdeckte – oder Orellana den Amazonas befuhr.

„Amazonien war damals viel dichter besiedelt, als wir lange dachten", sagt Neves. Er schätzt, dass mindestens fünf bis sechs Millionen Indianer hier lebten, vielleicht sogar noch mehr! Aber warum nur sind all diese Menschen verschwunden?

Die europäischen Eroberer brachten etwas mit, das tödlicher war als jeder Gewehrschuss: Pocken und Masern. Gegen diese Krankheiten besaßen die Indianer keine Immunabwehr. So starben sie zu Tausenden – oft bevor sie überhaupt einen Europäer gesehen hatten. Denn die Seuchen eilten schneller über den Kontinent als die Eroberer. Die wenigen Indianer, die überlebten, führten seither ein zurückgezogenes Leben im Wald. So sind die Scherben beinahe die einzigen Überreste der alten Kulturen. „Am Amazonas gibt es kaum Steine, aus denen sich Häuser oder Paläste bauen lassen", erklärt Neves, „daher bauten die Indianer wohl mit Holz – und das ist längst verrottet." Auch in Lauro Sodré gab es vor Jahrhunderten eine Indianersiedlung. Nirgendwo hat Neves so viele völlig intakte Töpfe entdeckt wie hier. „Es sieht so aus, als ob die Menschen damals plötzlich alles stehen und liegen lassen mussten. Wer weiß, vielleicht sind sie sogar vor Orellanas Feuerwaffen geflohen?" Der Spanier jedenfalls war wohl einer der Letzten, der die Indianerkulturen am Amazonas sah, bevor sie verschwanden und der Regenwald sie überwucherte.

Tipps für die Expertengruppe:

- Arbeitet heraus, welche Argumente für die Glaubwürdigkeit Orellanas der Text liefert.
- Überlegt, welche Informationen über die untergegangenen Indianerstädte man gut bildlich darstellen kann.
- Ihr könnt Anschauungsmaterial für eure Präsentation mitbringen, z. B. eine Tonscherbe …

10.3 Fit in ... – Sachtexte zusammenfassen

Daniel, Marc und Julian interessieren sich sehr für den Regenwald und seine Bewohner. Sie sammeln Bücher zu diesem Thema und recherchieren im Internet. Die drei Freunde planen, selbst eine Homepage für Kinder mit Informationen über die Tier- und Pflanzenwelt des Regenwaldes zu gestalten.
Daniel findet die Menschenaffen besonders spannend: Schimpansen, Gorillas, Orang-Utans und Bonobos. Für die Homepage hat er begonnen, einen Informationstext über Gorillas zu schreiben:

VORSICHT FEHLER!

Gorilla
Der Gorilla ist der größte Menschenaffe. Der Gorilla kann etwa 1,80 Meter groß werden, er kann etwa 200 kg wiegen. Er wird frei lebend etwa 35 bis 40 Jahre alt.
Der Gorilla lebt in afrikanischen Regenwäldern. Der Bestand ist bedroht. Das liegt an der Rodung von Wäldern und an der Wilderei.
Der Gorilla ist ein Bodenbewohner, er ist auch ein guter Kletterer, er klettert aber nur selten auf Bäume ...

1 Erklärt, warum Marc und Julian mit diesem Anfang von Daniels Text noch nicht zufrieden sind.

2 Überarbeitet Daniels Text so, dass die Freunde ihn als Anfang eines Informationstextes auf der Homepage veröffentlichen könnten.

Orang-Utans: Intelligente Menschenaffen

Orang-Utans gehören wie Gorillas und Schimpansen zur Familie der Menschenaffen. Man kann sie aber ganz deutlich von den anderen Affen unterscheiden. Besonders auffällig sind ihr rotes Fell und die langen Arme. Ausgewachsene Männchen erkennt man an ihren dicken, dunklen Wangen. Die bis zu 90 kg schweren Orang-Utans können bis zu 40 Jahre alt werden; die Weibchen bekommen alle fünf bis zehn Jahre nach acht Monaten Tragezeit ein Junges.
Vor 10 000 Jahren gab es Orang-Utans in ganz Südostasien. Heute leben sie nur noch auf den Inseln Borneo und Sumatra, wo sie aber vom Aussterben bedroht sind. Der Name „Orang-Utan“ kommt aus dem Ma-

laiischen. Übersetzt ins Deutsche heißt „Orang“ Mensch und „Utan“ Wald. Orang-Utan bedeutet also „Waldmensch“ oder „Mensch des Waldes“. Die Bezeichnung kommt wohl daher, dass diese Affen den größten Teil ihres Lebens auf den Bäumen des Regenwalds verbringen. Hier bauen sie sich jeden Tag aus Zweigen und Blättern ein neues Nest für die Nacht. Mit ihren langen Armen schwingen sie sich von Ast zu Ast. Auf den Boden kommen sie lediglich, um von einem Baum zum nächsten zu gelangen, allerdings nur, wenn keine Menschen in der Nähe sind, denn sie sind sehr scheu. Die bis zu 1,80 Meter großen Orang-Utans fressen am liebsten Früchte wie Feigen oder Durians (das sind große, grüne, stachelige Früchte, die nur in Südostasien wachsen). Gelegentlich verspeisen Orang-Utans aber auch junge Flughörnchen, Blätter, Insekten und Vogeleier.

Zwischen den Orang-Utans und den Menschen kann man viele Ähnlichkeiten erkennen. Sie haben wie wir Menschen ein großes Gehirn, eine aufrechte Haltung, Daumen, Zehen und keinen Schwanz. Sie verwenden Holzstöcke als Werkzeuge, um zu graben oder zu kämpfen, und Blätter als Regen- oder Sonnenschirme. Außerdem haben sie ein sehr gutes Gedächtnis. So merken sie sich beispielsweise ganz genau, wann auf welchem ihrer Regenwaldbäume welche Früchte reif werden. Orang-Utan-Mütter leben mit ihren Jungen bis zu sieben Jahre zusammen und kümmern sich ähnlich liebevoll um ihren Nachwuchs wie Menschenmamas. Die Männchen sind aber meistens Einzelgänger.

1 Den Text über Orang-Utans hat Daniel in einem Sachbuch gefunden.
Erschließt den Text mit Hilfe der Schritte 1 bis 4 der Fünf-Schritt-Lesemethode (▸ S. 165).

2 Fasst die wichtigsten Textinhalte in einem Informationstext über Orang-Utans für die Homepage von Marc, Julian und Daniel zusammen. Der Text sollte nur etwa ein Drittel so umfangreich sein wie der Ausgangstext.

a Überlegt, wie ihr die unterschiedlichen Informationen anordnen wollt.
Gliedert euren Text, z. B. nach Aussehen, Lebensraum, Lebensweise, Ernährung ...

b Tauscht eure Texte untereinander aus. Überprüft sie anhand der Checkliste unten.
Gebt eurem Partner oder eurer Partnerin Rückmeldung, was schon gut gelungen ist, und Tipps, was er oder sie noch verbessern könnte.

c Überarbeitet eure Texte anhand der Tipps eures Partners/eurer Partnerin.

Checkliste

Sachtexte zusammenfassen

- Passender Umfang?
- Deutliche inhaltliche Gliederung?
- Absätze im Text?
- Beschränkung auf die wichtigsten Informationen?
- Abwechslungsreiche Satzanfänge?
- Abwechslungsreiche Wortwahl?
- Verwendung von Nebensätzen (nicht nur von Hauptsätzen)?
- Rechtschreibung?

11 Vor dem Bildschirm – Medien bewusst nutzen

1 Welche Fernsehsendung könnten die Kinder gerade schauen? Sprecht über eure Vermutungen.

2 a Welche Sendungen seht ihr euch gerne im Fernsehen an? Erklärt, was euch an euren Lieblingssendungen besonders gut gefällt.

b Erstellt eine Rangliste der beliebtesten Fernsehsendungen und Filme in eurer Klasse.

In diesem Kapitel ...

- lernt ihr, verschiedene Arten von Fernsehsendungen zu unterscheiden,
- erforscht ihr eure Mediengewohnheiten,
- untersucht ihr Techniken des Films und deren Wirkung,
- setzt ihr einen Dialog in einen Film um.

11.1 Fernsehen, Computer & Co. – Über Mediennutzung nachdenken

Fernsehsendungen – Sich einen Überblick verschaffen

DI 23. August Ihr Programm

DAS ERSTE

5.00 Report Mainz 8-453-323
Magazin
5.30 ZDF-Morgenmagazin 35-360-878
9.00 heute 97-781
9.05 Rote Rosen HD 2-816-965
9.55 ARD-Wetterschau 7-279-859
10.03 Brisant 300-005-304
10.30 Lindburgs Fall HD 422-878
TV-Komödie, D 2011. Mit Francis Fulton-Smith, Elisabeth Lanz
12.00 heute 31-920
12.15 ARD-Buffet HD 9-996-965
Magazin
13.00 ZDF-Mittagsmagazin 34-014
14.00 Tagesschau 68-584
14.10 Rote Rosen HD 7-358-439
15.00 Tagesschau 65-588
15.10 Sturm der Liebe 3-386-101
16.00 Tagesschau 38-410
16.10 Seehund, Puma & Co. 6-615-304
Reportagereihe. Pinguinnachwuchs. Süßer Nachwuchs im Jaderpark präsentiert von Tierpfleger Nils Popken als stolzem Ersatzpinguinvater.
17.00 Tagesschau 86-033
17.15 Brisant 2-054-526
Magazin
18.00 Verbotene Liebe HD 38-656
Daily Soap
18.50 Großstadtrevier 341-168
Krimiserie. Das Findelkind
19.45 Wissen vor 8 8-287-014
19.50 Das Wetter 3-883-304
19.55 Börse im Ersten 3-882-675
20.00 Tagesschau 31-323

FAMILIENSERIE

20.15 Das Glück dieser Erde
Lena. Mit ihrer Klasse 6-494-217 besucht Lena (Kristina Yntema) das Gestüt. Dort schleicht sie sich heimlich davon, um die jungen Pferde zu besuchen, und wird von der Mutterstute mit dem Huf getroffen. Ist Katharina schuld daran?

ZDF

5.00 hallo deutschland 8-451-965
5.30 ZDF-Morgenmagazin 35-351-120
9.00 heute 95-323
9.05 Volle Kanne – Service täglich 7-854-946
10.30 Die Ärzte HD 1-530-304
11.15 Dresdner Schnauzen 3-572-743
Reportagereihe. Zoogeschichten aus Sachsen
12.00 heute 53-142
12.15 drehscheibe Deutschland
Magazin 9-994-507
13.00 ZDF-Mittagsmagazin 32-656
Magazin
14.00 heute – in Deutschland 18-025
14.15 Die Küchenschlacht 42-491
Magazin
15.00 heute 53-743
15.05 Topfgeldjäger 2-588-149
Show. Das Duell am Herd mit Steffen Henssler
16.00 heute – in Europa 37-781
Magazin
16.15 Herzflimmern – Die Klinik am See HD 9-687-859
17.00 heute – Wetter 84-675
17.15 hallo deutschland 26-255
Magazin
17.45 Leute heute 8-983-878
18.05 SOKO Köln HD 2-655-149
Krimiserie. Tod auf dem Rhein
19.00 heute 89-946
19.20 Wetter 8-298-120
19.25 Die Rosenheim-Cops 7-171-168
Krimiserie. Der Tod coacht mit Mit Joseph Hannesschläger

DOKUMENTATIONSREIHE

20.15 Der Heilige Krieg 365-168
Die Angst, von den Osmanen unterjocht zu werden, war ein Trauma des frühneuzeitlichen Europa. Der Film schildert die Auseinandersetzung zwischen den Osmanen und den christlichen Mächten Europas.

RTL

5.35 Explosiv 4-213-878
6.00 Punkt 6 4-638-205
7.30 Alles was zählt 6-255
8.00 Unter uns 4-656
8.30 Gute Zeiten, schlechte Zeiten 6-897
9.00 Punkt 9 7-526
Magazin
9.30 Mitten im Leben! 6-820-101
Doku-Soap
11.30 Unsere erste gemeinsame Wohnung 7-149
12.00 Punkt 12 612-439
Magazin
14.00 Mitten im Leben! 61-168
Eltern und Kinder sprechen über ihre Konflikte oder berichten über gemeinsame Erfolgserlebnisse
15.00 Verdachtsfälle 16-694
Die Zuschauer erleben, wie die einzelnen Familienmitglieder vor einer Zerreißprobe stehen und deren Zusammenhalt auf eine harte Probe gestellt wird.
16.00 Familien im Brennpunkt 10-410
17.00 Die Schulermittler 9-762
Doku-Soap
17.30 Unter uns 9-149
Daily Soap
18.00 Explosiv 9-138
18.30 Exclusiv 23-385
18.45 RTL Aktuell 345-085
19.05 Alles was zählt 331-526
19.40 Gute Zeiten, schlechte Zeiten 3-787-859

KRIMISERIE

20.15 CSI: Miami 693-304
Im Sumpf des Verbrechens
Sherry Williamson wird überfallen. Da die Tat in Reichweite einer Überwachungskamera geschieht, kann Ryan (Jonathan Togo), der jetzt Verbrechensexperte bei einem Lokalsender ist, den Täter identifizieren.

SAT. 1

5.05 Das SAT.1-Magazin 1-971-410
Magazin
5.30 Frühstücksfernsehen 41-768-588
Magazin
10.00 Lenßen & Partner 4-605-472
11.00 Richterin Barbara Salesch 11-675
Gerichtsshow. In diesen Gerichtsverhandlungen spielen Schauspieler die Angeklagten und Zeugen, während echte Juristen als Staatsanwälte und Verteidiger agieren.
12.00 Richter Alexander Hold 15-491
13.00 Britt 31-439
14.00 Zwei bei Kallwass 35-255
Angelika Kallwass versucht im Gespräch herauszufinden, wie ein Konflikt zwischen zwei Menschen gelöst werden kann.
15.00 Richterin Barbara Salesch 71-033
Gerichtsshow
16.00 Richter Alexander Hold 82-149
Gerichtsshow. Richter Hold entscheidet mit der ihm eigenen Souveränität Strafrechtsfälle.
17.00 Niedrig und Kuhnt – Kommissare ermitteln 4-209
Doku-Soap
17.30 Das SAT.1-Magazin 3-236
Magazin
18.00 Hand aufs Herz 4-965
Telenovela
18.30 Anna und die Liebe 9-656
19.00 K 11 – Kommissare im Einsatz 370-385
20.00 SAT.1 Nachrichten 14-168

FUSSBALL

20.15 Fußball: Champions-League-Qualifikation 18-753-435
LIVE
Rückspiel. Alles andere als das Erreichen der Gruppenphase der Champion League wäre für Bayern München mit Kapitän Philipp Lahm (Foto) eine Enttäuschung. Daher sind die Erwartungen vor dem Spiel hoch.

S/W · HD HD-TV · Dolby-Surround · Dolby-Digital · Zweikanal · Für Sehbehinderte · Videotexttafel für Gehörlose

1 Verschafft euch einen Überblick über die Ausschnitte aus einer Fernsehprogrammzeitschrift auf der vorhergehenden und auf dieser Seite.
Beschreibt, wie die einzelnen Spalten aufgebaut sind.
Achtet dabei auch auf Farben und Bilder.

2 Nennt weitere Fernsehsender, die ihr kennt.

3 a Sucht für die folgenden Arten von Sendungen jeweils ein Beispiel: Kinderserie, Nachrichten, Spielfilm, Dokumentation, Krimiserie, Soap.
b Erläutert, was jeweils das Besondere an den genannten Arten von Sendungen ist.

4 Welche weiteren Begriffe für Arten von Sendungen findet ihr im Programm? Nennt Beispiele und versucht jeweils, die Begriffe zu erklären.

5 Die Fernsehzeitschrift enthält neben den Sendezeiten, den Titeln und Arten der Sendungen und den erläuternden Kommentartexten noch weitere Informationen.
Erklärt euch gegenseitig diese Informationen, soweit ihr sie versteht, z. B.:
- orange unterlegte Ziffern in der KIKA-Spalte,
- Ziffern ganz rechts in den Spalten,
- Zeichen wie dieses: ,
- ...

6 Bringt verschiedene Programmzeitschriften mit und vergleicht sie. Stellt dabei z. B. folgende Fragen:
- Findet ihr euch in der Fernsehzeitschrift gut zurecht?
- Haben die Informationen zu den Sendungen einen angemessenen Umfang?
- Gibt es spezielle Filmtipps?
- Wie sind Sendungen für Kinder gekennzeichnet? Gibt es Altersempfehlungen?
- Wie beurteilt ihr die Bildauswahl?
- ...

KIKA KiKA

11.20	**Ameisenbär** 4	73-384-491
11.25	**Gloria** 6	54-699-101
12.10	**Mimis Plan** 8	14-998-878
12.55	**Tupu** 3	78-557-120
14.00	**Willi wills wissen – A bis Z**	42-160-507
14.10	**Einstein**	86-330-052
15.00	**Meine neue Familie** Doku-Soap	12-662-830
15.25	**Der Sattelclub**	51-715-120
16.20	**Bernard** 3	57-499-472
16.25	**Horseland** 6	63-312-472
17.10	**Hexe Lilli** 3	20-720-526
17.55	**Das Zauber-karussell** 5	21-462-052
18.15	**Marcelino** 3	13-948-033
18.40	**Siebenstein mini**	56-498-830
18.50	**Sandmann** 3	56-412-410
19.00	**Little Amadeus** 3 Zeichentrickserie	40-111-101
19.25	**Wissen macht Ah!** 6 Kindersendung	32-774-304
19.50	**logo! Die Welt und ich** 7	17-219-520
20.00	**Ki.Ka live** 6	40-674-743

JUGENDSERIE

20.10	**Dance Academy – Tanz deinen Traum!** Gib mir ein Zeichen / Durch den Spiegel. Kat (Alicia Banit) macht aus Spaß ein Fanvideo zu einem Song von Myles Kelly und stellt es ins Internet. Die Plattenfirma wird auf das Video aufmerksam und möchte, dass Kat in Myles neuem Clip mitmacht. Danach taucht Christians Kumpel Aaron auf - und gerät in Verdacht, ein Dieb zu sein.	34-417-120
20.55	**Ki.Ka live** 6 In dieser Sendung geht es um alles, was Preteens beschäftigt.	93-381-014

Meine Empfehlung ist ... – Lieblingssendungen vorstellen

Tim
Meine Empfehlung: Harry Potter und die Kammer des Schreckens

Figuren:
Harry Potter ist 12 Jahre alt. In diesem Film erlebt er sein zweites Jahr als Zauberlehrling an der Zauberschule Hogwarts.

Harrys ...

Das Besondere an Harry ist ...

Seine Freunde sind ...

Seine Eltern ...

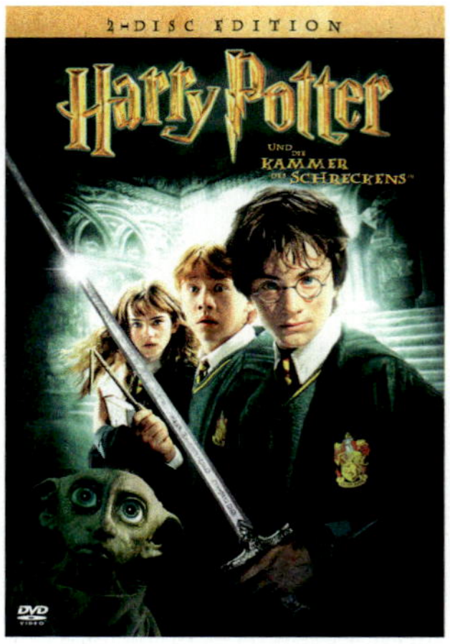

Handlung:
Harry erlebt verschiedene Abenteuer in diesem Film: ...

Eigene Einschätzung:
Mir gefällt besonders gut, dass Harry Potter in einer ganz eigenen Welt lebt und ...
Die Spezialeffekte im Film ...

1 Stellt der Klasse eine Fernsehserie vor, die ihr besonders gerne mögt, oder einen Film, der euch gut gefallen hat und den ihr der Klasse empfehlen wollt. Gestaltet dazu ein Plakat (▸ S. 147) mit allen wichtigen Informationen über eure Sendung. Beantwortet dabei folgende Fragen:

Achtet darauf, dass die Schrift auf eurem Plakat groß genug ist. Neben den Text könnt ihr auch Bilder malen. Vielleicht findet ihr in einer Programmzeitschrift oder im Internet Bilder, die ihr ausschneiden und aufkleben könnt.

Die Figuren der Serie/des Films
- Wer ist die Hauptfigur?/Wer sind die Hauptfiguren?
- Was zeichnet die Figuren aus (z. B. ihre Eigenschaften, ihr Charakter, ihr Aussehen, vielleicht besondere Eigenheiten oder Fähigkeiten)?
- Welche Figuren im Umfeld sind wichtig (z. B. Freunde, Familie)?

Die Handlung
- Worum geht es in der Serie/in dem Film?
- Wann und wo spielt die Handlung?

Eigene Einschätzung
- Was ist aus deiner Sicht besonders an der Sendung, was unterscheidet sie von anderen?
- Was magst du besonders an der Serie/an dem Film?

Stunden vor dem Bildschirm? – Grafiken auswerten

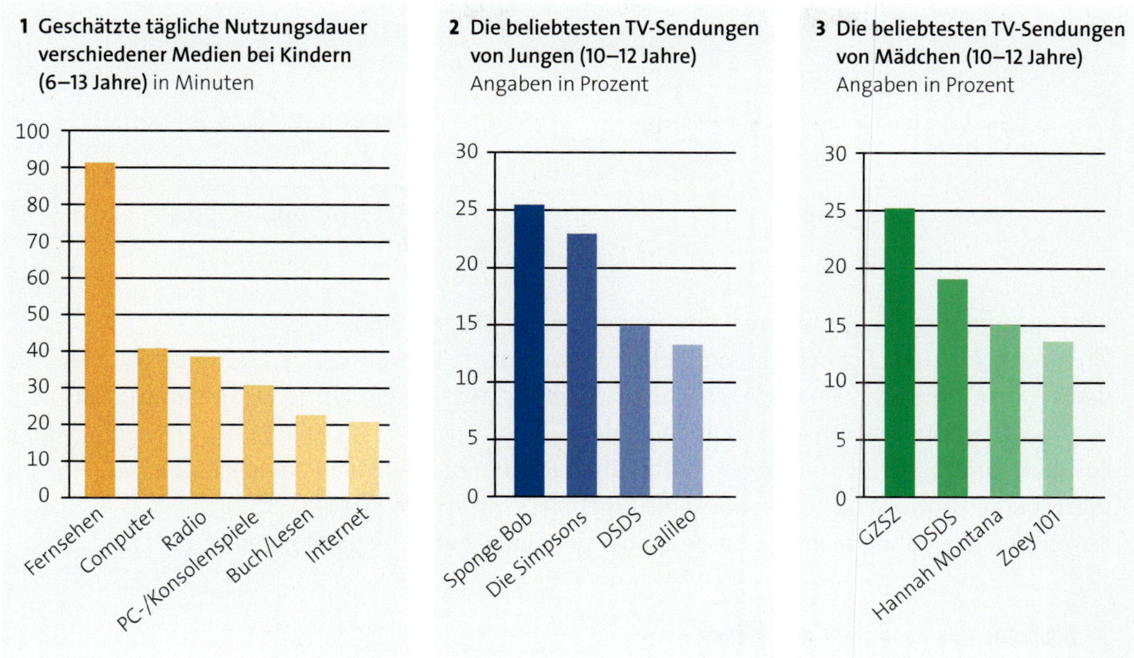

1 Ergebnisse von Untersuchungen und Umfragen werden häufig in Grafiken dargestellt.
- a Beschreibt die Grafik 1 mit eigenen Worten.
- b Verfasst einen kurzen Sachtext, der die Informationen aus Grafik 1 wiedergibt. Versucht abschließend auch, die Ergebnisse kurz zusammenzufassen und sie zu erklären. Beachtet die Hinweise im Merkkasten unten.
- c Vergleicht die Informationen aus der Grafik mit eurer eigenen Mediennutzung. Wo gibt es Übereinstimmungen, wo Abweichungen?

2
- a Wertet auch die Grafiken 2 und 3 nach dem im Merkkasten beschriebenen Verfahren aus.
- b Vergleicht mit euren Vorlieben (siehe auch Aufgabe 2 b auf Seite 179).

3 Führt ein Medientagebuch: Schreibt eine Woche lang auf, wie oft und wie lange ihr welches Medium nutzt. Entwerft in der Klasse ein Formular, in das ihr eure Ergebnisse eintragt.

Information **Grafiken auswerten**

Schritt 1: **Thema** der Grafik **benennen,** z. B.: *Grafik 1 stellt in einem Säulendiagramm dar, wie lange Kinder zwischen 6 und 13 Jahren folgende Medien nutzen: ...*

Schritt 2: Die in der Grafik dargestellten **Informationen wiedergeben,** z. B.: *Die Grafik zeigt, dass die Kinder jeden Tag im Durchschnitt etwa 90 Minuten fernsehen, ...*

Schritt 3: **Hauptinformationen zusammenfassen, Auffälligkeiten benennen** und wenn möglich **erklären,** z. B.: *Insgesamt fällt auf: ... Das liegt vielleicht daran, dass ...*

Eine Umfrage zur Mediennutzung durchführen

Was machst du in deiner Freizeit am liebsten?

Hast du einen Fernseher in deinem Zimmer?

Schaust du jeden Tag fern? Wie lange?

Wofür nutzt du das Internet?

Was liest du gerne?

Spielst du Computerspiele?

1 Führt eine eigene Umfrage zur Mediennutzung in eurer Klasse durch.
- a Überlegt euch zunächst in Gruppen, welche Fragen ihr stellen könntet. Jede Gruppe soll sich dann für die Umfrage eine Frage auswählen. Überlegt, was für ein Typ von Frage sinnvoll ist. Lest dazu den Merkkasten unten auf der Seite.
- b Führt die Umfrage durch. Vielleicht befragt ihr auch die Schüler einer Parallelklasse?
- c Wertet eure Umfrage aus. Präsentiert die Ergebnisse auf einem Plakat (► S. 18). Ihr könnt alle Ergebnisse in der Klasse aushängen und einen Rundgang machen.

Umfrage von Lisa, Tim und Henry

Frage: ***Wie viele Bücher ungefähr hast du im letzten Jahr gelesen?***
mögliche Antworten: a) gar keins b) 1–3 c) 4–6 d) 7–9 e) über 9

Auswertung: 3 Schüler haben kein Buch gelesen, 6 Schüler 1–3 Bücher, 8 Schüler 4–6 Bücher, 4 Schüler 7–9 Bücher und 4 Schüler haben über 9 Bücher gelesen.

Zusammenfassung/eigene Einschätzung:
Am häufigsten wurde 4–6 Bücher genannt. 16 Schüler lesen mindestens 4 Bücher im Jahr. Es werden in unserer Klasse doch auch Bücher gelesen, es wird nicht nur ferngesehen.

2
- a Stellt euch vor, eine Woche auf sämtliche Bildschirme zu verzichten. Was würdet ihr vermissen? Welche Vorteile hättet ihr dadurch? Diskutiert in der Klasse.
- b Schreibt auf, was dafür sprechen würde, in der Familie mindestens einen Tag in der Woche ohne Fernsehen zu verbringen.

Methode **Eine Umfrage durchführen: Typen von Fragen**

Ja-Nein-Fragen: Fragen, auf die man mit „ja“ oder „nein“ antworten kann, z. B.:
Schaust du jeden Tag fern?
Offene Fragen: Fragen ohne Einschränkung der Antwortmöglichkeiten, z. B.:
Was ist dein Lieblingsbuch?
Geschlossene Fragen: Fragen mit vorgegebenen Antwortmöglichkeiten, z. B.:
Wofür nutzt du das Internet hauptsächlich?
a) Hausaufgaben/Schule b) Information c) E-Mails/Chatten d) Sonstiges

11.2 E.T. Der Außerirdische – Einen Film untersuchen

„E.T. Der Außerirdische" (Originaltitel: „E.T. – the Extra-Terrestrial") ist ein amerikanischer Spielfilm aus dem Jahr 1982. Er gewann vier Oscars und gehört zu den kommerziell erfolgreichsten Spielfilmen. Regie führte Steven Spielberg.

1 a Betrachtet die Bilder aus dem Kinofilm „E.T. Der Außerirdische". Überlegt, worum es in dem Film gehen könnte. Schreibt einen kurzen Text mit einer möglichen Filmhandlung.

b Tauscht eure Ideen in einer Gruppe aus.

Auszüge aus Film und Buch – Ein Vergleich

1 a Betrachtet diese acht Bilder aus dem Anfang des Filmes genau. Was könnt ihr erkennen?
b Lest den Text auf Seite 187. Klärt die euch unbekannten Wörter (▸ S. 163).
c Versucht, die Filmbilder auf dieser Seite bestimmten Stellen im Text zuzuordnen.

2 a Beschreibt und vergleicht jeweils die von der Textstelle und vom Bild vermittelte Stimmung.
b Überlegt, wodurch die Stimmung in den Filmbildern erzeugt wird.

William Kotzwinkle

E.T. Der Außerirdische – Die Ankunft

Durch einen lavendelfarbenen Lichtstrahl mit der darunterliegenden Erde verankert, schwebte das Raumschiff sacht dahin. Wäre jemand zum Landeplatz gekommen, er hätte sicher im ersten Augenblick geglaubt, ein riesiger alter Christbaumschmuck sei vom nächtlichen Himmel gefallen; denn das Raumschiff war rund, man konnte sich darin spiegeln, und es war mit einem zarten gotischen Muster verziert. Die Einstiegsluke stand offen.

Die Crew war ausgeschwärmt und untersuchte die Erde eingehend mit seltsam geformten Werkzeugen. Sie erinnerten an kleine, alte Kobolde, die im nebelverhangenen Mondschein in ihren Gärten arbeiteten. Hin und wieder lichtete sich der Nebel jedoch. Der Schleier zerriss und pastellfarbenes Licht fiel aus dem Rumpf des Raumschiffes auf sie. Da zeigte es sich, dass sie keine Kobolde, sondern vielmehr wissenschaftlich arbeitende Geschöpfe waren. Sie gruben Gewächse aus, wie Blumen, Moos, Stauden, Sträucher und junge Bäume. Doch ihre unförmigen Köpfe, hängenden Arme und ihre ganze plumpe, untersetzte Gestalt erinnerten stark ans Land der Gnomen und Kobolde. [...]

Es kommt nicht oft vor, dass riesiger viktorianischer Christbaumschmuck vom Himmel fällt. Das bleibt nicht unbemerkt. Er erscheint auf Radarschirmen, wird vom militärischen Abschirmdienst und Abtastvorrichtungen geortet. So erging es auch diesem ungeheuren Raumschiff [...]. Die Regierung hatte schon alle möglichen Fahrzeuge entsandt. Alle möglichen Spezialisten verdienten sich ihren Nachtzuschlag, indem sie auf Nebenstraßen umherschlichen, über Funk miteinander in Verbindung standen und die große Christbaumkugel umzingelten. Die Crew kleiner, alter Botaniker ließ sich jedoch dadurch nicht aus der Ruhe bringen – vorerst noch nicht. [...] Sie gruben weiter Pflanzen aus, während Nebelschwaden sie umwallten. Dann gingen sie vorsichtig mit dem für sie so Kostbaren, das sie der Erde entlockt hatten, zum Raumschiff zurück. [...] Tief in seinem Innern befand sich nämlich ein Garten mit all jenen Gewächsen, die die Erde aufzuweisen hatte [...].

Als die Crew schließlich bemerkt, dass sie entdeckt wurde, kehrt sie zum Raumschiff zurück. Einer der Außerirdischen hat sich allerdings auf seinem Erkundungsgang weit von den anderen entfernt. Als er die Warnung der Crew hört, ist diese schon kurz davor, das Raumschiff zu starten.

Er kämpfte sich durch das Unterholz, [...] während die Menschen mit ihrem kalten, grellen Licht auf der Suche nach ihm eilig den Wald durchkämmten. [...] Seine absurden, eigenartig geformten Füße machten ihm zu schaffen, sein Entenwatschelgang war mehr als hinderlich.[...]

Er erblickte die Einstiegsluke, die noch offen stand. Ein Mitglied der Crew wartete mit heftig blinkendem Herzlicht in der Luke und hielt verzweifelt nach ihm Ausschau. Es rief und rief. *Ich komme, ich komme ...* Er schlurfte durch das Gras, aber sein nach unten gewölbter Leib gehorchte anderen Gesetzen der Schwerkraft und war beim Vorankommen sehr hinderlich. Da überflutete ihn eine plötzliche Entscheidung der Gruppe – ein Gefühl, das ihn bis auf die Knochen durchdrang. Die Luke wurde geschlossen. [...] Das Raumschiff hob in dem Augenblick ab, in dem er, wild mit der langfingrigen Hand gestikulierend, aus dem hohen Gras gestürzt kam. Aber er war jetzt vom Raumschiff aus nicht mehr zu sehen. [...] Einen Augenblick lang schien das Raumschiff noch in der Luft stillzustehen, dann entfernte es sich über die Baumwipfel hinweg und entschwand im Dunkel der Nacht. [...] Der Außerirdische war jetzt ganz allein – drei Millionen Lichtjahre von seiner Heimat entfernt.

Die Sprache des Films – Einstellungsgrößen

Elliott heißt der kleine Junge, der E.T. in seiner Familie versteckt und beschützt. Im Merkkasten unten findet ihr einige Filmbilder, die zeigen, wie Elliott in die Schule geht und im Biologieunterricht die Aufgabe bekommt, einen Frosch zu sezieren. Eigentlich möchte er das aber nicht tun ...

1 a Beschreibt, was auf den einzelnen Bildern im Merkkasten auf dieser Seite zu sehen ist.
b Überlegt, warum wohl für die Bilder die jeweilige Einstellungsgröße gewählt wurde.

2 Begründet, welche Einstellungsgröße ihr verwenden würdet, um zu zeigen, dass ...
- E.T. und Elliott sich unterhalten,
- E.T. eine bestimmte Nummer ins Telefon eintippt,
- Elliotts Mutter aus der Haustür herauskommt.

3 Ordnet die Bilder auf Seite 186 den verschiedenen Einstellungsgrößen zu.

Information **Sprache des Films – Einstellungsgrößen**

Die Art des Ausschnitts, den die Kamera zeigt, nennt man **Einstellungsgröße.** Je nachdem, wie nah die Kamera an das Geschehen heranführt oder wie weit sie entfernt bleibt, entstehen unterschiedliche Wirkungen.

Totale: Die Kamera ist so weit weg, dass man einen guten Überblick über den Handlungsort bekommt. Häufig führt die Totale in eine neue Szene ein.

Halbnah: Die Personen sind etwa vom Knie aufwärts zu sehen. Man hat die Umgebung noch gut im Blick, erkennt aber auch schon die Gestik (▶ S. 150) der Personen.

Nah: Man sieht Kopf und Schultern einer Person und kann gut deren Mimik (▶ S. 150) erkennen, also z.B., ob sie einen fröhlichen oder einen traurigen Gesichtsausdruck hat.

Detail: Nur ein Ausschnitt wird ganz groß dargestellt, z.B. nur ein Teil eines Gegenstands oder eines Gesichts. Diese Einzelheit wird dann besonders intensiv wahrgenommen.

Die Sprache des Films – Geräusche, Töne, Musik

Grillenzirpen

lautes Rascheln der ausgetrockneten Pflanzen im Maisfeld

entsetztes Quieken des Außeririschen

Schreien des Jungen, der ihn entdeckt

1 Stellt euch auf den Pausenhof oder an ein geöffnetes Fenster und achtet einmal ganz aufmerksam darauf, was alles zu hören ist.
Tauscht euch anschließend über eure Wahrnehmungen aus.

2 Seht euch die ersten acht Minuten des Films „E. T. Der Außerirdische" erst ohne Ton an und dann mit Ton. Notiert beim zweiten Betrachten in einem Tonprotokoll, welche Musik, Töne und Geräusche ihr in diesem Filmausschnitt hört.
Achtet auf die Unterschiede zwischen dem Betrachten des Films mit und ohne Ton.
Notiert auch, welche Stimmung durch die Geräusche und durch die Musik jeweils erzeugt wird.

Beispiel:

Tonprotokoll des Filmanfangs von „E.T. Der Außerirdische":
- *ruhige Musik, erst ist nur eine Geige zu hören, dann setzt ein Orchester ein,*
- *gleichzeitig zirpen Grillen im Hintergrund → Stimmung recht friedlich,*
- *Musik ändert sich in dunklere, dramatischere Orgelmusik, sobald das Raumschiff zu sehen ist → Stimmung schwenkt um, leichte Spannung und Dramatik zu spüren,*
- …

Information **Sprache des Films – Geräusche, Töne, Musik**

Der Ton spielt in Filmen eine große Rolle. Man unterscheidet hierbei **Sprache, Geräusche** und **Musik.**
Neben dem Filmkomponisten, der die Filmmusik entwickelt, arbeiten auch so genannte **Sounddesigner** (englisch: Klanggestalter) an einem Film. Denn auch scheinbar zufällige Geräusche wie Straßenlärm oder das Rascheln von Blättern werden ganz bewusst eingesetzt.

Fordern und fördern – Eine Filmszene planen

William Kotzwinkle

E. T. Der Außerirdische – E. T. wird fast entdeckt

E. T. hat Unterschlupf gefunden bei dem 10-jährigen Elliott und seiner Familie.
Gemeinsam mit seiner kleinen Schwester Gertie und seinem großen Bruder Michael versucht Elliott, den ungewöhnlichen Freund vor der Welt der Erwachsenen zu beschützen – dazu zählt auch ihre Mutter Mary, die nicht weiß, dass in ihrem Haus ein Außerirdischer lebt.
Als Mary nachts mit Heißhunger auf etwas Süßes in die Küche geht – sie macht eigentlich gerade eine Diät und will nichts Süßes essen –, wird E. T. nur durch großes Glück nicht entdeckt.

Auf Zehenspitzen schlich Mary die Treppe hinunter und blieb unten in der Diele stehen. Hier spitzte sie die Ohren, bis sie sicher war, dass sie ungestört sein würde. Niemand war im Wohnzimmer. In der Essecke brannte kein Licht. Doch als sie um die Ecke bog, sah sie, dass in der Küche Licht brannte. Gertie saß am Küchentisch mit einer Packung Kekse und einem Glas Milch vor sich. Wen sie aber nicht gleich sah, das war E. T., der auf einem Hocker neben dem Kühlschrank saß. Der arme kleine Weltraumkobold kauerte dort, ohne jede Möglichkeit, sich zu verstecken, und rechnete mit dem Schlimmsten. Aber Mary sprach mit Gertie und wies auf die zwei Teller auf dem Tisch.
„Für wen ist denn der zweite Teller?“, fragte sie und starrte gierig auf die Kekse. „Für dein Püppchen?“
„Nein, für Spaceman“, antwortete Gertie. „Er isst furchtbar gern Kekse.“
„Glaubst du, er hätte was dagegen, wenn ich mir eins nähme?“
„Nein, bestimmt nicht. Er ist verknallt in dich.“
„Das ist aber nett“, meinte Mary und machte sich über die Kekse her. O Gott, Zucker. Sobald sich das unsagbare Entzücken darüber ihrem Geschmackssinn mitteilte, wusste sie, dass sie verloren war. „Ich muss unbedingt Gelee haben.“ Sie fuhr herum und sauste zum Kühlschrank, riss die Tür auf und stieß dadurch E. T. von seinem Hocker. Er fiel kopfüber in den Abfalleimer, nur die Beine spießten heraus. Aber Mary entdeckte ihn auch jetzt noch nicht.

Stellt euch vor, ihr seid Regisseur und sollt diese Szene verfilmen.

●●● 1 a Versucht, das im Text dargestellte Geschehen genau nachzuvollziehen, indem ihr es nachstellt und spielt.
Tipp: Ihr könnt dazu kleine Figuren verwenden, z. B. Playmobilfiguren.

b Setzt nun die Szene in Filmbilder um. Erstellt dazu ein Storyboard (siehe Merkkasten auf S. 191) mit sechs bis acht Bildern.
Achtet bei eurem Storyboard darauf, die verschiedenen Einstellungsgrößen (▸ S. 188) sinnvoll zu nutzen, um die Filmhandlung deutlich zu machen. Was muss man z. B. in der Totalen sehen, was im Detail, um die Szene zu verstehen?
▷ Wenn ihr Hilfe braucht, schaut auf Seite 191 nach: Hilfe zu Aufgabe 1 b.

●●● 2 Notiert zu jedem Bild, welche Töne, Geräusche und welche Musik ihr einsetzen würdet.
▷ Hilfe zu Aufgabe 2 findet ihr auf Seite 191.

Hilfe zu Aufgabe 1b

Mary schleicht die Treppe herunter

Mary wirft einen Blick in die Küche

Gertie …

Hier seht ihr den Anfang von Tims Storyboard zur Szene „E.T. wird fast entdeckt“. Ihr könnt euer eigenes Storyboard ähnlich beginnen.

Hilfe zu Aufgabe 2

Das hat sich Tim für die Tonebene zu Bild 1 überlegt:

Es ist ganz still, vielleicht ein leises Schnarchen aus einem der Zimmer, man hört leise Marys Schritte auf der Holztreppe, eine Stufe knarrt. Keine Musik oder vielleicht leise Streicher, die je nach Spannung zu hören sind.

Methode | **Ein Storyboard erstellen**

Ein Storyboard ist die **zeichnerische Version eines Drehbuchs.** Es wird eingesetzt, um einzelne Filmszenen vor dem Dreh eines Films genau zu planen.
Man erkennt die **Einstellungsgrößen,** die Kameraperspektive und in welche Richtung sich die Figuren und Gegenstände bewegen sollen.
Storyboards ähneln Comics, die Zeichnungen weisen allerdings weniger Einzelheiten auf.
Die Figuren können auch auf Strichmännchen reduziert werden.

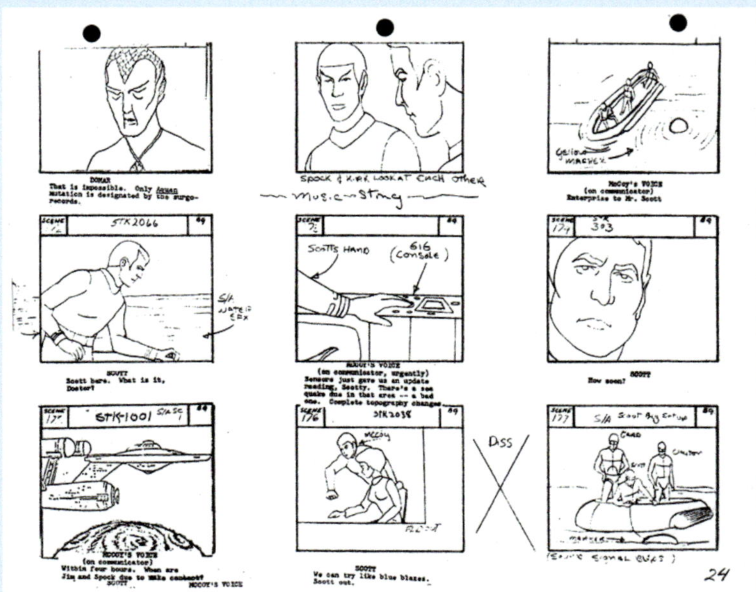

Storyboard aus der Serie „Star Trek“

Teste dich!

Filmsprache verstehen

1 Notiere in deinem Heft, welche Einstellungsgrößen in den folgenden Bildern zu sehen sind.

A

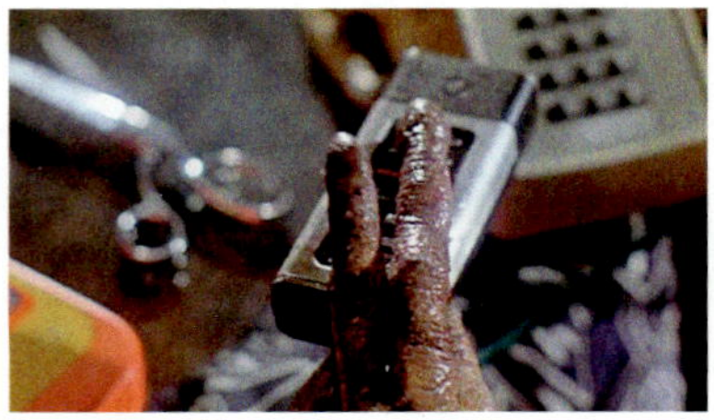
B

C

2 Schreibe auf, welche Einstellungsgrößen du für folgende Bilder wählen würdest:

A Wir sehen, wie Gertie dem Außerirdischen einen kleinen Holzsplitter aus der Hand entfernt.
B Elliott streitet sich mit seinem Bruder.
C Wir sehen die Stadt, in der Elliott wohnt.

3 Wähle aus den folgenden Alternativen und schreibe den richtig ergänzten Satz in dein Heft.

Sounddesigner …

A schreiben die Dialoge für die Hauptfiguren eines Films.
B sind für das Design der Filmplakate und DVD-Hüllen verantwortlich.
C sind neben den Filmmusikern für die Töne im Film zuständig.

4 Notiere, welche drei Arten von Tönen man bei einem Film unterscheiden kann.

5 Schreibe den richtig ergänzten Satz in dein Heft.

Ein Storyboard ist …

A ein Drehbuch, das der Regisseur eines Films am Drehort immer zur Hand hat.
B die zeichnerische Version eines Drehbuchs.
C der Comic zu einem Film.

11.3 Film ab – Einen eigenen Film gestalten

Ausgetrickst

Man sieht ein Klassenzimmer kurz nach der kleinen Pause. Die meisten Schüler sitzen schon auf ihren Plätzen, unterhalten sich aber noch. Der Lehrer ist noch nicht da. Man sieht, wie zwei Schülerinnen miteinander sprechen.

Lena: O Mann, nachher der Mathetest. Mir ist schon ganz übel.
Julia: Ich könnte mir auch was Besseres vorstellen. Hast du das mit der Körperberechnung verstanden?
Während Lena und Julia sich unterhalten, kommt Kai hinzu, stellt sich hinter die beiden und lauscht.
Lena *(verängstigt):* Hoffentlich ist der Test leichter als der letzte, da hatte ich gerade noch eine Vier.
Julia: Mach dir keine Sorgen, wird schon nicht so schlimm sein.
Kai *(geht nah an Lena heran und ruft):* Angsthase, Angsthase, Lena ist ein Angsthase ...
Lena erschrickt und zuckt zusammen. Die ganze Klasse schaut zu Lena hin.
Julia *(zu Kai):* Du hast wohl nie Angst, oder?
Kai: Nö, ich bin ja schließlich nicht so ein Baby wie ihr.

Der Lehrer kommt herein und alle setzen sich auf ihre Plätze. Kai setzt sich auf seinen Platz, direkt hinter Lena und Julia. Lena und Julia tuscheln miteinander und schauen verschwörerisch. Man sieht, wie Julia heimlich einen kleinen Gegenstand aus ihrer Tasche zieht.
Als Kai gerade nicht aufpasst, steckt Lena Kai den kleinen Gegenstand, eine Plastikspinne, zwischen die Seiten seines Buchs.

Lehrer: So, dann schlagt bitte euer Buch auf der Seite 49 auf. Wer liest?
Kai klappt sein Buch auf, sieht die Spinne, springt auf und brüllt wie am Spieß. Die Klasse lacht.
Julia *(laut zur Klasse):* Wer hätte auch ahnen können, dass der Kai so ein Baby ist.

1 Besprecht den Dialog in der Klasse. Habt ihr selbst ähnliche Situationen in der Schule erlebt? Berichtet davon.

2 Dreht auf der Grundlage dieser Szene einen eigenen kleinen Film.
Bildet 4er- oder 5er-Gruppen und geht in folgenden Schritten vor:

- **a** Macht aus dem Dialog oben euer eigenes Drehbuch. Überlegt, wo ihr den Text eventuell nach eurem eigenen Geschmack abändern wollt. Ihr könnt Stellen ändern, streichen oder hinzufügen. Schreibt den Text in euer Heft. Lasst dabei einen breiten Rand.
- **b** Erstellt einen Plan für eure Filmbilder. Für den Anfang der Szene könnt ihr euch an den Vorschlägen in der Tabelle auf Seite 194 orientieren.
  Auch ein Storyboard (▸ S. 191) kann bei der Planung helfen.

Ausgetrickst – Plan für einen kurzen Film

Bild Nr.	Was ist zu sehen?	Welche Einstellungsgröße wirkt am besten?	Was passiert?	Welche Figuren und Requisiten werden benötigt?
1	*Blick auf das ganze Klassenzimmer*	*Totale oder Halbnah*	*Die Schüler sitzen auf ihren Plätzen, unterhalten sich, manche sind noch unterwegs zu ihrem Platz.*	*Schüler, Bücher auf dem Tisch, Hefte …*
2	*Blick auf Julia und Lena zusammen, dann im Wechsel Julia und Lena*	*Nah*	*Julia und Lena unterhalten sich. Erster Teil des Dialoges (bis: „Hast du das mit der Körperberechnung verstanden?").*	*Julia und Lena, ein Mathebuch*
3	*Julia und Lena, Kai kommt dazu, steht hinter ihnen*	*Halbnah*	*Julia und Lena reden weiter, Kai lauscht.*	*Julia, Lena und Kai*
4	*Kai rufend*	*Nah*	*Kai ruft „Angsthase".*	…
5	…	…	…	…

c Besorgt alle Requisiten, die ihr für euer Projekt braucht. Verteilt die Arbeit in eurer Gruppe: Wer spielt die Rollen? Wer übernimmt die Kamera? Wer führt Regie?

d Geht den Dialog nochmals gemeinsam durch. Überlegt, wie ihr die Szene spielen wollt. Macht euch dazu Anmerkungen in eurem Drehbuch.

e Wählt den ersten Standort für die Kamera. Am besten ist es, wenn ihr sie auf ein Stativ stellt. Beginnt mit dem Dreh der ersten Einstellung.

> Bewegt die Kamera nur, wenn sie nicht in Betrieb ist, damit eure Bilder nicht verwackelt aussehen.

f Dreht nach eurem Plan eine Einstellung nach der anderen. Wenn ihr ohne Stativ dreht, versucht, eine Position zu finden, in der ihr die Kamera gut ruhig halten könnt.

> Verbindet die Kamera über ein Kabel mit einem Monitor und schaut euch auch zwischendurch mehrmals an, was ihr gedreht habt.
> Überlegt euch mögliche Verbesserungen.

g Dialoge dreht man mit einer Technik, die „Schuss – Gegenschuss" heißt. Nehmt dazu im Wechsel immer den Dialogpartner auf, der gerade spricht.

> Nutzt bei der Schuss-Gegenschuss-Technik die Pausetaste, wenn ihr von einem Dialogpartner zum anderen wechselt.

h Präsentiert eure Ergebnisse in der Klasse. Vergleicht die Bilder und Einstellungsgrößen, die ihr jeweils gewählt habt. Welche Wirkung haben sie?

12 Grammatiktraining – Wörter und Wortarten

1 a Futura sortiert gerade einige ihrer Lieblingswörter. Könnt ihr erklären, wie sie sie ordnet?
b Helft Futura: Wie kann sie die übrigen Wörter richtig einordnen?
c Erklärt, woran ihr die drei verschiedenen Wortarten erkannt habt.

2 Kennt ihr schon weitere Wortarten? Erklärt Futura diese Wortarten mit Hilfe von Beispielen.

In diesem Kapitel ...

... lernt ihr die wichtigsten Wortarten und ihre Funktion kennen:
– Ihr übt, wie ihr z. B. Substantive, Artikel und Pronomen sowie Adjektive erkennt und sie beugt (dekliniert).
– Ihr lernt, welche Aufgaben Verben haben und wie man sie verändert.

12.1 Uhren, Zeit und mehr – Rund ums Substantiv

Substantive bezeichnen ...

Futura erzählt von sich:

1 Lest die Texte, die Futura für euch geschrieben hat, laut vor und ersetzt dabei die Bilder durch Wörter.

2
a Zu welcher Wortart gehören die durch Bilder dargestellten Wörter?
b Schreibt aus den Texten weitere Wörter dieser Wortart heraus.
c Erklärt, woran man Wörter dieser Wortart erkennen kann.

3
a Findet heraus, was die Bilder-Wörter im linken Text gemeinsam haben – im Gegensatz zu denen im rechten Text.
b Erklärt ebenso, wofür die Bilder-Wörter im rechten Text alle stehen.
c Warum konnte Futura die übrigen Substantive in den Texten nicht durch Bilder ersetzen?
d Fasst nun zusammen, was Substantive bezeichnen. **Tipp:** Es gibt drei Antworten.

4 a Überlegt, welches eure Lieblings-Substantive sind (also z. B. Substantive, die besonders schön klingen oder die ihr originell oder lustig findet). Übertragt die Tabelle unten in euer Heft und findet für jede Spalte fünf Lieblingswörter.

b Lest in der Klasse jeweils eines eurer Lieblingswörter vor. Die anderen klären, ob euer Wort ein Lebewesen, einen Gegenstand oder einen Begriff bezeichnet.

Substantive bezeichnen ...		
Lebewesen	**Gegenstände**	**Begriffe**
Schmetterling ...	*Schokoladeneis* ...	*Sprachforschung* ...

Information **Das Substantiv** (Plural: die Substantive)

Die meisten Wörter in unserer Sprache sind Substantive (auch: Hauptwörter, Nomen).
Substantive bezeichnen
- **Lebewesen** (Menschen, Tiere, Pflanzen), z. B.: *Kind, Hund, Apfelbaum,*
- **Gegenstände** (unbelebte Dinge, die man anfassen kann), z. B.: *Fußball, Kieselstein, Raumschiff,*
- **Begriffe** (abstrakte Dinge, die man nicht anfassen kann, wie Gefühle, Vorstellungen, Handlungen, Vorgänge, Zustände ...), z. B.: *Freude, Lob, Sonnenschein.*

Substantive werden immer **großgeschrieben.**
Sie haben häufig **Wörter, die sie begleiten** und an denen wir sie erkennen können, z. B. einen **Artikel** (*der Hase, eine Uhr*) oder ein **Adjektiv** (*blauer Himmel, fröhliche Menschen*).

Artikel begleiten Substantive

1 Als Vorbereitung auf ihre Zeitreise hat Futura sich auch mit dem Thema Zeitmessung beschäftigt. Die Abbildungen, die sie dabei entdeckt hat, zeigen sehr alte Arten, die Zeit zu messen. Könnt ihr erraten, wie sie heißen und wie sie funktionieren?

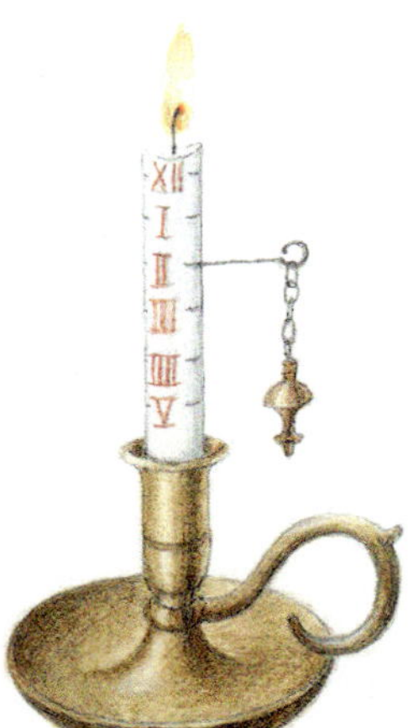

Fließende Zeit

? Ägypter kannten bereits vor über 2500 Jahren Wasseruhren. Sie verwendeten ? Gefäß mit ? kleinem Loch. Durch dieses Loch ließen sie Wasser in ? zweites Gefäß laufen. ? zweite Gefäß füllte sich auf diese Weise langsam mit Wasser. Wenn es voll war, schlug ? Wächter ? Triangel.

Stunde um Stunde

Jahrhundertelang waren Kerzenuhren ? wichtiges Zeitmessgerät. Auf ? Kerze waren mehrere Abschnitte markiert, und es dauerte jeweils ? Stunde, bis ? Abschnitt heruntergebrannt war.

Licht und Schatten

? Sonnenuhr hat ? Zeiger, der ? Schatten auf ? ebene Oberfläche wirft. Auf ? Oberfläche sind ? Stunden markiert. Entsprechend ? Lauf der Sonne bewegt sich ? Schatten von ? Ziffer zur nächsten, sodass man von ? Skala ? Zeit ablesen kann.

2 Schreibt die drei Texte arbeitsteilig ab. Füllt dabei die Lücken mit passenden Wörtern.

3 Erklärt an einigen Beispielen aus den Texten, warum ihr euch für den bestimmten oder den unbestimmten Artikel (siehe Merkkasten unten auf der Seite) entschieden habt.

4 In dem folgenden Wörter-Kasten sind Substantive versteckt. Sucht sie heraus, indem ihr die Artikelprobe macht. Schreibt die Substantive mit ihren Artikeln untereinander auf.

STUNDENLANG • WASSER • ÄLTER • FLAMME • EILE • MISST • BLITZSCHNELL • ZÄHLTEN • MESSUNG • DAUER • ZEIGER • ERFORSCHT • LANGSAM

Mit der Artikelprobe könnt ihr feststellen, ob ein Wort ein Substantiv ist oder nicht: Wenn ihr einen bestimmten Artikel *(der, die, das)* vor das Wort setzen könnt, ist es ein Substantiv.

5
a Lest die Informationen im Merkkasten unten auf der Seite aufmerksam durch.
b Schreibt die Tabelle aus dem Merkkasten ab. Ergänzt dabei wo möglich die entsprechenden Pluralformen. Unterstreicht jeweils die Artikel.
c Besprecht, was euch beim Ergänzen der Tabelle aufgefallen ist.

Information **Der Artikel** (Plural: die Artikel)

Substantive werden häufig von einem Artikel begleitet.
Man unterscheidet zwischen dem bestimmten Artikel *(der, die, das)* und dem unbestimmten Artikel *(ein, eine, ein)*, z. B.:

	Bestimmter Artikel	**Unbestimmter Artikel**
männlich	*der Zeiger*	*ein Zeiger*
weiblich	*die Uhr*	*eine Uhr*
sächlich	*das Ziffernblatt*	*ein Ziffernblatt*

Substantive und ihr Genus

1 Rechts seht ihr eine Abbildung aus einem Bildwörterbuch. Erläutert anhand dieses Beispiels, wie ein Bildwörterbuch funktioniert.

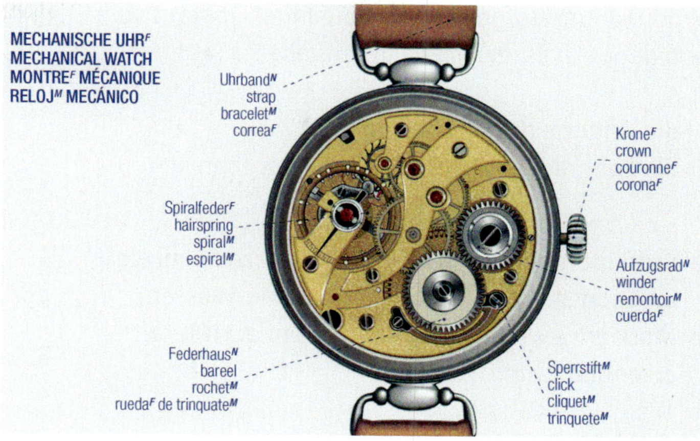

2 a Könnt ihr euch denken, was die hochgestellten Buchstaben M, F und N bedeuten?
b Was fällt euch auf, wenn ihr bei jedem Wort die Zuordnung von M, F und N in den verschiedenen Sprachen vergleicht?

3 a Übertragt die folgende Tabelle in euer Heft. Ordnet die Substantive mit den bestimmten Artikeln an der richtigen Stelle ein. Achtung: Ein Substantiv muss an zwei Stellen eingetragen werden.

Zeiger • Erfinderin • Mechanik • Uhrmacher • Zahnrad • Genie

	Grammatisches Geschlecht:		
Natürliches Geschlecht	**Maskulinum** (männliches Substantiv)	**Femininum** (weibliches Substantiv)	**Neutrum** (sächliches Substantiv)
männlich	…	…	…
weiblich	…	…	…
sächlich	*der Zeiger*	…	…

b Was fällt euch auf, wenn ihr die ausgefüllte Tabelle betrachtet?

4 Manchmal ist das Genus eines Substantivs auch für die Bedeutung wichtig. Bildet mit den folgenden Wörtern Sätze, in denen die verschiedenen Bedeutungen der Wörter klar werden.

See • Steuer • Band • Kiefer • Tau • Mast

Information **Das Genus** (das grammatische Geschlecht; Plural: die Genera)

Jedes Substantiv hat ein Genus (ein grammatisches Geschlecht), das man **an** seinem **Artikel erkennen** kann. Ein Substantiv ist entweder
- ein **Maskulinum** (männliches Substantiv), z. B. *der Uhrmacher, der Traum, der Hund,*
- ein **Femininum** (weibliches Substantiv), z. B. *die Uhr, die Sonne, die Katze,*
- ein **Neutrum** (sächliches Substantiv), z. B. *das Buch, das Eis, das Kind.*

Das **grammatische Geschlecht** eines Substantivs stimmt oft nicht mit dem **natürlichen Geschlecht** überein, z. B.: *das Kind, das Mädchen.*

Substantive und ihr Numerus

1 Wodurch unterscheiden sich folgende Substantive von denen in eurer Tabelle in Aufgabe 3 a (▶ S. 199)?

die Zeiger • die Erfinderinnen • die Zahnräder • die Genies • die Mechaniken

2 a Schreibt folgende Substantive mit ihren Artikeln ab. Setzt sie dann in den Plural (▶ Merkkasten).

b Markiert jeweils farbig, woran man den Plural erkennen kann.

der Wecker • die Minute • das Jahr • das Foto • die Nacht • das Uhrband

c Erklärt, warum es für Engländer oder Amerikaner, die Deutsch lernen, besonders schwierig ist, sich den Plural deutscher Substantive zu merken.

3 Es gibt Substantive, die nur im Singular vorkommen, z. B.:

Regen • Zukunft • Glück • Gold • Hektik • Sport • Lärm • Fröhlichkeit • Eigentum

Bildet in Partnerarbeit zu den Singularformen Ersatzformen, die man an Stelle der fehlenden Pluralformen verwenden könnte, z. B.:
der Regen – die Regenschauer, die Zukunft – die zukünftigen Zeiten

4 a Sucht zu den folgenden schwierigen Substantiven im Plural die richtige Form im Singular und schreibt beide Formen nebeneinander auf.

die Globen • die Lexika • die Atlanten • die Genera • die Zentren • die Pizzen

b Alles richtig? Schlagt die Wörter zur Kontrolle im Wörterbuch nach.

Information **Der Numerus** (die Zahl; Plural: die Numeri)

Substantive haben einen Numerus, d. h. eine grammatische Zahl. Sie stehen entweder im
- **Singular** (Einzahl), z. B. *der Wecker, die Zeitreise, das Ziel,* oder im
- **Plural** (Mehrzahl), z. B. *die Wecker, die Zeitreisen, die Ziele.*

Bei manchen Substantiven ist entweder nur eine Singularform oder nur eine Pluralform möglich, z. B: *die Langsamkeit, die Ferien*. Bei der Bildung der Plural- bzw. der Singularform muss man bei solchen Substantiven nach einer Ersatzform suchen, z. B.: *die langsamen Bewegungen, der Ferientag.*

Substantive und ihr Kasus

Michael Ende

Momo und die Zeitdiebe

Im Kinderbuch „Momo“ von Michael Ende treiben Zeitdiebe ihr Unwesen. Momo, ein kleines Mädchen, ist die Erste, die ihre heimlichen Machenschaften entdeckt:

Es gibt ein großes und doch ganz alltägliches Geheimnis. Alle Menschen haben daran teil, jeder kennt es, aber die wenigsten denken je darüber nach. Die meisten Leute nehmen es einfach so hin und wundern sich kein bisschen darüber. Dieses Geheimnis ist die Zeit.

Es gibt Kalender und Uhren, um sie zu messen, aber das will wenig besagen, denn jeder weiß, dass einem eine einzige Stunde wie eine Ewigkeit vorkommen kann, mitunter kann sie aber auch wie ein Augenblick vergehen – je nachdem, was man in dieser Stunde erlebt.

Denn Zeit ist Leben. Und das Leben wohnt im Herzen.

Und genau das wusste niemand besser als die grauen Herren. Niemand kannte den Wert einer Stunde, einer Minute, ja einer einzigen Sekunde Leben so wie sie. Freilich verstanden sie sich auf ihre Weise darauf, so wie Blutegel sich aufs Blut verstehen, und auf ihre Weise handelten sie danach. Sie hatten ihre Pläne mit der Zeit der Menschen. Es waren weit gesteckte und sorgfältig vorbereitete Pläne.

Das Wichtigste war ihnen, dass niemand auf ihre Tätigkeit aufmerksam wurde. Unauffällig hatten sie sich im Leben der großen Stadt und ihrer Bewohner festgesetzt. Und Schritt für Schritt, ohne dass jemand es bemerkte, drangen sie täglich weiter vor und ergriffen Besitz von den Menschen. Sie kannten jeden, der für ihre Absichten in Frage kam, schon lange bevor der Betreffende selbst etwas davon ahnte. Sie warteten nur den richtigen Augenblick ab, in dem sie ihn fassen konnten. Und sie taten das Ihre dazu, dass dieser Augenblick eintrat.

Als Momo dies herausgefunden hat, lädt sie alle Kinder der Stadt zu einer großen Versammlung ein. Dabei wollen die Kinder Pläne schmieden, wie sie den Zeitdieben das Handwerk legen können. Die Aufregung ist groß und die Kinder haben tausend Fragen:

1 Momo versucht, die Fragen aller Kinder zu beantworten. Helft ihr dabei:

a Schreibt die Fragen der Kinder in euer Heft. Lasst dabei nach jeder Frage eine Zeile frei.

b Formuliert dann die Antworten in ganzen Sätzen, z. B.:

> ***Frage:*** *Wer oder was weiß am besten über das Geheimnis Bescheid?*
>
> ***Antwort:*** *Die grauen Herren wissen am besten über das Geheimnis Bescheid.*

c Unterstreicht im Fragesatz die Fragewörter und im Antwortsatz die Wörter, die auf die Frage antworten.

2 Lest den Merkkasten unten auf der Seite und ordnet euren Frage-Antwort-Paaren aus Aufgabe 1 die Namen der Kasus zu.

3 Momo muss noch viele weitere Fragen beantworten. Findet heraus, welche Fragen die Kinder gestellt haben, und schreibt sie auf.
Tipp: Die unterstrichenen Wörter geben Auskunft über das, wonach gefragt wurde.
„Die meisten Leute nehmen es einfach so hin und wundern sich kein bisschen darüber."
„Die grauen Herren ergreifen Besitz von den Menschen."
„Die grauen Herren kennen jeden."
„Sie haben ihre Pläne mit der Zeit der Menschen."

Information **Der Kasus** (der Fall; Plural: die Kasus, mit langem *u* gesprochen)

In Sätzen erscheinen Substantive immer in einem bestimmten Kasus, das heißt in einem grammatischen Fall. Im Deutschen gibt es **vier Kasus.** Nach dem Kasus richten sich die Form des Artikels und die Endung des Substantivs.
Man kann den Kasus eines Substantivs durch **Fragen** ermitteln:

Kasus	**Kasusfrage**	**Beispiel**
1. Fall: **Nominativ**	Wer oder was ...?	*Ein Mädchen entdeckt den Zeitdiebstahl.*
2. Fall: **Genitiv**	Wessen ...?	*Sie kennt das Geheimnis der grauen Herren.*
3. Fall: **Dativ**	Wem ...?	*Sie stehlen den Menschen die Zeit.*
4. Fall: **Akkusativ**	Wen oder was ...?	*Momo will die Zeitdiebe besiegen.*

Wenn man ein Substantiv in einen Kasus setzt, nennt man dies **deklinieren** (beugen).

Was Pronomen können

Mit Personalpronomen Substantive ersetzen

Es fällt durch die Fensterscheibe, ohne sie zu zerbrechen.	Es hört ohne Ohren, schwatzt ohne Mund und antwortet in allen Sprachen.
Er wird auch im Freien von der Sonne nie beschienen.	Sie wird doppelt so groß, wenn man sie teilt.

1 a Könnt ihr die Rätsel lösen?
b Beschreibt, wie die Rätsel formuliert sind, damit die Begriffe, die erraten werden sollen, nicht genannt werden müssen.

2 a Erfindet selbst Rätselsätze, in denen ihr ein Substantiv umschreibt. Ihr könnt z. B. ein Lebewesen wählen (Baby, Katze, ...), einen Gegenstand (Einrad, Leiter ...) oder einen Begriff (Freundschaft, Mut ...).
b Lasst eure Mitschüler und Mitschülerinnen die Rätsel lösen.

3 a Lest die beiden kleinen Geschichten:

1 „Ich nehme sie", rief er, „sie gefällt mir, und sie ist wunderschön!" Er war zufrieden und überreichte sie ihm. „Ich bin begeistert!", sagte er und auch er strahlte über das ganze Gesicht. Dann steckte er sie in seine Tasche, grüßte und ging hinaus. Noch lange schaute er ihm hinterher. Er hätte nicht gedacht, ihn so glücklich machen zu können.

2 „Ich nehme die Brillantenuhr", rief der Angeber, „die Brillantenuhr gefällt mir und die Brillantenuhr ist wunderschön!" Der Juwelier war zufrieden und überreichte die Brillantenuhr dem Angeber. „Ich bin begeistert!", sagte der Angeber und auch der Juwelier strahlte über das ganze Gesicht. Dann steckte der Angeber die Brillantenuhr in seine Tasche, grüßte und ging hinaus. Noch lange schaute der Juwelier dem Angeber hinterher. Der Juwelier hätte nicht gedacht, den Angeber so glücklich machen zu können.

b Beschreibt, was euch bei Fassung 1 der Geschichte Probleme bereitet.
c Auch Fassung 2 klingt seltsam. Erklärt, woran das liegt.
d Habt ihr andere Ideen, was für Personen und Dinge sich hinter den Pronomen (▶ S. 204) von Geschichte 1 verbergen könnten? Schreibt die Geschichte mit euren eigenen Ideen neu. Achtet dabei auf einen ausgewogenen Gebrauch von Substantiven und Pronomen.

Information **Das Personalpronomen** (persönliches Fürwort; Plural: die Personalpronomen)

Es gibt verschiedene Arten von Pronomen. Mit den **Personalpronomen** *(ich, du, er, sie, es, wir, ihr, sie)* kann man **Substantive** (zu denen auch die Namen gehören) **ersetzen,** z. B.: *Jonas hat heute seine Uhr daheim vergessen. Ohne sie kam er zu spät.*

Personalpronomen werden wie Substantive dekliniert (gebeugt):

	Singular			**Plural**		
Kasus	**1. Pers.**	**2. Pers.**	**3. Pers.**	**1. Pers.**	**2. Pers.**	**3. Pers.**
1. Fall: **Nominativ**	*ich*	*du*	*er/sie/es*	*wir*	*ihr*	*sie*
2. Fall: **Genitiv**	*meiner*	*deiner*	*seiner/ihrer/seiner*	*unser*	*euer*	*ihrer*
3. Fall: **Dativ**	*mir*	*dir*	*ihm/ihr/ihm*	*uns*	*euch*	*ihnen*
4. Fall: **Akkusativ**	*mich*	*dich*	*ihn/sie/es*	*uns*	*euch*	*sie*

Mit Possessivpronomen anzeigen, wem etwas gehört

– Guten Abend, Schatz, wie war ? Tag?
– ? Tag war prima! Ein Kunde hat ? teuerste Uhr gekauft! Den hättest du sehen sollen mit ? Sonnenstudiobräune und ? Goldkettchen!
– Wen er damit wohl beschenkt? ? Frau? Du könntest mir doch übrigens auch mal etwas Hübsches aus ? Laden schenken.
– Äh ...

mein • meine • meinen • meinem • dein • deine • deinem • deines • sein • seine • seinem • seiner

1 **a** Lest den Dialog. Ergänzt dabei die fehlenden Wörter. Wählt aus dem Wortspeicher rechts passende aus.
b Erläutert, worüber euch die eingesetzten Wörter informieren.

2 Auch der Angeber (siehe Aufgabe 3 auf S. 203) kommt abends nach Hause zu seiner Frau, natürlich mit seinem Geschenk. Denkt euch einen Dialog aus, in den ihr auch Possessivpronomen (► Merkkasten unten) einbaut. Schreibt den Dialog in euer Heft.
Unterstreicht die Possessivpronomen. Ihr könnt so beginnen:
– *„Hallo, mein Liebling! Du errätst nie, was ich in meiner Tasche habe!"* ...

Information **Das Possessivpronomen** (besitzanzeigendes Fürwort; Pl.: die Possessivpronomen)

Possessivpronomen *(mein, dein, sein, ihr, unser, euer, ihr)* **geben an, (zu) wem etwas gehört,** z. B.: *mein Buch, deine Stoppuhr, unsere Lehrerin.*
Possessivpronomen begleiten meist Substantive und stehen dann im gleichen Kasus (Fall) wie das dazugehörige Substantiv, z. B.:
Ich schenke meiner Freundin eine Sanduhr. Frage: *Wem schenke ich ...?* → *Dativ*

Fordern und fördern – Substantive, Artikel, Pronomen

Der Sonnenumlauf

Die Abbildung zeigt den Lauf der Erde um die Sonne. Bei ihrer Reise um die Sonne dreht sich die Erde um sich selbst, sodass die einzelnen Teile der Erde zu verschiedenen Zeiten der Sonne gegenüberstehen; das bewirkt den Wechsel der Tageszeiten. Durch den Lauf der Erde um die Sonne entstehen die Jahreszeiten. Die Erdachse ist leicht geneigt. Einige Monate lang ist der Nordpol der Sonne zugeneigt und der Südpol bekommt kein Licht. In dieser Zeit ist auf der nördlichen Halbkugel Sommer, auf der Südhalbkugel Winter. Später im Jahr, wenn der Südpol der Sonne zugeneigt ist und der Nordpol ohne Licht bleibt, ist es umgekehrt. Das Sonnenjahr hat ca. 365 Tage.

Bearbeitet eine der folgenden drei Aufgaben:

●○○ 1

a Schreibt aus dem Sachtext oben drei Substantive heraus: Wählt dabei jeweils ein Beispiel für ein Maskulinum, ein Femininum und ein Neutrum. Notiert die Substantive im Singular mit ihren bestimmten Artikeln: *der ...*

b Findet im Text je ein Beispiel für jeden Kasus. Schreibt die Beispiele so in euer Heft:
- *Ein Substantiv im Nominativ (Wer oder was?): ...*
- *Ein Substantiv im Genitiv (Wessen?): ...*
- *Ein Substantiv ...*
- *...*

●●○ 2

a Bestimmt den Kasus der zehn im Text oben unterstrichenen Substantive. Schreibt euer Ergebnis in dieser Form in euer Heft:
den Lauf: Wen oder was? Akkusativ
die Erde: ...

b Erklärt, was man unter dem Begriff „deklinieren" versteht, und erläutert, welche Wortarten man deklinieren kann.

●●● 3

a Bestimmt die zehn im Text über den Sonnenumlauf unterstrichenen Substantive nach Kasus, Genus und Numerus. Schreibt eure Ergebnisse als Liste in euer Heft:
den Lauf: Akkusativ, Maskulinum, Singular

b Erklärt, aus welchen Gründen der richtige Gebrauch der Artikel im Deutschen für Engländer oder Amerikaner, die Deutsch lernen, schwierig ist.

Mit Adjektiven beschreiben und vergleichen

1 Denkt kurz über Futuras Frage nach und tauscht dann eure Ideen aus.

2 **a** Lest die folgende Geschichte, die auch von einer Zeitreise erzählt.

Abenteuer auf dem Schärenfelsen

„Die ? Ferien sind einfach die ? Zeit des Jahres!“ Jonas lässt den Blick übers ? Meer schweifen und streckt seine ? Beine auf dem Schärenfelsen aus. Mit seinen Eltern und seiner ? Schwester genießt er ? Tage an der Westküste Schwedens. „Ja, schon“, erwidert Alisa, „das ? Schlafen, das ? Wetter und die ? Krabben hier sind ein Traum. Aber irgendwie müsste mal wirklich was passieren. Ein ? Abenteuer!“ Sie nimmt einen ? Stein in die Hand und fährt fort: „Wenn zum Beispiel das ein ? Stein wäre und uns auf eine Zeitreise schicken könnte.“ Jonas will gerade antworten, doch die Worte bleiben ihm im Halse stecken: Die ? Sommerhäuser sind verschwunden, ebenso die ? Segelboote in der Bucht, und das Wasser ist plötzlich so ? gestiegen, dass es seine ? Zehen berührt. Und der Felsen, auf dem er sitzt, ist auf einmal voller ? Zeichnungen: ? Männer mit ? Speeren, ? Boote und ? Tiere, alles in ? Farbe auf den Fels gemalt! „Es hat geklappt!“, japst Alisa. „Schau, das sind Felszeichnungen. Wir sind in der Bronzezeit gelandet ... Aber was ist das?“ Sie zeigt hinaus aufs Meer, wo sich ein ? Schiff nähert. An Bord sehen sie mindestens zehn ? Männer, die in ? Felle gekleidet sind. Es steuert geradewegs auf sie zu. „Was sollen wir jetzt tun?“, schreit Jonas ...

Felsritzungen in Tanum (Schweden, um 1000 v. Chr.)

b Als Futura diese Geschichte gelesen hat, sagt sie: „Wow, eine Zeitreise in die Bronzezeit, spannend! Aber irgendwie gefällt mir die Geschichte nicht so ganz. Sie ist so ... komisch erzählt ...“ – Könnt ihr erklären, was Futura mit „komisch“ meinen könnte?

3 a Überarbeitet die Erzählung von Seite 206 und setzt statt der Platzhalter passende Adjektive ein (▶ Merkkasten unten auf der Seite). Ihr könnt die Adjektive aus dem folgenden Kasten verwenden oder selbst geeignete Adjektive suchen.

> altertümlich • blutrot • bunt • braun • dunkel • fremdartig • gefährlich • groß • hoch • klein • lang • lecker • magisch • muskulös • nackt • richtig • rund • schön • seltsam • sonnig • stark • tiefblau • gut • wild • zahllos • zottig

b Lest euch eure Texte vor und beschreibt, wie sich ihre Wirkung durch die Adjektive verändert hat.
c Die Geschichte bricht da ab, wo es gerade spannend wird. Denkt euch eine Fortsetzung aus und schreibt sie auf. Verwendet abwechslungsreiche Adjektive.
d Unterstreicht die Adjektive in euren Erzählungen.

4 Jonas schreibt seiner Oma aus dem Urlaub eine begeisterte Postkarte.
a Denkt euch für die Lücken anschauliche Adjektive aus und schreibt die Karte in euer Heft.

Liebe Oma,

ich schicke dir viele ? Grüße aus unserem ? Urlaub in Schweden. Bei ? Wetter verbringen wir Tag für Tag viel Zeit draußen in der Natur, am ? Strand oder auf unserem ? Segelboot.
Das schwedische Essen ist ?.
Es sind wirklich ? Ferien.

Bis bald

dein Jonas

Frau
Claudia Jahn
Holzweg 7
76275 Ettlingen

b Lasst eure Fantasie spielen: Mit welchen Adjektiven würde Jonas seine Karte ausschmücken, wenn er den Urlaub schrecklich fände? Schreibt auch diese Karte.
c Lest euch eure Postkarten vor.

Information **Das Adjektiv** (Eigenschaftswort; Plural: die Adjektive)

Adjektive drücken aus, **wie** etwas ist. Mit Adjektiven können wir die **Eigenschaften** von Lebewesen, Dingen, Gefühlen oder Vorgängen **genauer beschreiben,** z. B.:
die lange Reise, die gefährliche Reise, die öde Reise.
Adjektive werden **kleingeschrieben.** Adjektive, die vor einem Substantiv stehen, haben den gleichen Kasus und Numerus wie das Substantiv, z. B.: *das große Abenteuer* (Nominativ, Singular), *des sonnigen Wetters* (Genitiv, Singular), *den fröhlichen Urlauberinnen* (Dativ, Plural).

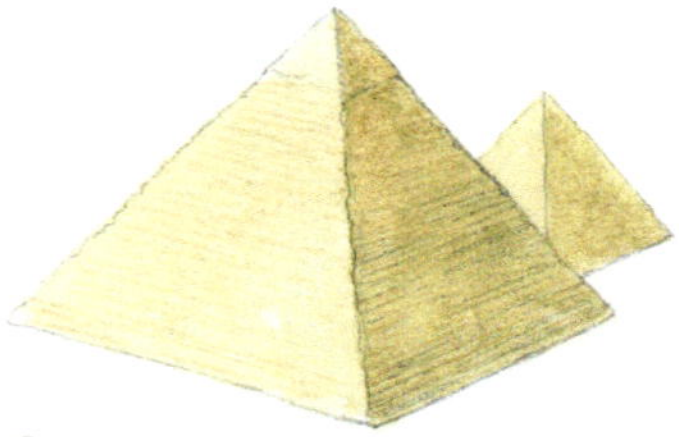

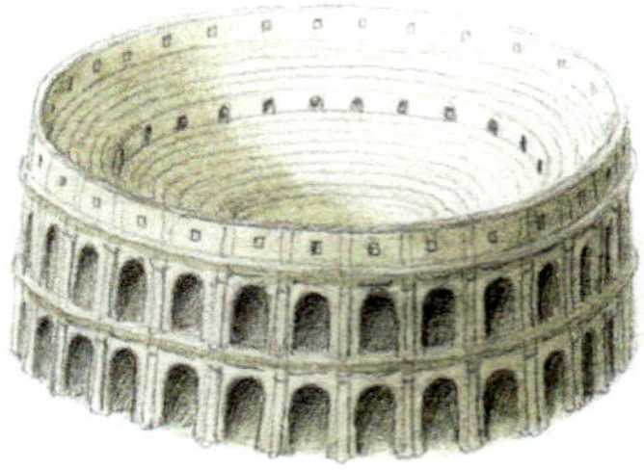

5 Auf Zeitreisen könnte man auch auf diese Zeugnisse früherer Kulturen treffen.

a Versucht, die oben abgebildeten Bauwerke danach zu ordnen, wie alt sie sind.

b Erklärt, wie ihr eure Versuche, die Bilder zu ordnen, sprachlich ausgedrückt habt. Geht darauf ein, wie ihr Adjektive verwendet habt.

6 Auf Fernreisen muss man oft seine Uhr verstellen – auch wenn es keine Zeitreisen sind. Das liegt daran, dass die Erde in Zeitzonen eingeteilt ist.
Wenn die Zeiger in Stuttgart auf 12 Uhr MEZ (= Mitteleuropäische Zeit) stehen, ist es in …

Mexiko City: 5 Uhr	Moskau: 14 Uhr	Buenos Aires: 7 Uhr
Tokio: 20 Uhr	London: 11 Uhr	Bangkok: 18 Uhr

Erstellt nun mit Hilfe von Vergleichen ein Zeitzonen-Rätsel für eure Mitschüler, z. B.:
In dieser Stadt ist es eine Stunde früher als in Stuttgart.
In welcher von allen genannten Städten ist es am frühesten?

Information **Steigerung der Adjektive**

Adjektive kann man steigern, z. B.: *schnell, schneller, am schnellsten*. So kann man Dinge oder Lebewesen miteinander vergleichen. Es gibt drei Steigerungsstufen:

Positiv Grundform	**Komparativ** 1. Steigerungsstufe	**Superlativ** 2. Steigerungsstufe
Die Burg ist alt.	*Der Tempel ist älter.*	*Die Wohnhöhle ist am ältesten.*

Vergleiche mit *wie* und *als*:
- Vergleiche mit dem Positiv werden mit *wie* gebildet, z. B.:
  Der Tempel ist genauso alt wie das römische Theater.
- Vergleiche mit dem Komparativ werden mit dem Vergleichswort *als* gebildet, z. B.:
  Ich finde Pyramiden interessanter als Burgen.

Fordern und fördern – Adjektive

Michael Ende

Momo – In Meister Horas Haus

Momo stand in dem größten Saal, den sie je gesehen hatte. Er war größer als die riesigste Kirche und die geräumigste Bahnhofshalle. Gewaltige Säulen trugen eine Decke, die man hoch droben im Halbdunkel mehr ahnte als sah. Fenster gab es keine. Das goldene Licht, das diesen unermesslichen Raum durchwebte, kam von unzähligen Kerzen, die überall aufgesteckt waren und deren Flammen so reglos brannten, als seien sie mit leuchtenden Farben gemalt und brauchten kein Wachs zu verzehren, um zu strahlen.
Das tausendfältige Schnurren und Ticken und Klingen und Schnarren, welches Momo bei ihrem Eintritt vernommen hatte, kam von unzähligen Uhren jeder Gestalt und Größe. Sie standen und lagen auf langen Tischen, in Glasvitrinen, auf goldenen Wandkonsolen und in endlosen Regalen.

Bearbeitet eine der folgenden drei Aufgaben.

●○○ **1** **a** Sucht alle Adjektive aus dem Text heraus und schreibt sie in ihrer Grundform auf, z. B.: *groß, riesig, …*
b Übertragt die folgende Tabelle zur Steigerung der Adjektive in euer Heft und vervollständigt sie. Manche Formen findet ihr im Text, die anderen müsst ihr selbst ergänzen.

Positiv	Komparativ	Superlativ
groß	…	*am größten*
…	*höher*	…
lang	…	…
geräumig	…	…

●●○ **2** **a** Bearbeitet Aufgabe 1 a und b.
b Sucht ein Adjektiv im Text, das sich nicht steigern lässt, und begründet, warum dies so ist.

●●● **3** **a** Ordnet alle Adjektive aus dem Text in eine Tabelle wie die folgende ein:

Steigerbare Adjektive	Nicht steigerbare Adjektive
groß …	*golden* …

b Bildet zu den Adjektiven rechts Komparativ und Superlativ, wo dies möglich ist.
c Erklärt, aus welchen Gründen ihr manche der Adjektive aus Aufgabe b nicht steigern könnt.

silbern • unendlich • jung • eilig • täglich • leer • pünktlich • rätselhaft

Mit Präpositionen Beziehungen ausdrücken

1 Aus welchen Gründen könnte eine Zeitreise ins Mittelalter einerseits spannend, andererseits beschwerlich sein? Tauscht eure Meinungen in der Klasse aus.

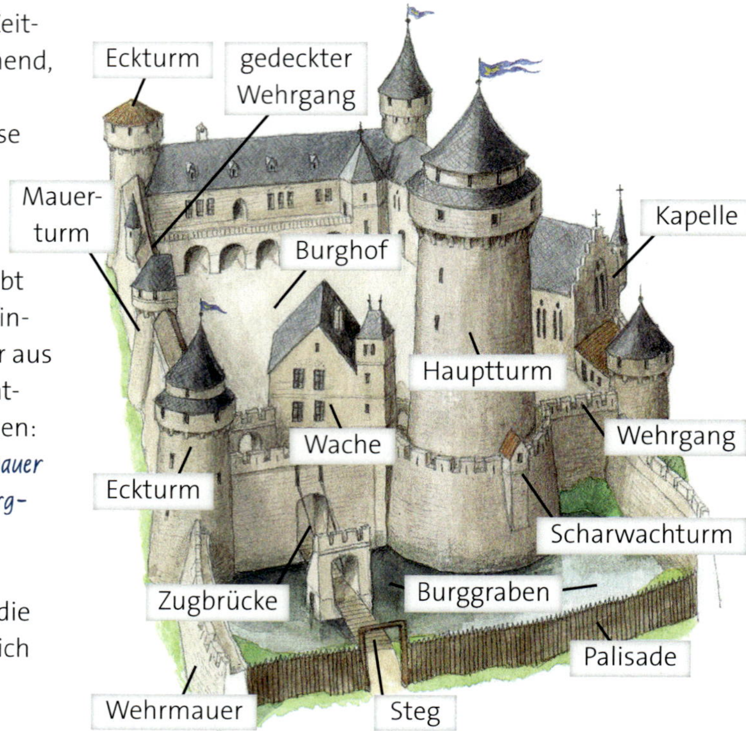

2 **a** Die Abbildung rechts stellt eine mittelalterliche Burg dar. Beschreibt möglichst genau, was sich wo befindet, sodass sich auch ein Besucher aus dem 21. Jahrhundert gleich zurechtfinden würde. Ihr könnt so beginnen:
Zwischen der Palisade und der Burgmauer verläuft der Burggraben. Über den Burggraben führen ein Steg und eine Zugbrücke …

b Unterstreicht wie im Beispielsatz die kleinen Wörter, die angeben, wo sich etwas befindet.

Winter auf der Burg

Im Winter war das Leben auf einer mittelalterlichen Burg ziemlich ungemütlich. Oft konnten nur die großen Säle beheizt werden und alle versammelten sich ums Feuer, das in großen Kaminen brannte. Glasscheiben waren aufgrund ihres hohen Preises damals noch ein Luxusgut, und durch die Fenster, die nur mit Holzläden verschlossen waren, zog die kalte Luft herein. Wegen der geschlossenen Läden war es dann drinnen auch während des Tages dunkel. Ohne dicke Decken und warme Felle konnte man es kaum aushalten.

3 Die unterstrichenen Angaben im Text beginnen alle mit einer Präposition (▸ Merkkasten S. 211).

a Übertragt die unterstrichenen Angaben in eine Tabelle wie die folgende und ordnet die passende Frage zu, auf die die markierte Wortgruppe eine Antwort gibt: *Wie?, Wann?, Wo?, …*

Angabe	Frage
im Winter	*Wann?*
auf einer mittelalterlichen Burg	…
…	…

b Bei zwei der Wortgruppen im Text ist die Präposition mit einem Artikel verschmolzen: im Winter, ums Feuer. Zerlegt sie in ihre Bestandteile.

Fordern und fördern – Präpositionen

Wer bestimmt die Zeit für die ganze Welt?

? einer Konferenz, die 1884 ? Washington stattfand, wurde die Erde ? Normalzeitzonen eingeteilt. Man bestimmte den Meridian, der ? den Ort Greenwich ? London läuft, ? Null-Meridian und teilte die 360 Grad des Erdumfangs ? 24 Zonen. Die 24 Zonen unterscheiden sich in ihrer Ortszeit jeweils um eine volle Stunde und bilden seit 1884 die Grundlage der genauen Zeitbestimmung auf der ganzen Welt. In Mitteleuropa gilt die Mitteleuropäische Zeit (MEZ). Wegen ihrer großen ost-westlichen Ausdehnung gibt es in Ländern wie den USA oder Russland mehrere Zeitzonen.

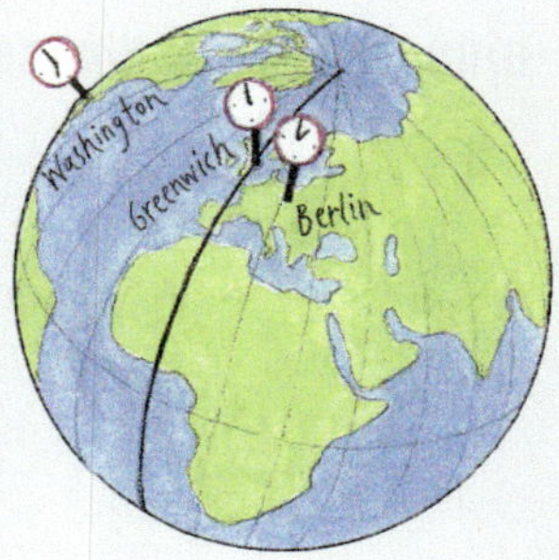

Bearbeitet eine der folgenden drei Aufgaben:

●○○ **1** In den ersten beiden Sätzen des Textes fehlen die Präpositionen. Schreibt die Sätze ab und setzt *auf, bei, durch, in* und *zu* ein. Achtung: Einmal verschmelzen Präposition und Artikel.

●●○ **2** Sucht ab Satz drei des Textes alle Angaben heraus, die mit Präpositionen eingeleitet werden. Schreibt sie in eine Tabelle und kreuzt an, welches Verhältnis ausgedrückt wird.

Angabe bezieht sich auf:	Ort	Zeit	Grund	Art und Weise
in ihrer Ortszeit				*X*

●●● **3** „In einer Woche beginnt die Sommerzeit." „In Mitteleuropa gilt die Mitteleuropäische Zeit." Erklärt, wie sich die Bedeutung der Präposition „in" in den beiden Sätzen unterscheidet. Bildet nach dem gleichen Muster je zwei Beispielsätze mit den Präpositionen *nach* und *vor*.

Information **Die Präposition** (Verhältniswort; Plural: die Präpositionen)

Präpositionen wie *in, auf, unter* drücken Verhältnisse und Beziehungen zwischen Gegenständen oder Personen aus:

Angaben	Fragen	Präpositionen (Beispiele)
örtliches Verhältnis	Wo ...?	*auf, in, hinter, neben, unter, vor, über*
zeitliches Verhältnis	Wann ...?	*nach, vor, seit, um, während, bis, seit*
Angabe des Grundes	Warum ...?	*wegen, trotz, aufgrund*
Angabe der Art und Weise	Wie ...?	*ohne, mit*

Die Präposition steht in der Regel **vor einem Substantiv** (mit oder ohne Begleiter) **oder Pronomen.** Sie **bestimmt den Kasus** des nachfolgendes Wortes oder der nachfolgenden Wortgruppe, z. B.: *auf dem Turm, mit dir, wegen des plötzlichen Schneefalls.*

Teste dich!

Substantive, Pronomen, Adjektive und Präpositionen

VORSICHT FEHLER!

eine uhr als kompass

wenn du dich einmal verirrt hast, kannst du deine uhr auch als kompass verwenden und dich mit hilfe der sonne orientieren: zuerst steckst du einen kleinen zweig senkrecht in den boden. dann legst du deine uhr direkt neben dem zweig auf den boden.

drehe sie so weit, bis der stundenzeiger vom schatten des zweiges bedeckt ist. der stundenzeiger weist nun gerade auf die sonne. Wenn du nun den winkel zwischen dem stundenzeiger und der zwölf auf dem zifferblatt halbierst, zeigt die verlängerte achse genau nach süden.

1 a Schreibe den Text in der richtigen Groß- und Kleinschreibung in dein Heft.
b Bilde wo möglich zu den Substantiven im Text die Pluralform mit passendem Artikel, z. B.: *die Uhren, ...*

2 In in den ersten beiden Zeilen des Textes oben kommen zwei verschiedene Arten von Pronomen vor.
a Notiere die Pronomen und bestimme, um welche Art von Pronomen es sich jeweils handelt.
b Erkläre, welche Funktion die beiden Arten von Pronomen in dem Satz haben.

3 Im zweiten Absatz des Textes sind Wörter unterstrichen. Entscheide, welche der vier folgenden Kasusreihen richtig angibt, in welchem Kasus die unterstrichenen Wörter stehen. Die Kasusfragen helfen dir bei der Bestimmung.

A Nominativ – Akkusativ – Dativ – Nominativ – Genitiv
B Akkusativ – Genitiv – Nominativ – Akkusativ – Dativ
C Nominativ – Dativ – Genitiv – Nominativ – Nominativ
D Nominativ – Dativ – Genitiv – Nominativ – Akkusativ

4 Bestimme Kasus, Numerus und Genus des unterstrichenen Substantivs im folgenden Satz. Schreibe die richtige Lösung in dein Heft.
Einstein gehört einem Mädchen namens Futura.

A Akkusativ – Singular – Femininum
B Dativ – Singular – Neutrum
C Dativ – Plural – Neutrum

5 Schreibe die Adjektive aus dem nebenstehenden Kasten heraus und bestimme, in welcher Form sie stehen (Positiv, Komparativ oder Superlativ).

GEWITTER • WILD • DIREKTER • LEHRER • AM BESTEN • MEISTER • AM MEISTEN

6 Hier sind Präpositionen durcheinandergeraten. Schreibe die folgenden beiden Sätze ab und stelle dabei die Präpositionen an die richtige Stelle.
Wenn du deinen selbst gebauten Kompass zwischen Sommerzeit benutzt, musst du bei eine Kleinigkeit achten: Nun ist Süden auf der Mitte in dem Stundenzeiger und der Eins.

12.2 Erfindungen verändern die Welt – Verben

Verben – Infinitiv und Personalformen

Oskar Pastior

ballade vom estaminen klimasch

wo die sonne scheint
wo der buxbam waxt
wö das feiglein murrt
und man gut baden kan
und man fein schupfen kan
unz man hübsch braten kan
man wu schüpfen kan
U kann beden kan
hü feiglan
das mank
schmaxt

1 Lest das Gedicht laut vor. Findet ihr es auch lustig? Erläutert eure Meinung.

2 Futura will versuchen, den Sinn des Gedichts von den Verben her zu erschließen.

a Helft ihr, alle Verben aus dem Gedicht herauszusuchen. Erläutert jeweils, warum ihr annehmt, dass es sich bei dem genannten Wort um ein Verb handelt.

b Stellt Vermutungen darüber an, was die vom Dichter erfundenen Verben bedeuten könnten.

Die Erfindung des Blitzableiters

Im Sommer 1752  der Politiker und Naturforscher Benjamin Franklin ein sehr gefährliches Experiment: Während eines Gewitters steigt ein Drachen immer höher in die Wolken. „Die Menschen glauben, dass Blitz und Donner Zauberkräfte des Himmels sind. Aber heute beweise ich, dass ein Blitz nichts anderes als Elektrizität ist", erklärt er seinem Sohn, der ihn bei diesem Experiment begleitet. „Aber wie 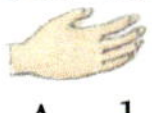 du das?", fragt sein Sohn.
„An dem Drachen befestige ich eine Spitze aus Metall, denn Metall ist ein guter Leiter für Strom. Am Ende der nassen Drachenschnur binde ich einen Schlüssel fest. Wenn ich dann durch die nasse Schnur Elektrizität zur Erde 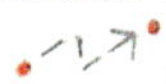, muss man sie als sprühende Funken am Metallschlüssel ." „Aber du hältst den Schlüssel doch an einem Band fest. Und damit 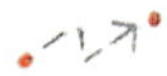 du doch den Strom auch in deine Hand", bemerkt sein Sohn. „Nein, das ist nicht so. Das Band, mit dem ich den Schlüssel halte, ist aus Seide. Und sie  keine Elektrizität weiter", erklärt Franklin. Und tatsächlich: Als ein Blitz auf die Metallspitze des Drachens trifft, springen aus dem Schlüssel Funken. „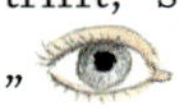 du", ruft Franklin freudig aus, „der

Blitz gibt die Elektrizität an die Metallspitze weiter und durch die nasse Schnur wird sie dann zum Schlüssel geführt.“ Franklin schließt daraus, dass man Blitze mit einem Draht auffangen und ungefährlich in die Erde abführen kann. Das bringt ihn auf eine Idee: Er stellt eine sehr hohe Eisenstange neben einem Haus auf. Und statt in das Gebäude schlägt jetzt der Blitz in die Eisenstange ein. Und die lenkt die Elektrizität direkt in die Erde. Benjamin Franklin erfindet also an diesem Tag den Blitzableiter.

1 a Lest den Text „Die Erfindung des Blitzableiters“ leise durch und findet dabei heraus, für welche drei Verben die verschiedenen Bildchen stehen.

b Erklärt mit eigenen Worten, was Benjamin Franklin mit seinem Versuch beweisen will und wie er bei seinem Experiment vorgeht.

2 Schreibt die sieben Verbformen, die durch Bildchen dargestellt sind, zusammen mit dem passenden Personalpronomen in euer Heft, z. B. *er macht, du ...*
Achtung: Bei einer der sieben Verbformen kann man kein Personalpronomen zuordnen.
Versucht zu erklären, was diese Form von den anderen sechs unterscheidet.

3 Hier ist bei einem zerstreuten Erfinder einiges durcheinandergeraten:

a Sortiert die folgenden Verbformen in eurem Heft in eine Tabelle wie die abgebildete ein.
erfinden – erfindet – erfinden – erfindet – erfindest

Infinitiv	**Singular** (Einzahl)	**Plural** (Mehrzahl)
1. Person	*ich erfinde*	*wir ...*
2. Person	*du ...*	*ihr ...*
3. Person	*er/sie/es ...*	*sie ...*

b Unterstreicht die Endungen, die euch anzeigen, wo ihr die Verbformen richtig einordnet.

Information **Das Verb** (Tätigkeitswort; Plural: die Verben)

Mit Verben gibt man an, **was jemand tut** (z. B. *reden, lachen*) oder **was geschieht** (z. B. *regnen, brennen*).
Verben werden **kleingeschrieben.**
Der **Infinitiv** (die Grundform) eines Verbs endet auf *-en* oder *-n*, z. B.: *denken, rudern*.

Wenn man Verben in Sätzen verwendet, bildet man **Personalformen des Verbs.**
Das nennt man **konjugieren (beugen).** Die Personalformen eines Verbs werden vom Infinitiv abgeleitet: An den Stamm des Verbs wird die passende Personalendung angehängt, z. B.: *such-en* (Infinitiv) → *Ich such-e die Lösung.* (1. Person Singular).

Die Aufforderungsform des Verbs: Der Imperativ

1 Benjamin Franklins Sohn unterstützt den Erfinder gerne bei seiner Arbeit. Oft hört er den Vater daher Dinge sagen wie:

„Gib mir jetzt das Seidenband.“	„Hole mir eine von Mutters Stricknadeln.“
„Halte mir bitte kurz das Messgerät.“	„Hilf mir mal schnell mit dem Drachen.“

a Was will Benjamin Franklin mit diesen Sätzen bewirken?
Diskutiert, welcher der Begriffe am besten zu allen vier Sätzen passt:

Wunsch • Feststellung • Befehl • Ankündigung • Aufforderung • Mitteilung

b Manchmal hilft Franklin nicht nur sein Sohn, sondern auch dessen kleine Schwester.
Denkt euch aus, welche vier Aufgaben der Vater für beide zusammen haben könnte, und schreibt auf, was er zu ihnen sagt, z. B.: *„Bringt mir …“*

Experiment: Fliegende Salzkörner

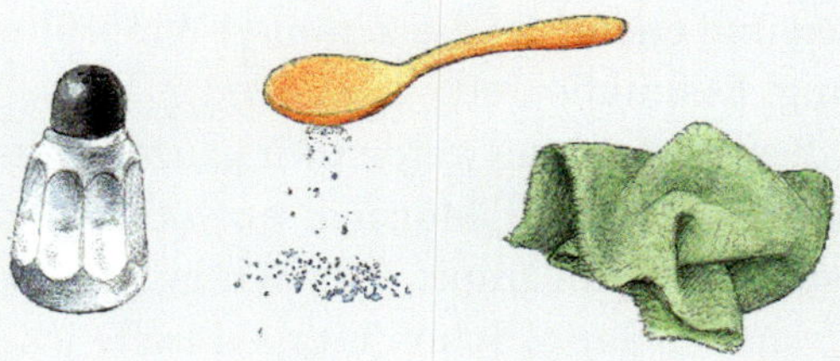

Du brauchst
etwas Salz, einen Plastiklöffel,
ein Wolltuch oder einen Wollpullover,
eine glatte Unterlage, z. B. einen Tisch.

Streue etwas Salz auf einen Tisch oder eine andere glatte Unterlage. Nimm nun den Plastiklöffel und reibe ihn kräftig mit einem Wolltuch oder einem Wollpullover ab. Halte jetzt den Löffel vorsichtig über die Salzkörner.
Ergebnis: Die Salzkörner springen an den Löffel und bleiben an ihm haften.
Erklärung: Durch die Reibung mit dem Wolltuch lädt sich der Plastiklöffel elektrisch auf und zieht dadurch die Salzkörner an.

2 Sucht aus dem Text alle Verbformen heraus, die jemanden auffordern, etwas zu tun.

Information **Der Imperativ** (Aufforderungsform des Verbs; Plural: die Imperative)

Die Aufforderungsform (Befehlsform) eines Verbs nennt man Imperativ. Man kann eine Aufforderung an eine oder an mehrere Personen richten. Dementsprechend verwendet man den Imperativ Singular (z. B. *„Bitte komm!“*) oder den Imperativ Plural (*„Bitte kommt!“*).
- Der **Imperativ Singular** besteht aus dem Stamm des Verbs (z. B. *schauen* → *schau!*), manchmal wird die Endung *-e* angehängt (z. B. *reden* → *rede!*) oder es ändert sich der Stammvokal von *e* zu *i* (z. B. *geben* → *gib!*).
- Der **Imperativ Plural** wird mit dem Stamm des Verbs und der Endung *-t* gebildet (z. B. *suchen* → *sucht!*).

Mit Verben Zeitformen bilden

Präsens und Futur verwenden

Die Erfindung der Glühlampe

Thomas Alva Edison (1847–1931) gilt als einer der größten Erfinder. Im folgenden Text berichtet er von seiner berühmtesten Erfindung, der Entwicklung der Glühlampe.

Meine Glühlampe besteht aus einem luftleeren Glaskolben, denn in einem Vakuum verbrennt der Glühfaden weniger schnell. Im Inneren des Kolbens befindet sich ein verkohlter Baumwollfaden. Er dient als Glühfaden. Jetzt schließe ich das Ganze an den Strom an. Meine Mitarbeiter und ich beobachten nun die Glühlampe, um zu sehen, wie lange der Glühfaden hält: Ganze 40 Stunden glüht der Faden und erleuchtet das Zimmer! Wir brüllen vor Begeisterung! Es funktioniert!

Mit dieser Erfindung werden wir ganze Städte erhellen. In den nächsten zwölf Monaten entwickeln wir eine neue Version der Glühlampe, die noch länger brennt und die jeder nutzen kann. Schon morgen treffe ich mich wieder mit meinen Mitarbeitern. Diese Erfindung wird die Lebensgewohnheiten der Menschen auf den Kopf stellen. Öllampen, Kerzen und Petroleumleuchten wird es bald nicht mehr geben.

1 Versucht, die Frage, die Futura euch stellt, mit Hilfe von Beispielen anschaulich zu beantworten.

2 Im ersten Absatz (Z. 1–9) berichtet Edison vom Erfinden der Glühlampe.

a Untersucht, in welcher Zeitform die Verben im ersten Absatz stehen.

b Erklärt, warum der Erfinder diese Zeitform verwendet. Es gibt zwei mögliche Gründe, bei deren Entdeckung euch die Untersuchung dieser beiden Sätze hilft:
„Er dient als Glühfaden.“ „Jetzt schließe ich das Ganze an den Strom an.“

c Ordnet auch die übrigen Verben des ersten Absatzes den beiden in Aufgabe b ermittelten Funktionen zu.

3 **a** Lest den zweiten Absatz des Textes. Erläutert, auf welche Zeiträume sich Edisons Aussagen beziehen.

b Betrachtet den folgenden Satz genauer und erklärt, wie Edison seine Aussage über diesen Zeitraum sprachlich ausdrückt: „Mit dieser Erfindung werden wir ganze Städte erhellen.“

c „Schon morgen treffe ich mich wieder mit meinen Mitarbeitern.“ In diesem Satz verwendet Edison allerdings eine andere Zeitform. Erklärt, warum trotzdem klar ist, auf welchen Zeitraum sich die Aussage bezieht.

4 In der Zukunft kann vieles möglich werden ...
Bildet Sätze mit den im Kasten unter Aufgabe b genannten Bausteinen. Entscheidet, bei welchen ihr das Futur verwendet oder aber das Präsens (siehe Merkkasten unten auf der Seite):
a Baut in vier Sätze eine der genannten Zeitangaben ein und schreibt sie im Präsens.
b Schreibt die übrigen vier Sätze im Futur und unterstreicht die Verbformen.

Forscher – abgasfreie Autos entwickeln

Medizin – neue Medikamente entdecken

Astronauten – auf dem Mars landen

Autos – von selbst ihr Ziel finden

Kraftwerke – umweltschonend Strom erzeugen

Tierschützer – Tierversuche abschaffen

Menschen wie du und ich – Weltraumreisen machen

alle – 3D-Fernseher zu Hause haben

Zeitangaben:
in hundert Jahren
bald
in zehn Jahren
in ferner Zukunft

5 Was würdet ihr gerne erfinden, um die Welt in Zukunft besser zu machen?
a Malt ein Bild oder zeichnet eine Skizze, die eure Erfindung darstellt.
b Beschreibt im Präsens, wie eure Erfindung aussieht und wozu sie dient.
c Erklärt im Futur, wie diese Erfindung das Leben der Menschen leichter machen wird.

Information **Die Zeitformen Präsens und Futur**

Verben kann man in verschiedenen **Tempora** (Zeitformen) verwenden, z. B. im Präsens, im Präteritum oder im Futur. Die Tempora der Verben sagen uns, wann etwas passiert, z. B. in der Gegenwart, in der Vergangenheit oder in der Zukunft.

Das Präsens (die Gegenwartsform)
1 Das Präsens wird verwendet, wenn etwas in der **Gegenwart** (in diesem Augenblick) geschieht, z. B.: *Er macht gerade eine Entdeckung.*
2 Im Präsens stehen auch **Aussagen, die immer gelten,** z. B.: *Die Erde dreht sich.*
3 Man kann das Präsens auch verwenden, **um etwas Zukünftiges auszudrücken.** Meist benutzt man dann eine Zeitangabe, die auf die Zukunft verweist, z. B.: *Morgen gehen wir ins Technikmuseum.*

Das Präsens wird gebildet, indem man an den Stamm des Verbs die entsprechende Personalendung anhängt, z. B.: *ich geh-e, du geh-st ...*

Das Futur (die Zukunftsform)
Das Futur wird verwendet, um ein zukünftiges Geschehen auszudrücken, z. B.:
Ich werde als Forscher neue Energiequellen entdecken.
Das Futur bildet man mit einer Personalform von *werden* im Präsens und dem Infinitiv des Verbs, z. B.: *Ich werde entdecken, du wirst entdecken ...*

Zeitformen der Vergangenheit: Perfekt

Heute Morgen habe ich in der Stadt ein großes Gebäude entdeckt, mit dem Schild „Schiller-Gymnasium“ über dem Eingang: spannend! Als ich dann drinnen herumgeschnüffelt habe, ist plötzlich ein Junge aus einem Klassenzimmer gekommen, und ich habe ganz höflich „Hallo“ gesagt und habe mich vorgestellt. Da hat er mich entsetzt angestarrt und ist dann schreiend davongelaufen. Das ist doch wirklich seltsam, findest du nicht?

1 a Lest laut und mit guter Betonung vor, was der Hund Einstein erzählt.
b Wann passiert das Ereignis, von dem Einstein erzählt? In der Vergangenheit, in der Gegenwart oder in der Zukunft?

2 a Erklärt, welche Unterschiede euch zwischen den beiden folgenden Sätzen auffallen. Achtet vor allem auf die unterstrichenen Wörter, die Verben:
Einstein sagt „Hallo“. Einstein hat „Hallo“ gesagt.
b Schreibt den zweiten Satz von Einsteins Erzählung („Als ich ...“) in euer Heft und unterstreicht die Verbformen.
c Beschreibt, was euch an der Bildung dieser Zeitform auffällt.

3 Auch der Junge berichtet nach der Schule seiner Schwester von der Begegnung mit Einstein.
a Schreibt seine folgende Erzählung ab und setzt die Verben in Klammern ins Perfekt.
b Unterstreicht danach in euren Sätzen beide Teile des Verbs, z. B.:
Heute Morgen habe ich in der Schule etwas Unheimliches erlebt.

Heute Morgen ? ich in der Schule etwas Unheimliches ? (erleben). Ich ? gerade zur Toilette ? (laufen), als ich im Foyer einem kleinen Hund ? (begegnen). Er ? mich ? (anschauen) und ? dann plötzlich zu sprechen ? (beginnen). Er „Hallo“ ? (sagen) und so etwas wie „Gestatten: Einstein mein Name.“ Ich ? meinen Ohren kaum ? (trauen). Meine Knie ? ganz weich ? (werden). Da ? er ? (fragen): „Möchtest du dich nicht auch vorstellen?“ Aber er ? ? (aussehen) wie ein ganz normaler Hund. Da ? mich die Panik ? (packen) und ich ? zurück ins Klassenzimmer ? (rennen).

4 Denkt euch ein anderes Tier aus, das sprechen kann, und erzählt, wie ihr ihm begegnet seid. Erzählt im Perfekt (siehe Merkkasten auf S. 219).

Röntgenstrahlen machen Verborgenes sichtbar

Bestimmt habt ihr schon einmal das Wort „Röntgenstrahlung" gehört. Die Röntgenstrahlung ist nach ihrem Entdecker, Wilhelm Conrad Röntgen (1845–1923), benannt. Im folgenden Text erfahrt ihr, auf welche Weise die Röntgenstrahlen entdeckt wurden.

Allgemeines Abendblatt: Herr Professor Röntgen, man ? Ihre berühmteste Erfindung nach Ihnen benannt: die Röntgenstrahlen. Wie ? Sie diese Strahlen entdeckt?

Professor Röntgen: Das ? ganz zufällig passiert. Als ich in meinem Labor eine Leuchtröhre mit einer schwarzen Pappe völlig lichtdicht abgeschirmt ? , ? in einiger Entfernung ein lichtempfindliches Papier geleuchtet. Und das, obwohl ich keinen Lichtstrahl gesehen ? . Daraus ? ich Folgendes geschlossen: Neben den sichtbaren Strahlen gibt es auch noch andere Strahlen, die für unser Auge unsichtbar sind: die Röntgenstrahlen.

Allgemeines Abendblatt: ? es dann einfach bei dieser Erkenntnis geblieben? Wie ? ihre Entdeckung berühmt geworden?

Professor Röntgen: Das ? noch einige Zeit gedauert, denn erst nach einigen Versuchswochen ? ich die wichtigste Entdeckung gemacht: Die Röntgenstrahlen durchdringen nicht nur eine schwarze Pappe, sondern auch andere Dinge, wie zum Beispiel die Haut oder die Muskeln.

Allgemeines Abendblatt: Die Strahlen ermöglichen uns also einen Blick in das Innere eines Menschen?

Professor Röntgen: Ja, genauso ist es. Ich ? diese Strahlen übrigens nicht nach mir benannt. Ich ? damals zu einem Vortrag gegangen und ? dort meine Entdeckung einem großen Publikum vorgestellt. Vor allen Anwesenden ? ich dann eine Hand durchleuchtet. Die anwesenden Wissenschaftler ? vor Begeisterung aufgesprungen und ? laut applaudiert. Doktor von Kölliker ? daraufhin die Strahlen nach mir benannt.

1 a Lest das Interview mit verteilten Rollen laut vor und ersetzt dabei die Fragezeichen durch die Hilfsverben „haben" oder „sein" in der passenden Personalform (► S. 214).

b Legt in eurem Heft eine Liste mit je fünf Verben aus dem Text an, die das Perfekt mit „haben" beziehungsweise mit „sein" bilden. Notiert jeweils ein Beispiel für eine Perfektform:

Perfekt mit „haben"	Perfekt mit „sein"
benennen, z. B.: Ich habe benannt.	*passieren, z. B.: Es ist passiert.*
...	...

Information **Die Zeitform Perfekt**

Wenn man mündlich von etwas Vergangenem erzählt oder berichtet, verwendet man häufig das Perfekt, z. B.: *Ich habe gerade etwas entdeckt. Er ist nach Hause gekommen.*
Das Perfekt bezeichnet man als eine **zusammengesetzte Vergangenheitsform,** weil es mit einer Form von ***haben*** oder ***sein*** im Präsens (z. B. *hast, sind*) und dem **Partizip II des Verbs** (z. B. *gesehen, aufgebrochen*) gebildet wird.

- Das Partizip II beginnt meistens mit *ge-*, z. B.: *lachen → gelacht; gehen → gegangen.*
- Wenn das Verb schon eine Vorsilbe hat *(ge-, be-* oder *ver-)*, bekommt das Partizip II keine zusätzliche mehr, z. B.: *gelingen → gelungen, berichten → berichtet, verlieren → verloren.*

Zeitformen der Vergangenheit: Präteritum und Plusquamperfekt

Katharina Paulus: Die erste Fallschirmspringerin

Am 28. August 1893 liefen in Nürnberg bei einem Volksfest Tausende Menschen auf einen großen Platz. Sie sahen zum Himmel und hielten den Atem an: Die 24-jährige Katharina Paulus sprang als erste deutsche Frau mit einem selbst genähten Fallschirm aus einem Ballon. In einer Höhe von 1500 Metern kletterte sie aus dem Korb, schwebte mit dem Fallschirm zur Erde und landete völlig unverletzt auf der Erde.

1 „Sie sahen zum Himmel ...“ – „Sie haben zum Himmel gesehen ...“. Beschreibt, wie sich die Zeitformen in diesen beiden Sätzen unterscheiden. Versucht zu erklären, warum im Text oben die Zeitform des ersten Satzes verwendet wird.

2 a Lest den Merkkasten unten auf der Seite.
b Ordnet alle Verben aus dem Text oben in eine Tabelle wie die folgende ein. Markiert, an welchem Teil des Wortes ihr das Präteritum erkennt.

Präteritum starker Verben	Präteritum schwacher Verben
sie liefen (laufen)	*sie kletterte (klettern)*
...	...

3 Futuras Hund Einstein will nach seiner Rückkehr ins Jahr 3011 ein Buch über seine Zeitreise schreiben. Ein Kapitel soll „Der unheimliche Knochen“ heißen. Erfindet ein Erlebnis und erzählt es im Präteritum. Mindestens fünf der folgenden Verben sollen in dem Kapitel vorkommen:

riechen • fressen • angreifen • fliehen • rülpsen • umfallen • zittern • explodieren • sprechen

Information **Die Zeitform Präteritum**

Das **Präteritum** ist eine **Zeitform der Vergangenheit.** Diese Zeitform wird vor allem in schriftlichen Erzählungen verwendet, z. B. in Geschichten und in Märchen. Beispiel: *Er lief schnell nach Hause, denn es regnete in Strömen.* Man unterscheidet:

- **regelmäßige (schwache) Verben:** Bei den regelmäßigen Verben ändert sich der Vokal (z. B. a, e, i, o, u) im Verbstamm nicht, wenn das Verb ins Präteritum gesetzt wird, z. B.: *ich lache* (Präsens) → *ich lachte* (Präteritum).
- **unregelmäßige (starke) Verben:** Bei den unregelmäßigen Verben ändert sich im Präteritum der Vokal (z. B. a, e, i, o, u) im Verbstamm, z. B.: *ich singe* (Präsens) → *ich sang* (Präteritum); *ich laufe* (Präsens) → *ich lief* (Präteritum).

Die Erfindung des Rettungsfallschirms

Bevor Katharina Paulus Fallschirmspringerin wurde, hatte sie den Beruf der Schneiderin gelernt. Im Alter von 21 Jahren lernte sie dann den Ballonfahrer Julius Lattemann kennen und war begeistert von seiner Kunst. Nachdem sie sich drei Jahre lang auf das Ballonfahren und das Fallschirmspringen vorbereitet hatte, wagte sie 1893 den ersten Absprung mit dem Fallschirm. In den folgenden Jahren machte sie nicht nur 165 weitere Fallschirmsprünge, sondern auch mehr als 700 Fahrten mit dem Ballon. Berühmt wurde sie aber nicht nur durch ihre Luftakrobatik, sondern auch als Erfinderin. Nachdem sie viele Jahre mit einer Fallschirm-Show in ganz Europa aufgetreten war und große Erfahrungen auf dem Gebiet des Fallschirmspringens gesammelt hatte, erfand sie den Paket- oder Rettungsfallschirm. Sie kam als Erste auf die Idee, den Fallschirm zusammenzulegen und in einen Rucksack zu packen. So konnte man den Fallschirm auf dem Rücken tragen und bequem mitnehmen. Diese Erfindung rettete vielen Piloten das Leben, wenn sie mit ihren Flugzeugen in Not geraten waren.

4 a Lest den ersten Satz des Textes und erklärt, in welchem zeitlichen Verhältnis die beiden Teile des Satzes zueinander stehen: Was ist zuerst passiert, was danach?
b Beschreibt, wie die zeitliche Abfolge im ersten Satz sprachlich ausgedrückt wird.
c Bestimmt für alle unterstrichenen Sätze die zeitliche Abfolge des Geschehens.

5 Hier findet ihr einen Auszug aus Einsteins Buch über seine Zeitreise. Setzt die eingeklammerten Verben ins Präteritum oder ins Plusquamperfekt. Schreibt das Kapitel in euer Heft.

Ungefähr eine Woche, nachdem Futura und ich im 21. Jahrhundert (landen), (lesen) ich in der Zeitung von einer interessanten Ausstellung über Katharina Paulus. Ich (beschließen) hinzugehen. Bei meiner Ankunft am Museum (sein) die schwere Eingangstür geschlossen. Ich (warten), bis andere Besucher (eintreffen), und (schlüpfen) mit ihnen durch die Tür. Ordentlich, so wie es mir meine Mama schon als Welpe (beibringen), (stellen) ich mich in die Warteschlange am Schalter. Nachdem die Familie vor mir (bezahlen), (treten) ich zum Schalter und (sagen) höflich: „Eine Eintrittskarte bitte." Die Kartenverkäuferin (schauen) verdutzt nach rechts und nach links, weil sie niemanden (sehen). Also (stellen) ich mich auf die Hinterpfoten und (reichen) ihr das Eintrittsgeld, das ich zuvor genau (abzählen). Da (geben) sie ein fiependes Geräusch von sich und (fallen) in Ohnmacht. So (kommen) ich zu einem Gratis-Museumsbesuch.

Information **Die Zeitform Plusquamperfekt**

Wenn etwas vor dem passiert, wovon im Präteritum oder im Perfekt erzählt wird, verwendet man das Plusquamperfekt. Das Plusquamperfekt wird deshalb auch **Vorvergangenheit** genannt. Beispiel: *Nachdem sie mit dem Fallschirm sicher gelandet war, jubelten die Menschen.*
Das Plusquamperfekt ist wie das Perfekt (▸ S. 219) eine **zusammengesetzte Vergangenheitsform,** weil es mit einer Form von ***haben*** oder ***sein*** im Präteritum (z. B. *hatte, war*) und dem **Partizip II des Verbs** (z. B. *gelesen, aufgebrochen*) gebildet wird.
Tipp: Die Konjunktion *nachdem* leitet oft einen Satz im Plusquamperfekt ein.

Fordern und fördern – Zeitformen des Verbs

Der Zeit trotzen

Wird es jemals möglich werden, die Zeit zu besiegen und ewig jung zu bleiben? Seit Menschengedenken haben schon viele behauptet, das Geheimnis ewiger Jugend zu kennen. Salben, Lotionen und Diäten und sogar Chirurgen versprechen, Menschen zu verjüngen, aber sie werden uns nicht davor bewahren, an Altersschwäche zu sterben.

Manche Menschen glauben, dass man in der Zukunft Verfahren entwickeln wird, die ein längeres Leben ermöglichen, und lassen sich nach ihrem Tod einfrieren. Noch befremdlicher ist die Geschichte des Philosophen Jeremy Bentham. Er vermachte 1832 seinen Körper der Forschung, hatte aber zuvor die Bedingung gestellt, dass sein Skelett erhalten bleibt: Es sollte seine Kleider tragen, und ein Wachskopf mit seinen Zügen sollte den Schädel bedecken. So sitzt Bentham heute noch im Londoner University College und begrüßt die eintretenden Besucher.

Bearbeitet eine der folgenden drei Aufgaben.

●○○ **1** **a** Sucht aus dem Text alle konjugierten Verben heraus und übertragt sie mit einem passenden Personalpronomen in eine Tabelle wie die folgende.

Präsens	Präteritum	Perfekt	Futur
...	...	*sie haben behauptet*	*es wird werden*
...	...	...	...

b Wie nennt man die Verbformen, die im Text unterstrichen sind? Notiert den Fachbegriff.

●●○ **2** **a** Bearbeitet Aufgabe 1 a.

b Erklärt den Begriff „Infinitiv“. Zählt, wie viele Infinitive im Text „Der Zeit trotzen“ vorkommen.

●●● **3** **a** Übertragt alle Verbformen aus dem Text in eine Tabelle mit folgenden sechs Spalten: Infinitiv, Präsens, Präteritum, Perfekt, Plusquamperfekt, Futur. Verwendet bei den konjugierten Verbformen ein passendes Personalpronomen (z. B. *sie haben behauptet*).

b Erklärt folgende Fachbegriffe mit Hilfe von Beispielen: „konjugieren“, „Partizip II“, „starke Verben“.

Teste dich!

Zeitformen des Verbs

Die Erfindung des Fahrrads

„Da hat jemand eine Schnapsidee gehabt“, dachten wohl viele Mannheimer, als Karl Drais im Sommer 1817 durch die Stadt sauste: Er saß auf einem Holzgestell mit zwei Rädern und stieß sich mit den Füßen am Boden ab. Bisher hatten die Menschen Ausflüge nur mit Pferden und Kutschen gemacht.

1 Schreibe die unterstrichenen Verben aus dem Text heraus und bestimme, in welchem Tempus sie stehen.

„Diesen Knochenschüttler ? man schnell ? (vergessen)!“, ? die Leute zu Recht ? (voraussagen). Erst 50 Jahre später ? (sich erinnern) der Franzose Pierre Michaux wieder an Drais’ Erfindung. Sein „vélocipède“ („schnelle Füße“) ? (haben) nun Pedale am Vorderrad.
Nachdem sich auch Michaux’ Erfindung nicht ? (durchsetzen), ? (erfinden) man in England wenig später das schnellere Hochrad. „Das ? (sein) aber nur etwas für Mutige“, ? (erklären) der Konstrukteur. Die Fahrer ? (sitzen) nämlich ganz oben über dem bis zu 1,50 Meter hohen Vorderrad.
Das sichere Niederrad mit zwei gleich großen Rädern und Kettenantrieb, wie wir es heute ? (kennen), ? (bauen) man ab 1885 in England.

2 Schreibe den Text ab und setze die eingeklammerten Verben in der passenden Zeitform in die Lücken.

3 a Schreibe die folgenden Verben in der angegebenen Zeit- und Personalform in dein Heft.
- fahren (1. Person Plural Plusquamperfekt)
- voraussagen (3. Person Singular Perfekt)
- erproben (3. Person Plural Perfekt)
- sitzen (2. Person Singular Präsens)

b Erkläre, wann man das Perfekt benutzt und wozu das Plusquamperfekt verwendet wird.

12.3 Fit in ... – Texte überarbeiten

Stellt euch vor, ihr bekommt in der nächsten Klassenarbeit folgende Aufgabe:

Kevin hat einen Artikel über seinen letzten Klassenausflug geschrieben, der auf der Homepage seines Gymnasiums veröffentlicht werden soll.
Überarbeitet den Bericht und verbessert dabei
– Tempusfehler,
– Kasusfehler (falscher Kasus bei Substantiven, Pronomen, Adjektiven oder Artikeln).

VORSICHT FEHLER!

Unser Klassenausflug in den Zoo

Unsere Klasse stand aufgeregt an der Bushaltestelle. Alle warten gespannt auf die Ankunft von dem Bus, denn heute sollte es in den Zoo gehen. Unser Lehrer bestellte den Bus schon vor eine Woche. Der Busfahrer vergaß uns doch hoffentlich nicht!
Endlich kam der Bus. Nachdem sich die Türen öffneten, stürmten wir alle hinein. Viele aßen während der Fahrt ein Brötchen oder ein Apfel. Nach eine halbe Stunde Busfahrt waren einige von uns schon ganz unruhig.
Da, endlich kam der Zooeingang in Sicht. Einige Minuten später standen wir schon vor dem Elefantengehege. Von dort geht es dann weiter zu den Löwen, die Affen, den Flusspferden und den Wölfen. Ganz besonders gut hatte uns die Fütterung der Pinguine gefallen, denn wir durften dabei helfen. Manche von uns konnten ihnen sogar über die Köpfe streicheln.
Am Ende von unserem Zoobesuch durften wir dann noch eine Stunde auf den Abenteuerspielplatz rumtoben. Dort hat es Schaukeln, Wippen, eine Kletterwand, ein Piratenschiff und eine 20 Meter lange Rutsche gegeben. Müde, aber voller neue Eindrücke fuhren wir dann am Abend wieder nach Hause. Auf der Rückfahrt redeten wir noch lange darüber, was jeden von uns am besten gefallen hat. Alle waren sich einig, dass dieser Klassenausflug ein schönes und aufregendes Erlebnis war.

Tempusfehler. Richtig:
Präteritum: *warteten*
Kasusfehler. Richtig:
Genitiv: *des Busses*

1 a Lest die Aufgabenstellung auf Seite 224 aufmerksam durch. Habt ihr verstanden, was ihr tun sollt?

b Tauscht euch in Partnerarbeit darüber aus, in welchen Kasus (Fällen) Substantive verwendet werden können und in welchen Tempora (Zeitformen) Verben stehen können.

2 Schreibt euch zu den vier Kasus (Fällen) eine Merktabelle auf. Übertragt dazu die folgende Übersicht in euer Heft und vervollständigt sie.

Nominativ (*1. Fall*)	*Wer oder was ...?*	*der Mann/ein Mann* *die Frau/eine Frau* *das Kind/ein Kind*
Genitiv (*2. Fall*)	*Wessen ...?*	*des Mannes/eines Mannes* *der ...* *des ...*
... (*3. Fall*)	...?	...
... (*4. Fall*)	...?	...

Im Deutschen gibt es **vier Kasus.**
Nach dem Kasus richten sich die Form des Artikels und die Endung des Substantivs.
Man kann den Kasus eines Substantivs **durch Fragen ermitteln.**

3 Zeichnet den „Zug der Zeit" in euer Heft und „füllt" die Waggons mit neuen Beispielen.
Setzt dabei folgende Sätze in die entsprechenden Tempora:
Futura forscht.
Einstein fliegt.

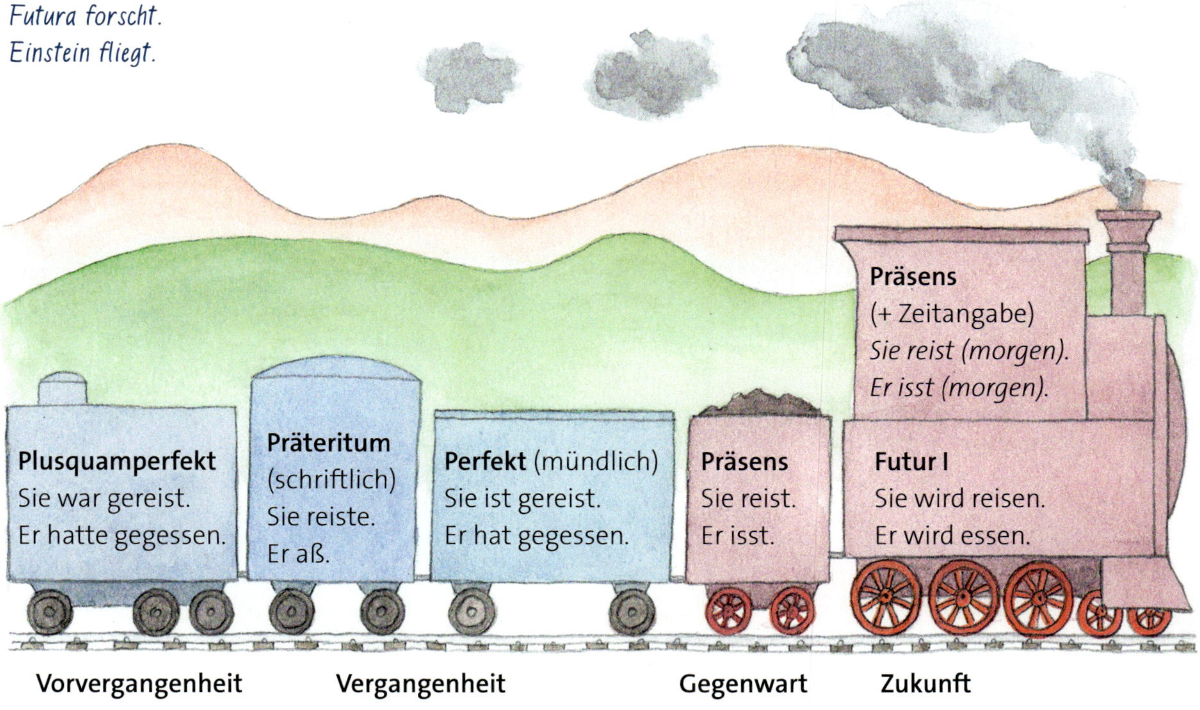

4 Lest den Entwurf für einen Artikel „Unser Klassenausflug in den Zoo" auf Seite 224 Satz für Satz durch.

a Schreibt die Verben, die im falschen Tempus stehen, heraus. Notiert daneben die richtigen Formen, z. B.:
warten – warteten
...
Tipp: Verwendet als Hilfe euren „Zug der Zeit" (▶ Aufgabe 3 auf Seite 225).

b Notiert die Wörter oder Wortgruppen (Substantive, Pronomen, Adjektive oder Artikel), die falsch dekliniert sind, und schreibt daneben die korrekten Formen, z. B.:
von dem Bus – des Busses.
...
Tipp: Als Gedächtnisstütze könnt ihr eure Merktabelle zu den vier Fällen verwenden (▶ Aufgabe 2 auf Seite 225).

5 Überprüft noch einmal, ob ihr in Aufgabe 4 wirklich alle Tempusfehler und alle Kasusfehler bearbeitet habt.
Überprüft, welche der folgenden Aussagen richtig ist:

Der Text auf Seite 224 enthält

- 8 Tempusfehler und 9 Kasusfehler,
- 8 Tempusfehler und 8 Kasusfehler,
- 7 Tempusfehler und 9 Kasusfehler,
- 7 Tempusfehler und 10 Kasusfehler,
- 6 Tempusfehler und 9 Kasusfehler.

6 Überarbeitet den Artikel „Unser Klassenausflug in den Zoo" auf der Grundlage eurer Ergebnisse aus den Aufgaben 1 bis 4 auf Seite 225 f.
Schreibt eine verbesserte Fassung in euer Heft.

7 Vergleicht eure Ergebnisse in Partnerarbeit.

13 Grammatiktraining – Sätze und Satzglieder

1 Für ihr geheimes Geschichtenalbum möchte Lisa eine Vampirgeschichte schreiben. Ihr erster Satz gefällt ihr noch nicht so recht. Sie hat deshalb die Wörter auseinandergeschnitten und möchte sie zu einem neuen Anfangssatz zusammenfügen.

a Setzt die Wörter zu einem ersten Satz für Lisas Geschichte zusammen.

b Vergleicht eure Sätze. Gibt es Unterschiede in der Reihenfolge der Wörter oder Wortgruppen oder sogar im Sinn der Sätze?

2 Begründet, welche Sätze gut für den Anfang von Lisas Geschichte geeignet wären.

In diesem Kapitel ...

- bestimmt ihr die verschiedenen Satzglieder von Sätzen,
- überarbeitet ihr Texte mit Hilfe der Umstell- und Ersatzprobe,
- lernt ihr die Funktionen der verschiedenen Satzarten kennen,
- bildet ihr Satzreihen und Satzgefüge und verbindet Teilsätze durch abwechslungsreiche Konjunktionen.

13.1 Vampirmausjagd – Satzglieder bestimmen

Satzglieder erkennen – Die Umstellprobe

1 Lisa hat einen zweiten Satz für ihre Vampirgeschichte aufgeschrieben. Aber sie ist mit ihm noch nicht ganz zufrieden:

Die Vampirmaus versetzte der zitternden Katze einen Hieb nach zweiminütiger Jagd hinter einer Mülltonne mit der Mäusepfote.

- **a** Probiert andere Möglichkeiten aus, die Satzbausteine anzuordnen. Schreibt die Sätze auf.
- **b** Vergleicht eure Sätze. Zählt, wie viele verschiedene Anordnungen ihr gefunden habt.
- **c** Einige Wörter werden immer zusammen umgestellt. Findet heraus, welche das sind.
- **d** Lest den Merkkasten unten auf der Seite. Kreist die Satzglieder in euren Sätzen ein.

2 Lisa schreibt ihre Geschichte weiter:

Die Katze miaute mutig trotz der zitternden Schnurrhaare. Die Vampirmaus zeigte daraufhin ihre langen Zähne im Mondlicht der Katze. Ein Hund heulte laut hinter der Ecke fünf lange Sekunden.

- **a** Verbessert die Fortsetzung, indem ihr Satzglieder umstellt. Sorgt dafür, dass der Inhalt verständlicher und der Satzbau abwechslungsreicher wird.
- **b** Kreist in euren Sätzen die einzelnen Satzglieder ein.

Information **Satzglieder erkennen: Die Umstellprobe**

Ein Satz besteht aus verschiedenen Satzgliedern. Diese Satzglieder können von einem einzelnen Wort oder von mehreren Wörtern (einer Wortgruppe) gebildet werden.
Mit der **Umstellprobe** könnt ihr feststellen, wie viele Satzglieder ein Satz hat. Wörter und Wortgruppen, die bei der Umstellprobe immer zusammenbleiben, bilden ein Satzglied, z. B.:

Gefährliche Vampirmäuse	jagen	ungern	in mondlosen Nächten	.
In mondlosen Nächten	jagen	gefährliche Vampirmäuse	ungern	.

In einem Text sollten eure Sätze nicht immer mit dem gleichen Satzglied beginnen.
Mit Hilfe der Umstellprobe könnt ihr eure Texte abwechslungsreicher gestalten, z. B.:
Lisa schreibt eine Vampirgeschichte. Lisa leiht sich in der Bücherei ein Buch über Vampire. →
Besser: *Lisa schreibt eine Vampirgeschichte. In der Bücherei leiht Lisa sich ein Buch über Vampire.*

Das Prädikat

1 Lisa will in ihrer Geschichte ein kleines Mädchen vorkommen lassen. Sie schreibt den Satz:

Eine beängstigende Maus	lief	in einer Vollmondnacht	durch Annas Zimmer	.

a Schreibt die einzelnen Satzbausteine jeweils groß auf ein DIN-A4-Blatt. Vier Schüler/-innen stellen sich mit diesen Zetteln vor die Klasse. Die anderen Schüler/-innen nennen Möglichkeiten, die Reihenfolge der Satzglieder zu ändern. Die stehenden Schüler müssen sich entsprechend umstellen. Zählt die verschiedenen Möglichkeiten der Anordnung.

b Übertragt folgende Tabelle in euer Heft und schreibt alle möglichen Satzkombinationen hinein.

c Prüft, welches Satzglied immer an der gleichen Stelle stehen bleibt.

	1. Stelle	2. Stelle	3. Stelle	4. Stelle
1. Satz	*Eine beängstigende Maus*	*lief*	*in einer Vollmondnacht*	*durch Annas Zimmer.*
2. Satz	*Jn einer Vollmondnacht*	...	...	...
...	...	...	...	...

2 Lisas kleine Schwester liebt Gruselgeschichten. Lisa erzählt ihr von der Vampirmaus:

... Plötzlich ist eine beängstigende Maus durch Annas Zimmer gelaufen ...

a Ermittelt in Lisas Satz das Prädikat. Wenn ihr Hilfe benötigt, lest den Merkkasten unten.

b Setzt Lisas Geschichte fort. Schreibt zwei Sätze mit zweiteiligen Prädikaten.

Information **Satzglieder: Das Prädikat**

Der **Kern des Satzes** ist das Prädikat (Satzaussage). Prädikate werden durch Verben gebildet. In einem Aussagesatz steht die Personalform des Verbs (der gebeugte Teil) **immer an zweiter Satzgliedstelle,** z. B.:
Die Vampirmaus zeigte Anna ihre Krallen.

Ein Prädikat kann aus mehreren Teilen bestehen. **Mehrteilige Prädikate** bilden eine **Prädikatsklammer,** z. B.:

- bei mehrteiligen Verben wie *aufschrecken: Ein Schrei schreckte Anna auf.*
- bei zusammengesetzten Zeitformen, z. B. beim Perfekt: *Der Schrei hat Anna aufgeschreckt.*

Das Subjekt

Für ihre Vampirgeschichte beschafft sich Lisa Informationen aus dem Internet:

Vampirgeschichten

Den berühmten Roman „Dracula“ schrieb der irische Autor Bram Stoker im Jahre 1897. Schon seit Jahrtausenden erzählen sich Menschen erfundene Vampirgeschichten. In den Geschichten sind Vampire menschenähnliche Lebewesen. Sie ernähren sich von Blut und sind äußerst lichtscheu. Ihr Gebiss weist auffällig lange Eckzähne auf. Gebissene Menschen werden selbst zu Vampiren. Daher vermehren sich Vampire recht schnell. Bram Stoker nahm sich Vlad III. Draculea als Vorbild für seinen Roman. Vlad III. herrschte im 15. Jahrhundert für kurze Zeit in der Walachei. Der Beiname „Draculea“ bedeutet „Sohn des Drachen“.

1 Sammelt in der Klasse noch weitere Eigenheiten, die Vampiren zugesprochen werden.

2 a Stellt fest, aus wie vielen Satzgliedern die ersten zwei Sätze des Textes bestehen. Wendet dazu die Umstellprobe an (▶ S. 228). Schreibt die neu geordneten Sätze in euer Heft und kreist die einzelnen Satzglieder ein.

b Bestimmt die Prädikate der beiden ersten Sätze. Unterstreicht sie in eurem Heft rot.

c Nach dem Satzglied Subjekt fragt man mit „Wer oder was ...?“. Fragt in den ersten beiden Sätzen des Textes nach dem Subjekt. Beantwortet die Fragen und unterstreicht die Subjekte grün.
Wer schrieb den berühmten Roman „Dracula“ im Jahre 1897? ... schrieb den berühmten Roman ...

3 Ermittelt in Partnerarbeit alle übrigen Subjekte in dem Text „Vampirgeschichten“. Einer von euch fragt nach dem Subjekt, dein Partner/deine Partnerin antwortet. Notiert die Subjekte.

Information **Satzglieder: Das Subjekt**

Das Satzglied, das in einem Satz angibt, wer oder was etwas tut, heißt Subjekt (Satzgegenstand), z. B.: *Der Vampir biss seinen Nachbarn.*

- Ihr könnt das Subjekt mit der Frage **„Wer oder was ...?“** ermitteln.
  Der Vampir biss seinen Nachbarn. → Wer biss seinen Nachbarn?
- Das Subjekt eines Satzes kann aus einem oder aus mehreren Wörtern bestehen, z. B.:
  Die scharfen Zähne bohrten sich in die Haut → Wer oder was bohrte sich in die Haut?
- Das Subjekt eines Satzes steht immer im **Nominativ** (1. Fall, ▶ S. 202).

Das Prädikativ

Vampire sind lichtscheu. • Ein berühmter Vampir hieß Dracula.

1 a Übertragt die beiden Sätze in euer Heft. Unterstreicht die Prädikate rot und die Subjekte grün.
b In jedem Satz habt ihr ein Satzglied noch nicht unterstrichen. Überlegt, worauf sich dieses Satzglied bezieht.

2 a Lest den Merkkasten unten auf der Seite.
b Ermittelt, welche der Sätze im folgenden Text ein Prädikativ enthalten. Schreibt diese Sätze in euer Heft. Unterstreicht die Prädikate rot, die Subjekte grün und markiert die Prädikative in einer anderen Farbe.

Vampirfledermäuse

In Südamerika gibt es echte Vampirmäuse – genauer gesagt: Vampirfledermäuse. Eine dieser Fledermausarten heißt Weißflügelvampir. Die Tiere sind nachtaktiv und leben vom Blut anderer Tiere. Mit ihren spitzen Zähnen reißen sie eine kleine Wunde in die Haut ihres Opfers, z. B. eines Rindes. Dann lecken sie das Blut auf. Allerdings: Ein gebissenes Rind bleibt ein Rind und wird kein Vampir.

3 a Bildet mit den Verben *sein* und *heißen* einige Sätze über euch selbst, z. B.:
Ich heiße ... Ich bin ...
b Kennzeichnet in euren Sätzen das Prädikat, das Subjekt und das Prädikativ.

Information **Satzglieder: Das Prädikativ (Prädikatsnomen)**

Das Verb *sein* verlangt neben dem Subjekt ein weiteres Satzglied, das Prädikativ.
Das Prädikativ kann ein Adjektiv sein, ein Substantiv oder eine Wortgruppe, deren Kern ein Substantiv ist, z. B.:
Die Maus ist hungrig. Sie ist ein Vampir. Die Vampirmaus ist eine sehr gefürchtete Jägerin.

Das Prädikativ ergänzt das Prädikat und bezieht sich zugleich auf das Subjekt des Satzes.
Weitere Verben, die häufig ein Prädikativ verlangen, sind: *bleiben, werden, heißen,* z. B.:
Lisas Vampirmaus heißt Bitty. Ein Vampir bleibt für immer ein Vampir.

Das Akkusativ- und das Dativobjekt

Lisa hat ihre Geschichte von der Vampirmaus und der Katze (► S. 227 f.) weitergeschrieben. An einigen Stellen sind ihr noch nicht die richtigen Wörter eingefallen. Deshalb notiert sie hier nur Fragezeichen.

Die verängstigte Katze saß Auge in Auge mit der grinsenden Vampirmaus. Die Maus leckte sich ? . Sie starrte ? an und öffnete fauchend ihren Rachen. Die langen Eckzähne blitzten auf. Langsam, Schritt für Schritt, näherte sie sich ? . Sie setzte zu einem Sprung an, verfehlte allerdings ? um Zentimeter und landete krachend in einem Holzstapel. Am Himmel konnte sie ? sehen, aber ihr Kopf dröhnte so stark, dass der Himmel sie nicht interessierte. Sie schüttelte ? . Doch der Schmerz blieb. Sie gab ? neben sich ? und befreite sich aus ihrer misslichen Lage.

einen kräftigen Stoß ihr Ziel den Kopf einen matten Vollmond die Katze den Holzscheiten dem zitternden Geschöpf die Pfote

1 a Vervollständigt die unvollständigen Sätze in eurem Heft. Verwendet dabei die Wörter und Wortgruppen aus Lisas Notizzettel oben, z. B.:
Die Maus leckte sich die Pfote. Sie starrte ...

b Fragt nach den Wörtern in den Lücken, z. B.: *Wen oder was leckte sich die Maus?*
Notiert, welche Fragewörter man zum Erfragen der fehlenden Satzglieder benötigt.

2 Verwendet die in Aufgabe 1 b ermittelten Fragewörter und erfragt die entsprechenden Satzglieder in Lisas Fortsetzung der Geschichte:

Diesen Angriff hatte die Katze überlebt. Sie ergriff die Flucht, und die Vampirmaus konnte ihr offensichtlich nicht folgen. Sie hörte das grässliche Wesen in der Ferne jammern. Hatte sie sich vielleicht einen Eckzahn abgebrochen?

3 Die in Aufgabe 1 b gefundenen Fragewörter erfragen Objekte (▸ Merkkasten unten auf der Seite). Übertragt folgende Tabelle in euer Heft. Setzt statt der Platzhalter die passenden Fragewörter ein. Schreibt alle Objekte aus Lisas beiden Texten auf Seite 232 in die jeweiligen Spalten.

Akkusativobjekte **Frage: „ ? oder ? ...?"**	**Dativobjekte** **Frage: „ ? ...?"**
die Pfote	...
...	...

4 **a** Führt Lisas Geschichte mit einigen Sätzen fort. Verwendet dabei mindestens zwei Akkusativobjekte und zwei Dativobjekte. Unterstreicht die Objekte in verschiedenen Farben.

b Lest euch eure Fortsetzungen vor. Lasst euren Partner/eure Partnerin die Objekte bestimmen.

Information **Satzglieder: Objekte**

Ein Satz kann durch zusätzliche Satzglieder, z. B. durch Objekte, erweitert werden.
Beispiel: *Lisa erzählt.*

Erweiterung:
Lisa erzählt ihrer kleinen Schwester eine Vampirgeschichte.

ihrer kleinen Schwester: Wem ...? – Dativobjekt
eine Vampirgeschichte: Wen oder was ...? – Akkusativobjekt

Akkusativobjekte erfragt man mit **„Wen oder was ...?"**, z. B.:
Lisa schreibt ihre Geschichte auf. → Frage: *Wen oder was schreibt Lisa auf?*

Dativobjekte erfragt man mit **„Wem ...?"**, z. B.:
Die kleine Schwester hört Lisa zu. → Frage: *Wem hört die kleine Schwester zu?*

Objekte können, wie andere Satzteile auch, aus einem Wort oder aus mehreren Wörtern bestehen.

Adverbiale Bestimmungen

1 Lisa überlegt sich, wie ihre Vampirmausgeschichte weitergehen soll. An einigen Stellen fehlen ihr noch genauere Angaben, die das Geschehen für den Leser anschaulich und verständlich machen.

a Helft Lisa, indem ihr in eurem Heft die folgenden Sätze mit Hilfe des Bildes oben und mit Hilfe der passenden Angaben aus dem Kasten rechts ergänzt.

Die Katze wurde ? von einer anderen Vampirmaus gebissen.
Sie hat nun ? keine Angst mehr.
Die Vampirmaus versteckt sich ? .
Die Maus kauert sich ? in die Ecke.
Sie hockt dort ? .
Die Szene findet ? statt.
Die Katze entdeckt die Maus ? .

in der letzten Nacht • mehrere Minuten lang • um vier Uhr • in einem Hauseingang • wegen ihrer Überlegenheit als Vampir-Katze • schon nach fünf Minuten • verängstigt

b Vergleicht eure Ergebnisse.

2 Ermittelt, zu welchen W-Fragen die in Aufgabe 1 ergänzten Informationen Auskunft geben. Schreibt die Fragen und die Angaben aus dem rechten Kasten auf Seite 234 in eine Tabelle. Lasst in der Tabelle noch Platz für eine Fortsetzung mit weiteren Beispielen:

	Angaben des Ortes	der Zeit	des Grundes	der Art und Weise
Fragen	*Wo?*	...	...	...
Beispiele	*in einem Hauseingang*	...	...	...

3 Findet heraus, welche adverbialen Bestimmungen (▶ Merkkasten unten auf der Seite) Lisa in der folgenden Fortsetzung ihrer Geschichte verwendet hat, und tragt sie in eure Tabelle aus Aufgabe 2 ein.

Bitty, die Vampirmaus, kauerte zwei Minuten lang mucksmäuschenstill an der kalten Mauer. Nach kurzer Zeit war hinter der Mülltonne ein Schatten zu sehen. Bitty zitterte wegen ihrer verzweifelten Lage. Gleich darauf sah sie die Katze. Sie wollte schnell weglaufen, konnte sich aber vor lauter Angst nicht bewegen. „Wohin soll's denn gehen, kleine Maus?", fragte die Katze höhnisch.

4 a Schreibt Lisas Geschichte zu Ende. Markiert in eurem Text die adverbialen Bestimmungen.
b Lest euch eure Fortsetzungen Satz für Satz vor. Die Klasse benennt jeweils, welche adverbialen Bestimmungen vorkommen.

Information **Satzglieder: Adverbiale Bestimmungen (auch: Adverbialien)**

Wenn man ein Geschehen genau wiedergeben will, muss man oft die Umstände näher beschreiben. Dies geschieht mit adverbialen Bestimmungen (auch „Umstandsbestimmungen" oder „Adverbialien"). Adverbiale Bestimmungen informieren z. B. über Ort und Zeit des Geschehens. Die adverbiale Bestimmung ist ein **Satzglied** und kann aus einem Wort oder aus mehreren Wörtern bestehen.

Durch die **Frageprobe** kann man ermitteln, welche adverbiale Bestimmung vorliegt:

Frageprobe	Adverbiale Bestimmung	Beispiel
Wann? Wie lange? Seit wann?	**... der Zeit**	*Seit wann gibt es Vampirgeschichten?* *Seit Jahrtausenden gibt es Vampirgeschichten.*
Wo? Wohin? Woher?	**... des Ortes**	*Wo schlafen Vampire?* *Vampire schlafen in Särgen.*
Warum? Weshalb?	**... des Grundes**	*Warum sind Vampirgeschichten so beliebt?* *Wegen der Lust am Gruseln sind Vampirgeschichten so beliebt.*
Wie? Auf welche Weise? Womit?	**... der Art und Weise**	*Wie töten Vampire ihre Opfer?* *Vampire töten ihre Opfer mit einem Biss.*

Fordern und fördern – Umstell- und Ersatzprobe

Für ihr Geschichtenalbum will Lisa auch einen Text zur Jugendbuchreihe „Der kleine Vampir“ schreiben. Sie hat dafür einige Informationen zusammengestellt:

Der kleine Vampir Rüdiger zeigt seinem Freund Anton Bohnsack täglich begeistert die Welt der Vampire. Der kleine Vampir Rüdiger ist sehr vorsichtig in Antons Wohnung. Wegen seiner Hilfe für die Vampire bekommt Anton häufig Ärger. Lumpi von Schlotterstein ist Rüdigers großer Bruder. Lumpi ärgert gerne Anton Tag und Nacht. Lumpi gründet nach einiger Zeit einen Männer-Musikverein. Lumpi himmelt in Rumänien Graf Dracula an. Wegen seiner Schwester Anna geht Lumpi zurück nach Deutschland. Anna liebt Anton überschwänglich.

Bearbeitet eine der folgenden drei Aufgaben.

●○○ **1**
- **a** Bestimmt anhand der Umstellprobe die Anzahl der Satzglieder in Lisas ersten beiden Sätzen.
- **b** Benennt die Satzglieder in den ersten beiden Sätzen.
- **c** Überarbeitet die ersten beiden Sätze mit Hilfe der Umstell- und Ersatzprobe (► Merkkasten).

●●○ **2**
- **a** Bestimmt anhand der Umstellprobe die Anzahl der Satzglieder in Lisas Sätzen vier bis acht.
- **b** Benennt die Satzglieder in den Sätzen über Lumpi von Schlotterstein (Sätze vier bis acht).
- **c** Überarbeitet die Sätze über Lumpi mit Hilfe der Umstell- und Ersatzprobe (► Merkkasten).
- **d** Legt eine Tabelle mit vier Spalten an: Adverbiale Bestimmung des Ortes/der Zeit/des Grundes/der Art und Weise. Ordnet die passenden Satzglieder aus den Sätzen über Lumpi zu.

●●● **3**
- **a** Schreibt Lisas Text in euer Heft und benennt die einzelnen Satzglieder.
- **b** Überarbeitet den Text mit Hilfe der Umstell- und Ersatzprobe (► Merkkasten).

Information **Texte überarbeiten: Umstellprobe und Ersatzprobe**

1 Umstellprobe: Satzanfänge abwechslungsreich gestalten
Mit Hilfe der Umstellprobe könnt ihr Texte abwechslungsreicher gestalten, indem ihr z. B. für Abwechslung bei den Satzanfängen sorgt. Beispiel: *Rüdiger mag Anton. Nachts ist Rüdiger oft unterwegs.* (Statt: *Rüdiger mag Anton. Rüdiger ist nachts oft unterwegs.*)

2 Ersatzprobe: Wortwiederholungen vermeiden
Mit der Ersatzprobe könnt ihr Satzglieder, die sich in eurem Text häufig wiederholen, durch andere Wörter ersetzen, z. B.: *Der kleine Vampir hat eine Schwester. Sie heißt Anna.* (Statt: *Der kleine Vampir hat eine Schwester. Die Schwester heißt Anna.*)

Teste dich!

Satzglieder bestimmen

In manchen Legenden ähneln Vampire gruseligen Fledermäusen.
Nachts fliegen sie wegen ihres Blutdurstes durch dunkle Gassen.

1 Zeige anhand der Umstellprobe, wie viele Satzglieder die beiden oben stehenden Sätze haben. Schreibe die umgestellten Sätze in dein Heft und trenne die einzelnen Satzglieder durch Striche voneinander ab.

2 Übertrage den Satz rechts in dein Heft. Lass zwischen den Zeilen, in die du den Satz schreibst, eine Zeile frei.
Unterstreiche die einzelnen Satzglieder und schreibe jeweils die richtige Benennung darunter.

Aufgrund der Dunkelheit konnte Anton seinem Freund Rüdiger nur mit Schwierigkeiten folgen.

3 Vervollständige die folgenden Sätze passend mit den adverbialen Bestimmungen aus dem Wortspeicher unten. Bestimme jeweils, um welche Art von adverbialer Bestimmung es sich handelt.

? schminkt der kleine Vampir sich ?, als er Anton bei seinen Eltern besucht.
Der Vampir schläft oft ? ?.
? besucht Anna Anton ?.

braun • bis zum Morgengrauen • wegen seiner blassen Hautfarbe • in seinem Sarg • überraschend • im Schullandheim

4 Ergänze die folgende Satzanfänge mit einem Prädikativ.

Der kleine Vampir ist ...
Sein Freund heißt ...
Manche Vampire werden nachts ...

13.2 Hobbys – Sätze untersuchen

Satzarten bestimmen

1 a In den Sätzen fehlen die Satzschlusszeichen. Lest euch die Sätze vor. Probiert dabei verschiedene Betonungen aus.

b Schreibt die Sätze in den Sprechblasen ab und ergänzt ein passendes Satzschlusszeichen.

c Vergleicht eure Ergebnisse. Bei welchen Sätzen habt ihr verschiedene Satzschlusszeichen gewählt?

> Aussagesatz: **.**
> Fragesatz: **?**
> Ausrufesatz und Aufforderungssatz: **!**

2 a Nach dem Spiel unterhalten sich zwei Fans, Toni und Jannik, über das Spiel. Verfasst einen Dialog und verwendet dabei alle drei Satzarten. Achtet auf die Satzschlusszeichen.

b Tragt eure Texte vor. Macht nach jedem Satz eine Pause, sodass eure Mitschüler und Mitschülerinnen die jeweilige Satzart bestimmen können.

Sollen wir Fußball spielen gehen?

Wir können Fußball spielen gehen.

Kommt endlich zum Fußballspielen!

3 a Benennt die Satzarten dieser drei Sätze und erläutert, welche Absicht die Sprecher jeweils vermutlich verfolgen.
b Erläutert anhand weiterer Beispiele, wie Aufforderungen und Warnungen mit Hilfe verschiedener Satzarten ausgedrückt werden können.
c Erklärt, warum Aufforderungen häufig mit Frage- oder Aussagesätzen ausgedrückt werden.

Information **Satzarten: Aussagesatz, Fragesatz, Aufforderungssatz**

Je nachdem, ob wir etwas aussagen, fragen oder jemanden auffordern wollen, verwenden wir unterschiedliche Satzarten: Aussagesatz, Fragesatz und Aufforderungssatz.
In der gesprochenen Sprache erkennen wir die verschiedenen Satzarten oft an der Stimmführung, in der geschriebenen Sprache an den unterschiedlichen Satzschlusszeichen: Punkt, Fragezeichen und Ausrufezeichen.

1 Nach einem **Aussagesatz** steht ein **Punkt,** z. B.: *Ich gehe jetzt ins Stadion.*
In einem Aussagesatz wird etwas mitgeteilt oder festgestellt. Wenn man den Satz spricht, senkt sich am Ende die Stimme.

2 Nach einem **Fragesatz** steht ein **Fragezeichen,** z. B.: *Hast du heute Nachmittag Zeit?*
In einem Fragesatz wird nach etwas gefragt. Die Stimme hebt sich zum Ende des Satzes.

3 Nach einem **Ausrufe-** oder **Aufforderungssatz** steht meist ein **Ausrufezeichen,** z. B.:
Vergiss den Ball nicht! Beeilt euch!
In einem Aufforderungssatz wird eine Bitte, ein Wunsch oder eine Anweisung ausgedrückt, z. B.: *Pass auf!*
In einem Ausrufesatz wird etwas gefühlsbetont und kurz geäußert. Dabei wird die Stimme oft lauter, z. B.:
Ich habe gewonnen!

Die Satzart muss nicht immer mit der Absicht des Sprechers oder der Sprecherin übereinstimmen. Aufforderungen können zum Beispiel mit einem Aufforderungssatz, aber auch mit einem Fragesatz oder einem Aussagesatz ausgedrückt werden. Wie die Sätze gemeint sind, erschließen wir aus dem Tonfall oder aus dem Zusammenhang, z. B.:

Beispiel	**Satzart**	**Absicht/Bedeutung**
Muss ich dir immer sagen, dass du den Ball früher abspielen sollst?	Fragesatz	Aufforderung: Spiel den Ball ab!

Die Satzreihe – Hauptsätze verknüpfen

Lena soll einen Bericht für die Vereinszeitung ihres Tennisvereins schreiben. Sie fragt ihre Freundinnen aus dem Verein nach ihren Eindrücken und sammelt die einzelnen Sätze:

A	Ich mag den Trainer.	Das Training ist meist locker und lustig.
B	Der Verein ist wie eine große Familie.	Die Vereinsfeiern gehören einfach dazu.
C	Viele sind sehr ehrgeizig.	Nur wenige Spieler schaffen es, Turniere zu gewinnen.
D	Durch das viele Training kommt die Schule manchmal zu kurz.	An manchen Tagen lernt man nach dem Training noch bis in die Nacht.
E	Ich würde gerne jeden Tag trainieren.	Meine Mama findet die Trainingsstunden ganz schön teuer.
F	Man kann mit Freundinnen zusammen trainieren.	Man kann alleine im Kraftraum seine Muskeln aufbauen.

1 Lena will diese Aussagen zusammenfassen, um sie dann in ihren Bericht einzubauen. Helft ihr dabei, die nebeneinanderstehenden Hauptsätze jeweils zu einer Satzreihe (▸ Merkkasten) zu verbinden. Verwendet dabei die folgenden Bindewörter (Konjunktionen):

Beispiel: *Ich mag den Trainer, denn das Training ist locker und lustig.*

... und ... • ... oder ... • ..., aber ... • ..., denn ... • ..., doch ...

Information **Die Satzreihe: Hauptsatz + Hauptsatz**

- Ein Hauptsatz ist ein selbstständiger Satz. Er enthält mindestens zwei Satzglieder, nämlich Subjekt und Prädikat, z. B.: *Lena trainiert.*
  Die Personalform des Verbs (▸ S. 214) steht im Hauptsatz an zweiter Satzgliedstelle, z. B.: *Lena trainiert fast täglich.*
- Ein **Satz,** der aus **zwei oder mehr Hauptsätzen** besteht, wird **Satzreihe** genannt. Die einzelnen Hauptsätze einer Satzreihe werden durch ein Komma voneinander getrennt, z. B.: *Lena trainiert fast täglich, Nora spielt meist nur am Wochenende.*
- Häufig werden die Hauptsätze durch **nebenordnende Konjunktionen** (Bindewörter) miteinander verbunden, z. B. durch *und, oder, aber, sondern, denn, doch.* Beispiel: *Lena trainiert fast täglich, aber Nora spielt meist nur am Wochenende.*
  Nur vor den Konjunktionen *und* bzw. *oder* darf das Komma wegfallen, z. B.: *Lena trainiert fast täglich und Nora spielt meist nur am Wochenende.*

Das Satzgefüge – Haupt- und Nebensätze verknüpfen

Lena hat sich für die Vereinszeitschrift ihres Tennisklubs ein kleines Quiz ausgedacht, bei dem man die Satzanfänge links mit den richtigen Fortsetzungen rechts kombinieren muss.

Roger Federer gilt als erfolgreichster Spieler auf Rasen, ...	... damit der Gegenspieler ihn schlecht erreichen kann.
Steffi Graf erreichte einen einmaligen Rekord, ...	... obwohl er nie die French Open gewinnen konnte.
Rafael Nadal schlägt seine Aufschläge oft mit einem extremen Winkel, ...	... als sie das French-Open-Finale 1988 in nur 34 Minuten gewann.
Boris Becker gilt als einer der besten Spieler aller Zeiten, ...	... weil er auf diesem Belag 65 Spiele hintereinander gewinnen konnte.

1 Schreibt die Sätze ab und kombiniert die Hauptsätze links jeweils mit den passenden Nebensätzen rechts.

2 Umkreist in jedem Nebensatz die Konjunktion (das Bindewort, ▶ Merkkasten S. 243) und unterstreicht die Personalform des Verbs (das gebeugte Verb, ▶ S. 214).

3 Vergleicht, welche Satzgliedstelle die Personalform des Verbs in den Hauptsätzen und in den Nebensätzen einnimmt.

4 Verbindet die beiden nebeneinanderstehenden Hauptsätze jeweils zu einem Satzgefüge (▶ Merkkasten S. 243). Verwendet dabei jeweils eine andere Konjunktion aus dem Kasten unten. Achtet auf das Komma zwischen Haupt- und Nebensatz.

A Spieler tragen oft eine Schirmmütze.	Sie werden nicht von der Sonne geblendet.
B Jeder Spieler hat beim Aufschlag zwei Versuche.	Der erste Aufschlag wird oft riskant gespielt.
C Der Ball landet hinter der Linie.	Der Gegenspieler bekommt den Punkt.
D Zu Beginn hatte sie 3:0 geführt.	Sie verlor das Match.
E Es begann zu regnen.	Das Match wurde abgebrochen.

..., weil ... • ..., da ... • ..., damit ... • ..., wenn ... • ..., sodass ... • ..., dass ... • ..., nachdem ... • ..., als ... • ..., während ... • ..., obwohl ...

5 Formuliert fünf Sätze zu eurem Hobby. Verwendet dabei Satzgefüge aus je einem Haupt- und einem Nebensatz. Wählt für die Verbindung von Haupt- und Nebensatz unterschiedliche Konjunktionen aus dem Kasten oben.
Tipp: Achtet auf das Komma zwischen Hauptsatz und Nebensatz und darauf, die Personalform des Verbs ans Ende des Nebensatzes zu stellen.

6 Man kann Satzgefüge aus Hauptsatz (Hs) und Nebensatz (Ns) auch zeichnerisch in einem Satzbauplan darstellen.

a Schaut euch die folgenden Satzbaupläne an und erklärt die Unterschiede.

Tina und Florian spielen nächsten Monat bei einem großen Turnier, wenn sie sich qualifizieren.
——— Hs ———,
——— Ns ———.

Tina und Florian spielen nächsten Monat, wenn sie sich qualifizieren, bei einem großen Turnier.
——— Hs ———, — Fortsetzung Hs —.
——— Ns ———,

Wenn sie sich qualifizieren, spielen Tina und Florian nächsten Monat bei einem großen Turnier.
——— Hs ———.
——— Ns ———,

b Formuliert eine Regel zur Kommasetzung in Satzgefügen.

7 Zeichnet zu den folgenden Satzgefügen Satzbaupläne:

A Obwohl Tim noch nie Ski gefahren ist, machte ihm sein erster Ausflug Spaß.

B Lisa will nächstes Jahr, wenn ihre Mutter es erlaubt, ein Tenniscamp in Amerika besuchen.

C Mark spielt sonntags immer Fußball, während sein Bruder für die Schule lernt.

D Als Lucy das 100-Meter-Rennen lief, jubelte das ganze Stadion.

E Herr Knodel baute das Volleyballnetz auf, damit die Mannschaft trainieren konnte.

8 Stellt die Teilsätze aus Aufgabe 7 so um, dass
– in den Sätzen C und E der Nebensatz am Anfang steht,
– in den Sätzen A und D der Hauptsatz am Anfang steht,
– in Satz B der Nebensatz auf den gesamten Hauptsatz folgt.

Information **Satzgefüge: Hauptsatz + Nebensatz**

Einen **Satz,** der aus mindestens einem **Hauptsatz und** mindestens einem **Nebensatz** besteht, nennt man **Satzgefüge.** Hauptsatz und Nebensatz werden immer durch **Komma** voneinander abgetrennt.

In einem Satzgefüge kann der Nebensatz nach, vor oder zwischen dem Hauptsatz stehen:

Wir trainieren heute im Freien	,	*weil die Sonne scheint*	.
Hauptsatz		Nebensatz	

Weil die Sonne scheint	,	*trainieren wir heute im Freien*	.
Nebensatz		Hauptsatz	

Wir trainieren heute	,	*weil die Sonne scheint*	,	*im Freien*	.
Hauptsatz Teil 1		Nebensatz		Hauptsatz Teil 2	

Nebensätze haben folgende Kennzeichen:
- Ein **Nebensatz** kann **nicht ohne** einen **Hauptsatz** stehen.
- Der Nebensatz ist dem Hauptsatz untergeordnet und wird durch eine **unterordnende Konjunktion** (Bindewort) eingeleitet, z. B. *weil, da, obwohl, damit, dass, sodass, nachdem, während.*
- Die **Personalform des Verbs** (das gebeugte Verb, ► S. 214) steht im Nebensatz immer **an letzter Satzgliedstelle.**

Satzgefüge	**Hauptsatz**	+	**Nebensatz**	
Beispiel	*Ich spielte 90 Minuten durch*	,	*obwohl meine neuen Schuhe drückten*	.
		Komma	Konjunktion … Personalform des Verbs am Satzende	

Fordern und fördern – Satzreihe und Satzgefüge

Bearbeitet eine der drei Aufgaben auf S. 244/245.

●○○ 1

A Franz Beckenbauer war als Spieler 1974 Weltmeister und er gewann 1990 den Titel als Trainer.

B Franz Beckenbauer wurde 1982 Deutscher Meister als Spieler des HSV, nachdem er aus New York in die Bundesliga zurückgekehrt war.

C Franz Beckenbauer gewann 1996, als er den Trainerposten beim FC Bayern übernahm, den Uefa-Pokal.

a Bestimmt bei den oben stehenden Sätzen A bis C jeweils, ob es sich um eine Satzreihe oder um ein Satzgefüge handelt.
b Schreibt die Satzgefüge in euer Heft. Markiert die Konjunktionen und die Kommas.
c Zeichnet zu den Sätzen aus Aufgabe b Satzbaupläne.
d Stellt mindestens einen der Sätze aus Aufgabe b so um, dass sich ein anderer Satzbauplan ergibt. Zeichnet den Satzbauplan.

●●○ 2

A Franz Beckenbauer spielte 396 Bundesligaspiele für Bayern München.
Später spielte er noch 28 Bundesligaspiele für den HSV.

B Franz Beckenbauer erzielte vier Eigentore in der Bundesliga.
Er steht in der ewigen Eigentorschützen-Liste der Bundesliga auf Platz 3.

C Franz Beckenbauer hatte 103 Einsätze in der Nationalmannschaft.
Trotzdem steht er in der ewigen Rangliste der Rekordnationalspieler nur auf Rang 5.

a Verbindet die Hauptsatzpaare A bis C zu Satzgefügen und verwendet dabei unterschiedliche Konjunktionen. Schreibt die Sätze in euer Heft.
b Zeichnet zu den Satzgefügen aus Aufgabe a Satzbaupläne.
c Verbindet die Sätze so zu Satzgefügen, dass sich andere Satzbaupläne ergeben.
Schreibt jeweils zwei verschiedene Möglichkeiten in euer Heft.
Tipp: Ihr könnt dabei wenn nötig „Franz Beckenbauer" durch das Personalpronomen „er" ersetzen und umgekehrt.

●●● 3 Tim hat sich aus dem Internetlexikon Wikipedia folgende Informationen zu den Ursprüngen des Snowboard-Sports herausgeschrieben:

A Toni Lenhardt (Österreich) erfindet Monogleiter → Vorläufer des Snowboards (1900) – erste Monogleiterwettbewerbe (1914)

B Tom Sims und Jake Burton Carpenter: Experimente mit Laschen auf alten Türen (1963) – Ziel: Surf-Feeling auf Schnee rekonstruieren

C Dimitrij Milovich: Stahlkanten zur Stabilisierung an den Seiten des Brettes (1970) – erst fünf Jahre später: Milovich nimmt Produktion von Snowboards auf.

a Formuliert aus den Stichworten vollständige Sätze. Verbindet dann die zusammengehörenden Sätze zu Satzgefügen und schreibt diese in euer Heft. Verwendet in den Satzgefügen jeweils unterschiedliche Konjunktionen.

b Zeichnet zu euren Satzgefügen aus Aufgabe a Satzbaupläne.

c Formuliert jedes der Satzgefüge so um, dass sich ein anderer Satzbauplan ergibt. Schreibt die umformulierten Satzgefüge in euer Heft.

d Zeichnet zu den umformulierten Satzgefügen Satzbaupläne.

Teste dich!

Satzarten und Sätze

Hi Alex Gestern war das Spiel gegen Möglingen Wir haben nicht nur 3:0 gewonnen, ich habe auch noch alle Tore geschossen Weißt du, wer zugeschaut hat Hans Müller, der frühere Nationalspieler, stand am Spielfeldrand Er ist mit unserem Trainer befreundet War das toll Wie geht es dir und deiner Mannschaft Kämpft ihr noch um den Aufstieg Schreib bald zurück Gruß Martin

1 Martin hat nach einem wichtigen Spiel seinem Freund Alex gemailt. Dabei war er allerdings so in Eile, dass er alle Satzschlusszeichen vergessen hat.
Schreibe den Text ab. Ergänze passende Satzschlusszeichen und füge auch die notwendigen Absätze ein. Notiere hinter jedem Satz in Klammern, um welche Satzart es sich handelt.

Surfen wie ein Weltmeister

Beispielsätze	Hauptsatz	Satzreihe	Satzgefüge
Das Wort „surfen“ kommt von dem englischen Begriff für Brandung.	W	T	P
Die Surfer verwenden Surfbretter und sie reiten damit auf den Wellen der Brandung in Küstennähe.	O	E	I
Weil die modernen Surfbretter eine heliumgefüllte Blase im Kern haben, sind sie so leicht.	N	I	L
Surfbretter werden aus Hartschaum und Glasfasergewebe hergestellt oder man verwendet Balsaholz mit einem Styroporkern.	N	L	I
Nachdem die ersten zehn Weltmeisterschaften bei den Frauen von US-Amerikanerinnen gewonnen wurden, siegte 1987 Wendy Botha aus Südafrika.	I	S	E

2 Entscheide, ob es sich bei den oben stehenden Sätzen um einfache Hauptsätze, um Satzreihen oder um Satzgefüge handelt. Schreibe jeweils den Buchstaben aus der richtigen Spalte der Tabelle in dein Heft, dann erhältst du das Lösungswort.

3 Zeichne zu den folgenden Sätzen Satzbaupläne wie in den Beispielen auf Seite 242.

A Nachdem John Isner elf Stunden und fünf Minuten gegen Nicolas Mahut gespielt hatte, gewann er das längste Tennismatch aller Zeiten.

B Martina Navrátilová erreichte im Jahr 1983, weil sie von 87 Spielen nur eines verlor, die beste Jahresbilanz aller Zeiten im Profitennis.

13.3 Fit für die Klassenarbeit

Satzglieder

Die Aufgabenstellung verstehen

Stell dir vor, dass du in der Klassenarbeit folgende Aufgabe bekommst:

A Timo spielt gerne Fußball auf dem schönen Rasenplatz.
B Häufig kommt Tina wegen ihres Tennistrainings erst spät nach Hause.

1. Zeige mit Hilfe der Umstellprobe, wie viele Satzglieder die beiden Sätze A und B haben. Schreibe für jeden Satz zwei neue Kombinationen auf.
2. Unterstreiche in den Sätzen A und B in deinem Heft die einzelnen Satzglieder.
3. Benenne die Satzglieder im Satz B. Schreibe diese dazu einzeln in dein Heft und notiere dahinter, wie sie heißen.

1 Bevor ihr anfangt, müsst ihr die Aufgabe genau verstanden haben. Lest dazu die Aufgabenstellung sorgfältig durch. Prüft, welche der folgenden Aussagen richtig sind, und notiert die entsprechenden Buchstaben in euer Heft.

A Ihr müsst in den Aufgaben 1 und 2 alle Satzglieder unterstreichen und benennen.

B Ihr sollt in Aufgabe 1 so viele Kombinationen der Satzglieder finden wie möglich.

C Ihr müsst in den Aufgaben 1 und 2 für jeden Satz vier mögliche Kombinationen der Satzglieder finden und die Satzglieder unterstreichen.

D Ihr sollt in Aufgabe 1 für jeden Satz zwei weitere mögliche Kombinationen der Satzglieder finden.

E Ihr müsst in Aufgabe 2 alle Satzglieder benennen.

F Alle Satzglieder in Satz B sollen benannt werden.

Die Aufgabe lösen

2 Lest noch einmal die Merkkästen zur Umstellprobe und zur Bestimmung der Satzglieder auf den Seiten 228–235.

3 Löst in der vorgegebenen Reihenfolge die Aufgaben der Klassenarbeit.

4 Vergleicht eure Ergebnisse mit einem Lernpartner/einer Lernpartnerin.

Satzgefüge

Die Aufgabenstellung verstehen

Während des letzten Spiels der Unterstufenmannschaft hat sich Lukas auf einem Block Notizen gemacht. Da das Spiel etwas hektisch war, sind die Sätze sehr knapp geraten. Lukas gibt dir den Zettel mit den Notizen. Du sollst ihm helfen, einen Spielbericht vorzubereiten. Verknüpfe immer zwei Sätze zu Satzgefügen, indem du sie mit sechs unterschiedlichen unterordnenden Konjunktionen sinnvoll verbindest. Achte auf die Kommasetzung.

– Schon nach drei Minuten gibt es eine Schrecksekunde.
– Paul bleibt nach einem Zusammenprall liegen.

– Timo macht sich warm.
– Paul wird behandelt.

– Die Gegenmannschaft schießt das erste Tor.
– Unser Torwart Moritz passt nicht auf.

– Kurz darauf schießt Philip ein Tor.
– Der Spielstand ist wieder ausgeglichen.

– Paul kann weiterspielen.
– Er hat noch Schmerzen im Schienbein.

– Philip ist der Spieler des Tages.
– Philip hat beide Tore zum 2:1 geschossen.

1 Lest die Aufgabenstellung sorgfältig durch. Schreibt als Liste in euer Heft, was verlangt wird:
Ich soll ...
– die Satzpaare zu Satzgefügen verbinden,
– ...

Die Aufgabe lösen

2 **a** Mit Hilfe von Konjunktionen (Bindewörtern) könnt ihr Sätze miteinander verknüpfen und so die Zusammenhänge deutlich machen. Übertragt die Tabelle in euer Heft und ordnet die Konjunktionen aus dem Kasten rechts danach, welchen Zusammenhang sie ausdrücken.

weil • da • als • während • nachdem

Begründung	Zeitlicher Zusammenhang	Einräumung
...	...	*obwohl*

b Löst die Klassenarbeitsaufgabe mit Hilfe der Ergebnisse aus Aufgabe a.

14 Rechtschreibtraining – Laute und Buchstaben

zwiebeln, Mören und Kartoffeln
ergeben eine Leckere Supe.
Mit Gemüsebrühe schmekt sie
richtig gut und sie ist sehr gesunt.
Erwin, 3. Klasse

VORSICHT FEHLER!

1 a Lest Erwins Text halblaut und seht euch dabei jedes Wort genau an. Findet ihr die sechs Wörter, in die sich Fehler eingeschlichen haben? Wie habt ihr die Fehler erkannt?

b Schreibt Erwins Text korrigiert in euer Heft.

2 Welche Tricks kennt ihr, die euch helfen, richtig zu schreiben?

In diesem Kapitel ...

- lernt ihr Rechtschreibtipps kennen, die euch helfen, richtig zu schreiben,
- unterscheidet ihr kurze und lange Vokale und leitet daraus Regeln für die Rechtschreibung ab,
- unterscheidet ihr verschiedene s-Laute (s – ss – ß) und lernt, Wörter mit s-Laut richtig zu schreiben,
- entscheidet ihr sicher, ob ein Wort groß- oder kleingeschrieben wird.

14.1 Tipps zum Rechtschreiben – Fehler vermeiden

TIPP 1: Konzentriert und leserlich schreiben und abschreiben

1 Um Fehler zu vermeiden, müsst ihr ganz genau jeden Buchstaben im Wort kontrollieren. In jeder Zeile ist das jeweilige Wort zweimal falsch geschrieben: Schaut genau hin und findet die Fehlerwörter. Haltet eure Ergebnisse fest, z. B.: *1. Zeile: Das vierte und das ... Wort sind falsch geschrieben. 2. Zeile: ...*

KonzentrationKonzentrationKonzentrationKonzentartionKonzentrationKonzetration
WörterzirkusWorterzirkusWörterzirkusWörterzirkusWörterzirkussWörterzirkus
BuchstabensalatBuchstabensalatBuchstabensalatBuschtabensalatBuchstabensallat
RechtschreibregelnRechtschreibregenRechtschreibregelnRechtschreibregelnRechtchreibregeln

2 a Lest die beiden folgenden Gedichte laut vor.
b Wählt einen der beiden Texte aus und schreibt ihn nach der im Merkkasten unten beschriebenen Methode ab.

Wolken

Wolken entstehen
und Wolken gehen
am Himmel entlang
und still ist ihr Klang.
Schwimmen durch die Morgenhelle
Wolken, dunkle, kleine, schnelle.

Annegret Kronenberg

Die Wolke

Du hörst es nicht,
der Wolke Wandern.
Lautlos geht sie ihren Weg.
Sie malt dir Bilder,
lässt dich träumen,
bis sie vom Wind
wird sanft verweht.

Methode **Konzentriert und leserlich schreiben und abschreiben**

Häufig machen wir Fehler, weil wir uns nicht genügend auf das Schreiben konzentrieren. Besonders beim Abschreiben solltet ihr genau hinsehen und gut leserlich schreiben. Geht so vor:

1. Schritt: Lest eine Zeile, schaut euch die Wörter an und prägt sie euch ein.
2. Schritt: Deckt dann die Zeile mit einem Blatt Papier ab und schreibt sie sauber aus dem Gedächtnis auf. Schreibt nur in jede zweite Zeile.
3. Schritt: Vergleicht eure Zeile mit der Vorlage.
4. Schritt: Streicht falsch geschriebene Wörter mit dem Lineal durch und schreibt sie richtig darüber.

TIPP 2: Wörter deutlich sprechen und in Silben gliedern

VORSICHT FEHLER!

Beim Dosendiktat stecken wir die Zettel mit den Sätzen inne Plechbüchse.
Beim Patnerdiktat spülen wir oft Sekritärin.
Nach der Schule gehen wir manschmal in den Pak.

1 Undeutliches Sprechen führt häufig zu Fehlern.
a Lest die oben stehenden Sätze laut vor. Welche sieben Wörter sind falsch geschrieben?
b Schreibt die Sätze richtig in euer Heft.

2 a Beschreibt, wie in eurer Stadt oder in eurer Umgebung gesprochen wird.
b Sammelt typische Wörter, die in eurer Gegend anders als im Hochdeutschen ausgesprochen werden. Worauf müsst ihr achten, wenn ihr diese Wörter schreibt?

3 a Sprecht die folgenden Wörter deutlich Silbe für Silbe, z. B.: Ta-fel-lap-pen.

Tafellappen • Fußballweltmeisterschaft • Wintermorgenschnee • Winterferien • Sonnenblumenfeld • Lastwagenfahrer • Tischtennisschläger • Autobahnraststätte

b Schreibt die Wörter mit Silbentrennstrichen auf, z. B.: *Ta-fel-lap-pen.*

4 O je, hier hat der Computer bei der Worttrennung einige Fehler gemacht.
a Lest die Wörter so, dass ihr die Sprechsilben deutlich hört.
b Schreibt jedes Wort mit allen möglichen Silbentrennstrichen auf. Die Informationen im Merkkasten unten helfen euch.

Textverarbeitungsp-
rogramme haben
eine autom-
atische Silbent-
rennung. Diese ist a-
ber oft unzuverlässig.

VORSICHT FEHLER!

Methode **Wörter deutlich sprechen und in Silben gliedern**

Eine deutliche Aussprache hilft euch, Wörter richtig zu schreiben. Wer einen Dialekt oder Umgangssprache spricht, muss dabei auf Hochdeutsch „umschalten".
- Sprecht das Wort langsam und deutlich, z. B.: *das Ge**b**äck, das Ge**p**äck.*
- Gliedert längere Wörter in Sprechsilben, z. B.: *Ta-fel-lap-pen.*
- **Silbentrennung:** Mehrsilbige Wörter trennt man nach Sprechsilben, die man beim deutlichen und langsamen Vorlesen hören kann, z. B.: *Spa-zier-gang.*
  Ein einzelner Vokalbuchstabe wird nicht abgetrennt. Nicht trennbar sind also z. B. die Wörter *Igel, Ofen, Esel.*
  Für Zweifelsfälle: In die neue Zeile kommt meist nur *ein* Konsonant, z. B.: *knusp-rig.*

TIPP 3: Verwandte Wörter suchen

Wörter, die denselben Wortstamm haben, sind miteinander verwandt.

1 a Sucht zu den Wörtern *wohnen, halten* und *sitzen* möglichst viele verwandte Wörter.
b Markiert die Wortstämme farbig, z. B.: *wohnen: wohnlich, ...*

2 a Eines der Wörter rechts ist nicht mit den anderen verwandt. Welches?
b Woran habt ihr das nicht verwandte Wort erkannt?
c Erklärt die Schreibung des Wortes Lautst**ä**rke mit **ä** durch ein verwandtes Wort.

laut • läuten • Lautstärke • Leute • lauter • Geläute • vorlaut • Selbstlaut

3 a Sucht zu den nebenstehenden Wörtern mit **ä** ein verwandtes Wort mit **a.** Schreibt beide Wörter auf, z. B.: *kräftig – die Kraft.*
b Zu den nebenstehenden Wörtern mit **äu** gibt es verwandte Wörter mit **au.** Sucht jeweils ein verwandtes Wort und schreibt die Wörter nebeneinander auf.

kräftig • die Kälte • ängstlich • ernähren • schälen • täglich • nähen • erklären

der Verkäufer • die Mäuse • die Säure • träumen • aufräumen • äußerlich

4 **e** oder **ä? eu** oder **äu?** Entscheidet, wie die Wörter im Kasten rechts geschrieben werden, indem ihr verwandte Wörter mit **a** oder **au** sucht. Schreibt die Wörter dann in euer Heft.

die Fl ? che • er schl ? ft • h ? fig • die Fr ? de • die L ? te • gef ? hrlich • die B ? erin • du l ? fst • die K ? le

Methode **Verwandte Wörter suchen (Ableitungsprobe)**

- Wenn ihr unsicher seid, wie ein Wort geschrieben wird, hilft fast immer die Suche nach einem verwandten Wort. Der Wortstamm (= Grundbaustein) wird in allen verwandten Wörtern gleich oder ähnlich geschrieben, z. B.: *reisen: abgereist, verreisen, die Reise.*
- Ihr schreibt ein Wort mit **ä** oder **äu,** wenn es ein verwandtes Wort mit **a** oder **au** gibt, z. B.:
e oder **ä?** → *Gläser – Glas* **eu** oder **äu?** → *Träume – Traum*
Gibt es kein verwandtes Wort mit **a** oder **au,** schreibt man das Wort meist mit **e** oder **eu.**

TIPP 4: Wörter verlängern

1 a Schreibt die Substantive und Adjektive im Wortspeicher rechts ab und ergänzt dabei jeweils eine Pluralform, z. B.: *Berg – Berge.*

Berg • grob • Werk • plump • kalt • Wald

b Lest eure Wortpaare laut vor und achtet dabei jeweils genau auf die Aussprache des markierten Buchstabens. Beschreibt, was euch auffällt.

2 Das Verlängern von Wörtern – z. B. indem man den Plural bildet – kann man als Rechtschreibhilfe einsetzen (siehe Merkkasten unten).

a Lest die Wörter rechts vervollständigt vor.

b Überlegt, wie man die Wörter verlängern kann.
Sprecht die verlängerten Wörter deutlich.

c Schreibt jedes Wort mit seiner verlängerten Form auf, z. B.: *er wiegt – wiegen.*

er wie ? t • weni ? • schlan ? • klu ? • es kle ? t • sie ho ? • er hu ? t • sie verschwan ? • run ? • bun ? • blin ? • er ga ?

3 a Lest den folgenden Text und vervollständigt dabei die Lückenwörter.

b Schreibt die Lückenwörter richtig in euer Heft. Verwendet die Verlängerungsprobe.

Die Sonne scheint mil ? .
Auf dem Spielplatz am Ran ? des
Schulhofs schimmert der San ? gel ? .
An einer Stelle glänzt er sogar wie Gol ? .
Ob dort ein Schatz vergraben ist?
Hoffentlich ist bal ? Pause.
Warte, gi ? mir drei Minuten und ich bin unten!
Komm, gra ? mit mir den Schatz aus!
Was es wohl sein wir ? ?

Methode **Wörter verlängern (Verlängerungsprobe)**

Am Wortende klingt **b** wie **p** *(das Lob)*, **g** wie **k** *(der Tag)* und **d** wie **t** *(der Hund)*. Wenn ihr die Wörter verlängert, hört ihr, welchen Buchstaben ihr schreiben müsst. So könnt ihr Wörter verlängern:

- Bildet bei Substantiven den Plural, z. B.: *der Tag – die Tage.*
- Steigert die Adjektive oder ergänzt ein Substantiv, z. B.: *mutig – mutiger; ein mutiges Kind.*
- Bildet bei Verben den Infinitiv oder die Wir-Form, z. B.: *er lobt – loben; wir loben.*
- Zerlegt zusammengesetzte Wörter, z. B.: *die Radtour = Rad* (verlängert: *Räder*) + *Tour.*

TIPP 5: Im Wörterbuch nachschlagen

> Man kann nicht alles wissen, man muss nur wissen, wo es steht. Das gilt auch für die Rechtschreibung. Seid ihr euch bei einigen Wörtern nicht sicher, schlagt im Wörterbuch nach.

1
a Trainiert in Partnerarbeit das Abc, indem ihr immer abwechselnd in alphabetischer Reihenfolge entweder Namen nennt oder Tiere oder Städte oder ...
Buchstaben, für die euch kein Beispiel einfällt, könnt ihr überspringen.
b Nennt einen beliebigen Buchstaben aus dem Alphabet. Euer Partner oder eure Partnerin sagt möglichst schnell die Buchstaben, die vor und hinter dem genannten Buchstaben im Alphabet stehen.

2 Das Wörterbuch ist alphabetisch geordnet. Bei gleichem Anfangsbuchstaben entscheidet der zweite Buchstabe über die Reihenfolge. Ist auch dieser gleich, entscheidet der dritte usw.
a Bringt die nebenstehenden Wörter in die richtige alphabetische Reihenfolge und schreibt sie auf.
b Markiert jeweils den Buchstaben, der über die Reihenfolge entscheidet.

Senf • siegen • Sport • Suppe • Sekunde • Station • Salat • Soße • stolpern

3
a Überlegt und prüft im Wörterbuch nach: Unter welchem Stichwort findet ihr „saß“?
b Schreibt zu den Verben rechts den Infinitiv (die Grundform) auf.
c Schlagt die Infinitive im Wörterbuch nach und überprüft die Schreibweise.

er hält • ich kam • du hast gelogen • wir sind gerannt • wir fuhren • sie trägt • sie haben gefroren • es war geschlossen • du schlugst vor

4 Substantive findet ihr im Wörterbuch immer im Singular (in der Einzahl). Bildet zu den Substantiven im Kasten rechts den Singular und schlagt sie nach.

die Hände • die Ränder • die Flüsse • die Knöpfe • die Nächte • die Hühner • die Füße • die Kälber • die Löcher

Methode **Im Wörterbuch nachschlagen**

- In einem Wörterbuch sind die Wörter **nach dem Alphabet geordnet.**
  Wenn der erste, zweite ... Buchstabe gleich ist, wird die Reihenfolge nach dem zweiten, dritten ... Buchstaben entschieden, z. B.: *Flamme, Fleiß, Floß.*
- Die Wörter sind im Wörterbuch in ihrer **Grundform** verzeichnet.
  Verben findet ihr **im Infinitiv** (in der Grundform), z. B.: *ich habe gewusst* → *wissen.*
  Substantive findet ihr **im Nominativ Singular** (1. Fall, Einzahl), z. B.: *die Hände* → *Hand.*

Fordern und fördern – Rechtschreibproben nutzen

Die Sonnenblumen

Ferhat fand die enge und dunkle Straße, in der er wohnte, unertr?glich. Er wollte etwas ?ndern und ging in sein G?rtchen. Ferhat bearbeitete die ganze Fl?che. Als die Glocken abends l?uteten, war er f?rtig. Bald sah man kleine St?ngel mit Bl?ttern aus der Erde gucken und wenige Wochen sp?ter erschienen wunderschöne, l?uchtende Blüten. „Die Sonne scheint in unsere Straße!“, riefen die Nachbarn. Es waren Ferhats Sonnenblumen.

Bearbeitet eine der drei folgenden Aufgaben.

●○○ **1** a **ä** oder **e, äu** oder **eu?** Übertragt die Lückenwörter aus dem Text oben in der richtigen Schreibung in euer Heft. Verwendet dabei die geeignete Rechtschreibprobe.

b Schreibt die folgenden Sätze vervollständigt in euer Heft. Ermittelt mit der Verlängerungsprobe, welche Buchstaben eingesetzt werden müssen: **d** oder **t, g** oder **k, b** oder **p?**

> Lachen ? he ? t Pippi das Pfer ? hoch. Dabei wir ? t sie völli ? entspann ? .

●●○ **2** a **ä** oder **e, äu** oder **eu?** Übertragt die Lückenwörter aus dem Text oben auf dieser Seite in der richtigen Schreibung in euer Heft. Verwendet dabei die geeignete Rechtschreibprobe.

b **d** oder **t, g** oder **k, b** oder **p?** Schreibt die folgenden Wörter vollständig in euer Heft. Verwendet die geeignete Rechtschreibprobe.

> Erfol ? • har ? • gro ? • frem ? • lachen ? • wir ? t • völli ? • Pfun ?

●●● **3** a **ä** oder **e, äu** oder **eu?** Schreibt die Lückenwörter aus dem Text oben auf dieser Seite in der richtigen Schreibung in euer Heft. Verwendet die geeignete Rechtschreibprobe.

b **d** oder **t, g** oder **k, b** oder **p?** Formuliert eine Regel, wie man die Verlängerungsprobe bei zusammengesetzten Wörtern anwenden kann, wie z. B. *Windstärke, Webstuhl, Flughund*.

c Schreibt die folgenden Wörter vervollständigt in euer Heft. Verwendet eure Regel aus Aufgabe 3b.

> Wal ? stück • Gel ? schein • har ? herzig • Pfa ? finder • San ? kasten •
> Zwer ? kaninchen • Frem ? körper • Ber ? werk • Aben ? spaziergang

Mit einer Rechtschreibkartei üben

Bei der Rechtschreibung hat jeder andere Unsicherheiten. Deshalb ist es wichtig, dass ihr eure Fehlerwörter sammelt und immer wieder übt. Dabei hilft euch zum Beispiel eine Rechtschreibkartei.

Eine Rechtschreibkartei anlegen mit Wörtern,
- bei denen ihr häufig Fehler macht,
- die besonders schwierig sind,
- die man sich merken muss, weil ihre Schreibweise durch Regeln nicht hergeleitet werden kann.

1 Geht beim Anlegen eurer Rechtschreibkartei so vor:
- Schreibt das Wort in der richtigen Schreibung auf eine Karteikarte.
- Markiert die Stelle, die ihr vorher falsch geschrieben habt.
- Ergänzt verwandte Wörter. Bei Verben schreibt ihr auch Personalformen oder Zeitformen auf.
- Schreibt einen Satz, in dem das Wort vorkommt.

graben
ich grabe, ich grub
ich habe gegraben
Der Hase gräbt ein Loch.

Grund
Grundstück, Grundwasser,
begründen
Der Grund ist klar.

2 Übt mit eurer Rechtschreibkartei täglich etwa zehn Minuten. Nehmt euch bis zu zehn Kärtchen aus eurer Kartei heraus und entscheidet euch für eine der folgenden Übungsformen.

Einprägen und aufschreiben
Lest das Wort und prägt es euch ein. Schreibt es dann aus dem Gedächtnis auf.

Wörter zusammensetzen
Setzt die Wörter mit anderen Wörtern zusammen, z. B.: *das Ende – das Endspiel.*

Partnerdiktat (► S. 309)
Diktiert euch die Wörter und Sätze.

Verwandte Wörter suchen
Sucht zu eurem Wort weitere verwandte Wörter und schreibt sie auf. Unterstreicht den Wortstamm z. B.:
befehlen: der Befehl, die Befehlsform.

Das Wort verlängern
Bildet eine andere Form mit dem Wort, z. B. durch Verlängerung:
die Wand – die Wände.

14.2 Üben macht sicher – Regeln zum Rechtschreiben

Kurze und lange Vokale unterscheiden

1 Sprecht die Wörter laut und deutlich aus. Verdeutlicht beim Sprechen, ob der betonte Vokal lang oder kurz gesprochen wird.
– Bei einem lang gesprochenen Vokal zieht ihr mit beiden Händen ein unsichtbares Gummiband auseinander.
– Bei einem kurzen Vokal klopft ihr auf den Tisch.

2 a Ordnet die folgenden Wörter nach lang oder kurz gesprochenen Vokalen in einer Tabelle. Markiert die lang gesprochenen betonten Vokale mit einem Strich und die kurz gesprochenen mit einem Punkt.

fallen • Schnabel • Weg • Tipp • nett • fahren • lustig • Tube • Liebe • impfen • geben • Witz • Blatt • kleben • Rock

- **Vokale** (Selbstlaute): *a, e, i, o, u*
- **Umlaute:** *ä, ö, ü*
- **Doppellaute** (Diphthonge): *ei, ai, au, äu, eu*
- **Konsonanten** (Mitlaute): alle übrigen Buchstaben des Alphabets, z. B.: *b, c, d, f, …*

Kurz gesprochener Vokal	Lang gesprochener Vokal
fallen	Schnabel
…	…

b Wie viele Konsonanten folgen nach einem kurzen Vokal, wie viele nach einem langen Vokal? Vergleicht die Wörter in den beiden Spalten. Was fällt euch auf?
Tipp: Achtet auf die Buchstaben nach den Vokalen.

Kurze Vokale – Doppelte Konsonanten

Der grüne Planet

Auf der Erde wohnen wir und von den Pflanzen leben wir. Wir sind mit ihnen verkettet – ob wir wollen oder nicht. Mit dem ersten Schrei atmet ein Baby den Sauerstoff ein, den die Pflanzen freigesetzt haben. Später verzehren wir Kartoffeln, Karotten, Getreide, Äpfel und Bohnen. Mit Blüten und Blättern schmücken wir unsere Wohnungen, Altäre und Gräber. Wir verarbeiten Pflanzenfasern zu Kleidung, nutzen Heilpflanzen für Arzneimittel und bauen und heizen mit pflanzlichen Materialien, z. B. mit Holz. Ohne Pflanzen wären wir nichts. Wir Menschen sind auf die grünen „Sonnenfresser" angewiesen.

1 Überprüft die Rechtschreibregel zu kurzen Vokalen und doppelten Konsonanten im Merkkasten unten. Sucht dazu zehn Wörter mit einem kurzen betonten Vokal aus dem Text oben heraus. Markiert die kurzen Vokale mit einem Punkt und unterstreicht die Konsonanten, die auf den kurzen Vokal folgen, z. B.: *Pflanzen, verkettet ...*

2 Welche Pflanzen wachsen hier?

a Ergänzt die fehlenden Doppelkonsonanten und schreibt die Pflanzennamen in euer Heft.

b Zerlegt die Pflanzennamen in ihre Bestandteile. Bildet aus dem Wortteil, in dem der Doppelkonsonant steckt, neue Wörter. Unterstreicht die Doppelkonsonanten, z. B.: *Pfefferminze = Pfeffer + Minze → Pfeffermühle, Pfeffersoße ...*

Information **Kurze Vokale – Doppelte Konsonanten**

Nach einem **betonten kurzen Vokal** (Selbstlaut) folgen fast immer **zwei** oder mehr Konsonanten. Beim deutlichen Sprechen könnt ihr sie meist gut unterscheiden, z. B.: *kalt, Pflanze, trinken.*
Wenn ihr bei einem Wort mit einem betonten kurzen Vokal nur **einen Konsonanten** hört, dann wird er **verdoppelt,** z. B.: *Tasse, Schiff, wissen, treffen, sonnig, satt.*
Beachte: Statt kk schreibt man **ck** und statt zz schreibt man **tz,** z. B.: *verstecken, Decke, Katze, verletzen.*

3 a Ordnet die Wörter nach den Themenbereichen „Natur und Wetter“, „Haus“ und „Kleidung“.

Natur und Wetter	Haus	Kleidung
Himmel	...	...

Himmel • Zimmer • Jacke • innen • Gewitter • Sessel • sonnig • Treppe • Sommer • Hitze • Donner • nass • Blatt • Pullover • Wasser • putzen • Rock • Keller • Tanne • Teppich • Schloss • Mütze • Bett • Pantoffel • Blitz • Steppdecke • Wellen

b Sucht euch ein Thema aus und schreibt mit den Wörtern drei oder vier Sätze auf.
c Unterstreicht in euren Sätzen alle Wörter mit Doppelkonsonanten, mit *tz* und *ck*.
d Diktiert euch gegenseitig eure Sätze. Kontrolliert sie nach jedem Diktat gemeinsam.

4 a Sucht in Partnerarbeit zu den folgenden Wörtern möglichst viele Reimwörter und schreibt sie auf, z. B.: *glatt: satt, platt, matt* ...

glatt • hell • nass • fett • der Schall • die Stelle • schmecken • die Bretter • das Gebrüll

b Verfasst gemeinsam ein kurzes Gedicht mit euren Reimwörtern.

5 Schreibt den Text „Doppelte Portion mit Doppelkonsonant“ konzentriert und sorgfältig ab. Setzt dabei die fehlenden Wörter aus dem Wortspeicher rechts an den passenden Stellen ein.

Doppelte Portion mit Doppelkonsonant

Diese ? schmecken allzu ? ! Deswegen hätten wir gerne eine ? Portion davon:

zwei ? von der ? ,

zwei große ? ? ,

zwei ? ? und

eine Menge ? .

Am Schluss trinken wir dann zwei ? ? gegen den Durst!

Kartoffelsalat
Schlemmereien
lecker
Pudding
doppelte
Teller
Buchstabensuppe
Löffel
Tassen
Schüsseln
Kribbelwasser
Gummibärchen

Schreibweise bei langen Vokalen

Wörter mit einfachem Vokal

Bäume und ihr Nachwuchs

Manche Vogelarten helfen Bäumen bei ihrer Verbreitung. Diese Vögel ernähren sich von **Samen** und sammeln manchmal einen Vorrat für die kalte Jahreszeit. Dazu legen sie die Samen zum Beispiel in kleine **Gruben** im Waldboden, die sie anschließend mit Laub und Erde bedecken. Wenn ein **Vogel** sein Versteck vergisst, wächst dann im nächsten Frühling ein **Sämling** aus der Erde – eine junge Pflanze, aus der später einmal eine kräftige Buche oder Eiche werden kann.

1 a Veranschaulicht die Informationen des Textes in einer Zeichnung. Verwendet für die Beschriftung der Zeichnung die fett gedruckten Wörter.

b Unterstreicht in den Wörtern in eurer Zeichnung die langen Vokale.

2 Sprecht die blau gedruckten Wörter im Text deutlich aus und entscheidet, ob der betonte Vokal lang oder kurz gesprochen wird. Schreibt die Wörter mit langem Vokal auf. Unterstreicht den langen Vokal, z. B.: *Vögel, ...*

3 Bildet mit den Silben aus den beiden Kästen sinnvolle Wörter. Jede Silbe dürft ihr nur einmal verwenden. Notiert die Substantive mit Artikeln. Unterstreicht die betonten langen Vokale.

bö- • lo- • ra- • fra- • Schu- • Ta- • Ma- • re-

-ler • -fel • -ben • -gen • -le • -den • -sen • -se

4 Sucht zu den zweisilbigen Beispielwörtern im Merkkasten Reimwörter. Kontrolliert die Schreibung mit Hilfe des Wörterbuchs.

Information **Wörter mit einfachem langem Vokal**

In den meisten Wörtern ist der betonte lange Vokal ein **einfacher Vokal.** Danach folgt meist nur ein Konsonant, z. B.: *die Flöte, die Hose, der Besen, geben, tragen, er kam.*
Das gilt besonders für einsilbige Wörter: *zu, los, so, wen.*

Wörter mit h

Fahrer • bezahlen • sehr • wahr • Stuhl • nachahmen • Fehler • hohl • berühmt • zehn • erzählen • während • nehmen • Ohr • Frühling • Verkehr • ungefähr • wohnen • Uhr • ähnlich • Jahr • ohne • kühl • Rahmen • Kohle • mehr • Mehl • rühren • stehlen • Zahn

1 a Schreibt die Wörter in euer Heft. Notiert mehrsilbige Wörter mit Silbentrennstrichen und unterstreicht den langen Vokal, z. B.: *äh-lich.*

b Markiert bei allen Wörtern das *h* und den Konsonanten, der auf das *h* folgt. Was fällt euch auf? Formuliert eure Beobachtung, indem ihr in eurem Heft den nebenstehenden Rechtschreibtipp ergänzt.

Lange Vokale mit h
Das ***h* nach einem langen Vokal** steht besonders häufig vor den Konsonanten ?, ?, ? und ?. Beispiele: ?, ?, ?, ?.

2 Bildet in Partnerarbeit mit jedem Wortstamm aus dem Kasten rechts möglichst viele verwandte Wörter, z. B.: *wohnen, die Wohnung, …*

wohn • fahr • lohn • kühl • zahl • lehn • rühr • rühm • fehl • bohr

3 a Schreibt die Verben aus dem Wörterrad auf.

b Sprecht die Wörter deutlich aus, sodass ihr das **h** hören könnt.

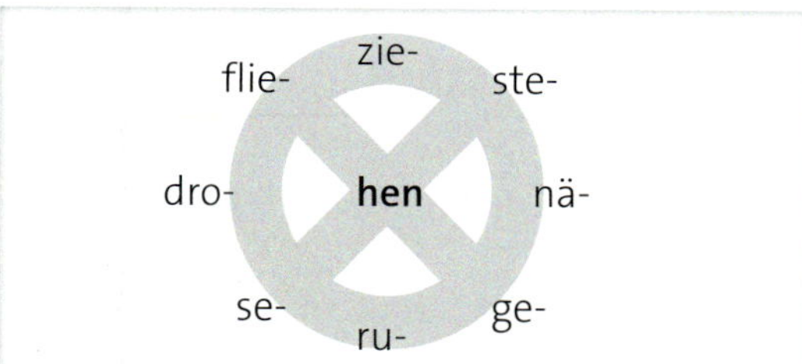

Bei manchen Wörtern steht am Anfang der zweiten Silbe ein *h*, z. B.: *ge-hen*. Dieses *h* könnt ihr hören.
Das *h* bleibt in verwandten Wörtern erhalten. Verlängert einsilbige Wörter, dann hört ihr dieses *h*, z. B.: *er geht → gehen.*

c Wählt vier Verben aus dem Wörterrad aus und bildet die 1., 2. und 3. Person Singular Präsens, z. B.: *fliehen: ich fliehe, du fliehst, er/sie/es flieht.*

4 a Diktiert euch gegenseitig den folgenden Text. Wechselt nach der Hälfte die Rollen.

b Prüft anschließend, ob ihr alle Wörter richtig geschrieben habt. Achtet dabei besonders auf die markierten Wörter.

Frühstücksfernsehen

Wenn früh um sieben Uhr mein Wecker klingelt, stehe ich fröhlich auf. Ich wasche mir die Ohren, ziehe mich an und gehe in die Küche. Während der Bohnenkaffee durch den Filter läuft, ziehe ich die Vorhänge vor dem Küchenfenster auf. Das Fenster hat genau das Format dieser schicken Flachbildschirme. Aber es bietet ein viel schöneres Programm. Ich ziehe mir den bequemen Drehstuhl ans Fenster und wähle das Frühlingsprogramm. Auf der Weide blühen bunte Blumen, die von den Kühen genüsslich verspeist werden. Ein Hahn kräht. In der Ferne höre ich eine Bahn, die durch einen Tunnel fährt.

Wörter mit Doppelvokal

Besuch bei Baum und Blume

Seid ihr noch auf der Suche nach einer guten Idee für den Sonntagsausflug? Warum muss es eigentlich immer der Zoo sein – warum nicht mal ein botanischer Garten? Ob Wild- oder Zierblumen, Moos oder Klee, Beerensträucher oder Obstbäume, einheimische oder exotische Pflanzen – alles, was die grüne Welt zu bieten hat, wird gezeigt und erklärt. In einem Saal kann man sich sogar über Meerespflanzen informieren. Man schaukelt in einem Boot über einen kleinen See oder wagt sich auf schmalen Wegen in das künstlich angelegte Moor. Die Gartenbänke laden dazu ein, die Seele baumeln zu lassen und dem Heer von Gärtnern bei der Aussaat, Aufzucht und Pflege der Pflanzen zuzuschauen. Ein kleiner Kiosk versorgt die Besucher mit Tee und Kaffee, Limonade und Eis. Im Winter jedoch, wenn der Schnee die Beete bedeckt, bleibt so ein botanischer Garten meistens leer.

1 Wart ihr schon einmal in einem botanischen Garten? Erzählt, was euch dort gefallen hat oder aufgefallen ist.

2 **a** Schreibt aus dem Text alle Wörter mit Doppelvokal heraus und ordnet sie in einer Tabelle.

Wörter mit aa	Wörter mit ee	Wörter mit oo
…	*Idee*	…

b Lest die Wörter aus eurer Tabelle laut vor. Wie werden die Doppelvokale gesprochen?

3 Hier ist etwas durcheinandergeraten. Schreibt die beiden Bestandteile der zusammengesetzten Wörter jeweils getrennt auf kleine Zettel. Setzt daraus neue, sinnvolle Wörter zusammen:

Gummi~~püree~~ • ~~Kartoffel~~beeren • Besucherboot • ~~Schnee~~milch • Teer~~mann~~ • ~~Haarbeet~~ • ~~See~~waage • Tee~~ungeheuer~~ • Personenbeutel • Strauchstraße • ~~Blumen~~zoo • Kaffee~~spange~~

4 Überprüft mit Hilfe des Wörterbuchs, zu welchen Substantiven im Merkkasten es einen Plural gibt. Notiert jeweils die Singular- und die Pluralform. Beachtet: Wenn im Plural oder in der Verkleinerungsform ein Umlaut entsteht, wird dieser nicht verdoppelt, z. B.: *Paar – Pärchen.*

Information **Wörter mit Doppelvokal**

Es gibt nur wenige Wörter, in denen der lang gesprochene Vokal durch eine Verdopplung *(aa, ee* oder *oo)* gekennzeichnet ist. Diese Wörter müsst ihr euch merken.

- **aa:** *der Aal, das Haar, paar, das Paar, der Saal, die Saat, der Staat, die Waage*
- **ee:** *die Beere, das Beet, die Fee, das Heer, der Klee, das Meer, der Schnee, der See, die Seele, der Teer*
  Dazu kommen Wörter, die aus anderen Sprachen stammen, mit *ee* am Wortende, z. B.: *die Allee, die Armee, das/der Gelee, die Idee, der Kaffee, der Tee, die Tournee, das Püree.*
- **oo:** *das Boot, doof, das Moor, das Moos, der Zoo*

Wörter mit langem i

Josef Guggenmos

Besuch

War ein Ries' bei mir zu Gast,
sieben Meter maß er fast,
hat er nicht ins Haus gepasst,
saßen wir im Garten.

Weil er gar so riesig war,
saßen Raben ihm im Haar,
eine ganze Vogelschar,
die da schrien und schwatzten.

Er auch lachte laut und viel
und dann schrieb er mir zum Spiel
– Bleistift war ein Besenstiel –
seinen Namen nieder.

Und er schrieb an einem Trumm
MUTAKIRORIKATUM.
Ebenso verkehrt herum,
ja, so hieß der Gute.

Falls ihr einen Riesen wisst,
dessen Name also ist
und der sieben Meter misst,
sagt, ich lass ihn grüßen!

1 Lest den Namen des Riesen von vorne und von hinten. Kennt ihr andere Namen oder Wörter, die von vorne und hinten gelesen gleich sind?

2 a Sucht aus dem Text alle Wörter mit langem i-Laut heraus und ordnet sie nach den verschiedenen Schreibweisen des i-Lautes in eine Tabelle ein.

b Wie viele Wörter gibt es in jeder Spalte? Vergleicht euer Ergebnis mit den Informationen im Merkkasten unten.

Wörter mit ie	Wörter mit i	Wörter mit ih
...	*mir*	...

3 Bildet Verben mit der Endung -ieren und schreibt sie in euer Heft. Schreibt den Infinitiv (die Grundform) und die 1. Person Singular Präsens auf, z. B.: *marschieren – ich marschiere.*

marsch- • prob- • ras- • gratul- • train- • spaz- • musiz- • buchstab- • dikt-

-ieren

Information **Wörter mit langem i**

- **Wörter mit *ie*:** Mehr als drei Viertel aller Wörter mit lang gesprochenem *i* werden mit *ie* geschrieben. Beispiele: *das Tier, lieb, siegen, viel, hier.*
- **Wörter mit *i*:** Manchmal wird das lang gesprochene *i* durch den Einzelbuchstaben *i* wiedergegeben. Beispiele: *mir, dir, wir, der Igel, das Klima, das Kino, der Liter, das Kaninchen, die Mandarine, das Benzin.*
- **Wörter mit *ih*:** Nur in den folgenden Wörtern wird der lange i-Laut als *ih* geschrieben: *ihr, ihm, ihn, ihnen, ihre* usw.

Fordern und fördern – Kurze und lange Vokale

Robert Gernhardt

Geh ich in den Garten raus

Geh ich in den Garten raus,
wi **1** ein Sü **2** lein schme **3** en,
sagt die schwarze Katze mir:
„Mu **4** t den Tisch erst de **5** en!"

Le **6** e ich die De **7** e auf,
wi **8** nun endlich e **9** en,
maunzt die schwarze Katze scharf:
„Hast's Geschi **10** verge **11** en!"

Ho **12** e ich den Te **13** er her,
will von Herzen schlingen,
schreit die schwarze Katze laut:
„Mu **14** t den Lö **15** el bringen!"

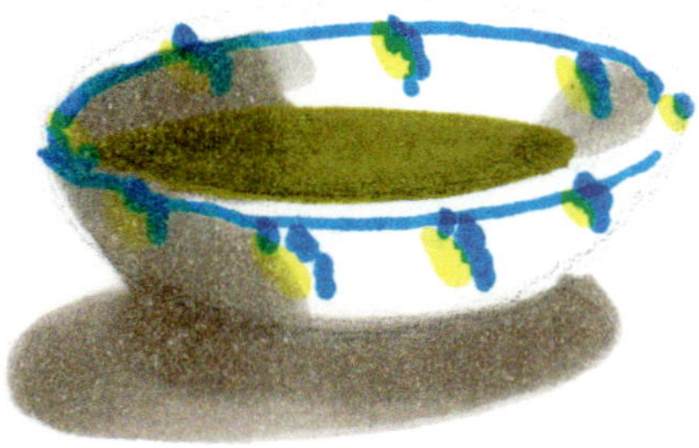

Ha **16** e ich auch den gebracht,
will den Te **17** er fü **18** en,
sitzt die schwarze Katze drauf
und fängt an zu brü **19** en:

„Grad als du im Hause warst,
ist ein Hund geko **20** en,
fraß die ganze Su **21** e auf,
hat Reißaus geno **22** en!"

Seh die Katze zweifelnd an,
füh **23** mein Herze klopfen.
Zi **24** ert nicht am Schnu **25** barthaar
noch ein Su **26** entropfen?

Bearbeitet eine der drei folgenden Aufgaben.

●○○ **1** a Lest euch das Gedicht vervollständigt vor. Wenn ihr Hilfe braucht, verwendet den Tipp unten.
b Schreibt die Lückenwörter vervollständigt in euer Heft. Schreibt dabei alle Verben klein.
Tipp zu Aufgabe 1: In die Lücken müsst ihr die folgenden Buchstaben einsetzen, entweder einfach oder verdoppelt (Vorsicht, statt verdoppeltem k schreibt man ck!):
1 l • 2 p • 3 k • 4 s • 5 k • 6 g • 7 k • 8 l • 9 s • 10 r • 11 s • 12 l • 13 l • 14 s • 15 f • 16 b • 17 l • 18 l • 19 l • 20 m • 21 p • 22 m • 23 l • 24 t • 25 r • 26 p

●●○ **2** a Bearbeitet Aufgabe 1 auf dieser Seite.
b Sucht für jeden der folgenden Doppelkonsonanten mindestens drei weitere Beispielwörter, schreibt sie auf und kontrolliert mit dem Wörterbuch: *ck: Decke ...; pp: Suppe, ...; tt: hatte ....; ss: essen.*

●●● **3** a Bearbeitet Aufgabe 1 auf dieser Seite.
b Sucht für jeden der folgenden Doppelkonsonanten drei weitere Beispielwörter, die sich reimen. Schreibt sie auf und kontrolliert mit dem Wörterbuch: *ck: Decke, ...; pp: Suppe, ...; tt: hatte ...; ss: essen.*

Die Schreibung der s-Laute: s, ss oder ß?

Stimmhaftes s und stimmloses s unterscheiden

Sahne – so lecker!

Süße Sahne – ein Genuss! In geschlagener Form schmeckt sie sehr gut zu heißem Kakao, Eis, Dessert und Kuchen. In flüssiger Form kann man mit ihr eine sämige Suppe verfeinern. Durch die Zugabe von Zitronensaft wird Sahne zu Sauerrahm. Weil Sahne schnell schlecht wird, sollte man sie nicht zu lange bei Zimmertemperatur stehen lassen.

1 a Lest den Text laut.
b Im Hochdeutschen wird der s-Laut in manchen Fällen stimmhaft (summend), in anderen Fällen stimmlos (zischend) ausgesprochen. Sprecht die markierten Wörter im Text sehr deutlich. Versucht, den Unterschied hörbar zu machen.
c Schreibt alle Wörter mit stimmhaftem s-Laut aus dem Text heraus, z. B.: *Sahne, …*

2 a Welche vier Wörter sind rechts dargestellt? Schreibt die Substantive mit Artikeln untereinander auf. Alle Wörter enden auf *s*.
b Verlängert die Wörter, indem ihr zu jedem Substantiv den Plural bildet.
c Sprecht eure Wortpaare laut. Vergleicht die Aussprache des Buchstabens *s* in den Singular- und in den Pluralformen. Was stellt ihr fest?

3 Verlängert in Partnerarbeit die nebenstehenden Wörter, sodass der s-Laut wieder zu einem stimmhaften (gesummten) *s* wird, z. B.: *sie las – lesen.*

sie las • dies • er rast • das Gas • uns • das Gleis • das Los • der Preis • das Glas

Information **Stimmhaftes und stimmloses s**

1 Im Hochdeutschen spricht man den s-Laut entweder stimmhaft oder stimmlos. Ist im Dialekt der Unterschied nicht zu hören, muss man sich die richtige Schreibweise einprägen.
2 Der **stimmhafte s-Laut** wird mit **einfachem *s*** geschrieben, z. B.: *Hase, Riese, eisig.*
3 Der stimmlose s-Laut wird mit einfachem *s* geschrieben, wenn sich beim Verlängern des Wortes ein stimmhaftes *s* ergibt, z. B.: *Gras – Gräser, Haus – Häuser.*
Bei gebeugten Verben bildet man die Grundform, z. B.: *reiste – reisen.*
4 Den **stimmlosen s-Laut nach langem Vokal** oder **nach Diphthong** *(au, äu, ei, eu)* schreibt man **ß,** wenn er bei der **Verlängerungsprobe stimmlos** bleibt, z. B.: *Fuß – Füße, weiß – weißer.*
5 **Nach** einem **kurzen betonten Vokal** wird ein **stimmloser s-Laut** meist **ss** geschrieben, z. B.: *Fass, Biss, sie muss, er hasst, hässlich.*

Wörter mit ss nach kurzem Vokal

Ein kurzer Reisebericht

Unsere ? (Schülergruppe) unternahm in der letzten Woche eine ? (nicht langweilige) Städtetour. Wir sahen uns das ? (ein königliches Gebäude) und mehrere Kirchen an. In einer Kirche fand gerade eine ? (katholischer Gottesdienst) statt. Am Nachmittag fuhren wir mit einem Boot über den ? (fließendes Gewässer). Wir saßen auf dem Schiffsdeck, und wer wollte, konnte dort ein Eis oder ein Stück Kuchen ? (verspeisen).

1 In diesem Reisebericht fehlen die Wörter mit *ss*.

a Findet in Partnerarbeit für die eingeklammerten Ausdrücke treffende Wörter mit *ss*. Schreibt sie in euer Heft, z. B.: *Klasse …*

b Sprecht die Wörter mit Doppel-s laut und deutlich. Markiert den kurzen Vokal mit einem Punkt und unterstreicht das Doppel-s, z. B.: *Klasse …*

2 a Sucht möglichst viele Wörter, in denen die nebenstehenden Buchstabenkombinationen vorkommen, z. B.: *-ass: verpassen, die Masse …*

-ass- • -ess- • -iss- • -uss-

b Wählt aus jeder Gruppe ein Wort und notiert mit diesen Wörtern einige Sätze zum Thema „Reisen“.

c Diktiert euch gegenseitig eure Sätze.

Information **Doppel-s nach kurzem Vokal**

Der stimmlose s-Laut wird **nach einem kurzen betonten Vokal** mit **ss** geschrieben, z. B.: *essen, die Klasse, wissen.*

Wörter mit ß nach langem Vokal und Diphthong

Krankenlager

Hier liege ich mit meinem gebrochenen Fuß und beiße vor lauter Langeweile auf meinen Nägeln herum. Durch das offene Fenster höre ich, dass meine Freunde jede Menge Spaß beim Fußballspielen auf der Straße haben. Wenn bloß bald dieser Gips entfernt wird! Weiß ist der auch schon lange nicht mehr, denn viele Freunde haben mir Grüße daraufgeschrieben. Aber am liebsten würde ich mir das Ding vom Bein reißen und endlich auch mal wieder aufs Tor schießen. Da klingelt es. „Ach, grüß dich, David! Was? Es ist draußen zu heiß? Na prima, setz dich zu mir!“

1 Lest die markierten Wörter deutlich. Welche Laute treten vor dem **ß** auf?

– kurze Vokale?
– lange Vokale ?
– kurze Umlaute?
– lange Umlaute und Diphthonge (ei, ai, au, äu, eu)?

2 a Übertragt die Wörter aus dem Kasten rechts in eine Tabelle und bildet zu jedem Wort eine Verlängerung.

s am Wortende	*ß* am Wortende
das Gras – die Gräser	*heiß – heißer*

das Gras • heiß • groß • süß • der Gruß • der Spaß • das Glas • dies • der Fuß • der Strauß • das Gas • der Stoß • der Preis

b Lest die Wortpaare deutlich. Bei welchen Verlängerungen hört man ein gesummtes *s*?

3 a Sucht in dem Kasten rechts alle Infinitive. Schreibt sie in die erste Spalte einer Tabelle.
b Sucht im Kasten zu jedem Infinitiv die passende Präsensform und die Präteritumform und schreibt sie ebenfalls in die Tabelle.

Infinitiv	Präsens	Präteritum
gießen	*sie gießt*	*es goss*

essen • ich vergaß • gießen • lassen • sie verlässt • vergessen • du vergisst • fließen • ich weiß • es goss • messen • er aß • verlassen • sie verließ • du lässt • es riss • wissen • es fließt • ich maß • er ließ • es reißt • er wusste • reißen • ich esse • es floss • sie gießt • ich messe

c Aus *ss* wird *ß* und aus *ß* wird *ss*. Erklärt, warum.

4 *ss* oder *ß*? Lest den folgenden Text und achtet dabei auf die Länge oder Kürze der betonten Vokale oder Diphthonge vor dem s-Laut. Schreibt dann die Lückenwörter mit dem richtigen s-Laut *(ss* oder *ß)* in eine Tabelle.

ss nach kurzem Vokal	*ß* nach langem Vokal oder Diphthong
Kokosnuss	…

Die Kokosnu ? – eine tropische Köstlichkeit

Nü ? e sind Früchte mit einer harten äu ? eren Schale, die einen e ? baren Kern umschlie ? t. Nü ? e pa ? en zu vielen würzigen oder sü ? en Speisen. Auch Kokosnü ? e sind als exotischer Genu ? sehr beliebt. Die braune, faserige Schale der Kokosnu ? mu ? aufgebrochen werden, damit man an das Fruchtfleisch gelangt. Dazu sticht man zuerst mit einem spitzen Gegenstand Löcher in die weicheren „Augen" im oberen Teil der Schale und gie ? t das Kokoswa ? er in ein Gefä ? . Das Kokoswa ? er ist eine sü ? e, wei ? liche Flü ? igkeit im Inneren der Kokosnu ? . Dann bricht man die Schale auf, indem man mit einem Hammer unterhalb der „Augen" auf die Nu ? schlägt, bis ein Ri ? entsteht. Unreife Kokosnü ? e sind noch weich, sodass man sie mit einem Me ? er aufschneiden kann. Anschlie ? end lä ? t sich das wei ? e Fruchtfleisch herauslösen und e ? en – hmm!

Information **ß nach langem Vokal oder Diphthong**

Der stimmlose s-Laut wird **nach einem langen Vokal oder Diphthong** (ei, ai, au, äu, eu) mit ***ß*** geschrieben, wenn er bei der Verlängerungsprobe stimmlos bleibt,
z. B.: *hei**ß** → hei**ß**er; der Klo**ß** → die Klö**ß**e.*

Fordern und fördern – s, ss oder ß?

Bearbeitet eine der drei folgenden Aufgaben.

●○○ **1** **a** Schreibt die folgenden Sätze ab und ergänzt dabei die richtigen s-Laute: *s, ss* oder *ß*. Lasst unter jedem Satz zwei Zeilen frei für Aufgabe b.

- Drei E ? el gra ? en auf der ? aftigen Wie ? e.
- Das Auto ra ? t mit Vollga ? am Hau ? vorbei.
- Ihr mü ? tet wirklich wi ? en, wie mit Me ? er und Gabel gege ? en wird.
- Ole gie ? t hei ? e So ? e über die Klö ? e.

b Jeder Satz veranschaulicht eine Regel zur Schreibung des s-Lautes. Schlagt die Regeln auf den Seiten 265–267 nach. Schreibt unter jeden Satz die passende Regel.

●●○ **2** **a** Was steht am Wortende: *s* oder *ß*? Macht die Verlängerungsprobe und schreibt die Wörter richtig in euer Heft.

der Sto ? • das Gra ? • das Ei ? • der Gru ? • das Flo ? • das Hau ? • hei ? • das Lo ? • das Ma ? • die Mau ? • der Klo ? • die Lau ? • die ? • der Spie ?

b Sucht zu den Wörtern rechts jeweils vier verwandte Wörter mit *ss* und *ß* und schreibt sie auf. Unterstreicht die langen Vokale und Diphthonge und markiert die kurzen Vokale mit einem Punkt, z. B.: *beißen: das Gebiss*.

beißen • Fluss • gießen • genießen

●●● **3** *s, ss* oder *ß*? Schreibt die Lückenwörter aus dem folgenden Text in euer Heft und ergänzt die fehlenden s-Laute *(s, ss* oder *ß)*.

Ein kurzer Ausflug

An einem sonnigen, hei ? en Sommertag entschlie ? t sich Familie Nu ? baum, an den gro ? en Badesee zu rei ? en. Lars und seine Mutter kümmern sich um das E ? en und Susi und der Vater mü ? en für die Badesachen sorgen. Dann geht es lo ? !

Mittags am See gibt es ein Picknick. Alle genie ? en den Kartoffelsalat, die Fleischklö ? e mit Tomatenso ? e und trinken dazu Orangenbrau ? e. Den Nu ? kuchen wollen Lars und Susi erst nach dem Baden verspei ? en. Aber wa ? pa ? iert jetzt? Rie ? ige Wolken ballen sich am Himmel zusammen. Schon pra ? eln die ersten Regentropfen auf die Wie ? e. Nun hei ? t es schnell einpacken, damit nicht alles na ? wird. Dann ra ? t jeder schnell zum Auto. Wieder zu Hause angekommen, wi ? en die Nu ? baums zuerst nicht recht, wa ? sie mit dem angebrochenen Nachmittag anfangen sollen. Doch dann hat Susi eine Idee: „Ich wei ? wa ? !", ruft sie. „Wer i ? t mit mir ein Stück Nu ? kuchen?"

Groß- und Kleinschreibung

Substantive an typischen Substantivendungen erkennen

1 Bildet mit den Wortbestandteilen aus dem Kasten und den Substantivendungen rechts Substantive und schreibt sie mit ihren Artikeln in euer Heft.

Hinder- • Reich- • Bot- • Trocken- •
Freund- • Polizist- • Entfern- • Dunkel- •
König- • Erleb- • Einzel- • Brauch- •
Heiter- • Helden- • Neuig- • Verletz- •
Land- • Wohn- • Ergeb- • Sparsam-

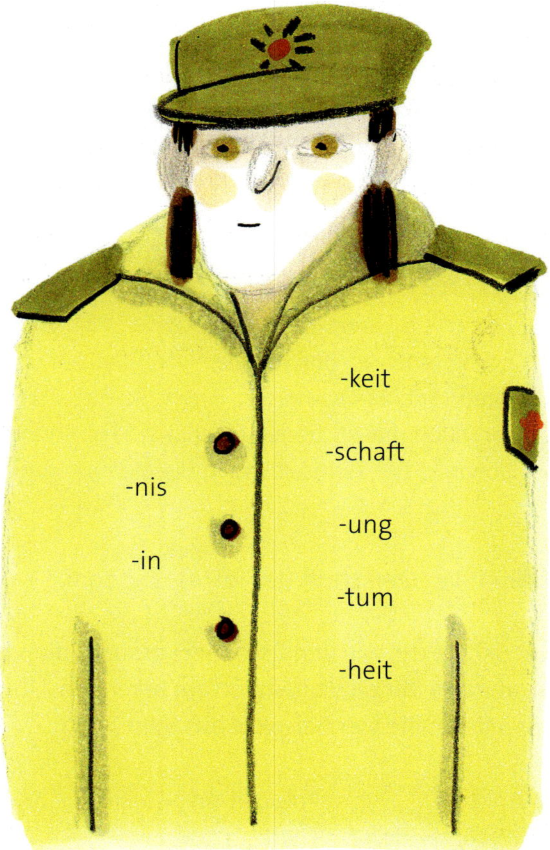

2 Mit Hilfe von Substantivendungen können auch Wörter aus anderen Wortarten zu Substantiven werden.
Formt die folgenden Verben und Adjektive mit Hilfe von Substantivendungen zu Substantiven um. Achtet auf die Großschreibung. Schreibt so:
gesund – die Gesundheit.

gesund • aufmerksam • ereignen •
verspäten • frei • erleben • erzählen •
heiter • rechnen

3 a Schreibt die folgenden Sätze in der richtigen Groß- und Kleinschreibung in euer Heft. Achtet auch auf die Großschreibung am Satzanfang.
b Unterstreicht bei den Substantiven die typischen Substantivendungen.

meine freundin und ich hatten die richtung verloren und gerieten in immer größere verwirrung.
in der einsamkeit der wildnis wurde unsere freundschaft einer prüfung unterzogen.
eine forstbeamtin war unsere rettung und beendete unsere unternehmung.
der genaue ausgang bleibt aber unser geheimnis.

Information **Großschreibung**

- **Satzanfänge** und **Substantive** werden großgeschrieben.
- **Wörter, die auf** *-heit, -keit, -nis, -schaft, -tum, -in, -ung* **enden,** sind **Substantive.**

Substantive an ihren Begleitwörtern erkennen

Die Sonne – Quelle des Lebens

Erst durch das Sonnenlicht ist es den Pflanzen möglich, schädliches Kohlendioxid in der Luft in lebenswichtigen Sauerstoff umzuwandeln. Die Sonne ermöglicht es uns also, zu atmen und zu leben. Ihrem Licht ist es auch zu verdanken, dass Pflanzen den Zucker produzieren können, den sie für ihr Überleben brauchen. Die Pflanzen sind wiederum eine Nahrungsgrundlage für zahlreiche Tiere. Und diese Pflanzenfresser sind eine Nahrungsquelle für die Tiere, die sich von Fleisch ernähren (die Fleischfresser). Wir Menschen ernähren uns vor allem von Pflanzen und ihren Früchten sowie von Tieren. So verdanken wir auch unser Essen eigentlich der Sonne. Schon in der Steinzeit haben die Menschen die Bedeutung der Sonne erkannt. Sie haben ihr zu Ehren große Monumente errichtet. Das bekannteste Monument befindet sich in England und heißt Stonehenge. Es besteht aus mächtigen Felsblöcken, die einen Kreis bilden. Neben dem Kreis befindet sich ein einzelner großer Felsblock. Wenn man sich am Morgen des längsten Tages des Jahres, also zur Sommersonnenwende, in die Mitte des Kreises stellt, dann sieht man die Sonne genau hinter dem Felsblock aufgehen. Das ist ein wunderschöner Anblick!

1 Erklärt die Überschrift des Textes „Die Sonne – Quelle des Lebens“ mit eigenen Worten.

2 Für Sachtexte, wie den Text oben, braucht man besonders viele Substantive. Substantive kann man an verschiedenen Begleitwörtern erkennen. Übertragt die folgende Tabelle in euer Heft und findet für jede Spalte vier Beispiele aus dem Text.

Artikel + Substantiv	**Präposition** (+ Artikel; z. B.: *im = in dem*) + Substantiv	**Pronomen** + Substantiv	(Artikel +) **Adjektiv** + Substantiv
das Sonnenlicht	…	…	…

3 **a** Ein Substantiv kann auch ohne Begleiter stehen: Sucht hierfür ein Beispiel aus dem Text.
b Wie könnt ihr in solchen Fällen überprüfen, ob es sich um ein Substantiv handelt?

Information **Substantive haben Begleitwörter**

Substantive kann man meist an ihren Begleitwörtern erkennen, die den Substantiven vorausgehen. **Begleitwörter** sind:

- **Artikel** (bestimmter/unbestimmter), z. B.: *der Hund, ein Hund.*
- **Pronomen,** z. B.: *unser Hund, dieser Hund.*
- **Präpositionen,** die mit einem Artikel verschmolzen sein können, z. B.: *bei Nacht, am (= an dem) Halsband, beim (= bei dem) Spaziergang.*
- **Adjektive,** z. B.: *große Hunde.*
  Häufig steht das Adjektiv zwischen Artikel und Substantiv, z. B.: *ein großer Hund.*

Adjektive an typischen Adjektivendungen erkennen

fröhsam • traurisch • furchthaft • komig • pünktbar • sorglich • wachlich • lächersam • tierig • schreckisch • lusthaft • ängstbar • traumig • trinkisch • weinerhaft • kleinisch • drecksam

1 a Mit diesen Adjektiven stimmt etwas nicht. Erklärt, was falsch ist.
b Wie müssen die Adjektive richtig heißen? Sortiert sie nach ihren richtigen Endungen in eine Tabelle ein:

-ig	-lich	...	...	...
...	*fröhlich*	...	...	...

c Ergänzt jede Spalte um drei weitere Beispiele.

2 a Bildet aus den folgenden Substantiven und Verben Adjektive.
Nutzt hierzu die typischen Adjektivendungen aus der Tabelle in Aufgabe 1, z. B.: *gefährlich*.

Gefahr • Sturm • Vorsicht • Schaden • Gift • Wunder • Fett • Sprung • Langeweile • brauchen • sparen • lieben • deuten • wachen • halten • hören • anschmiegen • lesen

b Formuliert Sätze, in denen mindestens jeweils zwei der Adjektive vorkommen, die ihr in Aufgabe a gebildet habt.
Achtet auf die Groß- und Kleinschreibung. Beispiel: *Der Kapitän wagte trotz des stürmischen Wetters die gefährliche Überfahrt.*

3 Welche Wörter sind gemeint? Schreibt sie in euer Heft. An den Endungen erkennt ihr, welche Wörter groß- und welche kleingeschrieben werden müssen.

? iegsam • ? eduldig • ? indheit • ? andschaft • ? ufregung • ? ufmerksam • ? errlich • ? urstig • ? ufmerksamkeit • ? chweigsam

Information **Kleinschreibung von Adjektiven**

Adjektive werden kleingeschrieben, z. B.: *freundlich, sonderbar, rostig*.
Viele Adjektive kann man an typischen Adjektivendungen erkennen:
-bar, -sam, -isch, -ig, -lich, -haft.

Fordern und fördern – Groß- und Kleinschreibung

Bearbeitet eine der folgenden drei Aufgaben.

●○○ **1** Schreibt die folgenden Wörter in der richtigen Groß- und Kleinschreibung in euer Heft. Ergänzt bei den Substantiven die Artikel. Tipp: Achtet auf die Endungen.

ERZÄHLUNG • FREUNDSCHAFT • MÜNDLICH • KRÄFTIG • SCHÖNHEIT • FURCHTBAR • ERLEBNIS • DUNKELHEIT • GRAUENHAFT • SPANISCH • FURCHTSAM • SCHÄDLICH

●●○ **2** Überprüft, welche Wörter in den folgenden Schlagzeilen Substantive sind, indem ihr Begleitwörter, z. B. Artikel, vor den Substantiven ergänzt, z. B.: *der Dieb …*
Schreibt die Schlagzeilen in der richtigen Groß- und Kleinschreibung in euer Heft.

DIEB WURDE AUF FLUCHT GEFASST

VULKAN SPUCKTE ASCHEWOLKE AUS

BLITZEIS VERURSACHTE STAU AUF AUTOBAHN

BENZIN WIRD WIEDER DREI CENT TEURER

MANNSCHAFT GEWANN GOLDPOKAL

●●● **3** Sucht alle Substantive mit ihren Begleitwörtern aus dem Text heraus und schreibt sie in euer Heft. Notiert jeweils die Wortart des Begleitwortes, z. B.: *die Wüste (Artikel) …*

Die Wüste lebt

Die Pflanzen nehmen über ihre Wurzeln lebensnotwendiges Wasser auf. Doch was ist, wenn der Boden diese Flüssigkeit gar nicht oder kaum bietet? Auch in den Wüsten dieser Erde, wo es wenig regnet, gedeihen grüne Pflanzen. Einige verfügen über ein vielschichtiges Wurzelnetz, das sich direkt unter der Bodenoberfläche ausbreitet. Auf diese Weise können die Pflanzen den wenigen Regen, der auf den Boden fällt, sofort aufnehmen.

Es gibt auch zahlreiche Pflanzen, die sich in die Tiefe orientieren. Sie können mit ihren Pfahlwurzeln so tief in den Boden eindringen, dass sie das Grundwasser in dem Wüstenboden erreichen.

14.3 Teste dich! – Rechtschreiben trainieren

Mit diesem Teilkapitel könnt ihr gezielt eure Rechtschreibung trainieren. Ihr geht so vor:

1 **Diktat:** Zuerst schreibt ihr ein Diktat (siehe unten auf dieser Seite).
2 **Fehlerschwerpunkte finden:** Dann stellt ihr anhand des Diktats fest, bei welchen Wörtern ihr noch Probleme habt und in welchen Bereichen der Rechtschreibung ihr also noch üben müsst (▶ S. 274 f.).
3 **Training an Stationen:** Jede Station auf den Seiten 276–280 enthält Übungen zu einem bestimmten Bereich der Rechtschreibung (z. B. Groß- und Kleinschreibung ...). Wie bei einem Zirkeltraining übt ihr eure Problemwörter an den entsprechenden Stationen.

Ein Diktat schreiben

1 Lasst euch die folgende Beschreibung für ein „Aufwindkraftwerk" von eurer Lehrkraft diktieren.

Wie baut ihr ein Aufwindkraftwerk?

Ihr braucht:
- eine Papprolle,
- schwarze Farbe und einen Pinsel,
- eine Teelichthülle,
- einen Stift,
- eine Stecknadel,
- ein Stück Pappe,
- eine Schere.

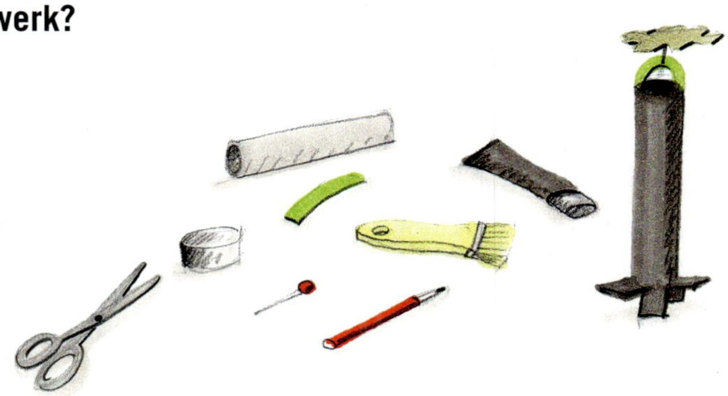

Malt die Pappröhre von außen schwarz an und lasst sie trocknen. Schneidet den Rand der Teelichthülle mehrfach gleichmäßig ein. Schneidet fast bis zur Mitte. Die Hülle drückt ihr vorsichtig platt. Drückt dann mit dem Stift eine Vertiefung in die Mitte des Metalls. Danach biegt ihr die Flügelchen wie bei einem Windrad in eine Richtung. Schneidet zwei kleine Streifen aus der Pappe aus, legt sie übereinander und bohrt die Stecknadel durch die Mitte des Pappstreifens. Dann steckt ihr den Streifen wie einen Handgriff in ein Ende der schwarzen Rolle. Die Spitze der Stecknadel soll nach oben zeigen. Schneidet am Ende der Papprolle gerade Schlitze ein und biegt einzelne Laschen nach außen. Nun steht der Turm auf Füßen und hat kleine Öffnungen. Legt das Windrad auf die Spitze der Nadel. Wenn ihr nun eine Taschenlampe auf die schwarze Röhre richtet oder die Sonne daraufscheint, beginnt sich das Rad bald zu drehen.
Erklärung: Die Luft im Turm erwärmt sich und steigt deshalb auf. Durch die Öffnungen am Boden fließt wie in einem Kamin neue Luft nach. Ähnlich arbeiten große Aufwindkraftwerke mit 200 Meter hohen Türmen. Auch damit kann unser Strom gewonnen werden.

Die eigenen Fehlerschwerpunkte finden

1 Überprüft in Partnerarbeit eure Rechtschreibung im Diktat. Unterstreicht alle Wörter, die ihr falsch geschrieben habt. Vergleicht dazu euren Text Wort für Wort mit der Vorlage auf Seite 273.

2 Findet eure Fehlerschwerpunkte. Geht so vor:

a Alle Wörter, die ihr falsch geschrieben habt, markiert ihr auf einer Kopie des folgenden Fehlerbogens. Einige Wörter sind bei verschiedenen Fehlerschwerpunkten aufgeführt. Seht in der linken Spalte genau nach, an welchen Stellen ihr Fehler gemacht habt (rot markierte Buchstaben!).

b Zählt eure Fehler bei den jeweiligen Fehlerschwerpunkten und tragt eure Fehleranzahl in der mittleren Spalte ein.

c In der rechten Spalte der Tabelle seht ihr, bei welchen Stationen ihr trainieren müsst. Schreibt eure Stationen mit den entsprechenden Seitenzahlen auf.

3 Übt an euren Trainingsstationen. Eure Problemwörter nehmt ihr in eure Rechtschreibkartei (► S. 256) auf.
Wenn ihr nur an ganz wenigen Stationen trainieren müsst, könnt ihr euch zusätzlich noch die Spezialisten-Aufgaben am Ende der anderen Stationen vornehmen.

Fehlerbogen

Fehlerschwerpunkte	Fehlerzahl	Trainingsstationen
Wörter mit Doppelkonsonant, tz oder ck Papprolle, Teelichthülle, Stecknadel, Pappe, Papprӧhre, lasst, trocknen, Mitte, Hülle, drückt, platt, dann, Metalls, Pappstreifens, steckt, Handgriff, Rolle, Spitze, soll, Schlitze, Öffnungen, wenn, Sonne, beginnt, kann, gewonnen		Mehr als vier Wörter falsch geschrieben: ► Training an der Station 1, S. 276 ► Hilfen im Buch: S. 257–259
Wörter mit Dehnungs-h oder Doppelvokal Teelichthülle, Pappröhre, mehrfach, bohrt, Röhre, ähnlich		Mehr als zwei Wörter falsch geschrieben: ► Training an der Station 2, S. 277 ► Hilfen im Buch: S. 261, 262
Wörter mit langem i wie, ihr, die, sie, Vertiefung, biegt, fließt, Kamin		Mehr als zwei Wörter falsch geschrieben: ► Training an der Station 3, S. 278 ► Hilfen im Buch: S. 263

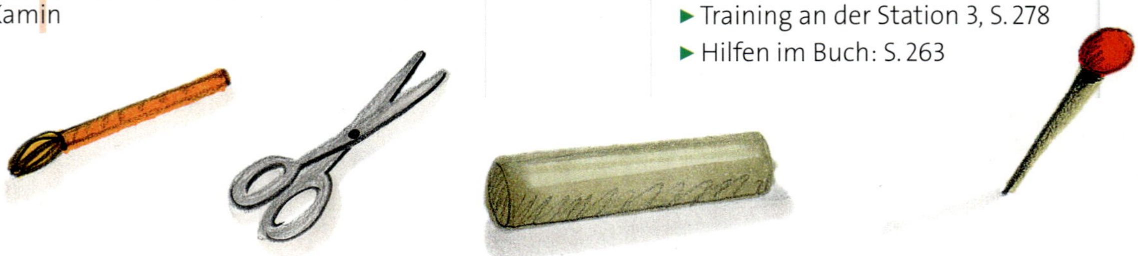

Fehlerschwerpunkte	Fehlerzahl	Trainingsstationen
Wörter mit s-Laut (s, ss oder ß) außen, lasst, gleichmäßig, fast, bis, des, aus, Füßen, das, deshalb, fließt, große		Mehr als zwei Wörter falsch geschrieben: ▶ Training an der Station 4, S. 278 ▶ Hilfen im Buch: S. 265–267
Wörter mit ä gleichmäßig, Erklärung, erwärmt, ähnlich		Mehr als ein Wort falsch geschrieben: ▶ Training an der Station 5, S. 279 ▶ Hilfen im Buch: S. 252
Wörter mit b, d, g im Auslaut Aufwindkraftwerk, und, Rand, gleichmäßig, vorsichtig, biegt, Windrad, legt, Handgriff, Rad, bald, steigt, deshalb		Mehr als drei Wörter falsch geschrieben: ▶ Training an der Station 6, S. 279 f. ▶ Hilfen im Buch: S. 253
Großschreibung von Substantiven Aufwindkraftwerk, Papprolle, Farbe, Pinsel, Teelichthülle, Stift, Stecknadel, Stück, Pappe, Schere, Papprohre, Rand, Mitte, Hülle, Vertiefung, Metalls, Flügelchen, Windrad, Richtung, Streifen, Pappstreifens, Handgriff, Ende, Rolle, Spitze, Schlitze, Laschen, Turm, Füßen, Öffnungen, Nadel, Taschenlampe, Röhre, Sonne, Rad, Erklärung, Luft, Boden, Kamin, Meter, Türmen, Strom		Mehr als fünf Substantive nicht großgeschrieben: ▶ Training an der Station 7, S. 280 ▶ Hilfen im Buch: S. 269 f.
Andere Fehlerwörter		Sprecht mit eurer Lehrerin oder eurem Lehrer über diese Fehler. Sie/er gibt euch Tipps für diese Fehlerbereiche.
Fehler insgesamt:		

Training an Stationen

Station 1: Wörter mit Doppelkonsonanten

1 a Ergänzt bei jedem Wort den richtigen Doppelkonsonanten oder *tz* oder *ck* und schreibt die Wörter untereinander in euer Heft (► Hilfen im Buch: S. 258 f.).

gla ? (Gegenteil von rau)
he ? (Gegenteil von dunkel)
na ? (Gegenteil von trocken)
sich se ? en (Gegenteil von aufstehen)
re ? en (Gegenteil von langsam laufen)

o ? en (Gegenteil von geschlossen)
so ? ig (Gegenteil von trübe)
ne ? (Gegenteil von unfreundlich)
spi ? (Gegenteil von stumpf)
verste ? en (Gegenteil von auffinden)

b Findet zu jedem Wort ein Reimwort und schreibt es daneben.

2 a Welche Wörter sind in den sechs Bildern dargestellt? Schreibt die Substantive untereinander auf. Alle gesuchten Wörter haben einen Doppelkonsonanten.

b Verbindet jeweils ein „Bildwort" mit einem Substantiv aus dem Kasten und schreibt es mit Artikel auf, z. B.: *die Kartoffelsuppe ...*

Keller • Herren • Wasser • Suppe • Kaffee • Himmel

3 Sucht euch aus den folgenden Kästen Wörter aus und formuliert mit ihnen fünf vollständige Sätze. Schreibt sie in euer Heft, z. B.: *Der Koffer ist zu voll.*

Gewitter • Stoff • Fluss • Teppich • Mann • Essen • Koffer • Mütze • Zettel • Platz • Pfütze • Sessel • Wissen

hell • voll • fett • bitter • nett • billig • dünn • schlimm • spannend

vergessen • stellen • bitten • lassen • schwimmen • passen • rennen • schmecken • sammeln • rollen

4 Für Spezialisten: Die Wörter in beiden Kästen werden alle mit doppelten Konsonanten geschrieben. Erklärt den Unterschied.

das Gewitter • der Herr • die Brille • knurren

der Festtag • der Feuerrauch die Nebelleuchte

Merkwörter mit Doppelkonsonanten:
Ballett, Mittag, Betttuch, Schifffahrt, Geschirrreiniger

Station 2: Wörter mit h oder Doppelvokal

1 a Übertragt die Tabelle unten in euer Heft und ordnet die Wörter in die richtige Spalte ein (► Hilfen im Buch: S. 261).

das Huhn • das Gefühl • hohl • die Zahl • zehn • der Sohn • belohnen • der Stahl • wahr • kühl • die Gefahr • nehmen • berühmt • wählen • mahnen • das Benehmen • zähmen

Wörter mit hl	Wörter mit hm	Wörter mit hn	Wörter mit hr
…	…	*das Huhn*	…

b Kreist bei den Wörtern in eurer Tabelle das *h* und den nachfolgenden Konsonanten ein.

c Findet für jede Spalte vier weitere Wörter mit einem *h* nach einem langen betonten Vokal.

d Ergänzt den folgenden Rechtschreibtipp und schreibt ihn in euer Heft.

Ein h nach einem langen betonten Vokal steht häufig vor den Buchstaben ? .

2 Ergänzt bei den folgenden Stationen A und B den Rechtschreibtipp und schreibt ihn in euer Heft. Findet zu den Beispielwörtern passende Reimwörter und schreibt die Wortpaare auf.

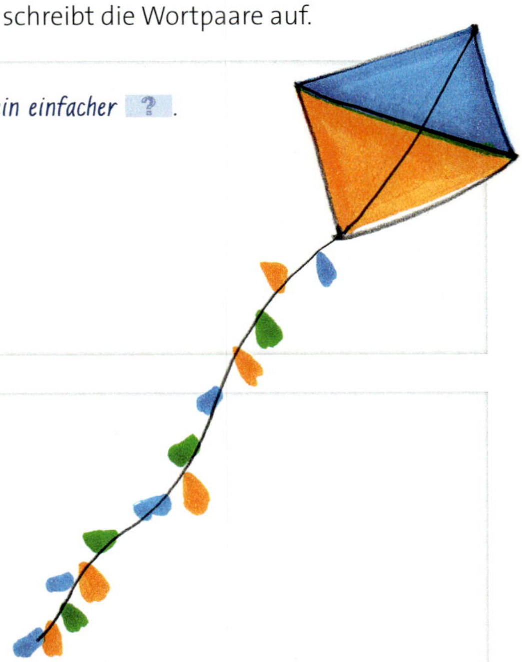

A *In den meisten Wörtern ist der betonte lange Vokal nur ein einfacher* ? .

Beispielwörter:
leben – ? (in der Luft sein)
die Dose – die ? (Kleidungsstück)
der Mut – die ? (Zorn, Entrüstung)
der Schlaf – das ? (Wolltier)

B *Es gibt nur wenige Wörter mit* ? .
Diese Wörter muss man sich gut merken.

Beispielwörter:
der Teer – das ? (Ozean)
das Paar – das ? (Frisur)
der See – der ? (Niederschlag aus Eiskristallen)

3 Für Spezialisten: Verwendet die Wörter in Beispielsätzen und erklärt ihre Bedeutung.

mahlen – malen • die Wahl – der Wal • lehren – leeren • das eine Mal – das Mahl • das Meer – mehr

Merkwörter mit langem Vokal:
nämlich, nah, roh; ihn, ihm, ihnen, ihr

Station 3: Wörter mit langem i

1 Auf den Bildern sind sieben Wörter dargestellt, die mit *ie* geschrieben werden. Findet sie und schreibt sie mit ihren Artikeln auf (▶ Hilfen im Buch: S. 263).

2 Einige Wörter mit langem betontem *i* werden nur mit einfachem *i* geschrieben. Diese Wörter solltet ihr euch merken.
Schreibt den folgenden Text ab und ergänzt dabei die Lücken.

> Was gibt es heute in der Kant ? ? Jede Menge Vitam ? ! Apfels ? , Mandar ? , Auberg ? , Nektar ? , Sultan ? , Margar ? , Spülmasch ? – hoppla!

3 Für Spezialisten: Verwendet die folgenden Wörter in Beispielsätzen und erklärt ihre Bedeutung.

> das Lied – das Lid • die Miene – die Mine • der Stiel – der Stil • wieder – wider

> **Merkwörter mit einfachem *i*:**
> *die Bibel, der Biber, die Brise, der Igel, das Klima, das Kino, die Krise, der Tiger*

Station 4: Wörter mit s-Laut (s, ss oder ß)

1 a Sucht euch eine Lernpartnerin oder einen Lernpartner, die/der auch an Station 4 die Schreibung der s-Laute trainiert (▶ Hilfen im Buch: S. 265 f.).
b Schreibt den Satz „Ich packe meinen Koffer und nehme mit:“ auf ein Blatt Papier. Jeder von euch schreibt jetzt abwechselnd auf, was er mitnehmen möchte. Packt aber nur Dinge mit einem s-Laut *(s, ss* oder *ß)* in euren Koffer.
Ich packe meinen Koffer und nehme mit: eine Wasserflasche, ein Sonnensegel, einen Fußball ...
c Kontrolliert die Schreibung eurer Wörter mit einem Wörterbuch.

2 Bildet möglichst viele Wörter mit *ß*. Achtet bei den Substantiven auf die Großschreibung.

> spa- • hei- • grü- • flei- • au- • flie- • fü- • grö- • drei-

> -ßig • -ßen • -ße • -ßer

3 a Für Spezialisten: Bei den Wörtern im Kasten wird aus *ß ss*. Erklärt, warum.
b Verwendet die Wörter in Beispielsätzen.

> das Maß – messen • fließen – geflossen • ich weiß – ich wusste • genießen – der Genuss • ich ließ – lassen

Station 5: Wörter mit ä und äu

1 *e* oder *ä*? *eu* oder *äu*? In jeder der folgenden Reihen ist ein Wort falsch geschrieben. Wenn ihr die Ableitungsprobe macht, findet ihr es heraus. Sucht zu jedem Wort ein verwandtes Wort. Schreibt die Wörter dann in der richtigen Schreibweise in euer Heft (▶ Hilfen im Buch: S. 252).

- *warm → wärmen*
- *der Wall → die Wälle*
- ...

VORSICHT FEHLER!

wärmen	Wälle	wehlen	wässrig
Stäbe	Städte	Stecker	Sterke
kehren	kleren	ehren	lehren
mäßig	lestig	festlich	endlich
Feuer	Freude	Freulein	Fäulnis
Räder	räumen	Reuber	Reue

2 Für Spezialisten: Verwendet die folgenden Wörter in Beispielsätzen und erklärt ihre Bedeutung.

die Lerche – die Lärche • die Ehre – die Ähre • der Segen – sägen • die Stelle – die Ställe • die Beeren – die Bären

Merkwörter mit **ä:** *Geländer, Lärm, März, Käfer, Käse, während, Säule, Knäuel, spät, Träne*

Station 6: Wörter mit b, d, g im Auslaut

1 Zerlegt die folgenden Wörter. Entscheidet euch dann für eine Schreibung, indem ihr die Verlängerungsprobe anwendet (▶ Hilfen im Buch: S. 253). Schreibt in euer Heft, z. B.:
das Win ? -rad → windig → das Windrad.

das Win ? rad • das Holzstä ? chen • die Ra ? kappe • der Kle ? stoff • sie stei ? t • der Luf ? strom • der Wer ? tag • er befesti ? t • sie fra ? t • sie genehmi ? t

2 Die folgenden Wörter reimen sich zwar, sie werden aber am Wortende nicht immer gleich geschrieben. Macht die Verlängerungsprobe und schreibt die Wörter richtig in euer Heft.

Gel ?	Hel ?	Sie ?	ich rie ?	Zwer ?	Ber ?	Hun ?	bun ?
Zel ?	Wel ?	Die ?	lie ?	Wer ?	Vermer ?	Grun ?	wun ?

3 Für Spezialisten: Verwendet die folgenden Wörter in Beispielsätzen und erklärt ihre Bedeutung.

das Rad – der Rat • wird – der Wirt •
seid – seit • gewandt – das Gewand

Merkwörter mit *b, d* und *g* am Wortende:
ab, ob, deshalb, und, sind, weg, irgend

Station 7: Großschreibung von Substantiven

1 Substantive kann man an verschiedenen Begleitwörtern erkennen (▶ Hilfen im Buch: S. 270).

a Übertragt die folgende Tabelle in euer Heft. Findet für jede Spalte Beispiele aus dem Diktattext (▶ S. 273). Die Anzahl der Beispiele ist euch in jeder Spalte vorgegeben.

Substantive haben Begleitwörter:

Artikel sechs Beispiele	**Präposition** (+ Artikel, z. B.: *im = in dem*) vier Beispiele	**Pronomen** ein Beispiel	(Artikel +) **Adjektiv** sechs Beispiele
ein Aufwindkraftwerk	...	...	...

b Markiert in eurer Tabelle die Begleitwörter, die den Substantiven vorausgehen.

2 Sucht die Substantive aus der folgenden Wortkette heraus. Schreibt sie mit ihren Begleitwörtern auf.

MITEINEMAUFWINDKRAFTWERKKANNINDENSONNIGENGEGENDENUNSERERERDESTROM-GEWONNENWERDEN

3 Formt die folgenden Verben und Adjektive mit Hilfe der Substantivendungen *-ung, -heit, -keit, -nis* in Substantive um. Manchmal gibt es mehrere Möglichkeiten.

erklären • öffnen • aufmerksam • trocken • frech • führen • sauber • hindern • erleben
biegen • frei • sparsam • richten • bohren • steigen • ereignen • vertiefen • verzeihen

4 Für Spezialisten: Zerlegt die Wörter rechts in ihre Bausteine. Erklärt dann die Wortbildung, z. B.: *landschaftlich: Landschaft (Substantiv) + Adjektivendung.*

landschaftlich • Trauung • eigentümlich •
Schönheit • Lästigkeit • Verteidigung

15 Erfolgreich lernen – Arbeitstechniken beherrschen

1 **a** Beschreibt, mit welchen Problemen die Schülerin in der Abbildung kämpft.
b Wie kann man solche unangenehmen Situationen vermeiden? Gebt der Schülerin Tipps.

2 Kennt ihr selbst ähnliche Probleme? Berichtet davon.

3 Tauscht euch darüber aus, was ihr selbst zur Lösung solcher Probleme unternehmt.

In diesem Kapitel ...

- denkt ihr über eine sinnvolle Einrichtung eures Arbeitsplatzes nach,
- übt ihr euch in der Heftführung,
- erhaltet ihr Anregungen, eure Lernzeiten sinnvoll einzuteilen und zu nutzen,
- überarbeitet ihr Texte mit Hilfe des Computers.

15.1 Nach dem Aufräumen geht es los – Sich die Arbeit erleichtern

Schreibtisch, Schultasche, Stifte – Materialien ordnen

1 a Beschreibt, welche Gegenstände ihr auf diesem Schreibtisch seht.
b Welche dieser Dinge sind für das Arbeiten nützlich? Legt eine Liste an.
c Ergänzt diese Liste mit weiteren Utensilien, die ihr beim Arbeiten griffbereit haben wollt (auf dem Schreibtisch, in einem Regal, in einer Schublade ...).
d Überprüft euren Arbeitsplatz zu Hause. Nehmt Änderungen vor und berichtet in der Klasse.

2 a Überprüft gemeinsam mit eurem Tischnachbarn oder eurer Tischnachbarin den Inhalt eurer Schultasche und eures Mäppchens:
Was könnte vielleicht zu Hause bleiben, was fehlt eventuell und wie sind die Arbeitsmaterialien beschaffen (Bucheinbände, Beschriftung der Hefte ...)?
b Haltet das Ergebnis eurer Überprüfung schriftlich fest und bessert nach, wo es notwendig ist.

Die Schulsachen packen
- Packt eure Schultasche für den nächsten Tag möglichst gleich im Anschluss an eure Hausaufgaben.
- Entlastet eure Schultasche, indem ihr wirklich nur das Nötige für den nächsten Tag mitnehmt.

Das Heft übersichtlich gestalten

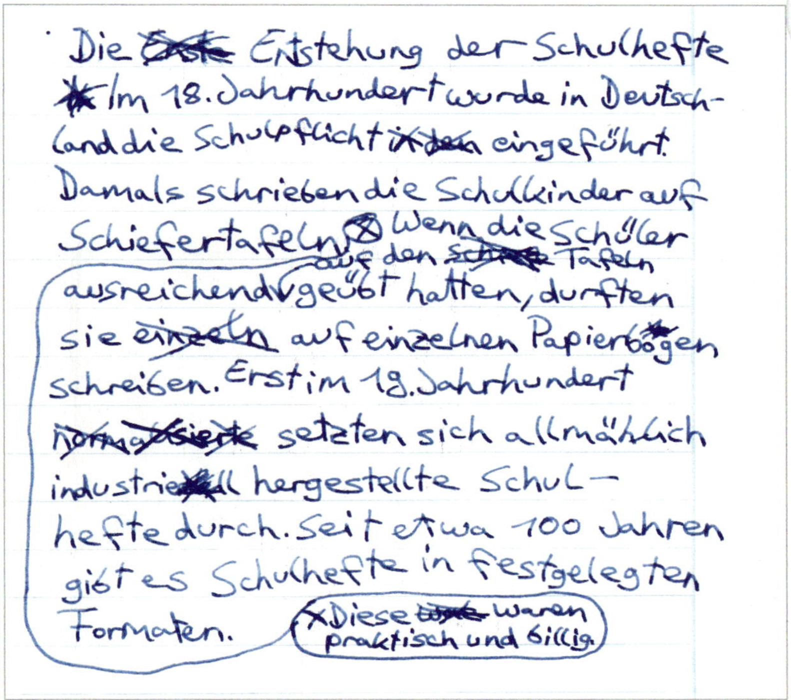
Die ~~Erste~~ Entstehung der Schulhefte
* Im 18. Jahrhundert wurde in Deutschland die Schulpflicht ~~x den~~ eingeführt. Damals schrieben die Schulkinder auf Schiefertafeln ⊗ Wenn die Schüler auf den ~~Schie~~ Tafeln ausreichend geübt hatten, durften sie ~~einzeln~~ auf einzelnen Papierbögen schreiben. Erst im 19. Jahrhundert ~~normalisierte~~ setzten sich allmählich industriell hergestellte Schulhefte durch. Seit etwa 100 Jahren gibt es Schulhefte in festgelegten Formaten. (x Diese ~~Hefte~~ waren praktisch und billig)

1
a Lest den Hefteintrag von Romina. Beschreibt, was euch auffällt.
b Überlegt, was ihr bei diesem Eintrag verbessern könntet.
c Schreibt Rominas Text neu in euer Heft. Berücksichtigt dabei die Tipps in der Checkliste unten auf dieser Seite.

2 Führt einen „Hefte-TÜV" mit euren eigenen Heften durch:
a Entwerft eine „Hefte-TÜV-Plakette".
b Überprüft das Deutschheft eures Partners/eurer Partnerin anhand der Checkliste. Wenn mindestens die Hälfte der Hinweise berücksichtigt ist, könnt ihr die Plakette vergeben. Notiert für euren Partner/für eure Partnerin die Tipps, auf die er/sie in Zukunft besonders achten sollte.

Checkliste

Heftführung
- Zu jedem Hefteintrag habe ich ein Datum und eine Überschrift notiert.
- Jede Überschrift ist mit dem Lineal unterstrichen.
- Ich habe nicht über den Heftrand hinausgeschrieben.
- Die Hefteinträge sind durch Absätze gegliedert.
- Wichtige Wörter oder Sätze (z. B. Regeln) sind markiert, z. B. mit farbigen Stiften.
- Ich habe leserlich und sauber geschrieben.
- Fehler sind mit einem Lineal durchgestrichen und gut lesbar verbessert.

15.2 Planen – Das eigene Lernen organisieren

Die Hausaufgaben planen

Hausaufgaben

Fach	Montag, *17. 10.*	bis
Deutsch:	*Einen Tiersteckbrief verfassen*	*Mi., 19. 10.*
Geografie:	*Karte auf S. 15 abzeichnen und beschriften*	*Fr., 21. 10.*
Englisch:	*Buch S. 130: Fragen zum Text beantworten, Vokabeln lernen*	*Mi., 19. 10.*

1 a Erklärt, welche Informationen das Aufgabenheft enthält.
b Erläutert, welchen Sinn solch ein Heft hat.
c Wenn dies eure Aufgaben wären: Wann genau würdet ihr sie erledigen? Begründet.

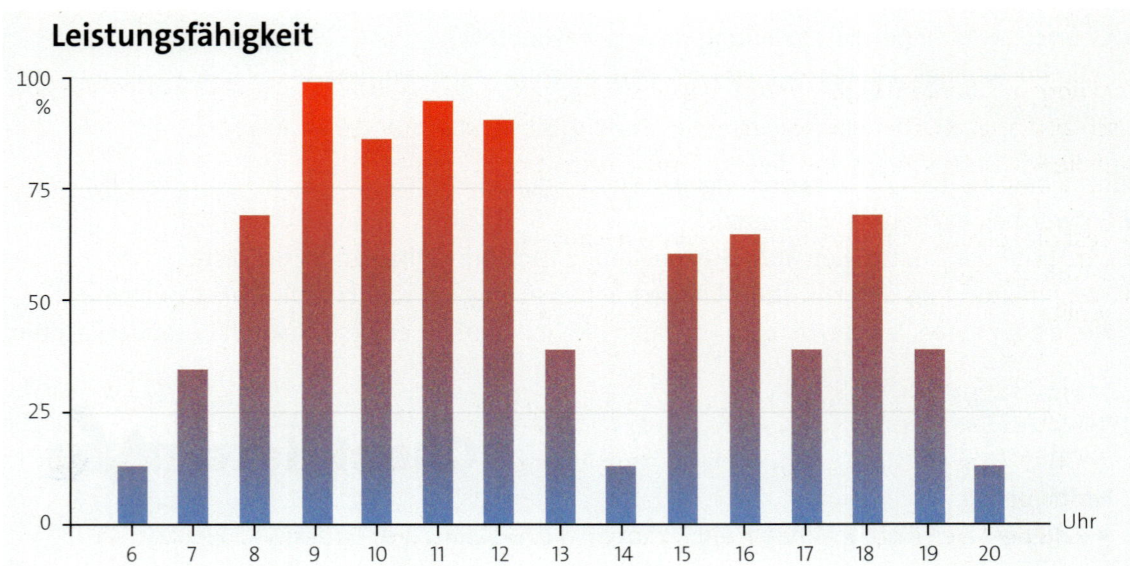

2 a Wertet das Säulendiagramm aus: Wann sind Menschen im Allgemeinen besonders leistungsfähig, wann haben sie weniger Energie?
b Erklärt, was die Informationen aus dem Diagramm für die Planung der Hausaufgaben bedeuten.
c Beobachtet euch selber an den nächsten zwei oder drei Tagen: Habt ihr den Eindruck, dass die Angaben im Diagramm auch auf euch zutreffen? Berichtet von euren Erfahrungen.

3 Zur Arbeit gehören Lernpausen, auch beim Erledigen von Hausaufgaben.
Oft werden folgende Pausenzeiten empfohlen:

Arbeitszeit	Pausendauer (etwa)
nach 10 Minuten	1 Minute
nach 30 Minuten	5 Minuten
nach 2 Stunden	15–20 Minuten
nach 3–4 Stunden	1–2 Stunden

a Diskutiert, was ihr von dieser Empfehlung haltet.
Berichtet dabei von euren Erfahrungen, z. B.:
Ich finde, bei einer längeren Pause schweifen die Gedanken zu sehr ab, und nachher ist es schwierig, ...
Meiner Meinung nach tut es gut, zwischen zwei Hausaufgaben etwas ganz anderes zu machen, z. B. ...

b Sprecht über Vorschläge für gute Pausenaktivitäten, bei denen man sich erholen kann, z. B. *ein Stück Obst essen, eine Runde mit dem Hund gehen, ...*

4 Ihr könnt aus buntem Papier und Pappe einen „Pausenclown" basteln, den ihr bei eurem Schreibtisch aufhängt. Auf der Vorderseite notiert ihr die Zeitangaben aus der Tabelle oben.
Auf die Rückseite schreibt ihr Ideen für Pausenaktivitäten.

5 **a** Lest die folgenden Tipps zum Erledigen von Hausaufgaben.
b Wählt mindestens zwei Hinweise aus, auf die ihr in der nächsten Zeit ganz besonders achten wollt.

Methode **Tipps zum Erledigen von Hausaufgaben**

- Oft ist es sinnvoll, Hausaufgaben noch am selben Tag zu machen, weil ihr euch noch gut an den Unterricht erinnern könnt.
- Erledigt Hausaufgaben möglichst zwischen 15 und 18 Uhr, weil ihr dann in der Regel am leistungsfähigsten seid.
- Dringende Aufgaben, z. B. Hausaufgaben für den nächsten Tag, haben Vorrang.
- Falls Hausaufgaben für verschiedene Fächer gleich dringlich sind und es euch schwerfällt, mit der Arbeit anzufangen, könnt ihr mit der leichtesten Hausaufgabe beginnen.
  Fühlt ihr euch fit, zieht ihr am besten die schweren Aufgaben vor.
- Arbeitet möglichst immer am gleichen Platz, denn dort habt ihr eure Arbeitsmaterialien.
- Legt kleine Arbeitspausen ein.

Konzentration leicht gemacht

Lass dich nicht stören!
Schau nicht, was im Fernsehen läuft. Lass dich von anderen nicht ablenken. Sage allen, dass du arbeiten willst, damit dich in dieser Zeit wirklich niemand stört.

Belohne dich mit Pausen!
Wenn du eine Aufgabe erledigt hast, dann freu dich darüber und belohne dich mit einer kleinen Pause.

Tanke neue Energie!
Yaman Taka Ant Fat ist eine alte tibetische Energieformel und hilft dir, Müdigkeit zu überwinden. Stell dich bequem hin. Beim Sprechen der Silbe *Yaman* berühren die Hände den Boden, bei *Taka* die Hüfte, bei *Ant* klatschst du auf die Brust, bei *Fat* streckst du die Hände zum Himmel. Öffne das Fenster und lasse frische Luft herein. Dann ist der Energieschub noch größer.

Mache deinen Kopf frei!
Wenn du dich nicht konzentrieren kannst, weil dir andere Sachen durch den Kopf gehen, mache Folgendes: Nimm einen Zettel und schreibe alles auf, was dich im Moment beschäftigt. Hefte den Zettel an deine Pinnwand. Nun ist dein Kopf frei und du vergisst nicht, worüber du nach deiner Arbeit noch nachdenken wolltest.

Schiebe nichts auf!
Hausaufgaben? Nicht jetzt, lieber später ...
Die folgenden Tipps helfen dir, deine Aufgaben zügig zu erledigen:

1 Schreibe alle Hausaufgaben, die du erledigen willst, auf einen Zettel. Lege eine Reihenfolge fest. Jetzt kannst du nach und nach die erledigten Aufgaben durchstreichen und dich über deine Erfolge freuen.
2 Überlege, wann du mit den Aufgaben fertig sein willst. Versuche, dich an diesen Zeitplan zu halten. Dann hast du ein Ziel vor Augen.

1 a Bewertet die Konzentrationstipps. Erklärt, was euch dabei hilft, konzentriert zu arbeiten.
b Sucht euch einen Konzentrationstipp aus, den ihr in der nächsten Zeit ausprobieren wollt. Schreibt ihn in der Ich-Form in euer Heft.

2 Gibt es Dinge, die ihr auf keinen Fall vergessen wollt? Schreibt sie auf eine „Merkhand".
Geht so vor:
– Malt die Umrisse eurer Hand auf ein Blatt Papier.
– Schreibt in jeden Finger eurer Hand hinein, was ihr euch merken wollt.

Die Merkhand könnt ihr euch für alles anlegen, was ihr euch merken wollt, z. B. für Faustregeln.

Zeit für alles finden – Die Woche planen

1 Mit wem oder womit verbringt ihr außerhalb der Schule wöchentlich besonders viel Zeit? Nennt eure „Top 3“ oder versucht, sie gegenseitig zu erraten.

2 Schaut euch Paulines Wochenplan für ihre Nachmittage an.
a Beschreibt, was euch an ihrer Planung auffällt.
b Welche Veränderungen würdet ihr Pauline vorschlagen? Begründet eure Meinung.

	Montag	Dienstag	Mittwoch	Donnerstag	Freitag
13.00 Uhr	Mittagessen	Schulmensa	Mittagessen	Schulmensa	Mittagessen
14.00 Uhr	Hausaufgaben	Schule		Schule	Klavierunterricht
15.00 Uhr	Hausaufgaben	Schule	Nachhilfe	Schule	
16.00 Uhr	Hausaufgaben	Chinesisch-AG		Hausaufgaben-betreuung	Pfadfinder
17.00 Uhr	Hausaufgaben	Klavier üben		Klavier üben	
18.00 Uhr	Abendessen		Abendessen	Abendessen	Abendessen
19.00 Uhr	Fußballtraining	Abendessen			
20.00 Uhr		Hausaufgaben	Hausaufgaben		

3 **a** Erstellt für die Nachmittage eurer Woche einen ähnlichen Übersichtsplan.
– Ihr könnt die Tabelle auch abwandeln, z. B. den Samstag ergänzen, die Zeitleiste ausdehnen oder genauer anlegen ...
– Tragt zunächst alles ein, was regelmäßig stattfindet.
– Legt dann Zeiten für Hausaufgaben und für das Lernen fest.
– Plant auch genügend Pausenzeiten ein.

b Testet euren Übersichtsplan mindestens zwei Wochen lang. Stellt euch dabei folgende Fragen:
– Habe ich insgesamt genug Zeit zum Lernen eingeplant?
– Passen die Lernzeiten gut in den Tagesablauf?
– Liegen sie in der Regel zwischen 15 und 18 Uhr?
– Sind genügend Pausen zur Entspannung vorgesehen?
– Habe ich „Zeitfresser“ entdeckt, also Aktivitäten, mit denen ich mehr Zeit verbringe, als ich eigentlich will?
– Kann ich durch bessere Planung an besonders anstrengenden Tagen für Entlastung sorgen?

Teste dich!

Das eigene Lernen organisieren

1 Versuche dich in einem der unten geschilderten Fälle als Lernberater oder Lernberaterin.

a Lies beide Fälle aufmerksam durch und entscheide dich, ob du Nele oder Malte beraten möchtest.

b Schreibe für Nele oder für Malte ein „Expertengutachten", in dem du die bestehenden Lernprobleme erläuterst und der Schülerin oder dem Schüler Tipps für die Bewältigung dieser Probleme gibst, z. B.:

Nele, dein Hauptproblem ist aus meiner Sicht, dass ... Folgendes würde ich dir raten ...
Malte, du hast, glaube ich, vor allem Schwierigkeiten damit, ... Meine Tipps für dich sind: 1) ... 2) ...

c Tragt euch in Gruppen eure „Gutachten" vor und diskutiert die Lösungsvorschläge.

Fall 1: Nele

Bei Nele kommt keine Langeweile auf. Sie hat viele Hobbys, trifft sich gerne mit ihren Freundinnen und bessert ihr Taschengeld mit dem Austragen von Zeitungen auf. In der Schule läuft es nicht ganz so, wie sie sich das vorstellt. Sie bekommt immer wieder Ärger, weil sie notwendige Materialien nicht dabeihat. Ihre Hausaufgaben erledigt sie nach dem Abendessen zügig und ohne Pausen, damit sie noch Zeit hat, im Internet zu surfen. Die „ 5" im unangekündigten Deutschtest hat sie schon ein wenig nachdenklich gestimmt. Sie hatte doch alles vorher im Heft notiert! Nele ist ratlos.

Fall 2: Malte

Malte hat zum Geburtstag ein neues Handy geschenkt bekommen und hat es nun immer griffbereit. Seine Hausaufgaben erledigt er am liebsten im Wohnzimmer, da er dort die Musikanlage nutzen darf und sein Schreibtisch ohnehin überquillt. Ab und zu steht er dabei auf und holt ein Schulbuch oder andere Materialien aus seinem Zimmer. Das macht ihm nichts aus, denn Bewegung und Pausen sind ja wichtig beim Lernen, wie er weiß. Seine Erfolge in der Schule sind eher bescheiden, obwohl er ziemlich viel Zeit dafür investiert. Langsam verliert Malte die Lust am Lernen.

15.3 Texte überarbeiten – Den Computer nutzen

Texte am PC überarbeiten

Der erste Computer der Welt

Im Jahr 1900 entdeckten Taucher im Mittelmeer ein versunkenes Schiff. Das Schiff war vor mehr als 2000 Jahren vor der griechischen Küste versunken. An Bord des Schiffes fanden sie wertvolle Schätze. Sie fanden auch einen rätselhaften Metallklumpen. Den Metallklumpen durchleuchteten Forscher 70 Jahre später mit einem Röntgengerät. Da sahen die Forscher, dass sich darin 40 verschieden große bronzene Zahnräder befanden. Man konnte mit der Maschine wie mit einem Rechner die nächste Sonnenfinsternis vorausberechnen. Man nannte die Entdeckung nach ihrem Fundort „Mechanismus von Antikythera".

Der erste Computer der Welt

Im Jahr 1900 entdeckten Taucher im Mittelmeer ein versunkenes Schiff, das vor mehr als 2000 Jahren vor der griechischen Küste untergegangen war. An Bord fanden sie wertvolle Schätze und einen rätselhaften Metallklumpen.

70 Jahre später durchleuchteten Forscher das Metallstück mit einem Röntgengerät. Da sahen sie, dass sich darin 40 verschieden große bronzene Zahnräder befanden. Man konnte mit der Maschine wie mit einem Rechner die nächste Sonnenfinsternis vorausberechnen. Die Entdeckung wurde nach ihrem Fundort „Mechanismus von Antikythera" genannt.

1

a Lest die beiden Texte oben. Welcher Text gefällt euch besser? Begründet eure Einschätzung.

b Vergleicht die Texte Satz für Satz. Beschreibt die Änderungen im Text rechts und erläutert, warum sie vorgenommen wurden.

Vom Goliath zum David

Heute kann man seinen Computer bequem unter den Arm klemmen und mitnehmen. Das war nicht immer so. Beim ENIAC hätte man für den Transport ein ganzes Heer von Möbelpackern gebraucht. Der ENIAC wurde im Jahr 1946 gebaut. Der ENIAC bestand aus 40 Bauteilen. Die komplette Anlage beanspruchte eine Fläche von 10×17 Metern. Sie wog 27 Tonnen. Der ENIAC konnte trotzdem nicht viel mehr als ein Taschenrechner. Der erste Personalcomputer, kurz PC, hieß „Altair 8800". Der „Altair 8800" hatte keinen Bildschirm. Er hatte auch keine Tastatur. Er musste vom Käufer selbst zusammengebaut werden. Den endgültigen Durchbruch brachte dann der erste PC von IBM. Das war im Jahr 1981.

2

a Lest den Text, erklärt seinen Titel und übertragt ihn in eine Computerdatei.

b Überarbeitet den Text am Computer. Geht ähnlich vor, wie ihr es in Aufgabe 1b beschrieben habt. Der Merkkasten auf Seite 290 hilft euch. Druckt euer Ergebnis aus.

Mit der Rechtschreibüberprüfung am Computer arbeiten

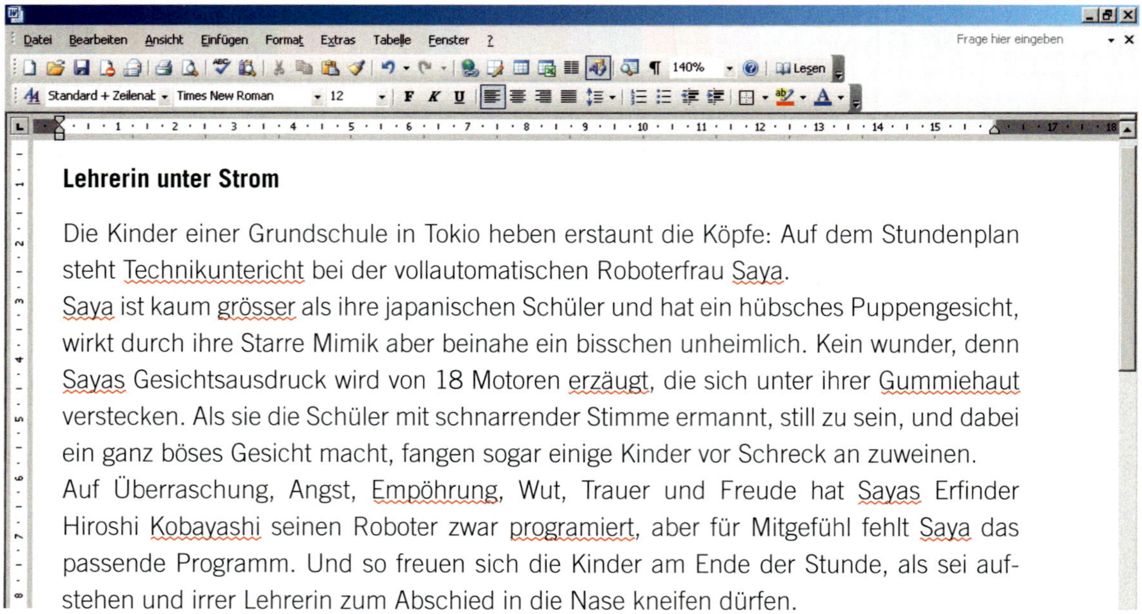

Lehrerin unter Strom

Die Kinder einer Grundschule in Tokio heben erstaunt die Köpfe: Auf dem Stundenplan steht Technikuntericht bei der vollautomatischen Roboterfrau Saya.
Saya ist kaum grösser als ihre japanischen Schüler und hat ein hübsches Puppengesicht, wirkt durch ihre Starre Mimik aber beinahe ein bisschen unheimlich. Kein wunder, denn Sayas Gesichtsausdruck wird von 18 Motoren erzäugt, die sich unter ihrer Gummiehaut verstecken. Als sie die Schüler mit schnarrender Stimme ermannt, still zu sein, und dabei ein ganz böses Gesicht macht, fangen sogar einige Kinder vor Schreck an zuweinen.
Auf Überraschung, Angst, Empöhrung, Wut, Trauer und Freude hat Sayas Erfinder Hiroshi Kobayashi seinen Roboter zwar programiert, aber für Mitgefühl fehlt Saya das passende Programm. Und so freuen sich die Kinder am Ende der Stunde, als sei aufstehen und irrer Lehrerin zum Abschied in die Nase kneifen dürfen.

1 **a** Die Rechtschreibprüfung des Textverarbeitungsprogramms hat im Text oben einige Wörter gekennzeichnet. Kontrolliert, ob es sich bei allen Wörtern um einen Fehler handelt.

b Einige Fehler im Text hat das Programm nicht markiert. Überprüft, welche dies sind, und versucht zu erklären, warum das Programm sie nicht gefunden hat.

c Schreibt den Text „Lehrerin unter Strom" in verbesserter Form am Computer ab.
Teilt euch die Arbeit mit einem Partner oder einer Partnerin. Kontrolliert euer Ergebnis gemeinsam – mit Hilfe der Rechtschreibprüfung des Textverarbeitungsprogramms und indem ihr den Text selbst Korrektur lest.

Information **Textüberarbeitung am Computer**

Euer Text klingt langweilig, weil sich Wörter oder Satzanfänge wiederholen oder weil ihr immer den gleichen Satzbau verwendet? Ihr entdeckt, dass Wörter fehlen oder überflüssig oder ungenau sind?
Die Arbeit am Computer erleichtert die Textüberarbeitung: Ihr könnt **Wörter** leicht **ersetzen, umstellen, ergänzen** oder **löschen** und verschiedene Varianten ausprobieren. Dafür nutzt ihr die Funktionen **„Ausschneiden", „Kopieren"** und **„Einfügen"** (siehe Merkkasten auf S. 133).

Bei der Textüberarbeitung mit dem Computer könnt ihr auch verschiedene Möglichkeiten ausprobieren, euren **Text** zu **gestalten,** und ihm so eine übersichtliche äußere Form geben, z. B. indem ihr die **Überschrift fett** anlegt (► S. 133), danach eine Leerzeile lasst und **Absätze** in den Text einfügt. Wählt eine gut lesbare **Schriftart und -größe.** Manchmal könnt ihr auch Wichtiges durch **Fettdruck** oder **Unterstreichung** (► S. 133) hervorheben.

Die **automatische Rechtschreibüberprüfung** unterstützt euch bei der eigenen Fehlersuche. Sie kann diese jedoch nicht ersetzen.

Orientierungswissen

Sprechen

Gesprächsregeln

▶ S. 28 f.

Gespräche, in denen verschiedene Meinungen ausgetauscht werden, sollten nach bestimmten Regeln ablaufen, um die Verständigung zu erleichtern.
Die wichtigsten Gesprächsregeln sind:

- Wir äußern uns nur zu dem Thema, um das es geht.
- Wir melden uns zu Wort und reden nicht einfach los.
- Wir hören den anderen aufmerksam zu.
- Wir fallen den anderen nicht ins Wort.
- Niemand wird wegen seiner Äußerungen beleidigt, verspottet oder ausgelacht.
- Wir befolgen die Hinweise des Gesprächsleiters oder der Gesprächsleiterin.

Die eigene Meinung begründen

▶ S. 31–35

In einem Gespräch oder in einer Diskussion gibt es oft unterschiedliche Meinungen und Vorschläge zu einem Thema. Um andere zu überzeugen, braucht man gute **Begründungen (Argumente),** z. B.:
Ich bin der Meinung, dass wir in den Zoo fahren sollten, weil man dort viele Tierarten kennen lernen kann.
Wir sollten unseren Klassenraum streichen, denn die alte Farbe hat Flecken.
Eine **Begründung** (ein Argument) könnt ihr z. B. mit folgenden Wörtern **einleiten:** *weil, da, denn, deshalb.*

Diskutieren

▶ S. 27–42

In einer Diskussion tauschen sich mehrere Personen zu einer Frage aus. Sie können dabei unterschiedliche Meinungen vertreten.
Ausgangspunkt ist eine Diskussionsfrage, z. B.: *Sollen wir eine Klassenkasse anschaffen?*

- **Bildet euch eine Meinung** und drückt sie in einem Satz aus, z. B.: *Ich bin für die Anschaffung einer Klassenkasse.*
- **Begründet eure Meinung** durch Argumente, z. B.: *Ich bin für die Anschaffung einer Klassenkasse, weil wir mit dem Geld etwas gemeinsam unternehmen können.*
- **Geht** in der Diskussion **auf die Meinung der anderen ein,** z. B.: *Was Tobias gesagt hat, finde ich gut, weil ...*

Schreiben

Einen persönlichen Brief schreiben

▶ S. 26; 33 f.

Briefe werden an einen oder mehrere Empfänger geschickt. Danach richten sich Inhalt und Wortwahl des Schreibens. Einen Brief an euren Opa könnt ihr anders formulieren als den an eure Lehrerin oder euren Lehrer. Briefe sind nach dem folgenden Muster aufgebaut:

Briefkopf
Ort und Datum

Anrede
Nach der Anrede setzt ihr entweder ein Ausrufezeichen und beginnt danach groß oder ihr setzt ein Komma und schreibt klein weiter. Wenn ihr jemanden siezt, schreibt ihr die Anredepronomen groß, z. B.: *Sie, Ihnen, Ihr* usw. Sonst könnt ihr sie kleinschreiben, z. B.: *dir, dein, euch, euer.*

Brieftext

- Geht auf die Empfängerin/den Empfänger ein: Überlegt, was sie/ihn interessiert.
- Gliedert euren Brief in Einleitung, Hauptteil und Schluss. Trennt die einzelnen Teile durch Absätze.
- Sprecht zu Beginn den Empfänger direkt an. Beantwortet Fragen und stellt selbst welche.
- Schreibt über ein Erlebnis und teilt Neuigkeiten mit.
- Sagt auch etwas über eure Gedanken und Gefühle.
- Baut im Schlussteil Anreize ein, die die Empfängerin/den Empfänger dazu anregen, einen Antwortbrief zu schreiben. Stellt z. B. Fragen. Sendet gute Wünsche.

Grußformel und Unterschrift
Die Grußformel und die Unterschrift stehen jeweils in einer eigenen Zeile. Am Ende setzt man weder Punkt noch Ausrufezeichen.

Beispiel

Ulm, den 1. Oktober 201X
oder: *Ulm, 01.10.201X*

Liebe Frau Putz,

vielleicht wollen ***Sie*** *wissen, wie es mir geht ...*

Die letzten Wochen waren ...

Ich hoffe, es geht ***Ihnen*** *gut ...*

Herzliche Grüße **oder** *Viele Grüße*
Ihre Jana

Oder:

Hallo Rudi!

Sicher bist du neugierig, wie es bei mir so läuft.

Mir gefällt ...

Wie war die erste Woche bei dir? Hast du schon ...? Ich hoffe, du meldest dich bald!

Liebe Grüße **oder** *Bis bald*
dein Manuel

Erzählen

Erlebnisse erzählen (Erlebniserzählung)

► S. 43–64

Beim Erzählen wird ein wirkliches oder ein erdachtes Erlebnis wiedergegeben.
Eine Geschichte wird in der Regel im **Präteritum** (1. Vergangenheit) erzählt, z. B.: *ich schlief, ich hörte.*

Aufbau einer Erzählung

Die **Überschrift**
- macht neugierig, ohne zu viel zu verraten.

Die **Einleitung**
- führt in das Geschehen ein, weckt Neugier,
- macht Zeit und Ort deutlich (Wann?, Wo?),
- stellt mindestens eine der Hauptfiguren vor (Wer?).

Der **Hauptteil**
ist der Kern der Geschichte,
besteht aus einzelnen Erzählschritten, die schlüssig aufeinanderfolgen,
steigert die Spannung bis zum Höhepunkt.

Der **Schluss**
rundet die Geschichte ab (z. B. Rückgriff auf den Anfang oder Denkanstoß).

Spannungskurve

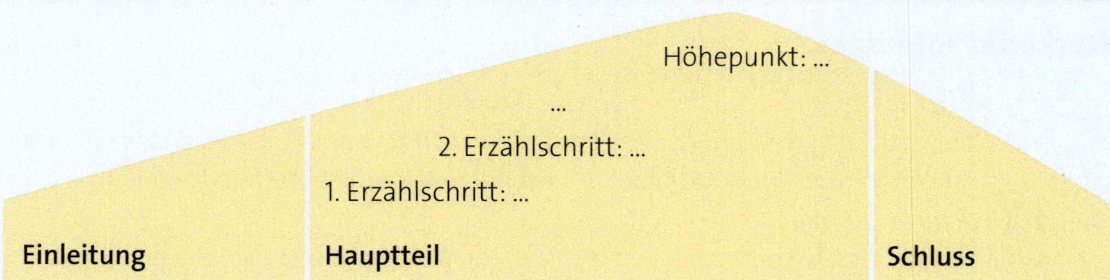

Nach Bildern erzählen (Bildergeschichte)

► S. 50 f.; 62–64

Auch Bilder können der Ausgangspunkt für eine Erzählung sein. Die vorgegebenen **Bilder** zeigen euch die **wichtigsten Momente der Geschichte.**
- Seht euch jedes Bild genau an und findet heraus, worum es in der Bildergeschichte geht. Achtet dabei auch auf Kleinigkeiten und schaut, welchen Gesichtsausdruck (Mimik) und welche Körpersprache (Gestik) die Figuren haben.
  Tipp: Stellt euch die Geschichte wie einen Film vor. In welchem Bild liegt der Höhepunkt?
- Sammelt Ideen für eine Geschichte. Notiert zu jedem Bild einige Stichworte.
- Plant den Aufbau eurer Geschichte, indem ihr die Erzählschritte in einem Schreibplan festlegt.
- Schreibt zu den Bildern eine spannende und anschauliche Erzählung mit Einleitung, Hauptteil und Schluss. Berücksichtigt dabei die Hinweise zur Erlebniserzählung (siehe oben).

Eine Nacherzählung schreiben

► S. 110–116

1 **Die Textvorlage verstehen:** Lest die Geschichte mehrmals genau und notiert in Stichworten:
- Wer sind die Hauptfiguren der Geschichte?
- Wo (Ort) und wann (Zeit) spielt das Geschehen?
- Was geschieht nacheinander (Handlung) und wo liegt der Höhepunkt der Geschichte?

2 **Die Nacherzählung schreiben:**
- Beachtet **die richtige Reihenfolge der Erzählschritte.** Haltet euch an den Handlungsverlauf der ursprünglichen Geschichte.
- **Lasst nichts Wichtiges weg** und **fügt nichts hinzu.**
- Erzählt **mit euren eigenen Worten.**
- Schreibt **anschaulich und lebendig.** Gestaltet den Höhepunkt der Geschichte besonders aus.
- Teilt die **Gedanken** und die **Gefühle der Hauptfiguren** mit und verwendet die **wörtliche Rede.**
- Verwendet die **Zeitform der Textvorlage** (meist Präteritum).

Beschreiben

► S. 65–80

In einer Beschreibung wird ein Tier, eine Person oder ein Gegenstand so dargestellt, dass jemand, der das Beschriebene nicht kennt, eine genaue Vorstellung davon bekommt. Eine Beschreibung muss **anschaulich, genau** und **frei von persönlichen Wertungen** sein. Beschreibungen stehen im **Präsens.**

Einen Steckbrief anfertigen

► S. 68

In einem Tier-Steckbrief solltet ihr auf die folgenden Merkmale eingehen: Name/Rasse des Tieres (z. B.: *Labrador*), Größe/evtl. auch Gewicht (z. B.: *57 cm groß und 40 kg schwer*), Farbe (z. B.: *hellbraun*), Körperbau (z. B.: *muskulöser Hund, breiter Schädel ...*), besondere Merkmale/Auffälligkeiten im Verhalten (z. B.: *Fleck auf der Zunge*).
Legt eine sinnvolle Reihenfolge für eure Angaben fest, z. B. von den wichtigen Merkmalen zu den weniger wichtigen. Verwendet **passende Adjektive,** z. B.: *hellbraun, klein, winzig, kräftig.*

Ein Tier beschreiben

► S. 65–72; 78–80

Das Ziel einer Tierbeschreibung ist, dass sich andere, die das Tier nicht vor Augen haben, das beschriebene Tier genau vorstellen können. Achtet bei eurer Beschreibung auf eine Ordnung:
- Beginnt mit einem Einleitungssatz, in dem ihr sagt, worum es geht.
- Nennt dann die **Grundinformationen** zum Tier (z. B. Tierart, Größe) und beschreibt anschließend die **besonderen Merkmale** (z. B. Farbe, Fell ...).

Sprachliche Mittel:
- Verwendet passende Adjektive, z. B.: *schneeweiß, klein, winzig, kräftig.*
- Verwendet statt der Wörter „ist“, „sind“, „haben“ auch Verben, z. B.: *sich befinden, aufweisen.*
- Formuliert eure Beschreibung sachlich und im Präsens (Gegenwartsform).

Lesen – Umgang mit Texten und Medien

Erzählung

Eine Erzählung ist eine Geschichte, in der von Ereignissen erzählt wird, die tatsächlich passiert sind oder die erfunden sind.

Erzählschritte in einer Geschichte

▶ S. 44–46; 50–53; 62–64

Jede Geschichte besteht in der Regel aus mehreren Erzählschritten, die man auch **Handlungsabschnitte** nennt. Ein neuer Erzählschritt beginnt häufig dann, wenn z. B.:
- der Ort der Handlung wechselt, z. B.: *Auf der Insel angekommen ...*
- ein Zeitsprung stattfindet, z. B.: *Am nächsten Morgen ...*
- eine neue Figur auftaucht, z. B.: *Da steht sie in der Türöffnung ...*
- die Handlung eine Wendung erfährt, z. B.: *Auf einmal ...*
- ein Wandel in den Gedanken und Gefühlen der Hauptfigur stattfindet, z. B.: *Ich fühlte mich plötzlich leicht und fröhlich ...*

Die Figuren einer Geschichte

Die **Personen,** die **in einer Geschichte** vorkommen bzw. handeln, **nennt man Figuren.** Sie haben ein bestimmtes Aussehen, bestimmte Eigenschaften, Gefühle, Gedanken und Absichten. In vielen Geschichten gibt es eine **Hauptfigur,** über die der Leser besonders viel erfährt. Um eine Geschichte zu verstehen, solltet ihr euch ein klares Bild von den einzelnen Figuren machen.
Auch Tiere können handelnde Figuren in Erzähltexten sein, z. B. in einem Märchen.

Ich-Erzähler oder Er-/Sie-Erzähler

▶ S. 141

- Der **Ich-Erzähler** (oder die Ich-Erzählerin) ist selbst als handelnde Figur in das Geschehen verwickelt. Er/sie schildert die Ereignisse aus seiner/ihrer persönlichen Sicht, z. B.: *An diesem Tag geschah etwas, was ich nie für möglich gehalten hätte. Meine Schwester hatte ...*
- Der **Er-/Sie-Erzähler** ist nicht am Geschehen beteiligt und erzählt von allen Figuren in der Er-Form bzw. in der Sie-Form. *An diesem Tag geschah etwas, das David nie für möglich gehalten hätte. Seine Schwester hatte ...*

Äußere Handlung, innere Handlung

▶ S. 50 f.

Als die **äußere Handlung** einer Geschichte bezeichnet man das Geschehen, das von außen wahrgenommen werden kann.
Innere Handlung nennt man die Gedanken und Gefühle der Figuren in einer Geschichte. Meistens wird eine Geschichte erst interessant und lebendig, wenn man auch etwas über die innere Handlung erfährt.

Märchen

▶ S. 81–98

Märchen haben bestimmte Merkmale, an denen man sie gut erkennen kann.
Dabei sind natürlich nicht in jedem Märchen alle diese Merkmale zu finden.

Ort und Zeit
Ort und Zeitpunkt der Handlung sind nicht genau angegeben, z. B.: *Vor langer Zeit, Hinter den sieben Bergen ...*

Figuren
- Es treten typische Märchenfiguren auf, z. B. *König, Königin, Prinz, Prinzessin ...*
- Der Charakter der Figuren wird nicht näher beschrieben, sie sind entweder gut oder böse, arm oder reich, dumm oder klug, schön oder hässlich usw., z. B.: *die gute Fee, die böse Hexe, die schöne Königstochter ...*
- Helfer oder Gegner der Helden stammen häufig aus dem Bereich des Fantastischen, wie z. B. *sprechende Tiere, Feen, Hexen, Drachen ...*

Handlung
- Meistens siegt am Ende das Gute und das Böse wird bestraft.
- Der Held/die Heldin muss oft Prüfungen bestehen oder Aufgaben erfüllen (häufig drei).
- Das Wunderbare gilt als selbstverständlich. Oft können Tiere sprechen, es gibt Zauberei und magische Gegenstände, z. B. *einen Wundertisch, ein Zauberkästchen ...*

Erzählweise
- Märchen enthalten häufig feste sprachliche Formeln, z. B.: *Es war einmal ..., ... und wenn sie nicht gestorben sind, dann leben sie noch heute.*
- Die Zahlen Drei, Sieben, Zwölf spielen oft eine besondere Rolle, z. B. *drei Wünsche, sieben Zwerge, zwölf Gesellen.*
- Oft gibt es Reime oder Zaubersprüche, z. B.: *Ach, wie gut, dass niemand weiß, dass ich Rumpelstilzchen heiß.*

Schelmengeschichte (Schwank)

▶ S. 99–116

Eine Schelmengeschichte (auch Schwank genannt) ist eine **kurze, lustige Erzählung.** Sie handelt von einem **witzigen Ereignis** oder von einem **Streich,** der jemandem gespielt wird.
Die Helden sind **Schelme und Narren,** die ihre Mitmenschen mit einer **List** hereinlegen und ihnen damit eine **Lehre erteilen.**
Wie ein Witz hat auch die Schelmengeschichte **einen lustigen Höhepunkt (Pointe),** der meist darin besteht, dass der Schwächere (z. B. der Schelm, der Knecht) den Stärkeren (z. B. den Gelehrten, den Reichen, den Herrn oder den König) an der Nase herumführt.

Besonders bekannt sind die Streiche von **Till Eulenspiegel,** der seine Aufträge (z. B. einen „Wolf" nähen) oft wörtlich nimmt und damit nicht im gemeinten Sinne ausführt.
In der orientalischen Literatur sind die Schelmengeschichten von **Nasreddin Hodscha** besonders bekannt und beliebt. Mit seinen gewitzten und lebensklugen Handlungen und Bemerkungen zeigt sich Hodscha seinen Gegenspielern oft überlegen.

Gedichte

▶ S. 117–134

In Gedichten könnt ihr sprachliche Besonderheiten entdecken:

Vers:
Die Zeilen eines Gedichts heißen Verse.

Strophe:
Eine Strophe ist ein Gedichtabschnitt, der aus mehreren Versen besteht. Die einzelnen Strophen eines Gedichts sind durch eine Leerzeile voneinander getrennt. Häufig bestehen Gedichte aus mehreren gleich langen Strophen.

Reim:
Oft werden die einzelnen Verse (Gedichtzeilen) durch einen Reim miteinander verbunden.
Zwei Wörter reimen sich, wenn sie vom letzten betonten Vokal an gleich klingen, z. B.:
Haus – Maus, singen – entspringen.
Die regelmäßige Abfolge von Endreimen ergibt verschiedene Reimformen. Wenn man ein Gedicht untersucht, kann man Verse, die sich reimen, mit den gleichen Kleinbuchstaben kennzeichnen, z. B.:

- **Paarreim:** Wenn zwei aufeinanderfolgende Verse sich reimen, sprechen wir von einem Paarreim (a, a, b, b):
  ... Schnurrbartträger a
  ... Mäusejäger a
  ... Katerbeine b
  ... Pflastersteine b
- **Kreuzreim:** Reimen sich – über Kreuz – der 1. und der 3. sowie der 2. und der 4. Vers, dann nennt man das Kreuzreim (a, b, a, b).
  ... verschieden a
  ... Bauch b
  ... zufrieden a
  ... auch b
- **umarmender Reim:** Wird ein Paarreim von zwei Versen umschlossen (umarmt), die sich ebenfalls reimen, heißt dies umarmender Reim (a, b, b, a).
  ... springen a
  ... Traum b
  ... Raum b
  ... singen a

Versmaß (Metrum):
Die Zeilen eines Gedichts sind häufig nach einer regelmäßigen Abfolge von betonten (X́) und unbetonten Silben (X) gegliedert.
Dies wird auch Versmaß (Metrum) genannt.

X́ X X́ X X́ X X́ X
Tingel Tangel Schnurrbartträger,

X́ X X́ X X́ X X́ X
wohin gehn die Mäusejäger?

Theater

▶ S. 149–160

In einem Theaterstück gibt es Rollen, die von Schauspielerinnen und Schauspielern gespielt werden. Die **Handlung** wird **durch** die **Gespräche** zwischen den Personen auf der Bühne **(Dialoge) ausgedrückt.** Im Theater sprechen die Schauspieler aber nicht nur ihren Text, sie gebrauchen auch ihre **Stimme** (Sprechweise und Betonung), ihre **Körpersprache (Gestik)** und ihren **Gesichtsausdruck (Mimik),** um Gefühle und Stimmungen auszudrücken.
Wichtige Theaterbegriffe:

- **Rolle:** Rolle nennt man die **Figur, die eine Schauspielerin oder ein Schauspieler in einem Theaterstück verkörpert,** z. B. die Rolle des Löwen, die Rolle des Ritters usw.
- **Szene:** Eine Szene ist ein kurzer, abgeschlossener Teil eines Theaterstücks. Eine Szene endet, wenn neue Figuren auftreten und/oder Figuren abtreten. Meistens erlischt am Ende einer Szene auch die Bühnenbeleuchtung.
- **Regieanweisungen:** Regieanweisungen geben Hinweise darauf, wie die Figuren reden und sich verhalten sollen. Sie stehen oft in Klammern und/oder sind kursiv (schräg) gedruckt.
- **Improvisieren:** Improvisieren bedeutet, etwas spontan und unvorbereitet zu tun. Beim Theaterspielen spricht man auch vom „Spielen aus dem Stegreif".
- **Pantomime:** Bei einer Pantomime wird etwas **ohne Worte,** nur durch Mimik (Gesichtsausdruck) und Gestik (Körpersprache) dargestellt.

Sachtexte

▶ S. 161–178

Sachtexte unterscheiden sich von literarischen Texten (z. B. einer Erzählung, einem Märchen oder einem Gedicht) dadurch, dass sie sich vorwiegend mit wirklichen (realen) Ereignissen und Vorgängen beschäftigen und darüber **informieren wollen.**
Es gibt **verschiedene Formen von Sachtexten,** z. B.: Lexikonartikel, Sachbuchtexte, Zeitungs- oder Zeitschriftenartikel, Beschreibungen eines Vorgangs (Gebrauchsanleitungen, Kochrezepte ...).
Häufig findet man in Sachtexten Tabellen oder Grafiken (z. B. eine Landkarte, ein Balkendiagramm), Fotos oder andere Abbildungen.

Sachtexte erschließen (Fünf-Schritt-Lesemethode)

▶ S. 162–165; 171–178

1. Schritt: Lest zunächst nur die **Überschrift** und die ersten drei bis fünf Zeilen des Textes. Betrachtet dann die **Bilder.** Überlegt, worum es in dem Text gehen könnte. Ruft euch ins Gedächtnis, was ihr vielleicht schon über das Thema wisst.

2. Schritt: **Lest** den **gesamten Text** sorgfältig durch und macht euch klar, was das **Thema** des Textes ist.
Klärt schwierige oder **unbekannte Wörter** aus dem Textzusammenhang, durch Nachdenken oder indem ihr in einem Wörterbuch nachschlagt (▶ S. 163).

3. Schritt: Lest den Text ein zweites Mal und **markiert** (mit Bleistift) **Schlüsselwörter.** Schlüsselwörter sind Wörter, die für die Aussage des Textes besonders wichtig sind (▶ S. 164).
Wählt aus den mit Bleistift markierten Wörtern noch einmal die wichtigsten aus.

4. Schritt: **Gliedert den Text in Sinnabschnitte** und gebt jedem Abschnitt eine Überschrift.
Ein neuer Sinnabschnitt beginnt dort, wo ein neues Unterthema angesprochen wird.

5. Schritt: **Fasst** die wichtigsten **Informationen** des Textes in wenigen Sätzen **zusammen.**

Grafiken entschlüsseln

▶ S. 168 ff.; 183

Beim Entschlüsseln einer Grafik könnt ihr so vorgehen:

1 Stellt fest, worum es in der Grafik geht. Hierbei hilft euch die Überschrift, wenn es eine gibt.
2 Untersucht, was in der Grafik dargestellt wird: Erklärt sie einen Vorgang, den Aufbau oder die Funktion von etwas oder verdeutlicht sie eine Lage, wie z. B. eine Landkarte?
3 Prüft, ob die Grafik Farben, Beschriftungen oder Symbole enthält, die erklärt werden.
4 Schreibt auf, worüber die Grafik informiert.

Fernsehen

▶ S. 180 ff.

Bei Fernsehsendungen unterscheidet man Unterhaltungs- und Informationssendungen. Zu den **Unterhaltungssendungen** gehören z. B. Fernsehserien, die entweder täglich oder wöchentlich gesendet werden, Fernsehshows (z. B. *Wer wird Millionär?*) und Fernsehfilme. Zu den **Informationssendungen** zählen z. B. Nachrichtensendungen (wie die *Tagesschau*) und Dokumentationen (z. B. *Expeditionen ins Tierreich*).

Film: Einstellungsgrößen

▶ S. 185–194

Die Art des Ausschnitts, den die Kamera zeigt, nennt man **Einstellungsgröße.** Je nachdem, wie nah die Kamera an das Geschehen heranführt oder wie weit sie entfernt bleibt, entstehen unterschiedliche Wirkungen.

Totale: Die Kamera ist so weit weg, dass man einen guten Überblick über den Handlungsort bekommt. Häufig führt die Totale in eine neue Szene ein.

Halbnah: Die Personen sind etwa vom Knie aufwärts zu sehen. Man hat die Umgebung noch gut im Blick, erkennt aber auch schon die Gestik der Personen.

Nah: Man sieht Kopf und Schultern einer Person und kann gut deren Mimik erkennen, also z. B., ob sie einen fröhlichen oder einen traurigen Gesichtsausdruck hat.

Detail: Nur ein Ausschnitt wird ganz groß dargestellt, z. B. nur ein Teil eines Gegenstands oder eines Gesichts. Diese Einzelheit wird dann besonders intensiv wahrgenommen.

Sprachbewusstsein entwickeln

Wortarten

Das Substantiv (Plural: die Substantive)

▶ S. 196–202

Die meisten Wörter in unserer Sprache sind Substantive (auch: Hauptwörter, Nomen).
Substantive bezeichnen

- Lebewesen, z. B.: *Frosch, Baum, Kind,*
- Gegenstände, z. B.: *Haus, Schreibtisch, MP3-Player,*
- Begriffe (Gedanken, Gefühle, Zustände ...), z. B.: *Angst, Mut, Freude, Ferien, Freundschaft.*

Substantive werden immer **großgeschrieben.**
Sie werden häufig von **Wörtern begleitet,** an denen wir sie erkennen können, z. B. von einem **Artikel** *(der Hase, eine Uhr)* oder von einem Adjektiv *(blauer Himmel, fröhliche Menschen).*

Genus (grammatisches Geschlecht; Plural: die Genera)

▶ S. 199

Jedes Substantiv hat ein Genus (ein grammatisches Geschlecht), das man **an** seinem **Artikel erkennen** kann. Ein Substantiv ist entweder

- ein **Maskulinum** (männliches Substantiv), z. B.: *der Stift, der Regen, der Hund,*
- ein **Femininum** (weibliches Substantiv), z. B.: *die Uhr, die Sonne, die Katze,* oder
- ein **Neutrum** (sächliches Substantiv), z. B.: *das Buch, das Eis, das Kind.*

Das grammatische Geschlecht eines Substantivs stimmt nicht immer mit dem natürlichen **Geschlecht** überein, z. B.: *das Mädchen, das Kind.*

Numerus (Anzahl; Plural: die Numeri)

▶ S. 200

Substantive haben einen Numerus, d. h. eine Anzahl. Sie stehen entweder im

- **Singular** (Einzahl), z. B.: *der Wald, die Jacke, das Haus,* oder im
- **Plural** (Mehrzahl), z. B.: *die Wälder, die Jacken, die Häuser.*

Der Kasus (Fall; Plural: die Kasus, mit langem *u* gesprochen)

▶ S. 201 f.

In Sätzen erscheinen Substantive immer in einem bestimmten Kasus, das heißt in einem grammatischen Fall. **Im Deutschen gibt es vier Kasus.** Nach dem Kasus richten sich die Form des Artikels und die Endung des Substantivs. Man kann den **Kasus** eines Substantivs **durch Fragen ermitteln:**

Kasus	Kasusfrage	Beispiele
1. Fall: **Nominativ**	*Wer oder was ...?*	*Der Junge liest ein Buch.*
2. Fall: **Genitiv**	*Wessen ...?*	*Das Buch des Jungen ist spannend.*
3. Fall: **Dativ**	*Wem ...?*	*Ein Mädchen schaut dem Jungen zu.*
4. Fall: **Akkusativ**	*Wen oder was ...?*	*Sie beobachtet den Jungen genau.*

Meist ist der Kasus am veränderten Artikel des Substantivs erkennbar, manchmal auch an der Endung des Substantivs, z. B.: *des Mannes, des Mädchens, den Kindern.*
Wenn man ein Substantiv in einen Kasus setzt, nennt man das **deklinieren** (beugen).

Der Artikel (Plural: die Artikel)

▶ S. 197 f.

Das Substantiv wird häufig von einem Artikel begleitet. Man unterscheidet zwischen dem bestimmten Artikel *(der, die, das)* und dem unbestimmten Artikel *(ein, eine, ein)*, z. B.:

	Bestimmter Artikel	Unbestimmter Artikel
männlich	*der Stift*	*ein Stift*
weiblich	*die Uhr*	*eine Uhr*
sächlich	*das Buch*	*ein Buch*

Das Pronomen (Fürwort; Plural: die Pronomen)

▶ S. 203 f.

Das Pronomen ist ein **Stellvertreter oder Begleiter; es vertritt oder begleitet ein Substantiv.** Es gibt verschiedene Arten von Pronomen.

- **Das Personalpronomen** (persönliches Fürwort)
  Mit den **Personalpronomen** *(ich, du, er, sie, es, wir, ihr, sie)* kann man **Substantive und Namen ersetzen,** z. B.:

  Die Katze möchte ins Haus. Sie miaut. Schnell lassen wir sie herein.

  Paul rennt zum Bus. Er hat verschlafen und weiß, dass der Busfahrer nicht auf ihn wartet.

  Personalpronomen werden wie die Substantive dekliniert (gebeugt):

	Singular			Plural		
Kasus	1. Pers.	2. Pers.	3. Pers.	1. Pers.	2. Pers.	3. Pers.
1. Fall: **Nominativ**	*ich*	*du*	*er/sie/es*	*wir*	*ihr*	*sie*
2. Fall: **Genitiv**	*meiner*	*deiner*	*seiner/ihrer/seiner*	*unser*	*euer*	*ihrer*
3. Fall: **Dativ**	*mir*	*dir*	*ihm/ihr/ihm*	*uns*	*euch*	*ihnen*
4. Fall: **Akkusativ**	*mich*	*dich*	*ihn/sie/es*	*uns*	*euch*	*sie*

- **Das Possessivpronomen** (besitzanzeigendes Fürwort)
  Possessivpronomen *(mein/meine – dein/deine – sein/seine, ihr/ihre – unser/unsere – euer/eure – ihr/ihre)* **geben an, zu wem etwas gehört,** z. B.: *mein Buch, deine Tasche, unsere Lehrerin.*
  Possessivpronomen begleiten meist Substantive und stehen dann in dem gleichen Kasus (Fall) wie das dazugehörige Substantiv, z. B.:
  Ich gebe meinen Freunden eine Einladungskarte. (Wem …? → Dativ)

Das Adjektiv (das Eigenschaftswort; Plural: die Adjektive)

▶ S. 206–209

Adjektive drücken aus, **wie** etwas ist. Mit Adjektiven können wir die **Eigenschaften** von Lebewesen, Dingen, Vorgängen, Gefühlen und Vorstellungen **genauer beschreiben,** z. B.:
der starke Wind, der schwache Wind, der eiskalte Wind.
Adjektive werden **kleingeschrieben.** Adjektive, die vor einem Substantiv stehen, haben den gleichen Kasus und Numerus wie das Substantiv: *der kalte See, die kalten Seen, des kalten Sees.*

- **Steigerung der Adjektive**
  Adjektive kann man steigern (z. B.: *schön – schöner – am schönsten*). So kann man z. B. Dinge und Lebewesen miteinander vergleichen. Es gibt drei Steigerungsstufen:

Positiv (Grundform)	**Komparativ (1. Steigerungsstufe)**	**Superlativ (2. Steigerungsstufe)**
Lars ist groß.	*Stefan ist größer.*	*Fabian ist am größten.*

- **Vergleiche mit *wie* und *als:***
  Vergleiche mit dem Positiv werden mit *wie* gebildet, z. B.: *Tim ist genauso groß wie Yvonne.*
  Vergleiche mit dem Komparativ werden mit dem Vergleichswort *als* gebildet, z. B.: *Meine Schuhe sind kleiner als deine.*

Die Präposition (das Verhältniswort; Plural: die Präpositionen)

▶ S. 210 ff.

Präpositionen wie *in, auf, unter* drücken **Verhältnisse und Beziehungen** zwischen Gegenständen oder Personen aus, z. B. **örtliche** Verhältnisse *(auf dem Dach)* oder **zeitliche** Verhältnisse *(bis Mitternacht)*. Sie können aber auch einen **Grund** *(wegen der Hitze)* angeben oder die **Art und Weise** *(mit viel Energie)* bezeichnen.
Beispiele:

▪ örtliches Verhältnis	*auf, in, hinter, neben, unter, vor, über, zwischen*
▪ zeitliches Verhältnis	*nach, vor, seit, um, während, bis, in*
▪ Angabe des Grundes	*wegen, trotz, aufgrund/auf Grund*
▪ Angabe der Art und Weise	*ohne, mit*

Präpositionen sind nicht flektierbar (veränderbar). Die Präposition steht in der Regel vor einem Substantiv (mit oder ohne Begleiter) oder Pronomen. Sie bestimmt den Kasus des nachfolgenden Wortes (oder der nachfolgenden Wortgruppe), z. B.: *mit dir, wegen des plötzlichen Schneefalls.*

Die Konjunktion (das Bindewort; Plural: die Konjunktionen)

▶ S. 240 ff.

Konjunktionen **verbinden Satzteile oder Teilsätze** miteinander, z. B.: *Es gab Donner und Blitz.*
Er konnte nicht an der Wanderung teilnehmen, weil er sich den Fuß verstaucht hatte.
Die häufigsten Konjunktionen sind: *und, oder, weil, da, nachdem.*

Das Verb (das Tätigkeitswort; Plural: die Verben) ▶ S. 213–223

Mit Verben gibt man an, **was jemand tut** (z. B. *laufen, reden, lachen*) oder **was geschieht** (z. B. *regnen, brennen*). Verben werden **kleingeschrieben.**

- Der **Infinitiv** (die Grundform) eines Verbs endet auf *-en* oder *-n*, z. B.: *rennen, sagen, antworten, rudern, lächeln.*
- Wenn man ein Verb in einem Satz verwendet, bildet man **die Personalform des Verbs.** Das nennt man **konjugieren (beugen),** z. B.: *such-en* (Infinitiv) → *Ich such-e den Schlüssel* (1. Person Singular). Die Personalform des Verbs wird aus dem Infinitiv des Verbs gebildet. An den Stamm des Verbs wird dabei die passende Personalendung gehängt, z. B.: *sprech-en* (Infinitiv) → *ich sprech-e* (1. Person Singular), *du sprich-st* (2. Person Singular) usw.

Der Imperativ (Aufforderungsform des Verbs; Plural: die Imperative) ▶ S. 215

Die **Aufforderungsform** oder Befehlsform eines Verbs nennt man Imperativ. Man kann eine Aufforderung oder einen Befehl an eine Person oder an mehrere Personen richten. Dementsprechend gibt es den Imperativ Singular *(„Bitte komm!", „Lauf weg!")* und den Imperativ Plural *(„Bitte kommt!", „Lauft weg!").*

- Der **Imperativ Singular** besteht aus dem Stamm des Verbs *(schreiben → schreib!),* manchmal wird die Endung *-e* angehängt *(reden → rede!)* oder es ändert sich der Stammvokal von *e* zu *i (geben → gib!).*
- Der **Imperativ Plural** wird in der Regel durch den Stamm des Verbs mit der Endung *-t* gebildet *(schreiben → schreibt!, reden → redet!, lesen → lest!).*

Die Tempora (Zeitformen) der Verben (Singular: das Tempus) ▶ S. 216–223

Verben kann man in verschiedenen Zeitformen (Tempora; Singular: das Tempus) verwenden, z. B. im Präsens, im Präteritum, im Futur. Die Zeitformen der Verben sagen uns, wann etwas passiert, z. B. in der Gegenwart, in der Vergangenheit oder in der Zukunft.

- **Das Präsens** (die Gegenwartsform)
  - Das Präsens wird verwendet, wenn etwas in der **Gegenwart** (in diesem Augenblick) geschieht, z. B.: *Er schreibt gerade einen Brief.*
  - Im Präsens stehen auch **Aussagen, die immer gelten,** z. B.: *Suppe isst man mit dem Löffel.*
  - Man kann das Präsens auch verwenden, **um etwas Zukünftiges auszudrücken.** Meist verwendet man dann eine Zeitangabe, die auf die Zukunft verweist, z. B.: *Morgen gehe ich ins Kino.*

Das Präsens wird gebildet, indem man an den Stamm des Verbs die entsprechende Personalendung anhängt, z. B.: *ich schreib-e, du schreib-st ...*

- **Das Futur** (die Zukunftsform)
  - Das Futur wird verwendet, um ein zukünftiges Geschehen auszudrücken, z. B.: *In den Sommerferien werde ich häufig ins Freibad gehen.*
  - Das Futur wird gebildet durch die Personalform von *werden* im Präsens + Infinitiv des Verbs, z. B.: *Ich werde anrufen, du wirst anrufen ...*

- **Das Perfekt**
  Wenn man mündlich von etwas Vergangenem erzählt oder berichtet, verwendet man häufig das Perfekt, z. B.: *Ich habe gerade etwas gegessen. Er ist nach Hause gekommen.*
  Das Perfekt ist eine **zusammengesetzte Vergangenheitsform,** weil es mit einer Form von **„haben"** oder **„sein"** im Präsens (z. B. *hast, sind*) und dem **Partizip II des Verbs** *(gesehen, aufgebrochen)* gebildet wird.
  - Das Partizip II beginnt meist mit *ge-*, z. B.: *lachen → gelacht; gehen → gegangen.*
  - Wenn das Verb schon eine Vorsilbe hat *(ge-, be-* oder *ver-),* bekommt das Partizip II keine mehr, z. B.: *gelingen → gelungen; beschweren → beschwert; verlieren → verloren.*
- **Das Präteritum**
  Das Präteritum ist eine **einfache Zeitform der Vergangenheit.** Diese Zeitform wird vor allem in schriftlichen Erzählungen (z. B. in Märchen, in Geschichten) und in Berichten verwendet, z. B.: *Sie lief schnell nach Hause, denn es regnete in Strömen.*
  Man unterscheidet:
  - **regelmäßige (schwache) Verben:** Bei den regelmäßigen Verben ändert sich der Vokal *(a, e, i, o, u)* im Verbstamm nicht, wenn das Verb ins Präteritum gesetzt wird, z. B.: *ich lache* (Präsens) → *ich lachte* (Präteritum),
  - **unregelmäßige (starke) Verben:** Bei den unregelmäßigen Verben ändert sich im Präteritum der Vokal *(a, e, i, o, u)* im Verbstamm, z. B.: *ich singe* (Präsens) → *ich sang* (Präteritum); *ich laufe* (Präsens) → *ich lief* (Präteritum).
- **Das Plusquamperfekt**
  Wenn etwas vor dem passiert, wovon im Präteritum oder im Perfekt erzählt wird, verwendet man das Plusquamperfekt. Das Plusquamperfekt wird deshalb auch **Vorvergangenheit** genannt, z. B.: *Nachdem sie mit dem Fallschirm sicher gelandet war, jubelten die Menschen.*
  Das Plusquamperfekt ist wie das Perfekt eine **zusammengesetzte Vergangenheitsform,** weil es mit einer Form von **„haben"** oder **„sein"** im Präteritum (z. B. *hatte, war*) und dem **Partizip II des Verbs** *(gelesen, aufgebrochen)* gebildet wird, z. B.: *Nachdem wir etwas gegessen hatten, gingen wir in den Zoo. Nachdem wir alle pünktlich angekommen waren, ging es los.*
  TIPP: Die Konjunktion *nachdem* leitet oft einen Satz im Plusquamperfekt ein.

Satzglieder

Wortart und Satzglied

Beachtet den Unterschied zwischen Wortarten und Satzgliedern: Einzelne Wörter kann man nach ihrer Wortart bestimmen, Satzglieder sind die Bausteine in einem Satz. Oft besteht ein Satzglied aus mehreren Wörtern. Man merkt das, wenn man versucht, die Satzglieder eines Satzes umzustellen (► Umstellprobe, S. 228; 305).

Substantiv	Verb	Pronomen	Präposition	Artikel	Substantiv	**Wortarten**
Thomas	*trifft*	*ihn*	*nach*	*der*	*Schule.*	
Subjekt	Prädikat	Akkusativobjekt	adverbiale Bestimmung der Zeit			**Satzglieder**

Satzglieder erkennen: Die Umstellprobe

▶ S. 228

Ein Satz besteht aus verschiedenen Satzgliedern. Diese Satzglieder können aus einem einzelnen Wort oder aus mehreren Wörtern (einer Wortgruppe) bestehen.
Mit der **Umstellprobe** könnt ihr feststellen, wie viele Satzglieder ein Satz hat. Wörter und Wortgruppen, die bei der Umstellprobe immer zusammenbleiben, bilden ein Satzglied, z. B.:

Gefährliche Vampirmäuse jagen ungern in mondlosen Nächten.
In mondlosen Nächten jagen gefährliche Vampirmäuse ungern.

Das Prädikat (Plural: die Prädikate)

▶ S. 229

Der **Kern des Satzes** ist das Prädikat (Satzaussage). Prädikate werden durch Verben gebildet.
In einem Aussagesatz steht die Personalform des Verbs (der gebeugte Teil) **immer an zweiter Satzgliedstelle,** z. B.: *Die Vampirmaus zeigte Anna ihre Krallen.*
Das Prädikat kann mehrteilig sein, z. B.: *Ein Schrei schreckt Anna auf. Der Schrei hat Anna aufgeweckt.*

Das Subjekt (Plural: die Subjekte)

▶ S. 230

Das Satzglied, das in einem Satz angibt, wer oder was handelt, etwas tut, veranlasst ..., heißt Subjekt (Satzgegenstand), z. B.: *Der Vampir biss seinen Nachbarn.*

- Ihr könnt das Subjekt mit der **Frage „Wer oder was ...?“** ermitteln.
  Der Vampir biss seinen Nachbarn. → *Wer oder was biss seinen Nachbarn?*
- Das Subjekt eines Satzes kann aus einem oder aus mehreren Wörtern bestehen, z. B.:
  Die scharfen Zähne bohrten sich in die Haut. → *Wer oder was bohrte sich in die Haut?*
- Das Subjekt eines Satzes **steht immer im Nominativ** (**1. Fall;** ▶ S. 300).

Die Objekte

▶ S. 232 f.

- **Akkusativobjekt:** Das Objekt, das im Akkusativ steht, heißt Akkusativobjekt. Ihr ermittelt es mit der Frage: **Wen oder was ...?,** z. B.: *Wen oder was schreibt Lisa?* → *Lisa schreibt eine Vampirgeschichte.*
- **Dativobjekt:** Das Objekt, das im Dativ steht, heißt Dativobjekt. Ihr ermittelt es mit der Frage: **Wem ...?,** z. B.: *Wem hört Helena zu?* → *Helena hört Lisa zu.*
  Objekte können aus einem oder aus mehreren Wörtern bestehen.

Das Prädikativ (Plural: die Prädikative)

▶ S. 231

Das Verb *sein* verlangt neben dem Subjekt ein weiteres Satzglied, das Prädikativ. Das Prädikativ kann ein **Substantiv** oder ein **Adjektiv** sein, z. B.: *Er ist der Klassensprecher. Ich bin sportlich.*
Das Prädikativ ergänzt das Prädikat (Verb) und bezieht sich zugleich auf das Subjekt des Satzes.
Weitere Verben, die häufig ein Prädikativ verlangen, sind: *bleiben, werden, heißen.*

Die adverbialen Bestimmungen (auch: Adverbialien)

▶ S. 234 f.

- Adverbiale Bestimmungen (Umstandsbestimmungen) sind Satzglieder, die man z. B. mit den Fragen **Wann …?, Wo …?, Warum …?, Wie …?** ermittelt. Sie liefern zusätzliche **Informationen über den Ort** (adverbiale Bestimmung des Ortes), **über die Zeit** (adverbiale Bestimmung der Zeit), **über den Grund** (adverbiale Bestimmung des Grundes) und **über die Art und Weise** (adverbiale Bestimmung der Art und Weise) eines Geschehens oder einer Handlung.
- Adverbiale Bestimmungen können aus einem oder aus mehreren Wörtern bestehen.
- Durch die Frageprobe kann man ermitteln, welche adverbiale Bestimmung vorliegt.

Frageprobe	**Satzglied**	**Beispiel**
Wo? Wohin? Woher?	**adverbiale Bestimmung des Ortes**	*Wo versteckt sich die Maus?* *Die Maus versteckt sich im Hauseingang.*
Wann? Wie lange? Seit wann?	**adverbiale Bestimmung der Zeit**	*Wann wurde die Katze gebissen?* *Die Katze wurde in der letzten Nacht gebissen.*
Warum? Weshalb?	**adverbiale Bestimmung des Grundes**	*Warum sind Vampirgeschichten beliebt?* *Wegen der Lust am Gruseln sind Vampirgeschichten beliebt.*
Wie? Auf welche Weise? Womit?	**adverbiale Bestimmung der Art und Weise**	*Wie töten Vampire ihre Opfer?* *Vampire töten ihre Opfer mit einem Biss.*

Proben

▶ S. 236

- **Umstellprobe: Satzanfänge abwechslungsreich gestalten**
  Durch die Umstellprobe könnt ihr eure Texte abwechslungsreicher gestalten. Ihr stellt z. B. die Satzglieder so um, dass die Satzanfänge nicht immer gleich sind, z. B.:
  Rüdiger mag Anton. Nachts ist Rüdiger oft unterwegs.
  (Statt: *Rüdiger mag Anton. Rüdiger ist nachts oft unterwegs.*)
- **Ersatzprobe: Wortwiederholungen vermeiden**
  Mit der Ersatzprobe könnt ihr Satzglieder, die sich in eurem Text häufig wiederholen, durch andere Wörter ersetzen, z. B.:
  Der kleine Vampir hat eine Schwester. Sie heißt Anna.
  (Statt: *Der kleine Vampir hat eine Schwester. Die Schwester heißt Anna.*)
- **Weglassprobe: Texte straffen, Wiederholungen vermeiden**
  Mit der Weglassprobe könnt ihr prüfen, welche Wörter in einem Text gestrichen werden sollten, weil sie überflüssig sind oder umständlich klingen, z. B.:
  Die Vampirmaus drohte der Katze mit der Pfote. Die Katze zitterte vor Angst ~~vor der Maus~~.

Sätze

Satzarten

▶ S. 238 f.

Je nachdem, ob wir etwas aussagen, fragen oder jemanden auffordern wollen, verwenden wir unterschiedliche Satzarten: Aussagesatz, Fragesatz und Aufforderungssatz.
In der gesprochenen Sprache erkennen wir die verschiedenen Satzarten oft an der Stimmführung, in der geschriebenen Sprache an den unterschiedlichen Satzschlusszeichen: Punkt, Fragezeichen und Ausrufezeichen.

- Nach einem **Aussagesatz** steht ein **Punkt,** z. B.: *Ich gehe jetzt ins Schwimmbad.*
- Nach einem **Fragesatz** steht ein **Fragezeichen,** z. B.: *Hast du heute Nachmittag Zeit?*
- Nach einem **Ausrufe- oder Aufforderungssatz** steht meist ein **Ausrufezeichen,** z. B.: *Vergiss die Sonnencreme nicht! Beeilt euch!*

Die Satzreihe: Hauptsatz + Hauptsatz

▶ S. 240

- Ein **Hauptsatz** ist ein selbstständiger Satz. Er enthält mindestens zwei Satzglieder, nämlich Subjekt und Prädikat, z. B.: *Peter schwimmt.*
  Die Personalform des Verbs (das gebeugte Verb) steht im Hauptsatz an zweiter Satzgliedstelle, z. B.: *Peter schwimmt im See.*
- Ein **Satz,** der **aus zwei oder mehr Hauptsätzen** besteht, wird **Satzreihe** genannt. Die einzelnen Hauptsätze einer Satzreihe werden durch ein **Komma** voneinander getrennt, z. B.: *Peter schwimmt im See, Philipp kauft sich ein Eis.*
- Häufig werden die Hauptsätze durch die **nebenordnenden Konjunktionen** (Bindewörter) *und, oder, aber, sondern, denn, doch* verbunden, z. B.: *Peter schwimmt im See, denn es ist sehr heiß.*
  Nur vor den Konjunktionen *und* bzw. *oder* darf das Komma wegfallen, z. B.: *Peter schwimmt im See und Philipp kauft sich ein Eis.*

Satzgefüge: Hauptsatz + Nebensatz

▶ S. 241–246

Einen **Satz,** der **aus** mindestens einem **Hauptsatz und** mindestens einem **Nebensatz** besteht, nennt man **Satzgefüge.** Zwischen Hauptsatz und Nebensatz muss **immer ein Komma** stehen, z. B.:
Wir gehen heute ins Schwimmbad, weil die Sonne scheint.
Hauptsatz Nebensatz

In einem Satzgefüge kann der Nebensatz vor, zwischen oder nach dem Hauptsatz stehen (▶ S. 308).

Nebensätze haben folgende Kennzeichen:

- Ein Nebensatz kann **nicht ohne** einen **Hauptsatz** stehen.
- Der Nebensatz **ist dem Hauptsatz untergeordnet** und wird durch eine **unterordnende Konjunktion** (Bindewort) **eingeleitet,** z. B. *weil, da, obwohl, damit, dass, sodass, nachdem, während.*
- Die **Personalform des Verbs** (das gebeugte Verb) steht im Nebensatz immer **an letzter Satzgliedstelle.**

Zeichensetzung

Satzschlusszeichen

► S. 238 f.

- Nach einem **Aussagesatz** steht ein **Punkt,** z. B.: *Ich gehe jetzt ins Schwimmbad.*
- Nach einem **Fragesatz** steht ein **Fragezeichen,** z. B.: *Hast du heute Nachmittag Zeit?*
- Nach einem **Ausrufe- oder Aufforderungssatz** steht meist ein **Ausrufezeichen,** z. B.: *Vergiss die Sonnencreme nicht! Beeilt euch!*

Das Komma zwischen Sätzen

► S. 240–246

Die einzelnen **Hauptsätze einer Satzreihe** werden durch ein **Komma** voneinander getrennt, z. B.: *Peter schwimmt im See, Philipp kauft sich ein Eis.*
Nur vor den Konjunktionen *und* bzw. *oder* darf das Komma wegfallen, z. B.: *Peter schwimmt im See und Philipp kauft sich ein Eis.*
Zwischen Hauptsatz und Nebensatz muss **immer ein Komma** stehen, z. B.:
Wir gehen heute ins Schwimmbad, weil die Sonne scheint.
Hauptsatz Nebensatz

In einem Satzgefüge kann der Nebensatz vor, zwischen oder nach dem Hauptsatz stehen.

Tina und Florian möchten am Wochenende eine Kanutour machen, wenn die Sonne scheint.
——— Hs ———,
——— Ns ———.

Tina und Florian möchten am Wochenende, wenn die Sonne scheint, eine Kanutour machen.
——— Hs ———, — Fortsetzung Hs — .
——— Ns ———,

Wenn die Sonne scheint, möchten Tina und Florian am Wochenende eine Kanutour machen.
——— Hs ———.
——— Ns ———,

Der Nebensatz **ist dem Hauptsatz untergeordnet** und wird durch eine **unterordnende Konjunktion** (Bindewort) **eingeleitet,** z. B. *weil, da, obwohl, damit, dass, sodass, nachdem, während.*

Zeichensetzung bei der wörtlichen Rede

► S. 49

Die wörtliche Rede steht in einem Text in Anführungszeichen. Die Satzzeichen ändern sich, je nachdem, ob der Redebegleitsatz vor, nach oder zwischen der wörtlichen Rede steht.

- Der **Redebegleitsatz vor der wörtlichen Rede** wird durch einen Doppelpunkt von der wörtlichen Rede abgetrennt, z. B.: *Tina rief: „O weh!“*
- Der **Redebegleitsatz nach der wörtlichen Rede** wird durch ein Komma von der wörtlichen Rede abgetrennt, z. B.: *„O weh!“, rief Tina.*
- Der **Redebegleitsatz zwischen der wörtlichen Rede** wird durch Kommas von der wörtlichen Rede abgetrennt, z. B.: *„O weh“, rief Tina, „der Papagei!“*

Tipps zum Rechtschreiben

► S. 250–254

Verwandte Wörter suchen (Ableitungsprobe)

► S. 252

- Wenn ihr unsicher seid, wie ein Wort geschrieben wird, hilft fast immer die Suche nach einem verwandten Wort. Der Wortstamm (= Grundbaustein) wird in allen verwandten Wörtern gleich oder ähnlich geschrieben, z. B.: *reisen: abgereist, verreisen, die Reise.*
- Ihr schreibt ein Wort mit **ä** oder **äu**, wenn es ein verwandtes Wort mit **a** oder **au** gibt, z. B.:
  - **e** oder **ä**? → *Gläser – Glas*
  - **eu** oder **äu**? → *Träume – Traum*

  Gibt es kein verwandtes Wort mit **a** oder **au,** schreibt man das Wort meist mit **e** oder **eu.**

Wörter verlängern (Verlängerungsprobe)

► S. 253

Am Wortende klingt **b** wie **p** *(das Lo**b**),* **g** wie **k** *(der Ta**g**)* und **d** wie **t** *(der Hun**d**).* Wenn ihr die Wörter verlängert, hört ihr, welchen Buchstaben ihr schreiben müsst. So könnt ihr Wörter verlängern:

- Bildet bei Substantiven den Plural, z. B.: *der Ta**g** → die Ta**g**e,* oder ein Adjektiv, z. B. *der San**d** → san**d**ig.*
- Steigert die Adjektive oder ergänzt ein Substantiv, z. B.: *wil**d** → wil**d**er; ein wil**d**es Tier.*
- Bildet bei Verben den Infinitiv oder die Wir-Form, z. B.: *er lo**b**t → lo**b**en; wir lo**b**en.*

Im Wörterbuch nachschlagen

► S. 254

- Die Wörter sind **nach dem Alphabet sortiert.** Wenn der erste, zweite ... Buchstabe gleich ist, wird die Reihenfolge nach dem zweiten, dritten ... Buchstaben entschieden, z. B.: *Flamme, Fleiß, Floß.*
- Die Wörter sind im Wörterbuch in ihrer **Grundform** verzeichnet.
  - **Verben** findet ihr **im Infinitiv** (Grundform), z. B.: *ich habe gewusst → wissen.*
  - **Substantive** findet ihr **im Nominativ Singular** (1. Fall, Einzahl), z. B.: *die Hände → Hand.*

Silbentrennung

► S. 251

Mehrsilbige Wörter trennt man nach Sprechsilben, die man beim deutlichen und langsamen Vorlesen hören kann, z. B.: *Spa-zier-gang.* Ein einzelner Vokalbuchstabe wird nicht abgetrennt, *Igel* kann man z. B. also nicht trennen. Beachtet: Einsilbige Wörter kann man nicht trennen, z. B.: *Tisch, blau.*

Partnerdiktat

► S. 256

- Lest zuerst den gesamten Text durch und achtet auf schwierige Wörter.
- Diktiert euch abwechselnd den ganzen Text, am besten in Wortgruppen.
- Jeder überprüft am Ende seinen eigenen Text auf Rechtschreibfehler und verbessert sie.
- Tauscht dann eure Texte und korrigiert sie gegenseitig.
- Verbessert zum Schluss die Fehler in euren Texten.

Rechtschreibregeln

Kurze Vokale – Doppelte Konsonanten

► S. 257–259

Nach einem **betonten kurzen Vokal** (Selbstlaut) folgen fast immer **zwei** oder mehr Konsonanten. Beim deutlichen Sprechen könnt ihr sie meist gut unterscheiden, z. B.: *kalt, Pflanze, trinken.*
Wenn ihr bei einem Wort mit einem betonten kurzen Vokal nur **einen Konsonanten** hört, dann wird er **verdoppelt,** z. B.: *Tasse, Schiff, wissen, treffen, sonnig, satt.*
Beachte: Statt kk schreibt man **ck** und statt zz schreibt man **tz,** z. B.: *verstecken, Decke, Katze, verletzen.*

Lange Vokale (a, e, i, o, u)

► S. 260–264

- **Lange Vokale als einfache Vokale**
  In den meisten Wörtern ist der betonte lange Vokal ein einfacher Vokal. Danach folgt meist nur ein Konsonant, z. B.: *die Flöte, die Hose, der Besen, geben, tragen, er kam.*
  Das gilt besonders für einsilbige Wörter: *zu, los, so, wen.*

- **Lange Vokale mit h**
  Das **h nach** einem **langen Vokal** steht besonders häufig vor den Konsonanten **l, m, n, r.**
  Beispiele: *kahl, nehmen, wohnen, bohren.* Man hört dieses h nicht.

- **h am Silbenanfang**
  Bei manchen Wörtern steht am Anfang der zweiten Silbe ein **h,** z. B.: *ge-hen.* Dieses **h** könnt ihr hören. Das **h** bleibt in verwandten Wörtern erhalten. Verlängert einsilbige Wörter, dann hört ihr dieses **h,** z. B.: *er geht → gehen.*

- **Wörter mit Doppelvokal**
  Es gibt nur wenige Wörter, in denen der lang gesprochene Vokal durch die Verdopplung gekennzeichnet ist. Merkt sie euch gut.
  - **aa:** *der Aal, das Haar, paar, das Paar, der Saal, die Saat, der Staat, die Waage*
  - **ee:** *die Beere, das Beet, die Fee, das Heer, der Klee, das Meer, der Schnee, der See*
  - **oo:** *das Boot, doof, das Moor, das Moos, der Zoo.*

  Die Vokale **i** und **u** werden nie verdoppelt.

- **Wörter mit langem i**
  - **Wörter mit ie:** Mehr als drei Viertel aller Wörter mit lang gesprochenem **i** werden mit **ie** geschrieben. Das ist also die häufigste Schreibweise. Beispiele: *das Tier, lieb, siegen, viel, hier.*
  - **Wörter mit i:** Manchmal wird das lang gesprochene **i** durch den Einzelbuchstaben **i** wiedergegeben. Beispiele: *mir, dir, wir, der Igel, das Klima, das Kino, der Liter.*
  - **Wörter mit ih:** Nur in den folgenden Wörtern wird der lange **i**-Laut als **ih** geschrieben: *ihr, ihm, ihn, ihnen, ihre* usw.

Das stimmhafte s und das stimmlose s

▶ S. 265

- **Das stimmhafte s:** Im Hochdeutschen spricht man das **s** manchmal **weich** und **summend** wie in *Sonne, tausend* oder *seltsam*. Dann nennt man das **s** stimmhaft.
- **Das stimmlose s:** Manchmal spricht man das **s hart** und **zischend** wie in *Gras* oder *küssen* oder *schließen*. Dann nennt man das **s** stimmlos.

Die Schreibung des s-Lautes: s, ss oder ß?

▶ S. 265–268

- Das **stimmhafte s wird immer mit einfachem s** geschrieben, z. B. *eisig, Riese, Sonne.*
- Das stimmlose **s** wird **mit einfachem s** geschrieben, **wenn sich beim Verlängern** des Wortes (▶ S. 309) **ein stimmhaftes s ergibt,** z. B.: *das Gras → die Gräser; uns → unser.*
  Für einige Wörter mit einfachem **s** am Wortende gibt es keine Verlängerungsmöglichkeit – es sind also Merkwörter: *als, aus, bis, es, was, etwas, niemals, alles, anders, morgens.*
- **Doppel-s nach kurzem Vokal**
  Der stimmlose s-Laut wird **nach einem kurzen betonten Vokal** mit **ss** geschrieben, z. B.: *essen, die Klasse, wissen.*
- **ß nach langem Vokal oder Diphthong**
  Der stimmlose s-Laut wird **nach einem langen Vokal oder Diphthong** (ei, ai, au, äu, eu) mit **ß** geschrieben, wenn er bei der Verlängerungsprobe stimmlos bleibt, z. B.: *heiß → heißer; der Kloß → die Klöße.*

Großschreibung

▶ S. 269 f.

Satzanfänge und **Substantive** werden **großgeschrieben.** Wörter, die auf *-heit, -keit, -nis, -schaft, -tum, -ung* enden, sind immer Substantive. Substantive kann man meist an ihren Begleitwörtern erkennen, die ihnen vorausgehen. **Begleitwörter** sind

- **Artikel** (bestimmter/unbestimmter), z. B.: *der Hund, ein Hund,*
- **Pronomen,** z. B.: *unser Hund, dieser Hund,*
- **Präpositionen,** die mit einem Artikel verschmolzen sein können, z. B.: *am (= an dem) Fluss,*
- **Adjektive,** z. B.: *große Hunde.*

Kleinschreibung

▶ S. 271 f.

Klein schreibt man

- alle **Verben,** z. B.: *malen, tanzen, gehen,*
- alle **Adjektive,** z. B.: *freundlich, sonderbar, rostig*; viele Adjektive kann man an typischen Adjektivendungen erkennen, z. B.: *-bar, -sam, -isch, -ig, -lich, -haft,*
- alle **Personalpronomen** (persönliche Fürwörter), z. B.: *ich, du, er/sie/es, wir, ihr, sie, mich, dich,*
- alle **Possessivpronomen** (besitzanzeigende Fürwörter), z. B.: *mein, dein, sein, ihr, euer.*

Tipp: Eine Sonderregelung gibt es bei den **Anredepronomen in Briefen und Mails:**

- Wenn ihr jemanden siezt, schreibt ihr die Anredepronomen groß, z. B.: *Sie, Ihnen, Ihr.*
- Die vertraute Anrede **du** kann man kleinschreiben, z. B.: *dir, dein, euch, euer.*

Arbeitstechniken und Methoden

Informationen beschaffen und auswerten

▶ S. 173–176

Wenn ihr Informationen über ein bestimmtes Thema sucht oder etwas nachschlagen wollt, stehen euch verschiedene Informationsquellen zur Verfügung:
Die wichtigsten **Informationsquellen** sind **Bücher** (Lexika, Sach- oder Fachbücher), **Zeitschriften** und das **Internet.**

- **Bücher und Zeitschriften** findet ihr **in der Bibliothek** (Bücherei), z. B. in der Schul-, der Stadt- oder der Gemeindebibliothek. Wie ihr in einer Bibliothek mit dem Computer nach Büchern und anderen Medien suchen könnt, erfahrt ihr unten auf dieser Seite.
- Um im **Internet** gezielt nach Informationen zu suchen, verwendet man so genannte **Suchmaschinen** (siehe unten).
  Gibt man einen **Suchbegriff** in eine Suchmaschine ein (z. B. Orang-Utan), durchsucht diese das Internet nach dem Begriff und liefert euch eine Liste von Internetseiten, die euren Suchbegriff enthalten.
- **Gute Suchmaschinen** für Kinder und Jugendliche sind:
  www.blinde-kuh.de; www.helles-koepfchen.de; www.fragfinn.de; www.loopilino.de.

Informationen auswerten

- Lest die Texte und verschafft euch einen Überblick über ihre Inhalte.
- Sucht die Abschnitte heraus, die wichtige Informationen zu eurem Thema enthalten.
- Schreibt die wichtigsten Informationen in Stichworten auf.
- Prüft, welche Fragen zu eurem Thema in diesen Texten nicht beantwortet werden, und sucht zu euren offenen Fragen weitere Informationen.

Mit dem Computer Bücher und andere Medien suchen

▶ S. 173

1. **Schritt:** Gebt in das entsprechende Feld der Suchmaske einen Suchbegriff ein, z. B. den Namen des Autors/der Autorin, den Titel des Buches, einen Sachbegriff/ein Schlagwort (z. B. Dinosaurier, Abenteuerbuch). Verfeinert, wenn möglich, die Suche, indem ihr eine bestimmte Medienart (z. B. Buch, CD, DVD) auswählt.
2. **Schritt:** Startet die Suche, indem ihr die Enter-Taste des Computers drückt oder mit einem Mausklick das Feld für die Suche anklickt.
3. **Schritt:** Ihr erhaltet nun Angaben zu dem gesuchten Titel oder eine Liste mit Suchergebnissen. Klickt den Titel an, zu dem ihr genauere Informationen haben wollt, z. B. eine Kurzbeschreibung des Inhalts, Angaben darüber, ob das Buch vorhanden oder ausgeliehen ist.
4. **Schritt:** Wenn ihr den gesuchten Titel gefunden habt, müsst ihr euch die Signatur aufschreiben, z. B.: *Ab 24 Tw.* Sie gibt euch den Standort des Buches, der CD etc. in der Bibliothek an.
5. **Schritt:** Orientiert euch in der Bibliothek, in welchem Regal ihr euer Buch, die CD etc. findet, z. B.: *Ab 24 Tw* (Ab = Abenteuer; 24 = Regalstellplatz; Tw = Autor, hier Mark Twain).

Ideen sammeln: Der Cluster

► S. 97; 131; 158

Der Cluster (engl. = Traube, Schwarm) hilft euch, Ideen zu einem bestimmten Thema zu finden.

- Schreibt das Thema in die Mitte eines Blattes.
- Notiert dann Stichpunkte (Gedanken, Ideen, Angaben, Merkmale) zu dem Thema und verbindet sie durch Linien mit dem Thema (Ausgangskreis). Zu jedem Stichpunkt könnt ihr wiederum weitere Einfälle notieren.

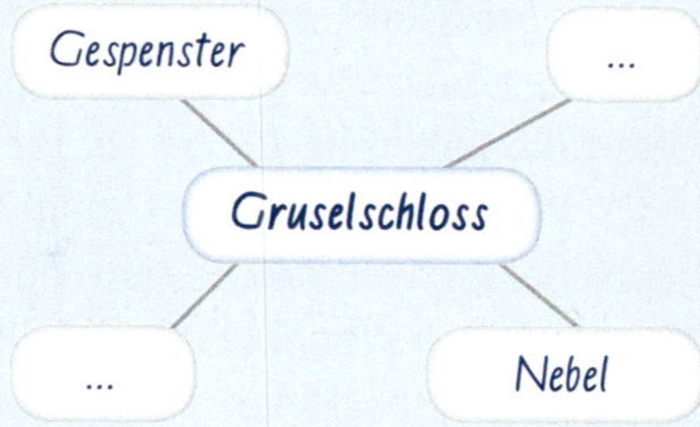

Ideen sammeln und ordnen: Die Mind-Map

► S. 167

Die Mind-Map (engl. = Gedankenlandkarte) ist im Gegensatz zum Cluster (siehe oben) dazu geeignet, die Ideen zu ordnen.

- Schreibt in die Mitte eines Blattes das Thema.
- Ergänzt dann um das Thema Oberpunkte (Hauptthemen).
- Erweitert diese Oberpunkte um Unterpunkte (Unterthemen).

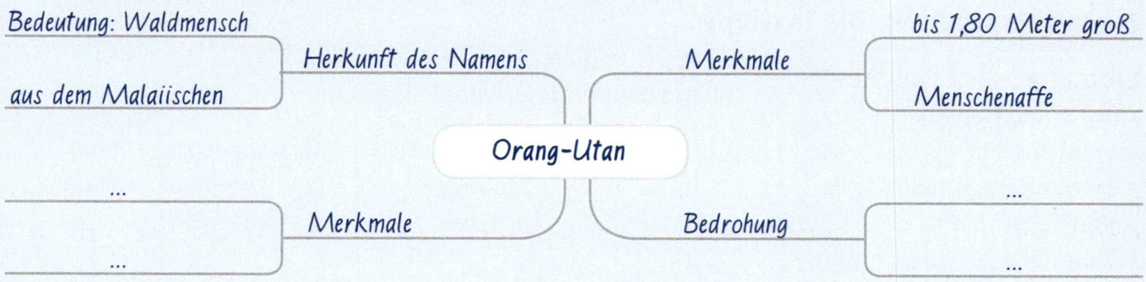

Ein Informationsplakat gestalten

► S. 173–176

- Plakate sind auch zum **Anschauen** da, nicht nur zum Lesen.
  - Achtet auf ein ausgewogenes Verhältnis von Text und Bildern.
  - Verwendet interessante **Fotos** oder informative **Zeichnungen** oder übersichtliche **Tabellen.**
  - Ergänzt bei Abbildungen oder Schaubildern **erklärende Beschriftungen.**
- Achtet auf **Übersichtlichkeit** und **Lesbarkeit:**
  - Prüft, ob alles auch aus der letzten Reihe des Klassenzimmers noch gut zu erkennen ist.
  - Hebt **Überschriften** hervor, indem ihr **größere Schrift** verwendet.
  - Achtet auf gut **gegliederte Texte** in einer **gut lesbaren Schriftart.**

Informationen präsentieren: Vor Publikum sprechen

► S. 173–176

- Sprecht laut, **deutlich** und nicht zu schnell.
- Wendet euch dem Publikum zu, haltet **Blickkontakt** mit euren Zuhörern.
- Gliedert euren Vortrag: Überlegt euch eine Einleitung, die neugierig macht. Unterteilt den Hauptteil nach euren Unterthemen. Fasst das Wichtigste am Schluss nochmals zusammen.

Ein Standbild bauen

▶ S. 101

In einem Standbild kann man verdeutlichen, wie die Figuren in einem literarischen Text (einer Erzählung, einem Theaterstück ...) zueinander stehen und in welcher Situation sie sich befinden.

- **Klärt die Textstelle,** die ihr als Standbild darstellen wollt, ganz genau: Um welche Situation geht es? Welche Figuren sind beteiligt?
- Entscheidet, **wer welche Figur** darstellt, und bestimmt eine **Regisseurin**/einen **Regisseur.**
- Die Regisseurin oder der Regisseur stellt die Figuren auf: Er oder sie **macht deutlich, wie die Figuren zueinander stehen.** Dafür müssen auch die Körperhaltung und die Mimik festgelegt werden.
- Die Darstellerinnen und Darsteller bleiben nun starr stehen – wie unbewegliche **Statuen.**
- **Die anderen prüfen,** ob **Haltung** und **Gesichtsausdruck** genau zu den Figuren und zu der dargestellten Situation passen. Die Darstellerinnen und Darsteller verändern wenn nötig Haltung und Gesichtsausdruck noch etwas.
- **Einzelne** von euch treten neben die erstarrten Figuren und **sagen** in der Ich-Form, **was** diese mit ihrer **Körpersprache und Mimik ausdrücken.**
- Abschließend können die **Darsteller/-innen berichten, wie sie sich als Figur gefühlt haben.**

Texte überarbeiten: Die Textlupe

▶ S. 51

1 Übertragt die Tabelle rechts auf ein Extrablatt.
2 Setzt euch in kleinen Gruppen (maximal vier Mitglieder) zusammen.
3 Schreibt eure Kommentare zum Text des Mitschülers/der Mitschülerin in die Tabelle. Unterschreibt euren Eintrag. Gebt das Blatt im Uhrzeigersinn weiter und tragt eure Kommentare ein, bis das Blatt wieder beim Verfasser angekommen ist.

Name des Verfassers/der Verfasserin: ...

	Das finde ich gelungen	Hier habe ich Fragen oder etwas stört mich	Meine Vorschläge
Kommentar 1: ...	...	...	...
Name: ...	...	...	...
Kommentar 2: ...	...	...	...
Name: ...	...	...	...
...	...	...	...

4 Der Verfasser/die Verfasserin markiert auf dem Kommentarblatt alle Hinweise, die er/sie richtig findet, und überarbeitet den eigenen Text mit Hilfe dieser Kommentare. Überprüft auch die Rechtschreibung und Zeichensetzung. Verwendet in Zweifelsfällen ein Rechtschreibwörterbuch. Zuletzt wird der Text noch einmal ordentlich abgeschrieben.

Mit dem Schreibprogramm des Computers umgehen

▶ S. 133; 289 f.

Einen Text am Computer gestalten

▶ S. 133

Texte am Computer überarbeiten, Rechtschreibprüfung nutzen

▶ S. 289 f.

Textartenverzeichnis

Autoren- und Quellenverzeichnis

Kusenberg, Kurt (1904–1983)
22 Eine Schulstunde
aus: Gelberg, H. J. (Hrsg.): Eines Tages. Geschichten von überallher. Beltz & Gelberg, Weinheim/Basel/Berlin 2002, S. 109–113

Lich, Barbara
162 Bernstein – Geschichtssplitter vom Meeresgrund
aus: Geolino extra, Nr. 16: Versunkene Welten, S. 49 ff.

Ludwig, Volker (*1937); Lücker, Reiner; Das Grips-Ensemble
42 Aufräumen
aus: Mannomann: GRIPS Theater, Berlin 1972

Maar, Paul (*1937)
130 Land auf dem Sonntag
aus: Dann wird es wohl das Nashorn sein. Beltz & Gelberg, Weinheim/Basel 1988

Nöstlinger, Christine (*1936)
122 Haustierärger
aus: Nöstlinger, Christine; Bauer, Jutta: Ein und alles. Ein Jahresbuch mit Geschichten und Bildern, Texten, Sprüchen, Märchen und einem Tagebuch-Roman. Beltz & Gelberg, Weinheim 1993, S. 234

Pastior, Oskar (*1928)
213 ballade vom estaminen klimasch
aus: Der krimgotische Fächer. Klaus G. Renner, München 1978, S. 33

Rechlin, Eva (*1928)
124 Über das Heulen von Eulen
aus: Krüss, J. (Hrsg.): So viele Tage wie das Jahr hat: 365 Gedichte für Kinder und Kenner. 6. Auflage. Bertelsmann, München 1998, S. 127

Reinig, Christa (1926–2008)
125 Kriegslied des Dakotahäuptlings Regengesicht
aus: Gelberg, H.-J. (Hrsg.): Die Stadt der Kinder. Bitter, Recklinghausen 1969, S. 74

Remané, Lieselotte (1915–2002)
102 Der Kulak und der Knecht
aus: Die Räubernachtigall. Belorussische Märchen. Aus dem Russischen von Lieselotte Remané. Kultur und Fortschritt, Berlin 1969

Richter, Jutta (*1955)
73 Der Tag, als ich lernte, die Spinnen zu zähmen
aus: Der Tag, als ich lernte, die Spinnen zu zähmen. dtv, München 2009, S. 21–25

Roth, Eugen (1895–1976)
123 Der Falter
aus: Heuschele, O. (Hrsg.): Blumen und Schmetterlinge. Deutsche Gedichte. dtv, München 1996, S. 193

Ruck-Pauquèt, Gina (*1931)
117 Mäusejäger
aus: Kruse, Max (Hrsg.): Die schönsten Kindergedichte. Aufbau, Berlin 2003, S. 213

Sachar, Louis (*1954)
139 Bradley – letzte Reihe, letzter Platz
aus: Bradley – letzte Reihe, letzter Platz. Hanser, München 2003, S. 7–10

Strohbach, Günter (*1931)
118 Verschieden, aber zufrieden
aus: Krüss, J. (Hrsg.): So viele Tage hat das Jahr. Gedichte für Kinder und Kenner. Sigbert Mohn, Güthersloh 1959, S. 171

van de Vendel, Edward (*1964)
136 Was ich vergessen habe
aus: Was ich vergessen habe. Carlsen, Hamburg 2004

Unbekannte/ungenannte Autorinnen und Autoren
88 Der Brückenbauer und der Dämon
aus: Hammitzsch, H. (Hrsg.): Japanische Volksmärchen. Diederichs, Düsseldorf 1964, S. 40 f.
89 Das Töpfchen
aus: Spies, O. (Hrsg.): Türkische Volksmärchen. Diederichs, München 1984
104 Vergessener Kopf
aus: Melzig, H. (Hrsg.): Wer den Duft des Essens verkauft. Schwänke und Anekdoten des türkischen Eulenspiegel. Rowohlt, Reinbek bei Hamburg 1988, S. 175
104 Der Kochtopf
nach: 202 Witze von Nasreddin Hodja. Minyatür Yayinlari No. 1d. Galerie Minyatür Tuncay. Yurtsever, Türkei o.J.
105 Der Schmuggler
aus: Marzolph, U. (Hrsg.): Nasreddin Hodscha, 666 wahre Geschichten. C.H. Beck, München 2002
177 Orang-Utans: Intelligente Menschenaffen
nach: URL: WWF Young Panda, URL: http://www.young-panda.de/wissen/orangutan/
212 Eine Uhr als Kompass
aus: Liberty, Gene: Die Zeit. Ein WAS IST WAS Buch. Tessloff, Hamburg 1964, S. 31
290 „Lehrerin unter Strom"
nach: URL: http://www.geo.de/GEOlino/technik/60623.html

Bildquellenverzeichnis

S. 13, 18, 145 (3), 146 (3), 150, 159: Thomas Schulz
S. 15: © picture alliance/chromorange
S. 19, 20: © Diogenes Verlag, Zürich/Editions Denöl. Paris
S. 27: © F1Online
S. 28: Doris Kabutke, Pirckheimer-Gym.-Nürnberg, 2005
S. 65: © agenda/Joerg Boethling
S. 66: © fotosearch
S. 67: © J.-M. Labat & Rouquette/BIOS/OKAPIA
S. 69, 70 unten links und rechts, 72 unten links, 76: © Juniors Bildarchiv
S. 70 oben: © blickwinkel/McPHOTO
S. 72 oben links: © Bildagentur Geduldig
S. 72 oben rechts: ©Vario images
S. 72 unten rechts: © WILDLIFE/G. Czepluch
S. 74: © Jonathan Fieber/OKAPIA
S. 79: © Fotolia/Ervin Monn
S. 87, 120, 131: © akg-images
S. 92: Ilustration von Germano Ovani aus: Die schönsten Märchen aus aller Welt. © Esslinger Verlag J. F. Schreiber, Esslingen
S. 117, 128: ARTOTHEK
S. 129: ARTOTHEK/Blauel
S. 139: Cover von: Edward van de Vendel, Was ich vergessen habe. © 2008 Carlsen Verlag, Hamburg; Umschlagbild Kerstin Meyer, Umschlaggestaltung Moni Port, Labor, Frankfurt
S. 149: © picture-alliance/ZB
S. 162: © Getty Images/Howard Grey
S. 164, 165: Fotolia
S. 166: © ALIMDI.NET/Michael Dietrich
S. 169 oben: Infografik von Volkhard Binder, Berlin
S. 169 Mitte: © WWF Deutschland
S. 169 unten: © Rettet den Regenwald e. V.
S. 170 links: Hans Wunderlich, Berlin
S. 171: Volkhard Binder, Berlin
S. 172: © Archiv Mehrl/Vario Press
S. 174, 176: © Marc Steinmetz/VISUM
S. 175 oben: © Okapia/imagebroker/TPG
S. 175 unten: ullstein bild
S. 177: © R. E. M./Hans-Georg Gaul
S. 179: © ullstein/Europress
S. 182: © Warner Home Video, Warner Bros.
S. 185, 186, 188, 189, 192, 299: Szenenfotos aus: E.T. Der Außerirdische. © Universal Studio Media Licen-cing
S. 199: aus: Pons Bildwörterbuch. Klett Verlag, Stuttgart S. 706
S. 201 oben: © Cinetext/Jahnke
S. 206 unten: © ullstein bild/CHROMORANGE
S. 220: © picture alliance/akg-images
S. 222: picture alliance/united archiv
S. 223 (2): bpk
S. 236: Cover von: Angela Sommer-Bodenburg, Der kleine Vampir. Rowohlt Taschenbuch Verlag, Reinbek; Umschlagillustration: Amelie Glienke, Umschlaggestaltung: Barbara Hanke
S. 241: © ullstein bild/AP
S. 244: © picture alliance/John Varley
S. 245: © VISUM/Norbert Eisele-Hein

Sachregister

Die Grundlage dieses Buches wurde erarbeitet von Gerd Brenner, Ulrich Campe, Dietrich Erlach, Ute Fenske, Heinz Gierlich, Cordula Grunow, Alexander Joist, Rolf Kauffeldt, Markus Langner, Angela Mielke, Deborah Mohr, Norbert Pabelick, Stefanie Schäfers, Christoph Schappert, Bernd Schurf, Klaus Tetling, Angelika Thönneßen, Andrea Wagener und Heike Wehren-Zessin.

Zu diesem Buch gibt es ein passendes Arbeitsheft:
- mit Übungssoftware ISBN 978-3-06-062649-6,
- ohne Übungssoftware ISBN 978-3-06-062643-4.

Redaktion: Stefan Windte
Bildrecherche: Gabriele Sprickerhof

Illustrationen:
Uta Bettzieche, Leipzig: S. 118, 122–127, 134
Nils Fliegner, Hamburg: Vorsätze, S. 227–234, 237–248, 281–288
Christine Henkel, Dahmen: S. 161
Isabel Große Holtforth, Maisach: S. 151–156
Konstanze von Kitzing, Köln: S. 81–90, 93–97
Katharina Knebel, Berlin: S. 135, 136, 139, 142, 147, 148, 167, 195–197, 200–225
Klaus Müller, Berlin: S. 29–40, 73, 191, 193
Isabel Pin, Berlin: S. 249–279
Barbara Schumann, Berlin: S. 14–18, 22–26, 43–64
Juliane Steinbach, Wuppertal: S. 99–115

Gesamtgestaltung und technische Umsetzung: werkstatt für gebrauchsgrafik, Berlin
Coverfoto: Thomas Schulz, Teupitz

www.cornelsen.de

1. Auflage, 1. Druck 2012

Alle Drucke dieser Auflage sind inhaltlich unverändert
und können im Unterricht nebeneinander verwendet werden.

Druck: Stürtz GmbH, Würzburg

ISBN 978-3-06-062637-3

Inhalt gedruckt auf säurefreiem Papier aus nachhaltiger Forstwirtschaft.

Kniffelige Verben im Überblick

Infinitiv	Präsens	Präteritum	Perfekt
befehlen	du befiehlst	er befahl	er hat befohlen
beginnen	du beginnst	sie begann	sie hat begonnen
beißen	du beißt	er biss	er hat gebissen
bieten	du bietest	er bot	er hat geboten
bitten	du bittest	sie bat	sie hat gebeten
blasen	du bläst	er blies	er hat geblasen
bleiben	du bleibst	sie blieb	sie ist geblieben
brechen	du brichst	sie brach	sie hat gebrochen
brennen	du brennst	es brannte	es hat gebrannt
bringen	du bringst	sie brachte	sie hat gebracht
dürfen	du darfst	er durfte	er hat gedurft
einladen	du lädst ein	sie lud ein	sie hat eingeladen
erschrecken	du erschrickst	er erschrak	er ist erschrocken
essen	du isst	er aß	er hat gegessen
fahren	du fährst	sie fuhr	sie ist gefahren
fallen	du fällst	er fiel	er ist gefallen
fangen	du fängst	sie fing	sie hat gefangen
fliehen	du fliehst	er floh	er ist geflohen
fließen	du fließt	es floss	es ist geflossen
frieren	du frierst	er fror	er hat gefroren
gelingen	es gelingt	es gelang	es ist gelungen
genießen	du genießt	sie genoss	sie hat genossen
geschehen	es geschieht	es geschah	es ist geschehen
greifen	du greifst	sie griff	sie hat gegriffen
halten	du hältst	sie hielt	sie hat gehalten
heben	du hebst	er hob	er hat gehoben
heißen	du heißt	sie hieß	sie hat geheißen
helfen	du hilfst	er half	er hat geholfen
kennen	du kennst	sie kannte	sie hat gekannt
können	du kannst	er konnte	er hat gekonnt
kommen	du kommst	sie kam	sie ist gekommen
lassen	du lässt	sie ließ	sie hat gelassen
laufen	du läufst	er lief	er ist gelaufen
leiden	du leidest	sie litt	sie hat gelitten
lesen	du liest	er las	er hat gelesen